不同文明的生物多样性智慧研究丛书

中国儒家生物多样性智慧研究

蒋忠华　严火其　著

科学出版社
北京

内 容 简 介

作为中国传统社会的主流意识——儒家，其思想有利于协调人与自然、人与万物之间的关系，蕴涵着丰富深刻的生物多样性智慧。本书主要从中国儒家的核心概念“气”、“和”、“仁”、“礼”等入手，对其生物多样性智慧做了梳理和研究。儒家生物多样性智慧为当今人们持久维护生物多样性的繁荣稳定，提供了一种合理而可能的选择路径和实现方法。

本书可供中国传统生态思想或生物多样性智慧研究领域的相关学者、对儒家文化或中国传统文化有学术研究兴趣的相关人员，以及对文史哲感兴趣的高校师生参考。

图书在版编目（CIP）数据

中国儒家生物多样性智慧研究/蒋忠华，严火其著. —北京：科学出版社，2015.6

（不同文明的生物多样性智慧研究丛书）

ISBN 978-7-03-044449-3

Ⅰ. ①中… Ⅱ. ①蒋… ②严… Ⅲ. ①儒家–生物多样性–研究 Ⅳ. ①B222.05

中国版本图书馆 CIP 数据核字（2015）第 114402 号

责任编辑：夏 梁 王 静 / 责任校对：夏 梁
责任印制：赵 博 / 封面设计：北京铭轩堂广告设计有限公司

科学出版社出版
北京东黄城根北街 16 号
邮政编码：100717
http://www.sciencep.com

北京科印技术咨询服务有限公司数码印刷分部印刷

科学出版社发行 各地新华书店经销

*

2015 年 6 月第 一 版 开本：720 × 1000 B5
2017 年 5 月第三次印刷 印张：13 3/4
字数：266 000

定价：80.00 元

（如有印装质量问题，我社负责调换）

丛 书 序

有了农业生产，就有了农业的病虫危害，就开始了人类与病虫的斗争。长期以来，中国农民主要通过多耕多锄、合理轮作、间作套种、整治田间环境、恰当的肥水管理、种子处理等控制病虫危害。近代自然科学发展以来，人们发现一些人工合成的化学物质具有快速杀灭病菌害虫的显著作用，从而开创了一个以使用化学农药为主要手段防治病虫危害的新时期。化学农药的使用，确实起到了消灭害虫，控制病虫危害的作用。人们一度认为，人类已经找到了战胜病菌害虫的法宝，从此就能免除病菌害虫的危害。但后来的事实证明，仅仅依靠化学农药是不能持续控制病虫危害的。如果持续大量地使用化学农药，不仅污染了环境，影响农产品质量，而且还出现了病菌害虫的抗药性及其再猖獗等问题。抗药性病菌害虫的发展和次要病菌害虫的转化引起生产成本的增加，土壤和各种农产品中农药残留超标，人类的生存环境和健康受到潜在影响。因此，人类有必要反思作为现代农业重要特点的运用化学农药防治病虫危害的植物保护策略，并探寻防止病虫危害的新道路。

我国对生物间的相生相克的认识很早，具有利用生物多样性的悠久历史和深刻内涵。尽管现代生物多样性的概念出现的时间还不长。事实上，我们的祖先早就知道了生物多样性的重要性和应用。《齐民要术》中就记述了大豆与其他作物种植，可以提高土地肥力的技术。清代《农书述要》中，则已经有麦棉轮作的效果描述。元代的《农桑辑要》中，则已经有不同作物的混、套作观察结果。以虫治虫、稻田养鱼、家禽治虫等方面也有悠久历史和广泛的民间基础，不同民族都有许多间作套种的做法。传统农业利用作物种间差异和种内品种差异在生产实际中显示了其强大的生命力，我国人民在长期的生产实践中建立了诸多利用当地资源减轻病害发生的作物种植模式，促进了农业生产的生态化发展。

我国的许多民族都具有利用生物多样性控制病虫危害的宝贵经验。严火其教授的团队结合 973 计划项目“农业生物多样性控制病虫害和保护种质资源的原理与方法”“作物多样性对病虫害生态调控和土壤地力的影响”的实施，系统开展了不同文明的生物多样智慧与病虫害可持续控制的研究，旨在再发现中国传统儒家和道家思想中的相关智慧，挖掘哈尼族、傣族和彝族等不同民族的生物多样性知识，从中汲取营养，促进对病虫害可持续控制的理论和技术的发展。本丛书即是该研究的成果。利用生物多样性控制病虫害是一项艰巨的长期的任务，也是充满科学问题和应用前景的研发领域，希望有更多的人来从事这一利在千秋的事业。

2015 年 5 月 27 日

目　　录

绪　论

生物多样性的研究始于20世纪40年代。1943年费希尔（R.A.Fisher）等在研究蝴蝶的物种数与其种群丰度之间的关系时就提出了物种多样性的概念[①]。但是，生物多样性在1986年9月美国科学院和史密斯森协会共同举办“生物多样性国家论坛”时才正式提出，到今天仅有20多年的历史，是一个非常新的概念[②]。“生物多样性”一词的英文为biological diversity。biological意为生物学的（of biology）；Diversity是指互异的（diverse），有差异的（different）或不相同（unlike）的状态[③]。所以，生物多样性指陈的主要是生物学意义上的多样性与差异性。根据《生物多样性公约》规定，生物多样性是指所有生物的多样化程度，包括陆地、海洋和其他水生生态系统及其构成的生态复合体，包括种内、种间和生态系统多样性；涉及遗传多样性（或基因多样性）、物种多样性和生态系统多样性3个层次。在《生物多样性公约》基础上，人们又提出了自然景观多样性（或地理环境多样性）的概念。这一概念虽暂未得到《生物多样性公约》的认可，但在学术界受到了广泛重视。生物多样性包括遗传、物种、生态系统和自然景观（地理环境）4个层次，实际上这已经成了当今普遍而流行的观点。

生物多样性是自然界客观存在的事实[④]，是40亿年来“在地球上生命的长期演化过程中，由动物、植物和微生物彼此之间，以及与其所生存的自然环境之间相互作用而形成的。这种多样性是生命支持系统最重要的组成部分，是人类保障生存及实现持续发展必不可少的基础。对人类来讲，生物多样性具有生态、经济、社会、文化等多方面的价值和功能”[⑤]，它是人类社会存在的基础。没有生物多样性，人类将没有未来。所以，有的学者指出：“一个基因可以影响一个国家的兴衰，一个物种可以左右一个国家的经济命脉，一个优良的生态群落的建立可以改善一个地区的环境。”这样的观点并不夸张。

可自近现代以来，生物多样性遭受了巨大破坏，“无法再现的基因、物种和生

① 袁兴中．生物多样性的内涵及演变[J]．生物学教学，1996，(2)．

② 张风春，张文国．“生物多样性”释义（下）：正确理解生物多样性应注意的几个问题[J]．环境保护，2010，(10)．

③ Jaeger EC．生物学名称和生物学术语的词源[M]．滕砥平，蒋芝英，译．北京：科学出版社，1965．转引自马克平．试论生物多样性的概念[J]．生物多样性，1993，(1)．

④ 宋博洲．生物多样性分析[M]．南宁：广西民族出版社，2002：1．

⑤ 袁兴中．生物多样性的内涵及演变[J]．生物学教学，1996，(2)．

态系统正以人类历史上前所未有的速度消失”①。1600~1900 年，平均每 10 年就有一个物种灭绝。20 世纪以来，灭种速率急剧加快，平均每天有一个物种灭绝。而据著名生物学家爱德华·威尔逊于 1989 年估计，现在每年有 5 万个物种灭绝，平均每天灭绝的物种达 140 个，全世界有 10%的高等植物的物种生存受到威胁，3/4 的鸟类在逐渐减少而有灭绝的危险，北美有 1/3 的淡水鱼越来越少或处于濒危状态，全世界每天丧失约 100 种无脊椎动物，澳大利亚现存哺乳动物中近 1/2 有灭绝的危险，全球 270 种龟类爬行动物中的 42%，150 种灵长目中的 2/3 仍有灭绝的危险。这种灭绝率是人类开始农耕以来的 1 万倍以上，这被科学家称为地球上自 6500 万年前恐龙灭绝以来最大的绝种浪潮②。在生物多样性受到严重破坏的同时，人类自身也陷入了生存的困境。有的科学家说：“人类只有不到 100 年的时间，我们必须小心谨慎、善待自身的生活环境，我们的子孙能否继续生存下去，能否过上安全和幸福的生活，这需要看人类能否在 21 世纪穿越生存瓶颈。”③ 显然，保护生物多样性的形势已非常严峻，保护生物多样性的任务已迫在眉睫。进入 21 世纪以来，人类科学技术（特别是生态和环境科技）发展日新月异、突飞猛进。但是，生物多样性的丧失和破坏，并没有因此而得到改善，相反却日趋恶化。这一事实清楚地告诉人们，对于保护和维持生物多样性，人们最需要的可能“不是智力行为，而是伦理行为”④；根本的救治之道也许不在于人们采取什么技术手段，而在于人类怎么定义自身，怎么理解并对待非人类的生命与物种，以及基于这种定义和理解上而形成的态度与行为。

自古希腊起，人在西方文明中被定义为理性的存在物，而其他生物则是非理性的存在物。“理性赋予了人类一种高贵的尊严，而对于缺乏理性的生物来说这种高贵和尊严是不存在的。”⑤ 理性存在物拥有内在价值与目的，而非理性生物则没有。非理性的生物以理性的人类为目的，以供人类使用为价值。亚里士多德指出：“……植物的存在就是为了动物的降生，其他一些动物又是为了人类而生存，……如若自然不造残缺不全之物，不作徒劳无益之事，那么它是为着人类而非为了所有动物。”⑥ 圣托马斯·阿奎那认为，无理性的生物不能主宰自己的行为，因而没有自由，应该受到奴役；在宇宙的整体中，是次要的组成部分；动物是为人类而存

① WRleta．全球生物多样性策略[M]．马克平，等，译．北京：中国标准出版社，1993．转引自马克平．试论生物多样性的概念[J]．生物多样性，1993，(1)．

② 余谋昌．创造美好的生活环境[M]．北京：中国社会科学出版社，1997：65-66．

③ 潘文石．明智的伦理抉择是安全穿越生存瓶颈的唯一指南[J]．北京大学学报（哲学社会科学版），2011，(1)．

④ 汤因比，池田大作．展望二十一世纪[M]．荀春生，等，译．北京：国际文化出版公司，1984：39．

⑤ (美) 保罗·沃沦·泰勒．尊重自然：一种环境伦理学理论[M]．雷毅，等，译．北京：首都师范大学出版社，2010：86．

⑥ 苗力田．亚里士多德全集（第九卷）[M]．北京：中国人民大学出版社，1994：17．

在的，它们没有理性，与人类不是同类；取用动物是合法的，博爱不涉及动物[①]。康德也指出，人是自然的最高立法者，而“动物没有自我意识，并且仅仅是作为一种目的的手段。这种目的就是人。……我们对动物的责任仅仅是对于人类的间接责任。”在这些带有强烈人类中心主义倾向观念的影响下，其他生命与物种就沦为“高贵”人类的财产和工具，可任由人类处置、宰割；有用的保留，无用的可以尽弃，尊重和爱护无从谈起。亚里士多德其实早就坦言，植物和动物的个体数量如此之多，以至于对它们的关心都变得没有必要[②]。

基督教教义认为，上帝为了人类的目的而创造了其他生物，人类对其他生物拥有支配权和所有权。《圣经》记载：“我们要照着我们的形象，按照我们的样子造人，使他们管理海里的鱼、空中的鸟、地上的牲畜和大地，以及大地上所爬的一切昆虫”（《创世纪》1：20）；“凡活着的动物，都可以做你们的食物，这一切我都赐给你们”（《创世纪》9：3）。神既然将自然万物都赐予人类，那么人类为满足己欲而占有、破坏和消灭其他生命与物种，就会显得“有恃无恐”、“理直气壮”。例如，麦克基本在《自然的终结》一书中所说：“事实上，在我们占主导地位的犹太基督教传统中，人们所说的有关自然的一切，通常都是反自然的，这种观念把人置于其他万物之上。《创世纪》的故事及它所表达的强调主权的观念，……这成为人们砍伐森林，在每一处野生地带修起四通八达的道路，消灭蜗牛和镖鲈飞鱼的完美的理由。”[③] 如此，无怪乎林恩·怀特在其著名文章《我们生态危机的历史根源》中指出，基督教要为当今生态危机的产生负主要责任。

随着将世界图像化、对象化、机械化的近代机械原子论自然观的建立和渗透，在人类世界图景中原本有机的、充满生命力的自然，充分让位于惰性的、被动的、死气沉沉的物理系统和质料存在；宇宙及其自然万物被视为由无生命的粒子组成的一架机器，如钟表一样按照力学规律或数学定律机械地运行。笛卡尔曾说：“毋庸置疑，燕子在春天回归，也是像钟表一样的行为。蜜蜂的行为也是同样的本性，天鹅在高飞、猩猩在打斗也是同样的道理。”[④] 当机械的隐喻占据并主导人们对于实在的理解时，人们掠夺自然和毁灭物种就开始摆脱有机论自然观中的那些道德约束。在“机械的世界中，秩序被重新定义为在规律的理性决定的系统中每一部分行为的可预见性，力量就出自现实世界中存在的主导和直接的干预”[⑤]。于是，征服和控制自然不但变得合法化，而且还获得了道德与伦理上的普遍赞许。培根

① （澳）彼得·辛格，（美）汤姆·雷根．动物权利与人类义务[M]．增建平，代峰，译．张驰，校．北京：北京大学出版社，2010：7．

② （美）尤金·哈格洛夫．环境伦理学基础[M]．杨通进，等，译．重庆：重庆出版社，2007：33．

③ （美）比尔·麦克基本．自然的终结[M]．孙晓春，马树林，译．长春：吉林人民出版社，2000：71．

④ （澳）彼得·辛格，（美）汤姆·雷根．动物权利与人类义务[M]．增建平，代峰，译．张驰，校．北京：北京大学出版社，2010：19．

⑤ （美）卡洛琳·麦茜特．自然之死[M]．吴国盛，等，译．长春：吉林人民出版社，1999：211．

指出，科学的目标不是了解自然奥秘，而是找到一种征服自然的途径。洛克说："对自然的否定就是通往幸福之路。"① 人们依据这种思想，开始在实践上大规模地向大自然进攻②，将自然交给死亡。

作为现代化运动源头的文艺复兴，在解放人的同时，更是解放了人的无限欲望。他们认为人的本质就是人的自然本性，而人的自然本性就是对个人幸福与快乐的追求，即对欲望的满足③。其后的启蒙运动继承并放大了这一传统，把人的自然欲望视为人的本质。霍布斯提出，人的天性就是为自己的利欲争斗，由于人人都在利欲场上追逐，人人都想得到欢乐与幸福，结果人对人都像狼一样。爱尔维修则说，人是能够感觉肉体的快乐和痛苦的，因此他逃避后者，寻求前者。亚当·斯密把追求个人欲望的满足看作社会财富积累的基础，④……就这样，启蒙运动在给予人身心解放的同时，也空前地激发并肯定了人的自私和贪欲："理性萎缩为汲汲于利益最大化及致思于为利益最大化提供最有效手段的工具，人权膨胀为自我中心主义，独立演变为非社群甚至反社群的原子式个人主义，自由扭曲为肆无忌惮，平等表现为拒斥一切必要差异，民主堕落为政客和选民各为私利而相互操纵的选举把戏，法制蜕变为私利的保障，进步不过是抽空了精神内涵的物质财富的无限增长；至于科学和技术，由于脱离了道德的控驭，则成为破坏自然、灭绝物种、残害人类的利器。"⑤ 于是，所谓的现代化进程在某种程度上就变为人的自私和贪欲得以实现，进而诱发更大的自私和贪欲并追求其继续实现的不断递进过程。生态环境的破坏和生物多样性的丧失，只是这种现代化的必然代价而已。

所以，当今生物多样性丧失严重的深层原因与根本症结，其实就是西方文化中源自古希腊的自然目的论、基督教的神学目的论、近代机械论的自然观及因文艺复兴和启蒙运动的偏失而造成的贪婪的人心。人们要从根本上保护和维持生物多样性的稳定繁荣，解决人类生存与发展的瓶颈危机，就必须转变西方这些既有的传统，以不同的哲学思想、自然观念和道德理念来定义人，理解自然及人与自然关系。在这种情况下，摄纳与西方传统不同的概念框架与思维体系，汲取其他传统文明的知识与智慧，特别是那些在生物多样性保护和维持上充分发挥过重要作用的知识与智慧，就显得十分必要而有益。于是，西方许多生态伦理学家将目光投向了东方文明，尤其是中国的传统文明。他们认为，中国的传统文明中蕴涵着许多有机的、整体的、可供全人类汲取的生态思想资源，这些资源对于反思西方文明，转化人们定义自然和自身的既有范式，拯救人类自身被整个逐出生命之

① 余某昌．走出人类中心主义[J]．自然辩证法研究，1994，(7)．
② 余某昌．走出人类中心主义[J]．自然辩证法研究，1994，(7)．
③ 曹孟勤．超越人类中心主义和非人类中心主义[J]．学术月刊，2003，(6)．
④ 曹孟勤．超越人类中心主义和非人类中心主义[J]．学术月刊，2003，(6)．
⑤ 胡治洪．人心与心态[J]．武汉大学学报（人文科学版），2011，(5)．

流，都有深刻而重要的借鉴意义。西方生态伦理学会主席霍尔姆斯·罗尔斯顿曾经就深刻指出："中国人已经在中华大地上休养生息了数千年，而科罗拉多州人（至少是欧洲人）居住的历史还不到 200 年。西方人也许应该到东方去寻求人与自然协调发展的模式。……在我们的地球家园上，我们对自然的评价有许多相同之处。……除非（且直到）中国确立了某种环境伦理学，否则，世界上不会有地球伦理学，也不会存在人类与地球家园的和谐相处；对此我深信不疑。"①

而儒家，作为中华传统文明的主流意识，在中国传统社会产生了极其广泛而深刻的影响。这种影响不但涉及人与人的层面，而且关联人与自然万物的层面。在很大程度上，传统人们对于自我的定义，以及对待自然万物的观念与态度，在很大程度上就基本上为儒家所形塑。不同于西方的自然目的论与神学目的论，儒家认为人与万物一样都只是天地中一物，他不是存在的主宰者与拥有者，而是存在的看护者与照料者。虽然，儒家也认为人是天地万物之"贵"，但这种"贵"不在于人有支配、利用万物的能力，而在于其能参赞天地、融入大化，成就和实现自然万物的生生不息与繁荣稳定。另外，与西方机械原子论自然观不同的是，儒家持有的是有机整体论的自然观，认为一切事物都充满着生机与活力，一切生命与物种都彼此依存、相互关联；人不是超然于万物之上，而是存在于万物之中，与万物是连续无间、休戚相关、同呼吸共命运的有机整体；贪婪和自私并不是人的本质，相反是人应该克服和超越的内容。人的本质在于其有道德仁义。……所以，不同于西方传统观念多导致人们掠夺自然、征服万物、破坏生物多样性，儒家则深度引导和规约着人们尊重自然、关怀万物、保护生物多样性，其蕴涵着丰富深刻的有利于物种保护的思想、观念与伦理等内容。我们把它们统称为生物多样性智慧。

不同于生物多样性是一个生态科学的概念，生物多样性智慧在本书的视域中则更多地接近于一个人文生态学的概念。生态科学与人文生态学的区别在于：前者以生物及相应的环境为研究主体，局限于小生态系统，而后者的研究包括人类社会及浩瀚宇宙在内的整个大生态系统；前者仅关注生物间或生物与环境之间物质、信息、能量的交换和平衡规律，而后者强调的是人对其他物种及生态环境的责任和义务，实质上将人对自然的依赖关系转化升值为人与人的利益关系和伦常关系；前者追求自然生态的平衡协调，而后者探寻人与自然的协调共进、追求人类生命的优质化进程②。本书就是在这种人文生态学的意义限阈上发掘和梳理儒家的生物多样性智慧的。

生物多样性智慧体现在儒家文化的方方面面。但本书的研究主要集中于儒家

① (美) 霍尔姆斯·罗尔斯顿．环境伦理学[M]．杨通进，译，北京：中国社会科学出版社，2000（中文版前言）：7.

② 于维民．人文生态学：科学理性与人文智慧的合璧[J]．甘肃社会科学，1997，(6).

的“气”、“和”、“礼”、“仁”4个范畴。原因有两个：其一，此四者是儒家整个思想体系的基础和核心，每一范畴都具有很强的涵盖性、渗透性和散射性，以它们为儒家生物多样性智慧的研究对象将串联和连带许多其他内容，从而起到“纲举而目张”之效。其二，此四者与生物多样性的保护与维持有着最为直接紧密的关联，每一范畴都涵盖丰富的生物多样性智慧。

由于主客观的各种因素，本书的研究将不免存在一些问题。一，儒家历史悠久，典籍丰富，思想繁芜。本书对儒家生物多样性智慧的挖掘与梳理可能会存在不足之处。一些重要内容尽管也被模糊涵摄进去了，但受制于文章的既定结构，没有足够空间去深入表达与完整呈现，有待进一步完善和补充。二，由于可直接参考的文献较少，发掘与梳理儒家生物多样性智慧的许多工作仍然是探索性和尝试性的。在这种探索和尝试中，研究可能会存在一些不成熟的地方。三，行文中可能会偏向于中西对比，而较少顾及儒家生物多样性智慧与中国其他传统文化（如道家、佛家）生物多样性智慧的异同分析。这些问题在今后的研究中将尽力得到改进或避免，也恳切希望方家批评指正。

第一章　儒家“气”论中的生物多样性智慧

不同的文化有不同的世界观。人们接受不同的世界观，就会对自然万物及生物多样性形成不同的态度和行为。而在中国传统社会主流意识——儒家文化中，人们普遍接受的是“气”论的世界观。作为有别于通过将自然理解为一架机器和将万物定义为分立的、惰性的、工具性的存在物，而许可、纵容甚至推动了人们破坏生物多样性的西方机械原子论的世界观，儒家气论则是一种赋予人们有机、连续、整体地看待自然和多样的生命与物种，以及基于这种看待方式而形成的尊重、保护生物多样性的根本态度和积极行为，都有着良好的基础性的引导功能和规定作用的生态世界观。以气论为研究的切入点，将有助于我们迅速掌握和理解儒家生物多样性智慧的基本面貌与主要内容。

第一节　“多”如何可能

自古以来，人类生存的周遭环境中就充盈流布着形形色色、纷繁芜杂的生命与物种。它们是如此丰富，如此多样，令人们不禁常常惊叹和追问：它们究竟是怎么产生的？到底是什么生化和创造了它们？对于这个问题，不同的世界观有不同的解答。在“生源论”、“泛胚种论”、“原始沟假说”等近现代生物学各种理论之前，人们的解答往往取决于他们世界观中的本原及本原的特征与属性。例如，古希腊文化中，人们对本原的选择和理解不同，就有不同的解答：“水”、“火”、“四根”、“种子”等不同特征与属性的本原连同附载其上的说明体系就曾先后作为这个问题的解答登上了哲学的舞台。

相对于古希腊的殊散多样，儒家气论世界观对这个问题的解答则因对气本原的普遍共识而显得较为统一。《周易·系辞》说：“一阴一阳之谓道”和“天地絪缊，万物化醇”；柳宗元说：“本始之茫，诞者传焉。鸿灵幽纷，曷可言焉？曶黑晰眇，往来屯屯。厖昧革化，惟元气存”①；张载说：“游气纷扰，合而成质者，生人物之殊”②；王廷相说：“天地未判，元气混涵，清虚无间，造化之元机也”③，“天地未生，只有元气，元气具，则造化人物之道理即此而在”④及“元气者，天地万

---

① [唐]柳宗元．柳宗元集[Z]．北京：中华书局，1979：365．

② [宋]张载．张子正蒙[Z]．王夫之，注．汤勤福，导读．上海：上海古籍出版社，2000：96．

③ [明]王廷相．慎言．雅述[Z]．冒怀辛，译注．成都：巴蜀书店，2009：244．

④ [明]王廷相．慎言．雅述[Z]．冒怀辛，译注．成都：巴蜀书店，2009：345．

物之宗统”[①]，……儒家普遍都认为天地万物没有生成之前，宇宙间只有一团气；气是造化的大宅、育物的场所和天地万物所由以生者，即唯有气才是究极本原。所以，在儒家气论世界观中若问是什么造就、生化了各类生命和物种，以及生物多样性，答案自然都统一归结于气。

可是，气在天地未生、万象未显之前毕竟只是一团模糊朦胧的混沌，是“一”，而生物多样性则有着显著的变异和区别，是“多”。那么，我们不得不追问，气在儒家视域中到底有着怎样的属性和特征，以至于能从混沌中造就差异，由“一”中生化出“多”，源远流长、影响深远的儒家气论又如何回答和解决这个问题，他们的回答、解决与古希腊的存在有哪些不同，彰显了什么样的优势与智慧。

一、组合说：阴阳刚柔，杂糅万变

儒家认为，气作为本原，其中蕴有阴、阳、刚、柔等不同的元素，而这些元素又往往杂糅在一起，通过形成不同的组合就能生化不同的生命与物种：“阳交于阴而生蹄角之类也，刚交于柔而生根荄之类也；阴交于阳而生羽翼之类也，柔交于刚而生枝干之类也。天交于地，地交于天，故有羽而走者，足而胜者，草中有木，木中有草也。各以类而推之，则生物之类不过是矣。”[②] 阳交于阴则生化有蹄角之类的行走动物；刚交于柔则生化有根荄之类的草被植物；阴交于阳则生化有羽毛翅膀之类的鸟类；柔交于刚则生化有枝干之类的树木。……依次，阴阴、刚柔之气通过不同的迭柔、组合就可以化生出不同的生命与物种。

通过本原中元素的组合来说明生物多样性的生成，类似的这种理论在古希腊的恩培多克勒那里也存在着。恩培多克勒用水、火、土、气 4 种元素的组合和分离来说明这个问题。他说：

首先请听真，万物有四根。
宙斯照宇宙，赫拉育生命。
还有爱多妞及奈斯蒂。
她用自己珍珠泪，浇灌万灵生命泉。[③]

宙斯、赫拉、爱多妞、奈斯蒂是四神。恩培多克勒用这四神的名称指代火、土、气、水四元素。四元素借助“友爱”和“争吵”使多样生物集聚成形或者分离消散：

在“争吵”中，这一切都形相不同，相互分离。

① [明]王廷相．慎言．雅述[Z]．冒怀辛，译注．成都：巴蜀书店，2009：306．
② [宋]邵雍．邵雍集[Z]．北京：中华书局，2010：115．
③ 苗力田．古希腊哲学[M]．北京：中国人民大学出版社，1989：111 页，370 条．

在“友爱”中，却又结合起来，彼此期待。
一切过去、现在、将来的存在都出于它们（四元素，引者注）
树木、男子和妇女，
走兽、飞禽和游鱼，
还有长生的神灵，众生膜拜。
它们却仍是自身，
彼此浸透，变成多种不同的形体。
相互混合，形成如此巨大的差异[①]。

恩培多克勒相信四元素按照不同的比例结合起来，在数量发生多寡的组合变化时，就可以产生树木、飞禽、走兽、游鱼等多样差异的生物。就如他自己在别处所强调的：“从这些混合中流出了变灭的生物的无限种族，具有多种多样的形式，蔚为壮观。”[②] 通过施加不同的比例形成生物的原理就像画家将多种色彩的颜色混合在一起，一些更多些，另一些更少些，就可以创造出酷似万物的各种形体[③]。

但不幸的是，恩培多克勒的理论存在着难以解决的困境。在恩氏看来，万物尽管多种多样，产生又消亡，但组成万物的四元素永远不变、恒定同一。他说：“所有这些（四元素，引者注）都力量相等，大小同一，却独具特性，作用各异，随着时间的变化依次占据那优势的交椅。在这些之外，无物生成和灭亡。……它们是唯一的存在……时而变为此，时而变为彼，它们自身永远同一。”[④] 他又说：“万物的任何部分既不空虚也不盈余。”[⑤] 这实际上表示，构成万物的火、水、土、气每一个其实都是巴门尼德式的孤立、封闭、没有生灭和变化的存在物，彼此之间没有转化，不能沟通。换句话说，恩培多克勒用铁桶般的“四”代替了巴门尼德的铁桶般的“一”（如此，它们就无法如恩氏自己所言的可“彼此浸透”、“相互混合”）。因此，当 4 个铁桶一样的元素组合起来时，无非是近似机械拼凑和物理垒砌。就像亚里士多德所说：“那些追随恩培多克勒的用什么方式讲变化？必定像用砖石砌墙那样。”[⑥] 砖石垒砌的墙也还是砖石，四元素拼凑起来也还是四元素。无论拼凑和垒砌的方式如何，无论数量和比例如何变化，并不会由此产生质料上和属性上有别于这四元素的其他事物。化用后来阿那克萨戈拉的话，毛发不可能从非毛发中产生，肉不能从非肉中产生，其他多样事物也不可能从非它们的四元素中产生。所以，恩培多克勒的“组合说”并不能成功说明“生物的无限种族”是

① 苗力田．古希腊哲学[M]．北京：中国人民大学出版社，1989：113 页，372 条．
② 北京大学．古希腊罗马哲学[M]．北京：三联书店，1957：85-86 页，30 条．
③ 苗力田．古希腊哲学[M]．北京：中国人民大学出版社，1989：114 页，374 条．
④ 苗力田．古希腊哲学[M]．北京：中国人民大学出版社，1989：112 页，371 条．
⑤ 苗力田．古希腊哲学[M]．北京：中国人民大学出版社，1989：127 页，387 条．
⑥ 杨适．哲学的童年[M]．北京：中国社会科学出版社，1987：304．

如何形成的，元素的封闭性及其质料上的有限性与自然生物质料上的无限多样性在他的理论中形成了难以解决的困境。

粗看之下，以上儒家气论中的“组合说”似乎也存在着类似的问题。阴、阳、刚、柔四元素无论如何杂糅，组合类型也是非常有限的，仅靠这种有限组合来生化在质料、属性上有着近乎无限差异性的生物多样性，这种观点似乎与恩氏一样存在难以解决的困境。但深究一番就会发现，这种困境在儒家气论中不存在。

首先，与恩培多克勒四元素铁板一样的封闭性和孤立性不同的是，儒家气本原中的成分都是开放性的，相互之间可以沟通和融合，尤其是其中的阴阳。张载说：“阴阳之精互藏其宅，则各得其所安。”① 互藏其宅，按照王夫之的解释就是“阳入阴中，阴丽阳中”，② 即阴阳之间，你中有我，我中有你，彼此涵融，浑然难分。这种相互涵融、彼此混杂的现象说明了阴阳的开放性。开放性的特质使得阴或阳可以形成更多的层次。“凡阴阳之名不一，阴亦有阴阳，阳亦有阴阳，非判然二物，终不相杂之谓。”③“阴亦有阴阳，阳亦有阴阳”，可以这样理解和引申，阴中可以层层分出阴阳，阳中也可层层分出阴阳，阴阳各自是一中有二，二中有四，四中有八……它们在层次和数目上无穷多样。因此，阴和阳作为创生元素和本原成分表面是“二”，实质为“多”。既然是“多”，阴阳自可与刚柔形成多样的组合，并以此生化多样有别的生命与物种。“耦之中又有耦焉，而万物之变遂至于无穷。”④ 所以，阴阳的开放性和互融性使它们自身成为了“多”，这种“多”在说明生物的无限多样性的问题上提供了恩氏有限、封闭的四元素所不能提供的重要条件。

其次，阴和阳不限定于某种固定不变的质料或形体，不同于恩培多克勒的四元素只能在某种质料上自我同一。《易·系辞》云：“阴阳不测之谓神。”王夫之解释说：“不测者，乘时而变，初无定体。”⑤ 又说：“阴阳有定性而无定质。”⑥ 这就表示，阴阳无论是形体上，还是质料上，都没有不变的规定性。无定体、无定质不是说没有形体和质料，而是说没有固定的形体和质料：它可以是此体，也可以是彼体；可以成此质，也可以成彼质——阴阳之气作为创生元素在形体和质料上有着开放的、无限的多样性。既然阴阳作为元素本身都具备这种多样性，那么由之组成和产生的生物自然就会呈现多样性了。这样，就避免了恩培多克勒有限质料的元素与无限多样质料的生物之间的矛盾。

最后，阴阳的组合方式和机制不是机械的，而是有机的。张载说：“若阴阳之气，则循环迭至，聚散相荡，升降相求，细缊相制，盖相兼相制，欲一之而不能。”⑦ 王

① [宋]张载．张子正蒙[Z]．王夫之，注．汤勤福，导读．上海：上海古籍出版社，2000：103.
② [宋]张载．张子正蒙[Z]．王夫之，注．汤勤福，导读．上海：上海古籍出版社，2000：104.
③ [宋]张载．张子正蒙[Z]．王夫之，注．汤勤福，导读．上海：上海古籍出版社，2000：105.
④ [宋]王安石．王安石全集[Z]．上海：上海古籍出版社，1999：280.
⑤ [宋]张载．张子正蒙[Z]．王夫之，注．汤勤福，导读．上海：上海古籍出版社，2000：97.
⑥ [宋]张载．张子正蒙[Z]．王夫之，注．汤勤福，导读．上海：上海古籍出版社，2000：105.
⑦ [宋]张载．张子正蒙[Z]．王夫之，注．汤勤福，导读．上海：上海古籍出版社，2000：104.

夫之注曰：“循环迭至，时有衰王，更相为主。聚散相荡，聚则成而荡其散者之弱，散则游而荡其聚者之滞也。升降相求，阴必求阳，阳必求阴，以成生化也。絪缊相揉，数本清虚，可以互入，而主辅多寡之不齐，揉杂无定也。”循环、聚散、升降、絪缊等语词便说明着，阴阳之气组合碰撞的方式和机制，并非恩培多克勒的组合一样仅是在空间或数量上的物理变动，而是更近似于有机、多维、立体的化学反应。如此，这种组合的结果就不是阴阳等元素形成在比例和数量上有着差异性的合成物，而是可能随着内部反应的随机、无定而产生质料和属性各方面有着变异性、多样性的事物。

因此，儒家气论的“组合说”与恩培多克勒的有着本质上的不同。恩培多克勒的四元素在质料上永远自我同一，气论的阴阳二气在质料和形体上都变动不居；恩培多克勒四元素的组合是机械的、物理的拼凑和垒砌，阴阳二气的交错更接近于有机的化学反应；恩培多克勒仅用元素数量和比例的改变来说明万物的多样性和差异性，而儒家气论则是用元素在质料、属性、组合机制等各方面的变化来说明这个问题。相比之下，儒家的说明体系显得更为充分和合理，在说明万物及其生物多样性的问题上消除了后者所遇到的矛盾与困境。或许是由于此，儒家的这种“组合说”不像恩培多克勒的一样很快被否定，而是一直为人们所秉持信守。如周敦颐所说：“二气交感，化生万物，万物生生而变化无穷焉。”①朱熹也肯定到：“阴阳虽是两个字，然却是一气之消息，一进一退，一消一长，……只是这一气之消长，做出古今天地无限事来。”②……总之，儒家非常肯定，造物之元素虽是阴阳二气，但二气依靠进退、消长、盈亏等不同的交感和组合，就可化生出天地间无限多样的生命和物种，即生物多样性：“在气化，曰阴阳，……杂糅万变，是以及其流形，不特品物不同，虽一类之中又复不同。”③

二、种子说：万物之种，一本皆具

古希腊的阿那克萨戈拉说：“那些希腊人叫做生成和灭亡，这是不正确的。因为没有什么东西生成，也没有什么东西灭亡，有的只是那些存在着的事物的混合和分离。所以，假如他们把生成称为混合，把灭亡说成分离，那就正确了。”④也就是说，在阿那克萨戈拉认为，万物不存在产生和消亡。与阿氏相近的是，儒家气论哲也持有这种观点。张载说：“知虚空即气，则有无显隐，神化性命，通一无二……若谓虚能生气，则虚无穷，气有限，体永殊绝，入老氏有生于无自然之论，

① [宋]周敦颐．周敦颐集[Z]．谭松林，伊红，整理．长沙：岳麓书店，2002：6．
② [宋]朱熹．朱子语类[Z]．黎靖德，编．北京：中华书局，1986：卷七十四．
③ [清]戴震．孟子字义疏证[Z]．北京：中华书局，2009：25．
④ 苗力田．古希腊哲学[M]．北京：中国人民大学出版社，1989：143-144页，476条．

不识所谓有无混一之常。”又说：“聚亦吾体，散亦吾体，知死之不亡者，可与言性矣。”① 王廷相说：“气至而滋息，伸乎合一之妙也；气返而游散，归乎太虚之体也。是故气有聚散，无灭息”。② 吕坤说：“气无终尽之时，形无不毁之理。”③ 可以看出，儒家气论和阿那克萨戈拉一样，都认为万物的产生和消亡实际只是构成万物的东西的聚集或者混合、消散或者分离。无论聚集消散、混合分离如何进行，构成万物的东西始终是既成的，永远存在着。也就是说，有一直有，永远有。既然如此，那么万物的产生就不会被看作无中变有，而是有中生有。就如亚里士多德所说的：“因为既然万物都必须是从存在或者非存在中生成，而它们从非存在中生成又是不可能的（关于这一点，所有自然哲学家的见解都是一致的），所以，事物必然是从存在，即从已经存在了的东西中生成。”④

事物都是来自于有，从已经存在的东西中产生，这样一种观点使得两种哲学在说明生物多样性如何可能的问题时不约而同地走到了一起——他们共同选择了“种子说”。自然界之所以呈现生物多样性，是因为多样差异、各不相同的事物在本原中本来就有——它们以种子的形式存在于本原之中。“‘种子’的特点是包含了目前尚不可见但未来成熟时必然可见的特性。这样，作为‘万物’的种子就包含了无限的可能性，可以生化万物，而不至于陷入‘无中生有’的困境。”⑤

阿那克萨戈拉说：

> 万物都混合在一起，数量无限多，体积无限小。因为小是无限的。正是由于小，当万物混合在一起时，没有一个是清楚的⑥。
>
> 在这些东西分开以前，当一切是在一起时，还不能清楚地认出任何颜色。因为潮湿的和干燥的、炽热的和阴冷的、明亮的和晦暗的等一切事物的混合有所阻碍，而且还包含许多土和无限多的彼此完全不相似的种子。因为其他东西也没有一种与另一种相似。情形既然如此，就必须假定万物在一切中，就必须假定合成的东西中有着一切种类的成分及万物的种子，这些种子有着各个不同的形状、颜色和味道⑦。

儒家气论说：

> 象未著，形未成，人但见太虚之同一色，而不知其有阴阳自有无穷之应。……阴阳之气，散则万殊，人莫知其一也；合则混然，人不见其

① [宋]张载．张子正蒙[Z]．王夫之，注．汤勤福，导读．上海：上海古籍出版社，2000：89.
② [明]王廷相．慎言·雅述[Z]．冒怀辛，译注．成都：巴蜀书店，2009：247.
③ [明]吕坤．呻吟语[Z]．王国轩，王秀梅，译注．北京：北京燕山出版社，1996：4.
④ 苗力田．古希腊哲学[M]．北京：中国人民大学出版社，1989：144页，477条.
⑤ 叶秀山．前苏格拉底哲学研究[M]．北京：三联书店，1982：226.
⑥ 苗力田．古希腊哲学[M]．北京：中国人民大学出版社，1989：142页，469条.
⑦ 苗力田．古希腊哲学[M]．北京：中国人民大学出版社，1989：142-143页，471条.

殊也[①]。

且如天地间人物草木禽兽，其生也莫不有种，定不会无种子白地生出一个物事，这个都是气[②]。

有太虚之气，则有阴阳；有阴阳，则万物之种一本皆具……万物莫不藉以生之，而其种则本于元气之固有[③]。

气不离虚，虚不离气，天地日月万形之种，皆备于内，一细缊萌孽而万有成质矣[④]。

金石草木，水土之化也，虽有精粗先后之殊，皆出自元气之种。……万物皆从元气而化，盖由元气本体具有此种，故能化出天地、水火、万物[⑤]。

从以上论述，可以得出两种“种子说”的一些相同之处。

第一，在有之前，早已存在着既成的有。在多样性的各类事物及其个体还没有形成的时候，它们已经以各自的雏形——多样性的种子的形式存在于混沌之中。从逻辑关系上来讲，多样性的种子先于多样性的万物而存在。

第二，混沌中的种子数目繁多，种类无限，任何事物都有它们相应的种子。儒家气论说：“天地日月万形之种，皆备于内”；阿那克萨戈拉说：“合成的东西中有着一切种类的成分及万物的种子”。种子在数目和种类上的无限多样性为各种事物在种类和数量上的无限多样性提供了最直接的条件，也即通过以“多”生“多”避免了恩培多克勒式的以“少”生“多”的困境。

第三，混沌中的种子在颜色、类别、质料、形状等各种属性上都多种多样、各不相同。只不过在混沌之中由于尚未发生分离作用，这些种子往往聚集在一起，令彼此的区别和差异性隐而不显。例如，阿那克萨戈拉说：“在这些东西分开以前，当一切是在一起时，还不能清楚地认出任何颜色”；儒家说，万物之种蕴涵于太虚之中，呈现“同一色”，因为它们“合则混然，人不见其殊也”。但是，认不出颜色不是没有颜色，不见其殊也不是没有其殊。颜色等各种属性上的殊别和差异性在种子间、在混沌中仍然是真实存在的；只要时机成熟，它们就会由隐至显，在由它们所形成的事物上体现出来。

第四，综合以上三点，万物及其生物多样性绝不是无中生有，而是源自本来就有的它们的种子。种子本来是多样性的，因此作为种子的结果——万物自然也会呈现多样性。简言之，多样性的种子使生物多样性或者“多”成为可能。

引进生物学上的种子的概念来试图说明世界万物的多样性，这是儒家气论和

① [宋]张载．张子正蒙[Z]．王夫之，注．汤勤福，导读．上海：上海古籍出版社，2000：242．
② [宋]朱熹．朱子语类[Z]．黎靖德，编．北京：中华书局，1986：卷一．
③ [明]王廷相．慎言·雅述[Z]．冒怀辛，译注．成都：巴蜀书店，2009：248．
④ [明]王廷相．慎言·雅述[Z]．冒怀辛，译注．成都：巴蜀书店，2009：353．
⑤ [明]王廷相．王廷相集[Z]．北京：中华书局，1989：972-974．

阿那克萨戈拉哲学的相同之处。但是在这些相同之中，它们又存在着明显的不同；阿氏的“种子说”在说明“多”如何可能的问题上仍然存在着严重的困境，而这种困境在儒家气论中却巧妙地得到了避免。

阿那克萨戈拉种子的另外一个称谓是“同类的部分”。所谓“同类的部分”就是与由它所构成的整体在质料上保持同一的组成部分。构成物质的本原或元素可以被认为是种子，也可以被认为是“同类的部分”，因为它们本来就是同一个东西①。种子或者同类的部分是万物的构成元素。

亚里士多德说：

> 阿那克萨戈拉把同素体（即“同类的部分”，引者注）当成元素，如像骨、肉、髓及其他那些与整体同一的构成部分……单纯而根本的是同素体，土、火、水和气乃是复合物，事实上只是由其他东西的种子集合而成的②。

艾修斯说：

> 阿那克萨戈拉认为存在物的本原是同素体。……我们是从单纯的和同类的东西中取得营养，如从面包和水中，并且也因此而滋养了头发、血脉、气管、肌腱、骨头及身体的所有其他部分③。
>
> 所以，既然在养料中有与被产生的东西同样的部分，他们就称这些东西为同素体，并且断言它们是一切存在物的本原④。

在阿那克萨戈拉看来，任何作为整体的事物都是由与其在质上保持同一的种子或者同类的部分组成。就如卢克莱修所评论的：“在他看来，骨头由许多小骨头合成，肌肉由许多小肌肉合成；血液由许多混合在一起的血滴造成；金子由许多小金片组成，土由土的部分造成，火由火的部分造成，水由水的部分造成。”⑤ 这些小骨头、小肌肉、小血滴等不同的种子和同类的部分才是万物最基本的本原，它们聚集于不同的整体中形成不同的事物。

但是，作为整体的事物中又包涵着质料上有别于自身的种子和同类的部分。阿那克萨戈拉认为“没有什么是分离存在的，而是一切都分有着一切的部分。”⑥于是，任何整体中既存在与自己同类的种子和同类的部分，又存在与自己不同类的

---

① 许多学者都认为阿那克萨戈拉的“同类的部分”（同素体）实际上就是种子。参见叶秀山．前苏格拉底哲学研究[M]．北京：三联书店，1982：231．

② 苗力田．古希腊哲学[M]．北京：中国人民大学出版社，1989：145 页，479 条．

③ 苗力田．古希腊哲学[M]．北京：中国人民大学出版社，1989：145 页，480 条．

④ 苗力田．古希腊哲学[M]．北京：中国人民大学出版社，1989：145-146 页，481 条．

⑤ 杨适．哲学的童年[M]．北京：中国社会科学出版社，1987：313．

⑥ 苗力田．古希腊哲学[M]．北京：中国人民大学出版社，1989：143 页，473 条．

其他所有事物的种子和同类的部分。就像面包中有面包的种子和同类的部分，又有骨头、毛发等各种事物的种子和同类的部分。无限的种子和同类的部分在形成万物之前聚集于混沌之中，在形成万物之后又聚集于万物之中。

既然如此，为什么毛发、骨头、肌肉、金子等事物彼此之间会呈现多样性和差异性呢？阿那克萨戈拉认为，这是因为某种类型的种子和同类的部分在整体中出现了量的优势，从而使整体呈现出这些种子和同类部分的性质。就如亚里士多德所转述的：“他们说一切都混合在一切中，因为他们看见了一切是从一切中生成的。但是，正如他们所说，根据混合物的无数成分中在量上占优势的成分的性质而使事物显得彼此不同并得到不同的名称。因为他们说，没有什么东西是完全纯粹的，如纯白、纯黑、纯甜、纯肉和纯骨头。相反，一物的本性被认为是它所包含的那个最多的成分的本性。”① 也就是说，毛发因为毛发的种子和同类的部分较多而成了毛发，骨头因为骨头的种子和同类的部分较多而成了骨头，肌肉因为肌肉的种子和同类的部分较多而成了肌肉，金子因为金子的种子和同类的部分较多而成了金子……。阿那克萨戈拉相信，依靠这种逻辑完全可以说明万物的多样性和差异性。

但问题是，世界上的各种生物及其有机个体往往集多种异质性的物质于一身，而不是如骨头、毛发等事物一样仅仅呈现单一的质料属性。例如，一棵普通的树，就包涵着不同质料属性的枝、干、花、叶：枝干的颜色一般较暗淡，花叶的颜色则常常鲜艳；枝干质地比较坚硬，花叶的质地则相对柔软。那么，这样一棵树又是如何形成的？如果它由种子和同类的部分组成，那么这样的种子和同类的部分就同样要包涵多种质料，可这与阿那克萨戈拉种子和同类的部分质料单一的内在要求又形成了冲突。如果这样的种子和同类的部分只有一种质料属性，它们在整体事物中无论数目如何庞大，无论占据多大比例，组合起来后仍然只是质上单一的物质，而这又与现实中容纳多种质料物的树的实际存在形象又形成了矛盾。于是，树的形成就只剩下一种途径：枝、干、花、叶以自己的种子和同类的部分先形成自我，然后在此基础上再拼凑成一棵树。可这样的话，一棵有机的、完整的树的形象和概念就不复存在了，其被还原成一些机械的部分和单元。进一步说明，因为作为整体的树没有种子和同类的部分，所以无法说明同样由枝、干、花、叶等各部分组合的树木为什么在效用、功能等各种属性上会呈现多样性和变异性。同理，类似的问题也存在于其他任何集合着不同质料部分的生物个体和万事万物上。

因此，阿那克萨戈拉试图通过无限的种子和同类的部分在数量和比例上的变动来说明多样性和差异性只适用于质料单一的事物或者事物质料单一的部分之间，而不适用于集多种质料于一体的作为整体的事物之间。可实际上，事物功能、

① 苗力田．古希腊哲学[M]．北京：中国人民大学出版社，1989：144页，477条．

效用、性状等各种属性上的区别，而不仅是质料上的区别，才可以充分说明一物何以别于他物；发挥着整体功能的事物而不是事物的部分，才是自然万物的基本构成单元。所以，阿那克萨戈拉的“种子说”无法说明生物多样性的形成。

总之，阿那克萨戈拉对事物多样性如何可能的说明是极其僵化和有限的。自然界中各类以整体形象存在的物种及其有机个体为什么彼此多样，有着变异性，这是他始终只见树木不见森林的“种子说”无法充分说明的。阿那克萨戈拉尽管用无限多样的种子和同类的部分取代了恩培多克勒有限的四元素，但是那种仅通过元素的机械拼凑及其量的变动来说明事物多样性和差异性的本质同困境在这里并未得到根本地改变与避免。

但是儒家气论的“种子说”并不存在这样的问题。王廷相说：

> 金有金之种，木有木之种，人有人之种，物有物之种，各各完具，不相假借①。
>
> 万物巨细刚柔各异其材，声色嗅味各殊其性，阅千古而不变者，气种之有定也②。
>
> 草木之枝干花叶，各有定形，以有定种故也③。

结合儒家气论前面的论述和以上几句话，我们可以对儒家的“种子说做出这样的判断。

首先，由于在儒家气论看来万物都来源于气，都由气所构成，因而在气之外，没有任何东西能够充当元素和材料来构成万物。而所谓的能够生化和形成万物的种子，只被认为是作为本原和元素的气所蕴涵的内容和属性。例如，王廷相说：“气不离虚，虚不离气，天地日月万形之种，皆备于内”。儒家承认种子可以生化万物，但又否定它的本原特质和元素属性，这其实就是说种子不是一种质料因，而更多的近似目的因和形式因，即它不像阿那克萨戈拉的种子一样被认为是组成事物的基本砌块式的材料或物质属性的同类的部分，而是一种决定一物之为一物的那种东西。既然如此，气论的种子就不仅仅要从质料上对一物做出规定，更要从一物全部属性上来规定一物。这是因为事物除了质料属性外，还有其他各种属性。质料上的差异规定，并不能充分说明事物之间的差异性。质料相同的事物可能有着不同的功能和效用，而功能和效用相同的事物也可能有着不同的质料。唯有事物全面属性上的差异规定才能真正让一物独特于他物，让一物成为一物。

那么，儒家气论的种子是否符合这种特质？答案是肯定的。如上所述，“万物巨细刚柔各异其材，声色嗅味各殊其性，阅千古而不变者，气种之有定也”，这就

① 中国哲学史资料选辑．宋明元之部[M]．北京：中华书局，1962：531．
② [明]王廷相．慎言·雅述[Z]．冒怀辛，译注．成都：巴蜀书店，2009：247．
③ [明]王廷相．慎言·雅述[Z]．冒怀辛，译注．成都：巴蜀书店，2009：304．

表示，气论的种子对事物质料、广延、形状、颜色、气味、性质等各方面属性都有全面性的规定作用。

首先，在儒家气论看来，事物之间之所以千差万别、无限多样，不同于阿那克萨戈拉，认为是事物中质料不同的部分或者微粒在整体中占据了不同的比例使然，而认为是具备目的因和形式因特质的繁多种子，在对事物不同的规定作用下使其按照各自相似性的原则絪缊萌孽的结果。例如，金子与骨头之所以不同，大树和小草之所以相异，不是缘于小金子和小骨头或者小树粒和小草粒在整体中的数量不同，而是因为它们各自的种子在它们形成之前就早已全面规定了它们只能按照不同的目的和形式成为不同的事物。依次类推，万物都是如此：种子不同，规定就不同；规定不同，事物就多样有别。由于种子规定作用的全面性，事物之间的多样性和差异性不单在质料上，还在颜色、气味、功能、效用等各种属性上。这样，儒家气论的“种子说”就避开了阿那克萨戈拉“种子说”的困境，即仅通过事物中质料属性的种子和同类的部分的量的变动，并不能成功说明具有各种属性的万物之间的无限多样性和差异性。

其次，儒家气论的种子是分层次的。第一层，物种的种子。“金有金之种，木有木之种，人有人之种”，就是指金子、树木、人类等不同种类的事物都有自身的种子。第二层，个体的种子。上文说“物有物之种，各各完具，不相假借”，又说“万物巨细刚柔各异其材……，气种之有定也”，即指任何作为完整个体的事物也都有种子。第三层，事物部分的种子。上文说，“草木之枝干花叶，各有定形，以有定种故也”，就明确指出枝、干、花、叶等作为个体事物的部分都有自身种子。因此，儒家气论的种子具备物种、个体、部分 3 个层次。

当然，阿那克萨戈拉的种子也有层次，而且层次更多。例如，他认为肉由小肉粒即肉的种子组成，而肉的种子又由更小的肉的种子组成……如此分化，以致无穷。于是也形成了大的种子、小的种子、更小的种子……这样接近无限的层次。可是，尽管如此，这对生化多样性的事物却没有什么帮助。因为不同层次的种子在质料上完全同一，它们除了有大小之分外，没有任何其他属性上的差异。所以，即便层次无限，种子数量无穷，当它们以不同的比例聚集于不同的整体中时，除了使它们自身的数量增加和所占空间变大外，并不会令由它们所组成的事物之间产生质料以外的差异性的属性，更不用说生物多样性了。

而儒家气论的种子虽然只有类别、个体、部分 3 个层次，却更利于生化多样性的事物。因为，①不同层次的种子或者同一层次的不同种子在质料上如阿那克萨戈拉一样有同一性的要求。它们之间对事物的质料规定，可以相同，也可以不同；可以多样，也可以单一。前者例如，花的种子规定着花的质料，而叶的种子又规定着叶的质料。它们虽然都属于同一层次的种子，但质料规定可以不同。后者例如，作为整体的树的种子蕴涵多种质料规定，而作为部分的花、叶、枝、干等种子却只有一种质料规定。②部分的种子和个体的种子之间，不是一些小粒子组成一个大粒子这种机械组合的关系，而是一种有机的统一关系。也就是说，部分的种子组合为一个整体后将产生它们各自所不具备的功能和属性。例如，枝、干、花、叶组成树木后就产生了它们原来所没有的新的属性和功能。③3个层次的种子，从高到低，有一种使得万物之间的差异性更加明显、深化和复杂的趋向：物种的种子在差异性朦胧的混沌中形成了许多不同物种的生物；个体的种子随之在不同物种的生物中形成了许多不同的个体；部分的种子又在不同的个体之间形成了许多不同的部分。如此，生物从混沌到物种、从物种到个体、从个体到部分，差异越来越细化，越来越复杂。差异的细化和复杂使任何物种和生物个体之间都没有完全相同的。所以儒家气论说："造化所成，无一物相肖者"。[①] 事物种类繁多，又无一物相同，生物多样性自然将获得更大的可能性。

基于此，气论的种子虽然只有3层，但不是像阿那克萨戈拉的种子一样，仅能生化质料单一的事物或者事物质料单一的部分，而是在此之外还可以产生涵纳多种个体的不同的物种和集多种质料与属性于一身的作为整体的不同的事物。这样就充分说明了阿那克萨戈拉的"种子说"所不能说明的问题：为什么一种类别的事物有别于另一种类别、同类事物中一个体有别于另一个体，或者说以物种和生物组织（个体）为基本单元的生物多样性是如何可能的。

所以总的来讲，儒家气论的"种子说"与阿那克萨戈拉的"种子说"在相同之中又存在着根本的不同。无论是从种子本身的性质，还是种子之间的分层关系，它们之间都存在着巨大的差异。从这种差异中，我们发现儒家气论的"种子说"在说明一般多样性及生物多样性如何可能时显得更为合理和智慧。

三、形态说：何气所生，则宜何气

与儒家气论认为气是万物之宗统非常巧合的是，古希腊的哲学家阿那克西美尼和第欧根尼·拉尔修也有相同的观点。他们也都认为，气才是万物的本原。对于气如何生成生物多样性，他们也有自己的说明方式，且与儒家气论的说明方式甚为接近。

阿那克西美尼认为"生物是由单纯同类的气和气息所组成。"[②] 那么，都由气组成的生物之间为什么会出现差异呢？依照他的理论，这是由于气通过浓聚和稀疏造成了不同的密度。因为在他看来，"一切存在物都由空气的浓厚化和稀薄化产生。"[③]

① [宋]张载．张子正蒙[Z]．王夫之，注．汤勤福，导读．上海：上海古籍出版社，2000：98．
② 苗力田．古希腊哲学[M]．北京：中国人民大学出版社，1989：34页，71条．
③ 北京大学．古希腊罗马哲学[M]．北京：三联书店，1957：12页，4条．

希波吕忒转述说：

> 阿拉克西美尼认为本原是无限的气，正在生产的，已经生成的和将要生成的都由此产生。……它通过浓聚和稀散表现出区别：当它发散而稀疏时，便生成了火。再者，风是浓聚起来的气；通过凝结，气就变成了云；凝结的程度再高一些，就变成了水；更高些则成了大地；当气浓聚到最密集的程度时便成了石头①。

在这里，气通过浓聚和稀散形成的事物之间确实存在着差异。但这种差异仅仅在质料或者软硬轻重的程度上（如石头比大地硬，大地又比水硬），还未能涉及有着多种属性的生物之间的变异性和多样性。例如，以上在“种子说”中所论，各种生物除了质料的差异外，还有更多别的差异。所以，阿拉克西美尼尽管和儒家气论一样认为气是本原，但是他仅依靠气的冷热造成的事物密度的差异，还远不能充分说明生物多样性是如何可能的。

作为阿拉克西美尼哲学后继者的阿波洛尼亚的第欧根尼·拉尔修，继承了阿氏以气为万物本原的思想，但在气之“一”如何产生“多”及生物多样性的问题上，他则以较为完善和合理的形态说代替了阿拉克西美尼的密度说。

在残篇第 5 条第欧根尼说：

> 我以为情况似乎是这样的，人们称为气的东西是有理智的，所有人都为它所指导，它对万物都有支配力量。正是这个东西我以为好像是神，它达到一切地方，安排万事万物，并存在于各种事物之中。没有任何一个单纯的东西不分有它；但是也没有任何东西平均地分有它，气本身和理智有许多形态。因为它是有许多形态的，较热和较冷、较干和较湿、较静和较动，以及在气味和颜色上的许多区别，在数目上无限。虽然如此，一切生物的灵魂是同样的气；这种气比它们周围的气要缓和些，但比接近太阳的气要凉得多。然而这些生物的温度也没有彼此相同（甚至各个人也会不一样）；差别不很大，又使它们类似。任何事物彼此完全相似是不可能的，对于分化中的事物来说，是不会变为同样东西的。因为分化是多样的，生物是多样的，数目很多，彼此在形式上、生活方式上和理智上由于区分为多数，不会相像②。

第欧根尼认为，气安排、支配、构成着一切万物。自然界的任何事物都必须分有作为本原物和底层质料的气而生成。而万物之所以呈现差异，生物之所以出现多样性，是因为它们分有了不同形态的气。他认为气自身存在着多种形态，彼

---

① 苗力田．古希腊哲学[M]．北京：中国人民大学出版社，1989：31 页，56 条．

② 杨适．哲学的童年[M]．北京：中国社会科学出版社，1987：335-336．

此相异，数目无限，于是令生物在分有和禀受气时出现这种情况：一些生物分有这种形态的气，另一些生物分有那种形态的气；没有任何生物不分有气，但是也没有任何生物可以分有完全相似的气。如上所说："没有任何一个单纯的东西不分有它；但是也没有任何东西平均地分有它"。这样，生物对气的分有便会呈现多样化；由于分有呈现多样化，生物之间自然多样有别，出现差异。又由于不同形态的气之间的差异在第欧根尼看来具有多种属性，因气而生的生物之间的差异就不是像阿拉克西美尼一样仅涉及密度或质料这种单一属性，而是相应地也涵盖了温度、湿度、气味、颜色、生理习性等多种属性。如第欧根尼所说，"……对于分化中的事物来说，是不会变为同样东西的。因为分化是多样的，生物是多样的，数目很多，彼此在形式上、生活方式上和理智上由于区分为多数，不会相像。"很显然，第欧根尼避免了阿拉克西美尼仅从质料或密度上说明一般多样性及生物多样性的问题，这比较符合自然界生物多样性的实情。因此，相对于前者的密度说，第欧根尼从产生和构成万物的气自身形态的多样性来说明其生物多样性是比较合理和可行的。

无独有偶，第欧根尼这种说明生物多样性的方式，也同样为儒家气论所采纳。儒家气论对于气的形态做了许多区分：阴、阳、风、雨、晦、明六气和金、木、水、火、土五行之气等都曾是儒家对气形态的不同分类。但在各种分类中既较为详细又与生物多样性关联密切的则见于明儒吕坤之论：

> 造物之气有十：有中气，有纯气，有杂气，有戾气，有似气，有大气，有细气，有闲气，有变气，有常气，皆不外五行。中气，五行均调精粹之气也，人得之而为尧、舜、禹、文、武、周、孔，物得之而为麟凤之类是也。纯气，五行各纯一之气也，人得之而为伯夷、伊尹、柳下惠，物得之而为龙虎之类是也。杂气，五行交乱之气也。戾气，五行粗恶之气也。似气，五行假借之气也。大气，旁薄浑沦之气也。细气，纤冢浮渺之气也。闲气，积久充溢会合之气也。变气，偶尔遭逢之气也。常气，流行一定之气也。万物各有所受以为生，万物各有所属以为类①。

吕坤认为气的形态有中气、纯气、杂气、戾气、似气、大气、细气、闲气、变气、常气10种形态。不同的造物之气，化生出不同种类的生物；物因所受所得之气不同，所生所属也有别。例如，中气，人得之为圣人，物得之为麟凤等祥瑞之物；纯气，人得之为贤人，物得之则为龙虎等阳刚之物……。总之，不同的气，便会化生出不同的生物；气形态的多样性，造成了生物的多样性。

但是这里有个疑问，在第欧根尼的说明体系中，气的形态是无限的。以形态无限的气来生成无限多样的生物，也即以"多"生"多"，这在理论上是说得通的。

① [明]吕坤．呻吟语[Z]．王国轩，王秀梅，译注．北京：北京燕山出版社，1996：219．

可是在儒家气论中，吕坤对气的形态的分类都是非常有限的10类。那么，用这些形态有限的气来说明极其多样的生物，也即以"少"生"多"，是否过于牵强？其实不然。

例如，上说"中气，……人得之而为尧、舜、禹、文、武、周、孔，物得之而为麟凤之类是也。纯气，……人得之而为伯夷、伊尹、柳下惠，物得之而为龙虎之类是也"。这就明确地指出，气的形态虽然有限，但是每一种形态的气不像第欧根尼认为的一样，只对应生化出一个特殊的事物或者个体，而是可以生化属于同一物种的不同个体或者不同物种的不同个体。简言之，一种形态的气完全可以生化多种物种及其个体。因此，儒家气论的形态虽然有限，但是每种形态的气所生化的事物的数目和种类是非常巨大的。所以，说10种形态的气可以产生生物多样性，这并不牵强。

不过我们也可以看出，以上吕坤对气的形态分类，更多的是参考道德境界和内在价值的高低大小进行的。例如，中气在道德和价值上高于或大于纯气，而纯气高于或大于杂气，杂气又高于或大于戾气。……依次类推，遂成10类。由10类形态的气所生化的生物体现的仅是道德或价值的不同等级，而不是事物结构、功能等生理特征上的区别。如果吕坤的形态说仅到此为止的话，那么在对于生物多样性的说明上还不如第欧根尼充分。因为他还没有如第欧根尼一样从热冷、干湿、动静等物理或生理因素对气的形态及其所生化的生物进行多样性的区分和说明。但庆幸的是，吕坤的形态说还有另外一种与第欧根尼近似但又更加翔实的分类体系。他说：

> 万物得天地之气以生，有宜温者，有宜微温者，有宜太温者，有宜温而风者，有宜温而湿者，有宜温而燥者，有宜温而时风时湿者。何气所生，则宜何气……气有一毫之爽，万物阴受一毫之病，其宜凉宜寒宜暑无不皆然。飞潜、动植、蠛蠓之物无不皆然①。

不同于以上从五行纯杂精粗等带有道德意味的分类，在这里，吕坤则代之从温度、湿度等物理因素对气进行了分类：气有温、微温、太温、温而有风、温暖湿润、温暖干燥等多种不同的形态。这些不同的形态气所产生的事物对温度、湿度、通风性等生态因子的需求与适应也迥然有异。例如，一物如果所禀之气是温的，那么它就适合温度适中的环境（宜温者）；一物如果所禀之气是温暖且干燥的，那么该物就适合温暖干燥的环境（宜温而燥者）；一物所禀之气如果是温暖又时而湿润时而通风的，那么该物就适合相应的环境（宜温而燥者）。……总之，事物禀受了哪种气，就显现哪种气所具有的特征。飞鸟潜鱼、动植蠛蠓，莫不如此（何气所生，则宜何气）。

① [明]吕坤．呻吟语[Z]．王国轩，王秀梅，译注．北京：北京燕山出版社，1996：211．

这种思想用现代生态学的理念来表达就是：生物所禀所受于不同形态的气，它们就需要不同的生态因子或者生态因子的不同强度。禀受微温之气的生物，无法耐受过于温暖的生态因子；禀受温暖湿润之气的生物，也同样无法耐受温暖干燥的生态因子。

但如果一种形态的气对应生成一种生物的话，那么气的形态是否足够多，以至于能够形成在物种数量上极其庞大的生物多样性呢？通过吕坤的以上论述，我们可以发现，气自身不同形态之间的差异性不是跳跃性或者间断性的，而是连续性的。例如，微温、温、太温、温暖湿润、温暖干燥等气的形态之间的差异是连续的、逐渐变化的，而不是出现间断的飞跃式的变异。这种差异的连续性，说明了气的形态非常多。气如果没有足够多的形态，各类形态之气的差异必然就会出现跳跃和间断。个中原则就如亚里士多德所说：“如果‘一’指的是连续的事物，那么一就是多，因为连续的事物可以被无限地分割。”① 所以，儒家气论的形态同第欧根尼一样不是“少”，而是“多”。既然是“多”，那么以“多”生“多”自然就变得可能而且合情合理。另外，由于气自身的不同形态之间，并非只有涵融一种物理因素，这样便导致禀气而生的生物可能受两个或者更多生态因子的影响。上文说“有宜温而风者，有宜温而湿者，有宜温而燥者，有宜温而时风时湿者”，即指一个生物需要在温度和湿度两个生态因子，或者温度、湿度和通风性 3 个生态因子及其不同强度上，同时符合自身的差异性需求才能生存和存活。这些多重因子及强度的介入，会使得每种生物的生态因子需求和生理耐受范围变得更加细化、精准，或者说更窄。进言之，生物之间对环境的适应性因生态因子需求的复杂性和耐受范围的独特性而趋向异化，从而在客观上增加和繁荣了生物多样性。而这一点，在第欧根尼的体系中并没有得到充分的说明。所以，吕坤的形态说在说明生物多样性的问题上，相对于第欧根尼而言更为深入和翔实。

统括而言，同第欧根尼的观点一样，吕坤认为气的形态存在多样性。生物分有和禀受不同形态的气，就呈现不同的特质；气形态的多样性是生物多样性的直接原因。只不过与第欧根尼不同的是，吕坤对于气的形态有两种分类。一种分类以道德和价值为标准，一种以温度、湿度等生理和物理因素为标准。前一种分类是第欧根尼所没有的，后一种分类又比第欧根尼的更为翔实。所以，吕坤的形态说比第欧根尼的较为充分，深刻和丰富了儒家气论对于生物多样性或者“多”如何可能的说明理论和体系。

四、变化说：絪緼变易，物各不肖

儒家气论对于生物多样性如何可能的说明方式上，除了以上 3 种外，还有一

① 李存山．中国气论探源与发微[M]．北京：中国社会科学出版社，1990：298．

种同样重要和充分的方式——变化说：气作为一种本原物，或者说作为一种质料因和造物材料，它是变化的。气通过自身的变化，就可直接转变、生成各种事物，生化出生物的“多”。为使我们能更深入了解儒家气论的变化说，我们仍可引入并对比古希腊哲学中相近的思想。

古希腊对本原物的变化问题大致可分为两种情况。第一种观点认为本原物恒定不变。持这种观点以恩培多克勒、阿那克萨戈拉及原子论者为主。恩培多克勒，如以上在“组合说”中所论，他的本原物——火、水、土、气四元素只不过是把巴门尼德圆球形的“一”分成了“四”。因此，四元素每一个都是封闭的、永恒的、不变的，内部没有虚空和空隙，彼此不会相互转化，更不会直接变化为多样性的事物。而阿那克萨戈拉与原子论者，虽然分别用种子和原子取代了恩培多克勒有限的元素，使得本原从有限的“四”变成了无限的“多”，但是他们本原物巴门尼德式的基本特征仍然没有得到丝毫改变：种子虽然有大小之分和性质之别，原子尽管也有形状、次序与位置的不同，但是在本质上仍然与四元素一样永远同一、恒定不变。本原物既然都不存在变化，那么他们要试图说明事物的多样性，则只有与恩氏一样通过把粒子一样的本原物按照不同比例或不同形式的组合和拼凑这种方式来实现。对此，艾修斯总结得很好：“恩培多克勒、阿那克萨戈拉、德谟克利特、伊壁鸠鲁及一切用极微的物体的结合来构成世界的人，都是讲组合与分离的。”① 但是，如上所分析的，这些组合方式只是把事物质的差异简单地、机械地还原为量的差异，它们不能说明世界的一般多样性，更不能说明生物多样性是如何可能的。

第二种观点认为本原物是变化的。主要代表人物有阿那克西美尼和赫拉克利特。在寻找多样万物统一本原的问题上，阿那克西美尼由于认为泰勒斯的水过于具体，又觉得阿拉克西曼德的“无规定者”在质上太不确定，于是他提出以无规定的气作为本原。气，在他看来并不是恒定的，而是变化的。虽然如此，这种变化体现的还只是气的密度（浓聚或稀疏）的改变，其实质同样是试图通过本原物量的变化来解释万物的多样性。所以，这种变化说对于说明本原物如何形成生物多样性并没有太大帮助（如在“形态说”中所论）。相对来讲，赫拉克利特的变化说则显得较为深刻。赫氏认为“一切皆流，无物常住”②，而被他认作为本原物的火更是活泼流动、变化不息。不过，火的变化在赫拉克利特这里，并不是数量的机械改变，而是对立面的否定的转变。他说：“火的转化是，首先变成海，海的一半成为土，另一半成为旋风（意思就是说，火……通过空气转化为水，水是世界结构的胚胎，他称为海。从海产生出天和地，以及天地间的东西。）”。③ 在这里，

① 北京大学．古希腊罗马哲学[M]．北京：三联书店，1957：75-76页，7条．
② 北京大学．古希腊罗马哲学[M]．北京：三联书店，1957：17页，4条．
③ 北京大学．古希腊罗马哲学[M]．北京：三联书店，1957：21页，31条．

火并不是首先成为较为稀疏的气，然后再成为水，而是直接转变为水。所以，与阿那克西美尼的气的变化迥然不同的是，火的变化逻辑是朝对立面的直接转变。赫拉克利特认为，火通过这种不断地转变形成了天地间多样性的万物。第欧根尼转述到："一切都由火的转化而形成。"① 赫氏自己也强调："一切事物都换成火，火也换成一切事物，正像货物换成黄金，黄金换成货物一样。"② 由于火是通过转变来形成万物，因此万物之间就不是仅在密度上有所不同，而是"在质、性质、状态上都相互区别开来。"③——火的转变使得万物在多重属性上都具有差异。赫拉克利特的这种变化说显然比阿那克西美尼的更能说明一般多样性及生物多样性的问题。

通过古希腊本原物的变化理论，我们已经大致了解到，如果要较为合理地说明生物多样性是如何可能的，那么本原物就不能是恒定同一的，或者仅是机械地发生密度的改变，而必须要充满着有机的、辩证的变化。那么，在儒家气论中，气的变化是否如此？

《易传》说：

> 易之为书也不可远，为道也屡迁，变动不居，周流六虚，上下无常，刚柔相易，不可为典要，唯变所适（《易·系辞上》）。

贾谊说：

> 万物变化，固亡休息。斡流而迁，或推而还。形气转续，变化而嬗，沕穆亡间，胡可胜言。……千变万化，未始有极（《服鸟赋》）。

张载说：

> 气之性本虚而神，则神与性乃气所固有④。

王夫之说：

> 虚则入万象之中而不碍，神则生万变之质而不穷。自其变化不测，则谓之神。

可以看出，儒家与赫拉克利特一样都认为没有什么事物是永远恒定的，一切万物都在流转和变化之中，"变是宇宙中之一根本事实"。⑤ 而作为万物本原的气，更是被认为它的本性就是变化。张载说，"气之性本虚而神"，而所谓神就是"自其变化不测"。因此，气的天然本性就是变化不测。而且，儒家气的变化逻辑，也

① 北京大学．古希腊罗马哲学[M]．北京：三联书店，1957：15 页，1 条．
② 北京大学．古希腊罗马哲学[M]．北京：三联书店，1957：27 页，90 条．
③ 杨适．哲学的童年[M]．北京：中国社会科学出版社，1987：187．
④ [宋]张载．张子正蒙[Z]．王夫之，注．汤勤福，导读．上海：上海古籍出版社，2000：233．
⑤ 张岱年．中国哲学大纲[M]．北京：中国社会科学出版社，1982：94．

不是浓稀程度的量的改变，而是一种质的转变。儒家气论虽然与阿那克西美尼一样都认为万物由气的聚散形成。例如，张载说：“其聚其散，变化之客形尔。”[①] 王夫之也说：“气之聚散，物之死生。”[②] 但是，儒家没有像阿那克西美尼那样，认为事物所浓聚的气有着量的差异（如认为石头所集之气要多于土，土又多于水），而且认为量的差异决定了事物的差异。因为，儒家之气可以直接转变为任何不同的事物，完全不需要通过量的连续增加或者逐级减少来阶梯式地生化差异的事物。所以，气不是恒定的，而是变化的；气的变化逻辑不是机械的，而是有机的、辩证的。这样，儒家气论的变化说就同赫拉克利特一样，避免了恩培多克勒和阿那克西美尼等的困境。不过，儒家气论的变化说并未停留至此，在说明生物多样性的问题上它还存在一些比赫拉克利特更为合理和丰富的内容。

1. 气的变化不是向对立面的转变

赫拉克利特认为，火通过不断向对立面的转变形成万物，这种理论虽然比阿那克西美尼的机械变化说合理，但其实也有问题。例如，火的对立面是水，火通过向对立面的转变形成了水。如果转变继续的话，水就要向它的对立面转变。可是水的对立面还是火，它若要转变的话，必定仍然成为火，而不会成为别的事物。那么，水之外的多样性的万物又如何生成？如果我们与赫拉克利特一样承认万物都是由火直接转变而来，那么也就是承认万物都是火的对立面。可是，万物又怎么可能都是火的对立面呢？万物难道都是冷的？这显然是有悖常理与逻辑的。所以，赫拉克利特的变化说在说明多样性的问题上仍然存在漏洞。可是，儒家气论的变化说则不一样。例如，张载所说：“阴阳之气，散则万殊。”[③] 王夫之说：“神则生万变之质而不穷”。气的变化虽然与赫氏一样都是转变，但它不是朝对立面的转变（气自身虽蕴涵对立面——阴与阳，但是作为整体的气没有对立面），而是从气之“一”到万物之“多”的一种发散性的、任意性的转变：气可以朝任何方向直接转变和创造出任何事物。在这种任意性和发散性的变化逻辑下，气所生之物不可避免地会更多、更繁、更不同。减去了对立面转化的中间过程，直接从气之“一”散为殊别的万物，气论的这种变化说不但简洁明了，而且比赫拉克利特的更能充分说明生物为什么如此多样、繁芜。

2. 气的变化有渐化与著变之别

儒家气论认为，从变化程度上讲，气有渐化与著变两种不同形式。这是赫拉克利特所欠缺的。张载说：

① [宋]张载．张子正蒙[Z]．王夫之，注．汤勤福，导读．上海：上海古籍出版社，2000：86．
② [宋]张载．张子正蒙[Z]．王夫之，注．汤勤福，导读．上海：上海古籍出版社，2000：87．
③ [宋]张载．张子正蒙[Z]．王夫之，注．汤勤福，导读．上海：上海古籍出版社，2000：242．

气有阴阳，推行有渐为化，合一不测之为神①。

变，言其著；化，言其渐②。

变则化，由粗入精也；化而裁之谓之变，以著显微也③。

在张载看来，阴阳二气在生化事物的过程中有“变”与“化”两种不同的形式。“变，言其著”，指“变”是一种跳跃的、显著的变化；“化，言其渐”，指“化”是一种连续的、逐级的变化。前一种形式可以被称为著变，后一种形式可以被称为渐化。著变，从现代生物学的观念来看，可以以理解为非线性的创生，即自然界突然出现一个以前没有的物种；渐化则近似线性的演化，即一个物种逐渐演变成另一个物种。但是，著变与渐化，即创生与演化两种作用，只有统一起来才能生化和形成生物多样性。因为，“生物是非线性系统，线性的演化不能完全解释这个系统，必须要有非线性的创生加入进来，才能对其发生解释清楚，即演化与创生共同作用，才能产生复杂的生物。”④ 而实际上，这两种变化形式正好统一蕴涵于一气之中。例如，张载说：“气有阴阳，推行有渐为化，合一不测之为神”。

而且，气论认为著变与渐化两种变化形式在大化过程中可以交替作用、相互演变。上文提到“变则化，由粗入精也”，意指著变之后会引起渐化，即粗线条的差异形成之后会进一步深入和分化成细腻微小的差异。这样，原本种类有限的物种因为差异的分化而形成了更多的种类。现代生物学中同属物种分化出多个近缘物种，其实也是差异“由粗入精”的结果。而“化而裁之谓之变，以著显微也”，则是指渐化的积累也会导致著变，使变异性从连续性质变为跳跃性，即原来大同小异的物种之间最终会大不相同，各自趋异分化为异属的物种。也就是说，一个物种可能会形成两个或多个新的物种。可见，无论是著变引起渐化，还是渐化演变为著变，都会形成新的物种，增加物种的种类。而物种的增加自然也就丰富了生物多样性。

所以，当本原之气具备著变与渐化两种不同程度的变化形式时，它更有助于丰富和增加生物多样性，更有利于说明气之“一”是如何可能生化“多”的。

3. 气的变化还是常与变的统一

儒家气论认为，从有无规律、是否稳定来讲⑤，气的变化有“常”与“变”的区别。

---

① [宋]张载．张子正蒙[Z]．王夫之，注．汤勤福，导读．上海：上海古籍出版社，2000：115．
② [宋]张载．张载集[Z]．北京：中华书局，1978：70．
③ [宋]张载．张载集[Z]．北京：中华书局，1978：117．
④ 宋博洲．生物多样性分析[M]．南宁：广西民族出版社，2002：206．
⑤ 李志林．气论与传统思维方式[M]．上海：学林出版社，1990：145．

王廷相说：

天地之间，一气生生，而常，而变，万有不齐①。

沈括说②：

大凡物理有常有变，运气所主者，常也；异夫所主者，皆变也。常则如本气，变则无所不至，而各有所占。故其候有从、逆、淫、郁、胜、复、太过、不足之变，其发皆不同③。

“常”，可以理解为气的有规律的、稳定的变化；“变”可以理解为气的无规律的、不稳定的变化。气的稳定变化所生化的事物都符合常理，但事物的种类和数目被限定在一定的范围之内；而气的不稳定的变化所生化的事物是难以预料的，事物的种类和数目往往没有限制，无所不至（“变则无所不至”）。当然，“常”与“变”同样不是对立的，而是统一于一气。“常”与“变”的统一，无疑会令气在生化过程中创造的生物更加丰富多样。而这种变化的理论也是赫拉克利特所没有的。

如是，我们发现儒家气论的变化说，不仅避免了恩培多克勒等因为坚持本原物不变而陷入的困境，也超越了赫拉克利特通过火向否定面的转变的理论，在说明气如何通过变化生成生物多样性的问题上显得比古希腊的哲学家更为充分和合理。因此，如王夫之所说：“絪缊之中，阴阳具足，而变易出，万物并育其中，不相肖而各成形色。……一唯阴阳之变合，故物无定情，无定状，相同必有相异。”④ 气的变化性和变化特点能最大程度地丰富由之所生化的生物的多样性。

五、动力说：阴阳交感，机之由也

以上，儒家气论从组合说、种子说、形态说、变化说 4 个方面说明了气是如何生化生物多样性的。但不管以何种方式，从无形之气到有形之生物这样一个转化过程都要力来推动，即需要动力因。如果没有动力因，任何方式的创生和变化过程都不可能发生，所有生命和物种就不会生成，再简单的生物多样性也不可能实现。而且在气论看来，即便生命和物种被创造了，如果没有动力的支持，它们的存在也难以维系。例如，吕坤所说：“气化无一息之停，不属进，就属退。动植之物其气机亦无一息之停，不属生，就属死，再无不进不退而止之理”，“一嘘一

---

① [明]王廷相．慎言·雅述[Z]．冒怀辛，译注．成都：巴蜀书店，2009：351．

② 沈括虽然往往以科学家而著称，但以开放的眼光来看，他同样是儒家学者。因为，他推崇儒家，他的思想明显带有儒家的印迹，甚至他的科学研究是在儒学背景下进行的。参见乐爱国．北宋儒家背景下沈括的科学研究[J]．浙江师范大学学报（社会科学版），2007，(6)．

③ [宋]沈括．梦溪笔谈[Z]．侯真平，点校．长沙：岳麓书社，1998：62．

④ [宋]张载．张子正蒙[Z]．王夫之，注．汤勤福，导读．上海：上海古籍出版社，2000：98．

吸，自开辟以来至混沌之后，只这一丝气有毫发断处，万物灭，天地毁。”① 王廷相也说：“人物之所以生，气机不息也；机坏则魂气散灭矣”。②因此，动力因对于生物多样性的创造和维持极其必要。儒家气论若要充分和完整回答生物多样性是如何可能的，就必须要合理回答动力因是如何可能的。那么，动力因在气论中又有着怎样的说明和阐释？

哲学史上，人们对本原物动力因的追求主要有两种方向：一种是向本原之外寻求动力的源泉（他动说），一种是向本原的内部寻求（自动说）。而儒家气论，从诞生之初到发展壮大的漫长时期中，后一种方向始终占据主要的地位。

在气本原之中寻求动力的源泉，儒家这种思想早在《易传》中就已出现。《系辞上》说：“一阴一阳之谓道”，“刚柔相推而生变化”。这里就明确指出，气运动的源泉不在自身之外，而是源于内部阴阳二气的此消彼长、相互推移。而《系辞下》进一步发挥到：“刚柔相推，变在其中矣”，“日月相推而明生焉”，“寒暑相推而岁成焉”，“屈伸相感而利生焉”。这种思想朴素的形式猜测到“世界上一切过程的“自己运动”、自生的发展”、“发展是对立面的统一（统一物分为两个相互排斥的对立面及它们之间的相互联系）。”③

唐代柳宗元继续继承和发展了《易传》的思想。他说：

> 浑然而中处者，世谓之元气。寒而暑者，世谓之阴阳④。
>
> 合焉者三，一以统同。呼炎吹冷，交错而功……阳健阴淫，降施蒸摩，歧灵而子，焉以夫为⑤！
>
> 况天地之无倪，阴阳之无穷，以澒洞轇轕其中，或会或离，或吸或吹，如轮如机，其孰能知之⑥？

同《易传》一样，柳宗元也认为本原之气中蕴涵着对立的阴阳二气。速度、温度、作用、方向都不一样的阴气和阳气弥漫在无限的宇宙之中，一会儿分离，一会儿结合，一会儿吸入，一会儿吹出，它们之间的交错渗透、相互作用造成了本原之气及其所生化的天地万物如轮、机一样运行不息的变化和运动。在这里，柳宗元同样肯定了阴阳二气的矛盾是气之动力因所在。

北宋时期，气论的集大成者张载进一步发展了这种思想。他明确提出气本原生化万物完全是自动的：“故动必有机，既谓之机，则动非自外也。”⑦ 气之所以

---

① [明]吕坤．呻吟语[Z]．王国轩，王秀梅，译注．北京：北京燕山出版社，1996：213．

② [明]王廷相．慎言·雅述[Z]．冒怀辛，译注．成都：巴蜀书店，2009：246．

③ 李存山．中国气论探源与发微[M]．北京：中国社会科学出版社，1990：98．此段也主要吸收了李的成果．

④ [唐]柳宗元．柳宗元集[Z]．北京：中华书局，1979：442．

⑤ [唐]柳宗元．柳宗元集[Z]．北京：中华书局，1979：365．

⑥ [唐]柳宗元．柳宗元集[Z]．北京：中华书局，1979：1269．

⑦ [宋]张载．张子正蒙[Z]．王夫之，注．汤勤福，导读．上海：上海古籍出版社，2000：101．

动非自外而自内，因为一气之中蕴涵着对立冲突的阴阳二气。“一物两体，气也。一故神，两故化”①；“阴性凝聚，阳性发散，阴聚之，阳必散之。”② 阴阳二气的对立和矛盾，使得本原拥有了永不枯竭的动力源泉。“气有阴阳，屈伸相感之无穷”③，“若阴阳之气，则循环迭至，聚散相荡，升降相求，絪缊相揉，盖相兼相制，欲一之而不能。此其所以屈伸无方，运行不息，莫或使之。”④ 总之，张载认为矛盾对立的二气合于一气，一气便运动不息，生生变化不已；气生化的事物不需要任何他物推动，它不是他动的，而是自动的。

其后，儒家气论哲学家基本秉承以上观点。

王廷相说：

> 元气之上无物，有元气即有元神，有元神即能运行而为阴阳，有阴阳则天地万物之性理备矣，非元气之外又有物以主宰之也⑤。
>
> 阴阳也者，气之体也。合辟动静者，性之能也。屈伸相感者，机之由也⑥。

吕坤认为，一切自然万象都是阴阳为之。而“阴阳谁为之？”他说：“自然为之”。⑦ 在吕坤看来，阴阳同样是不需要外力，就能自动自休，生化万物。所以他说：

> 天地间万物，都是阴阳两个共成的⑧。

王夫之论述到：

> 阴阳者气之二体，动静者气之二几。……阴阳之消长隐见不可测，而天地人物屈伸往来之故尽于此⑨。
>
> 一屈一伸，交相为感，人以之生，天地以之生人物而不息，此阴阳之动几也⑩。

显然，王廷相、吕坤、王夫之等与张载一样，都认为气之外或者之上不存在推动气化运动的任何人格神或其他事物，阴阳二气的对立统一才是气生化万物的根本动力源泉。

---

① [宋]张载．张子正蒙[Z]．王夫之，注．汤勤福，导读．上海：上海古籍出版社，2000：100．
② [宋]张载．张子正蒙[Z]．王夫之，注．汤勤福，导读．上海：上海古籍出版社，2000：105．
③ [宋]张载．张子正蒙[Z]．王夫之，注．汤勤福，导读．上海：上海古籍出版社，2000：241．
④ [宋]张载．张子正蒙[Z]．王夫之，注．汤勤福，导读．上海：上海古籍出版社，2000：104．
⑤ [明]王廷相．王廷相集[Z]．北京：中华书局，1989：517．
⑥ [明]王廷相．慎言·雅述[Z]．冒怀辛，译注．成都：巴蜀书店，2009：248．
⑦ [明]吕坤．呻吟语[Z]．王国轩，王秀梅，译注．北京：北京燕山出版社，1996：213．
⑧ [明]吕坤．呻吟语[Z]．王国轩，王秀梅，译注．北京：北京燕山出版社，1996：211．
⑨ [宋]张载．张子正蒙[Z]．王夫之，注．汤勤福，导读．上海：上海古籍出版社，2000：89．
⑩ [宋]张载．张子正蒙[Z]．王夫之，注．汤勤福，导读．上海：上海古籍出版社，2000：128．

可见，在儒家气论的整个体系中，人们都向气本原中寻求动力因，认为一气之中阴阳二气的冲突和矛盾才是气化真正的动力源泉。儒家气论对于气化动力因的这种基于气内部对立面矛盾上的说明和追寻是非常合理和成功的。其道理如黑格尔所说："矛盾是一切运动和生命力的根源；事物只因为在本身之中包含着矛盾，所以它才能运动，才具有趋向和活动。"①

当然，试图给生化多样万物的本原寻找合理的动力因，这不单是儒家气论，也是古希腊那些热衷于追求本原物的哲学中所必须要解决的问题。这种情况在前苏格拉底哲学中非常普遍。从米利都学派到阿伯德拉学派，他们都或深或浅地在尝试回答和解决这个问题。只不过，他们对这个问题的解答并不像儒家气论那么合理、彻底和统一。粗略来讲，他们对本原物动力因的说明可以分为3种情况。

第一种，本原不动说。持这种理论的哲学家不讨论本原物的动力因，主要代表人物是毕达哥拉斯。他认为，数是世界万物的本原。但是从数"产生点；从点产生出线；从线产生出平面；从平面产生出立体；从立体产生出感觉所及的一切物体"②，对于这些变化的动力，他却没有说明。就如亚里士多德所批评到的：毕达哥拉斯学派"所设定的前提只是有限和无限、奇和偶，究竟运动是从哪一种原因产生出来的，他们却没有提及，他们也没有告诉我们，在运动或变化之外，如何会有生、灭或天体的运行。"③ 亚里士多德的批评正好击中了毕达哥拉斯的软肋：本原如果只有质料因，没有合理的动力因，自身不动，它又怎么能有变化，又怎么能生化多样和不同的事物。这显然是说不通的。所以，如阿那克西美尼所申述的：本原"如果它不运动，则变化着的事物不能变化。"④

第二种，本原他动说。持这种观点的典型代表为恩培多克勒和阿那克萨戈拉。恩培多克勒认为世界万物都由火、水、土、气四元素的结合和分离所产生。但是，元素结合和分离的动力来自哪里呢？由于恩氏的四元素每一个都是巴门尼德式的存在物，它们彼此孤立又没有内在矛盾，因此这种结合和分离的力不可能来自四元素本身，只能向外另求。于是，恩氏在物质性的四元素之外提出了精神性的"爱"和"斗"来作为动力因。四元素因"爱"而结合，因"斗"而分离。而阿那克萨戈拉用无限同类的种子取代了恩培多克勒的四元素作为万物本原，虽然避免了后者的一些问题，但是对于本原物动力因的说明他依然没有跳出恩氏他动说的窠臼——他认为动力因是物质本原之外的"心灵"（nous）。他说："……心灵也能支配整个漩涡运动，它推动了这个运动。……"⑤"当心灵开始推动时，在运动中的一切

---

① 中共中央马克思恩格斯列宁斯大林著作编译局马恩室，编译．马克思恩格斯全集[M]．北京：人民出版社，1986：38卷：135.

② 北京大学．古希腊罗马哲学[M]．北京：三联书店，1957，34页，30条.

③ 北京大学．古希腊罗马哲学[M]．北京：三联书店，1957：39.

④ 苗力田．古希腊哲学[M]．北京：中国人民大学出版社，1989：31页，56条.

⑤ 北京大学．古希腊罗马哲学[M]．北京：三联书店，1957：71页，12条.

事物就开始分开；心灵推动到什么程度，万物就分别到什么程度。”[①] 所以，阿那克萨戈拉同恩氏一样，他的本原物照旧是他动的：种子从质料因上构成万物，而“心灵”从动力因上安排、主宰着万物。恩培多克勒和阿那克萨戈拉都在试图寻求本原物的动力因，相对于毕达哥拉斯认为本原不动，这明显是进步了。但是，他们对于动力因的解答和阐释仍然是不成功的。他们引入的“爱”、“斗”和“奴斯”，尽管保留着长宽等物质属性，或者还部分通过与事物的共同作用来产生运动，但本原物“多”元论及精神与物质初步分裂的主要哲学倾向使他们始终都没有如儒家气论一样涉及动力的真正源泉——物质本原自身对立面的冲突和矛盾。

第三种，本原自动说。这种学说在前苏格拉底哲学中可以分为两类。一，机械的自动说。这主要指向以无限“原子”为本原的阿伯德拉学派。他们认为事物因原子的结合而形成，又因原子的分离而灭亡。他们对原子结合、分离的动力因的说明，一方面不满足于“爱”、“斗”和“心灵”等外在因素，另一方面他们所期望自动的原子又由于没有空隙和内在矛盾的（每一个原子都是巴门尼德式的“一”），这样他们只能从闪烁其词的“必然性”（“一切都按必然性发生”[②]）和还没有被自己否定的“虚空”中寻找动力的原因。可是，“虚空”毕竟只是“运动的条件”，而不是“运动的原因”。而所谓的“必然性”，实际只是每一单个的原子被别的原子强制推动所形成的因果锁链。[③] 这样，原子论者对动力因的说明虽然摆脱了物活论的痕迹，使原子整体自动起来了，但对任何单个原子而言，它们仍然是他动的，而且“运动纯粹是无生命的、机械的。”[④] 二，辩证的自动说。这种学说强调动力源自本原物内部成分的对立，与儒家气论对于动力因的说明最为接近。持这种学说的主要有阿拉克西曼德、阿那克西美尼和赫拉克利特。阿拉克西曼德认为万物的本原是“无规定者”。“无规定者”自身蕴涵着各种对立物的成分（如热和冷、湿和干等），借助内部成分的对立作用，本原物就会发生一种分离运动，从而形成多样性的万物。辛普里丘转述说：“阿拉克西曼德说，对立物蕴藏在基质之内，基质是一个无限体，从这个无限体中分离出对立物。……‘对立物’就是热和冷，湿和干等。”[⑤] 其后的阿那克西美尼同阿拉克西曼德一样，认为运动是由于本原物（气）自身的冷（浓聚化）与热（稀疏化）的对立造成的。他强调：“对立、热和冷是生成的最有利的因素。”[⑥] 而以火为本原的赫拉克利特，进一步发展了这种辩证自动说。他认为，火的属性是“逻各斯”，而“‘逻各斯’最本质的含

① 北京大学．古希腊罗马哲学[M]．北京：三联书店，1957：71 页，13 条．
② 叶秀山．前苏格拉底哲学研究[M]．北京：三联书店，1982：274．
③ 叶秀山．前苏格拉底哲学研究[M]．北京：三联书店，1982：274-276．
④ 叶秀山．前苏格拉底哲学研究[M]．北京：三联书店，1982：277．
⑤ 北京大学．古希腊罗马哲学[M]．北京：三联书店，1957：8 页，5 条后半部分．
⑥ 苗力田．古希腊哲学[M]．北京：中国人民大学出版社，1989：31 页，56 条．

义，是指隐藏在事物内部的对立和斗争。”① 他说：“互相排斥的东西结合在一起，……一切都是斗争产生的。”② 因而，他的火不需要借助外力就能自行运动和生化万物。

根据上述，我们可以看出，前苏格拉底哲学家对于本原物生化多样性万物的动力因的说明的确不如儒家气论一样统一和合理，他们各是其是的理论，不是认为本原物静止不动，就是以为运动需要借助于精神性的外力，或者干脆陷入无生命的机械的自动说中。他们费尽心思提出的“爱”、“斗”、“心灵”及“必然性”等，尽管都在尝试让本原及万物“动”起来，却始终没有同儒家气论一样从物质本原自身对立面的冲突和矛盾中寻找合乎逻辑的真正的动力因。虽然，他们也有像赫拉克利特等这种与儒家气论相近的辩证动力说，但只可惜这种理论在整个古希腊哲学中并不是主流，而且在后来的西方文明中也没有得到很好地继承和发扬。相反，他动说，即事物需要精神性的外力来强制推动的观点，却变得越发普遍和根深蒂固，以至于到了近代笛卡尔认为，“当人们决定移动他们的指头时，上帝不得不为他们移动”。③ 西方这种对动力因不合理的说明及对合理动力因的舍弃，使得本原及万物不但没有自动起来，反而变得更加被动和僵化，并且最终在很大程度上促使了自然从有机体的形象和隐喻转变成了机械的、无生命的物理集存系统。而当自然变成一个“全由外力而不是内在力量推动”④的死气沉沉的物理系统时，“它将失去作为一种规范性的强制因素的功能”⑤，使得人们“对自然的操控合法化”。⑥ 生物多样性的加剧丧失只是这些“合法”行为的必然结果之一而已。

恰成对比的是，我们看到在儒家气论中“动非自外”的观点得到了很好的延续和秉承，阴阳二气的矛盾和冲突这个合理的动力因始终为儒家气论所公认与共识；气是运动的、能动的、自动的，而非静止的、被动的、他动的，这种思想也一直主导着儒家气论的动力说和自然观。在这种动力说和自然观的主导下，无论是气化的现象和过程，还是由气所生化的多样性的生命和物种，在儒家看来都永远充满着令人敬畏的盎然生机和活力——自然及其万物是个巨大有机体的形象一直深入人心。当自然总是以这种形象呈现时，它就会相应地从积极生态意义上规定着人们同自然及其生物多样性的关系。就如李约瑟曾指出的：“对中国人来说，自然界……更像是一切生命体中最伟大的物体，应该了解它的统治原理，从而使生物能与它和谐相处。”⑦ 这样一种和谐相处的状态对古代人们管理、维持和保护

---

① 杨适．哲学的童年[M]．北京：中国社会科学出版社，1987：187.
② 北京大学．古希腊罗马哲学[M]．北京：三联书店，1957：19页，8条．
③（美）尤金·哈格洛夫．环境伦理学基础[M]．杨通进，等，译．重庆：重庆出版社，2007：46.
④（美）卡洛琳·麦茜特．自然之死[M]．吴国盛，等，译．长春：吉林人民出版社，1999：212.
⑤（美）卡洛琳·麦茜特．自然之死[M]．吴国盛，等，译．长春：吉林人民出版社，1999：25.
⑥（美）卡洛琳·麦茜特．自然之死[M]．吴国盛，等，译．长春：吉林人民出版社，1999：212.
⑦ 潘吉星．李约瑟文集[M]．沈阳：辽宁科学技术出版社，1986：338.

生物多样性发挥着重要的作用。

所以，对本原物动力因的说明，不但在解释生物多样性如何可能的问题上发挥着不可或缺的功能，而且对于人们如何看待和处理与自然及生物多样性的关系也起到了一定的规定和导向作用。从儒家气论对气化动力因的合理解释及其所产生的积极的生态影响中，我们进一步认识到了它所蕴涵的深刻的生物多样性智慧。

六、"多"是必然结果

至此，我们已经知道并且肯定，在儒家气论的说明体系中，作为本原物的气具备生化和创造生物多样性足够的动力与能力。那么，在这种情况下气就自然会不断地生化多样性的生命与物种，创造生物多样性。

二程：天地阴阳之变，便如二扇磨，升降盈亏刚柔，初未尝停息，阳常盈，阴常亏，故便不齐。譬如磨既行，齿都不齐。既不齐，便生出万变。故物之不齐，物之情也[①]。天之生物无穷，物之所成却有别[②]。

邵雍：一分为二，二分为四……十分为百，百分为千，千分为万，犹根之有干，干之有枝，枝之有叶，愈大则愈少，愈细则愈繁，合之斯为一，衍之斯为万[③]。

张载：游气纷扰，合而成质者，生人物之散殊……造化所成，无一物相肖者[④]。

周敦颐：乾道成男，坤道成女，二气交感，化生万物。万物生生而变化无穷[⑤]。

朱熹：造化之运如磨，上面常转而不止。万物之生，似磨中撒出，有粗有细，自是不齐[⑥]。

吕坤：天地之气化生于不齐而死于齐，故万物参差，万事杂糅，势固然耳。天地亦主张不得[⑦]。

王夫之：天之命物，于无而使有，于有而使不穷，屈伸相禅而命之者不已[⑧]。二气所生，风雷、雨雪、飞潜、动植、灵蠢、善恶皆其所必有，故万象万物……形状诡异，性情区分，不能一也[⑨]。

---

① [宋]程颢，程颐．二程遗书[Z]．潘富恩，导读．上海：上海古籍出版社，2008：83.
② [宋]程颢，程颐．二程遗书[Z]．潘富恩，导读．上海：上海古籍出版社，2008：135.
③ [宋]邵雍．邵雍集[Z]．北京：中华书局，2010：107-108.
④ [宋]张载．张子正蒙[Z]．王夫之，注．汤勤福，导读．上海：上海古籍出版社，2000：98.
⑤ [宋]周敦颐．周敦颐集[Z]．北京：中华书局，1990：5.
⑥ [宋]朱熹．朱子语类[Z]．黎靖德，编．北京：中华书局，1986：卷一.
⑦ [明]吕坤．呻吟语[Z]．王国轩，王秀梅，译注．北京：北京燕山出版社，1996：210.
⑧ [宋]张载．张子正蒙[Z]．王夫之，注．汤勤福，导读．上海：上海古籍出版社，2000：234.
⑨ [宋]张载．张子正蒙[Z]．王夫之，注．汤勤福，导读．上海：上海古籍出版社，2000：104.

戴震：气化流行，生生不息[①]。譬天地于大树，有华、有实、有叶之不同，而华、实与叶皆分于树；形之钜细，色臭之浓淡，叶之厚薄，又华与华不同，实与实不同，叶与叶不同[②]。

从上面我们可以得知：第一，气所创造的生命和物种数量是非常庞大的。例如，张载说："游气纷扰，合而成质者，生人物之散殊"。邵康节说："一分为二，二分为四……十分为百，百分为千，千分为万。"第二，数量庞大的生命与物种之间呈现变异性同样是必然的。"物之不齐，物之情也"，"故万物参差，万事杂糅，势固然耳"，"万象万物……形状诡异，性情区分，不能一也"——气论哲学家都认为，事物之间出现多样性、变异性是不可避免的，是本该如此，应该如此。而且，他们认为这种变异性和多样性不仅存在于物种之间，也存在于生物个体上。例如，张载所说："人与动植之类已是大分不齐，于其类中又极有不齐。某尝谓天下之物无两个有相似者，虽则一件物亦有阴阳左右。譬之人一身中两手为相似，然而有左右。一手之中五指复有长短，直至于毛发之类，亦无有一相似。"[③]自然界中有不同的物种，不同的物种间有不同的个体，这种观点其实已经朦胧地表达了现代生物学中的群体思想："群体论强调生物界中的万物都有其独特性，人类就是这样，没有哪两个完全一样的，其他动植物也是这样。实际上，即使是同一个体，它在其一生中及放在不同的环境中也会一直发生变化，所有生物及生命现象都由独特的特征所构成，只能从统计学的角度，从群体上对生物和生命现象进行描述。"[④]第三，气的生化过程是连续不断、生生不息的。王夫之说"天之命物，于无而使有，于有而使不穷，屈伸相禅而命之者不已"，以及戴震说"气化流行，生生不息"，即表明气不是"一劳永逸"地生化了"多"，而是连续不断地生化着"多"。总之，这些都说明了气不但能够生化数目庞大的生命与物种，而且还会令它们之间出现纷繁的变异性和多样性，即气不但能够创造物种的丰度，而且能实现物种的多度。造就生物之"多"，实现生物多样性，对气而言的确是可能的，气完全具备这样的条件和能力。简言之，气有"生生之能"。

非但如此，气还被认为蕴有"生生之德"，即生化万物的德性和倾向。张载言："气之性本虚而神，则神与性乃气所固有。"[⑤] 他说神与性为气所固有，就是说气的本性是神与性。那么，什么又是神、性？张载说："性与天道云者，易而已矣"。[⑥] 又说，"语其不测，故曰神；语其生生，故曰易。其实一物，指事异名尔。"[⑦] 至于

---

① [清]戴震．孟子字义疏证[Z]．北京：中华书局，2009：21．
② [清]戴震．孟子字义疏证[Z]．北京：中华书局，2009：165．
③ [宋]张载．张载集[Z]．北京：中华书局，1978：322．
④（美）恩斯特·迈尔．进化是什么[M]．田洺，译．上海：世界出版集团，2009：84．
⑤ [宋]张载．张子正蒙[Z]．王夫之，注．汤勤福，导读．上海：上海古籍出版社，2000：233．
⑥ [宋]张载．张子正蒙[Z]．王夫之，注．汤勤福，导读．上海：上海古籍出版社，2000：98．
⑦ [宋]张载．张子正蒙[Z]．王夫之，注．汤勤福，导读．上海：上海古籍出版社，2000：241．

性，就是易；至于神（变化不测），与易虽为异名，而实为一物。因此，气的本性为性与神，其实就是说气的本性为易。易按照《周易》就是生生之意。而生生，即"不绝之辞……后生次于前生，是万物恒生谓之易也"。[①] 因此，气的本性和倾向就是生生不穷、不断地创造和化生万物。所以张载再次强调："太虚不能无气，气不能不聚为万物，……循是出入，是皆不得已而然也。"[②]"气不能不聚为万物"和"皆不得已而然也"表示了气创造万物倾向的必然性。气只有经历了聚为有相而成万物这样一个不可或缺的中间环节，才能归散至太虚。因此，气一定要化生万物，以万物为自身在有形有象的世界中必然的不可逆的倾向。

气有此种倾向，即便是认理为究极本原的朱熹也不否认："盖气则能凝结造作，理却无情意，无计度，无造作，……若理，则只是个净洁空阔底世界，无形迹，他却不会造作，气则能酝酿凝聚生物。"[③]言理无情意、无计度、无造作，那么反过来则是说气有情意、有计度、有造作。换言之，理是没有倾向的，而气则有。气的倾向就是要酝酿凝聚、创生万物。

对此，颜习斋更明确指出："元亨利贞四德，阴阳二气之良能也；化生万物，元亨利贞四德之良能。……二气之四德，四德之生万物，莫非良能也。"[④]二气之良能是四德，四德之良能是生万物，那么推而言之，化生万物就是二气之良能。何谓良能？"人之所不学而能者，良能也"（《孟子·尽心上》）。良能当指一物天然固有的本性和内在倾向。因此，气的天然固有的本性和内在倾向就是化生万物。

显然，这些都说明了气以化生万物、创造和成就万物之"多"为自身的内在德性和天然倾向。气作为本原，在具备生生之能力与条件的同时，还拥有生生之德性和倾向，它的创造力无疑将因其变得更加充盈和旺盛。于此，气造就生物多样性，即"一"生化"多"，不但是可能的，而且将是必然的和不可避免的。

可是，气虽然能够生化种类繁多的生命与物种，实现物种的丰度和多度，但这些繁多的生命与物种之间是否仅为机械的、静止的数量存在，而缺乏动态的相互作用？如果是这样的话，气所生化的还并非是生物多样性。因为生物多样性不是"简单的包含不同活动的镶嵌，而代表一种由所有的成分及其相互作用形成的连续的统一"的复合实体。[⑤] 那么，在儒家气论的说明体系中，生命与物种之间是否存在着相互作用呢？答案是肯定的。相互作用的原理和机制在儒家气论中被表述为"感应"。

《易·咸·彖》曰：

天地感而万物化生。……观其所感，则天地万物之情可见矣。

---

① [魏]王弼，[晋]韩康伯．周易正义[Z]．孔颖达，正义．北京：中国致公出版社，2009：262．
② [宋]张载．张子正蒙[Z]．王夫之，注．汤勤福，导读．上海：上海古籍出版社，2000：87．
③ [宋]朱熹．朱子语类[Z]．黎靖德，编．北京：中华书局，1986：卷一．
④ [清]颜元．存性编[Z]．北京：中华书局，1985：23．
⑤（印度）克里施纳默西．生物多样性教程[M]．张正旺，主译．北京：化学工业出版社，2006：2．

程颐说：

天地间只有一个感应而已，更有甚事[①]？

张载说：

天地生万物，所受虽不同，皆无须臾之不感。……太虚者，气之体。气有阴阳，屈伸相感之无穷，故神之应也无穷；其散无数，故神之应也无数[②]。

咸，感也。感之道不一：或以同而感，圣人感人心以道，此是以同也；或以异而应，男女是也，二女同居则无感也；或以相悦而感，或以相畏而感，若虎先见犬，犬自不能去，犬若见虎，则能避之；又如磁石引针，相应而感也。若以爱心而来者自相亲，以害心而来者相见容色自别。'圣人感人心而天下和平'，是风动之也；圣人老吾老以及人之老而人欲老其老，此是以事相感也。感如影响，无复先后，有动必感，咸感而应，故曰咸速也[③]。

朱熹说：

事事物物皆有感应[④]。

罗钦顺说：

天地间无适而非感应[⑤]。

在儒家气论看来，首先天地间的一切万物虽然有着差异，表面上是一个个毫无关系的独立个体，但实际上它们之间存在着无处不在、无时不有的相互感应。这种感应机制是非常多样的，它可以发生于同类的事物之间，也可以发生于异类的事物之间。"感之道不一，或以同而感，……或以异而应。"其次，感应的传达在事物之间不但非常迅速（"感如影响，无复先后，有动必感，咸感而应，故曰咸速也"），而且也不受距离的影响。例如，三国管辂说："苟精气相感，……无有远近"（《三国志·管辂传》）。北齐刘昼说："物类相感，虽远不离"（《新论·类感章》）。李约瑟也指出："在中国人看来，聚成有形物质的气并不是由粒子构成，而是物体间作用力和反作用力的体现。这种相互作用不受空间的影响，能跨越相当大的距离。"[⑥] 也就是说，事物不论相距多远，都可以相互感应。再次，感应不是一次性

① [宋]程颢，程颐．二程遗书[Z]．上海：上海古籍出版社，2008：198．
② [宋]张载．张子正蒙[Z]．王夫之，注．汤勤福，导读．上海：上海古籍出版社，2000：236-241．
③ [宋]张载．张载集[Z]．北京：中华书局，1978：125．
④ [宋]朱熹．朱子语类[Z]．黎靖德，编．北京：中华书局，1986：卷九十五．
⑤ [明]罗钦顺．困知记[Z]．阎韬，译注．成都：巴蜀书店，2000：251．
⑥（英）李约瑟．中华科学文明史[M]．柯林·罗南，编，江晓原，主译．上海：上海人民出版社，2010，491．

的，而是持续性的。事物只要存在，感应就不会消失。因为，“天地之化，人物之生，皆具阴阳二气。”[①]事物有了阴阳二气，就有了无穷的感应源泉。“阴阳具于中，故不穷于感”[②]。总之，感应之道“大则包天地，小则该万物”[③]，天下万事万物无所不感，无时不感。

当然，万物之间的感应，在儒家气论的系统中并非是抽象虚无的概念，而是自然界真实存在、真正发挥作用的机制。儒家描述了许多生态现象同自然事实来佐证之。例如，儒家发现天地之气的变化通过气的感应机制会影响生物的节律。《管子·形势篇》云：“春者阴气始上，故万物生；夏者阳气毕上，故万物长；秋者阴气始下，故万物收；冬者阴气毕下，故万物藏。故春夏生长，秋冬收藏。”[④]就是说万物因感于阴气上下升降而相应的生长收藏。《礼记·月令》孟春之月载：“天气下降，地气上腾，天地和同，草木萌动。”[⑤]孟冬之月载：“天气上腾，地气下降，天地不通，闭塞而成冬。”[⑥]当天地之气交通和同时，草木就开始茂盛生长；当天地之气隔绝不通时，草木便凋零萧杀。也就是说草木等生物的生长与其对天地之气的感应直接关联。而王充说得更详细：“天气变于上，人物应于下。……夏末，蜻裂鸣，寒（将/虫）啼，感阴气也。雷动而雉惊，（蜇）发而裂鸣，寒蛇出，起（阳）气也。夜及半而鹤唳，晨将旦而鸡鸣，此虽非变，天气动物，物应天气之验也（《论衡·变动》）。”就是说，蜻鸣虫啼、冬蛇复苏、夜半鹤唳、鸡鸣将旦等各种生物的生理现象都是感应天地之气变化的结果。天气有什么样的变动，万物的节律也相应改变。也就是“天气变于上，人物应于下”。另外，非但天气的变化会影响生物的节律，潮水的涨落等自然现象也会影响生物。“这类现象在俞思谦辑录的《海潮辑说》有许多记载。例如，孙绰《海赋》、沈约《袖中记》等记载了鸡应潮而鸣的现象。《捭雅》、《渔溪丛话》记载了蜂应海潮‘排衙’的现象；《酉阳杂俎》记载了一种形如彭蜞，‘取土作丸数至三百则潮至’的动物，名为‘数丸’；《蟹谱》记载了蟹‘随潮解甲更生新者’的现象；《本草》记载了‘蛎房每潮来则诸房皆开’的现象。俞氏认为，这些都是由于‘气类之相感’。”[⑦]

因此，儒家气论相信，任何事物，不管大小、无论远近，都时时刻刻与所有事物发生着相互感应。例如，李约瑟再次强调：“在古代和中世纪，中国人认为物质世界是一个连续的整体。‘气’凝聚成可感之物，这种认识的重要意义在于个体与世界上其他一切物体都在作用与反作用着……作为最后的说明，一切都在依赖‘阴’、‘阳’

① [宋]张载．张子正蒙[Z]．王夫之，注．汤勤福，导读．上海：上海古籍出版社，2000：105．
② [宋]张载．张子正蒙[Z]．王夫之，注．汤勤福，导读．上海：上海古籍出版社，2000：237．
③ [魏]王弼，[晋]韩康伯．周易正义[Z]．孔颖达，正义．北京：中国致公出版社，2009：140．
④ 管子[M]．谢浩范，朱迎平，译注．贵阳：贵州人民出版社，2008：602．
⑤ [汉]郑玄，注．礼记正义[Z]．孔颖达，疏．上海：上海古籍出版社，2008：622．
⑥ [汉]郑玄，注．礼记正义[Z]．孔颖达，疏．上海：上海古籍出版社，2008：723．
⑦ 程宜山．中古古代元气说[M]．武汉：湖北人民出版社，1986：76．

两种基本力量以类波或振动的方式在各个层次有节奏的相互感应。”① 因此，在“感”与“应”机制中，气所生化的多样性的生命和物种就不再是静止的机械的数量存在，而是作用与反作用的连续统一的复合体，即完整意义上的生物多样性。

总之，儒家认为，生物多样性或者“多”，对有生化作用与生生德性的气而言，不但是可能的，而且是必然的。

第二节 “多”怎样被自然容纳

通过上面的分析，我们已经知道，气作为本原物不但能够生化，而且还可以生生不息、永续不断地生化着多样性的生命与物种，创造生物多样性。但是，与此同时这也产生了一些不得不回答的问题：多样性生命与物种的数量是否会无限制地增加，从而导致自然界变得拥挤不堪？如果不会，仍以一定数量存在着的生命和物种是否会在激烈竞争、混乱无序中相互排斥，从而难以被自然所兼容？即便可以，自然界又是否拥有丰足的物质和资源来维持它们的生存？合言之，为气所不断生化的“多”是否可以被自然所容纳？儒家气论又怎样回答和解决这些问题？

一、一物两体：增减并存的数量控制模式

首先，在儒家看来，本原之气是“一物两体”之物。气论论述到：

> 一物两体，气也。……阳之德主于遂，阴之德主于闭②。
>
> 阳气暖而阴气寒，阳气予而阴气夺，阳气仁而阴气戾，阳气宽而阴气急，阳气爱而阴气恶，阳气生而阴气杀③。

所谓“一物两体”，是指一气之中蕴涵着作用和功能相左的阴阳二气：阳主生、兴、成、遂；阴主夺、杀、闭、亡。一方面阳气不断生化多样的生命与物种，另一方面阴气又令这些事物趋向消亡和毁灭。也就是说，气作为本原物蕴涵着对立冲突的两种属性：它既是创造者，也是灭亡者；既是给予者，也是剥夺者；既有生的倾向和能力，也有杀的作用和功能。在这种情况下，自然界的任何生命与物种，有生就有死，有所增加必也有所减少。没有哪一种生物可以无限地繁殖自身而不受到抑制。没有哪一种生物的数量可以增长到使其他生物完全无法生存的程度。这样，以几何比率被气不断创造出来的各类生命与物种就会同时因气自身的毁灭作用而被限定在一定的平均数目之上。

---

① 李存山．中国气论探源与发微[M]．北京：中国社会科学出版社，1990：398．
② [宋]张载．张子正蒙[Z]．王夫之，注．汤勤福，导读．上海：上海古籍出版社，2000：104-105．
③ [汉]董仲舒．春秋繁露[Z]．曾振宇，傅永聚，注．北京：商务印书馆，2010：233．

但有疑问的是，阴气所主导的毁灭作用和阳气所主导的创生作用是否会在一气之中达到一种平衡状态？若不平衡，不是毁灭作用大于创生作用，就是创生作用大于毁灭作用。如果是前者，生物的消亡量会大于它们的生成量，生物的种类和数量就会越来越少，直到没有为止。生物若都没有了，再谈生物多样性容纳与否就没有意义了。但如果是后者，则意味生成量大于消亡量，生物的种类和数量会越来越多，最终将超出自然负荷。所以，要使得自然界的生物及其数量保持在不会太少（没有）又不会太多（无法容纳）的合理范围上，一气之中的毁灭作用和创造作用必须相互平衡。

董仲舒说：

> 天道大数，相反之物也，不得俱出，阴阳是也。春出阳而入阴，秋出阴而入阳，夏右阳而左阴，冬右阴而左阳。阴出则阳入，阳出则阴入，阴右则阳左，阴左则阳右[①]。
>
> 天地之气，阴阳相半[②]。

张载说：

> 若阴阳之气，则循环迭至，聚散相荡，升降相求，絪缊相揉，……阴性凝聚，阳性发散；阴聚之，阳必散之，其势均散[③]。

阴阳二气虽然作用互逆、功能相左，但是它们相互牵制、相互制衡，彼此势均力敌、不相向下，没有任何一方可以压倒另一方。即便在某一时段内一方占据主导地位，但在另一时段就得让位于对方。例如，春季阳气为主，但在秋季以阴气为主；夏季是右阳而左阴，冬季则是右阴而左阳。阴阳是“时有衰王，更相为主”。[④] 所以，总的来说阴阳二气的对立冲突处于动态的平衡状态，也即创生作用和毁灭作用在自然界是平衡互补的。这样平衡的结果，使得自然界有多少生物产生，就有多少生物消亡。于是王夫之说：“至虚之中，阴阳之撰具焉，絪缊不息，必无止机。故一物去而一物生，一事已而一事兴，一念息而一念起，以生生无穷。”[⑤] 戴震说：“生则有息，息则有生，天地所以成化也。”[⑥] 王戴二人之言即指，自然界生物的生成量和消亡量大致平衡、相互抵消。

但如果生物产生量和消亡量相互抵消，那么自然界岂不是什么生物都不存在了？就像数学上正负相抵等于零一样。事实并非如此。因为，数学上的正负相抵并不需要涉入时间参数，而生物的成长和消亡则都需要时间。任何生物产生后并

① [汉]董仲舒．春秋繁露[Z]．曾振宇，傅永聚，注．北京：商务印书馆，2010：251．
② [汉]董仲舒．董子文集[Z]．北京：中华书局，1985：16．
③ [宋]张载．张子正蒙[Z]．王夫之，注．汤勤福，导读．上海：上海古籍出版社，2000：100．
④ [宋]张载．张子正蒙[Z]．王夫之，注．汤勤福，导读．上海：上海古籍出版社，2000：236．
⑤ [宋]张载．张子正蒙[Z]．王夫之，注．汤勤福，导读．上海：上海古籍出版社，2000：97．
⑥ [清]戴震．孟子字义疏证[Z]．北京：中华书局，2009：62．

不是马上消亡，而是会在自然界持续存在一段时间。这样，生物尽管产生又消亡，但它们自身的时间跨度让自然界总是拥有着一定数目的生物。因此，势均力敌的阴阳二气及其相互平衡的毁灭作用和创生作用，使自然界生物数量不会太少也不会太多，即一方面令自然界存在一定种类和数目的生命与物种（可以彰显着生物多样性），另一方面又令它们的数量保持在适宜的范围之内（可使生物多样性得到维持）。所以，儒家气论生杀相抵、增减并存的机制和模式正好解决了“多”的永续生化与自然容纳度之间的矛盾，使得二者实现了动态的平衡。

通过毁灭作用来抑制生物数量过度增长，儒家气论的这种说明生物多样性如何被容纳的思想，在作为进化论创始人的达尔文那里也有相似论述。他在《物种起源》中写道：

> 各种生物在其自然的一生中都会产生若干卵或种子，在它生命的某一时期、某一季节，或者某一年，它们一定要遭到毁灭，否则按照几何比率增加的原理，它的数目就会很快变得非常之多，以至于没有地方能够容纳。……即使是生殖慢的人类，也能在25年间增加一倍，照这个速率计算，不到1000年，他们的后代简直就没有立脚余地了[①]。

在达尔文看来，生物的数目若要被控制在自然能够容纳的范围之内，就必须要引入生物毁灭及其所表达的抑制作用。“抑制作用只要减轻，毁灭作用只要少许缓和，这种物种的数目几乎立刻就会大大增加。”[②] 那么，自然界又通过什么产生可抑制生物平均数目的毁灭作用？达尔文认为是通过一种生物捕食另一种生物来产生的。他说：“决定一个物种的平均数，往往不在于食物的获得，而在于被他种生物所捕食。”[③] 例如，土著杂草因被蛞蝓和昆虫食用，数量得到抑制。当然，生物之间的抑制机制和毁灭作用是非常复杂和多样的。一种生物可能既是捕食者，也是被捕食者；既是毁灭和抑制者，也是被毁灭和被抑制者。抑制机制和毁灭作用会通过食物链在生物中传导。但达尔文认为只要全部抑制作用共同发挥作用时，就能把物种数目及其生物量抑制在一定的范围之内，而不至于增长到生态系统难以容纳的程度。

不过，达尔文虽然与儒家都强调毁灭作用，但他是以捕食者（有害生物）作为毁灭作用的主体。他这种理论，尽管比儒家气论更为具体地描述了自然事实和生态机制（主要是食物链），但由于他强调捕食者对于被捕食者数目的抑制作用，使得各种生物尽管被自然所容纳了，但是容纳的状态中蕴涵着毁灭与被毁灭的血腥残酷的内在矛盾。而在儒家气论中，由于毁灭作用的主体不是作为捕食者的别

---

① （英）达尔文．物种起源[M]．周建人，等，译．北京：商务印书馆，2009：78-79.
② （英）达尔文．物种起源[M]．周建人，等，译．北京：商务印书馆，2009：81.
③ （英）达尔文．物种起源[M]．周建人，等，译．北京：商务印书馆，2009：83.

的生物，而是作为高于所有生物的本原之气，因此各种生物之间自然就不是毁灭与被毁灭的血淋淋的斗争，而更多的是一种同舟共济、共存共生的协作和同关系。

所以，儒家气论这种增减并存、生杀一体的机制和原理，尽管同达尔文一样，也表达了通过毁灭作用来抑制物种数目及其生物量，从而使得多样差异的生命与物种能够同时被自然界所容纳的思想，但由于它以创生本原之气而不是别的生物作为毁灭主体，因此对为自然所容纳的生物之间的关系有着与达尔文截然不同的理解。这种理解，现在看来更接近和符合自然界的生态事实。

二、仇以和解：各得其利的生物竞争机制

儒家气论对各种生物关系的认知，虽不像达尔文一样限定在毁灭和被毁灭上的生死竞争上，不过与后者相同的是它也并不否认生物之间存在着竞争。但是，儒家气论对于生物竞争作用的理解与达尔文大不相同。

在达尔文看来，自然界由于资源空间有限，而生物的种类和数量又非常巨大，因此，不同种类的生物及同种类的不同生物个体之间就存在广泛的竞争。而竞争的结果就是，让强者生存，把弱者淘汰。达尔文说：

> 我们所能做到的，只是牢牢记住，每一种生物都按照几何比率努力增加；每一种生物都必须……进行生存斗争，而大量毁灭。当我们想到此种斗争的时候，我们可以用如下的坚强信念引以自慰，即自然界的战争不是无间断的，恐惧是感觉不到的，死亡一般是迅速的，而强壮的、健康的和幸运的则可生存并繁殖下去[①]。

达尔文认为这种无处不在、频繁不断的生物竞争遵循优胜劣汰的原则。生物在竞争中只有强者能够生存下来，而弱者都将死亡。只有消灭竞争对手，生物才能生存。而且达尔文认为，同属物种间的竞争比异属物种间的竞争更加剧烈。“因为同属的物种通常在习性和体质方面，并且永远在构造方面，是很相似的（虽然不是绝对如此），所以它们之间的斗争，一般比异属物种之间的斗争更为剧烈。”[②]总之，在达尔文的理论中，生物竞争的结果，就是把弱者淘汰，让强者生存。

达尔文这样理解竞争的作用和意义显然是有失偏颇的，不符合生物多样性的实情。因为，“竞争如果常常把所谓的‘弱者’淘汰、灭绝，那么生物的多样性是难以存在的”。[③] 实际上，现代生物学发现，竞争机制的存在反而有利于生态系统容纳更多种类和数目的生物。在有竞争的生态系统中比没有竞争的生态系统存在

① （英）达尔文．物种起源[M]．周建人，等，译．北京：商务印书馆，2009：92-93．
② （英）达尔文．物种起源[M]．周建人，等，译．北京：商务印书馆，2009：90．
③ 宋博洲．生物多样性分析[M]．南宁：广西民族出版社，2002：154．

着更高的生物多样性已成为生物学中愈加普遍的常识。竞争对于生物多样性的繁荣和维持有着不可或缺的积极作用。可是，这种积极作用并没有被达尔文所认识到。

与达尔文一样，儒家气论也不否认纷繁芜杂的生物之间存在着竞争。但与达尔文有别的是，气论认为竞争并不会令竞争的任何一方灭亡或者消失，而是使各方都能共生、共存、共容于自然之中。被达尔文所忽视的竞争机制的积极作用——有助于更多生物被自然所容纳，在儒家气论中得到了重视和肯定。那么，竞争又是如何使得自然界容纳更多的物种？张载说：

有象斯有对，对必反其为；有反斯有仇，仇必和而解[①]。

这一段话，对于认识和把握气论中有关竞争机制及其作用的思想非常重要，必须仔细分析。“有象斯有对，对必反其为；有反斯有仇”，这个比较容易理解：即一气之中由于蕴涵着对立冲突的阴阳二气，因此因阴阳二气而生成的各种有形有象的生物之间也相应地存在着对立和冲突。用生态学的概念来讲，即各种生物之间存在着竞争。但竞争的最终结果是“仇必和而解”。“仇必和而解”如何阐释？要阐释这句话就要理解其中最关键最核心的“和”[②]。

那么，“和”的内涵又是什么？《国语·郑语》记载伯阳父云：“夫和实生物，同则不继。以他平他谓之和，故能丰长而物归之；若以同裨同，尽乃弃矣。故先王以土与金、木、水、火杂以成百物……。”[③] 据此，所谓“和”就是“以他平他”，意指多样性的协同统一。只有“以他平他”，万物才能生长繁荣，才可“丰长而物归之”。如果只有无差别的同一（“以同裨同”），那么任何事物将难以存在。这就如音乐和旋律正因为涵盖了不同、多样的声音才变得优美动听；如果只有一种声音，则显得单调乏味、不堪听受（“物一无听”）。这是伯阳父对于“和”的说明和阐述。其后儒家对于“和”的阐释基本尊照此说。孔子说：“君子和而不同，小人同而不和”（《论语·子路》），朱熹说：“乃使物各得其分，不相侵越，乃所以为和。……

① [宋]张载．张子正蒙[Z]．王夫之，注．汤勤福，导读．上海：上海古籍出版社，2000：87.

② 有的学者把这“和”理解为“太和”之气，于是认为事物对立冲突的最后结局就是“形溃反原”于太和之气中（参见李志林．气论与传统思维方式[M]．上海：学林出版社，1990：142.）。这种理解显然是偏颇的。如果事物之间冲突和对立的调和需要以返回混沌之气的方式来实现，那么这就等于说事物在成形以后和形散之前的这段存在时间中，它们之间的关系就仍是冲突和对立。这样的话，儒家气论中的自然与达尔文斗争剧烈、你死我亡的血淋淋的自然又有何别？这样的自然又如何可能容纳更高的生物多样性？冲突和对立只有在各种事物存在的现象界中而不是本体界中得到解决与调和才能使事物“并育而不相害”。另外，在张载哲学和整个中国哲学的概念体系中，“和”和“太和”所指明显有别。前者一般指人或物之间的关系，如“君子和而不同，小人同而不和”；后者主要指具有本原或本体地位的事物。例如，张载说：“太和所谓道，中涵浮沉升降动静相感之性，是生絪缊相荡胜负屈伸之始，其来也几微易简，其究也广大坚固（[宋]张载．张子正蒙[Z]．王夫之，注．汤勤福，导读．上海：上海古籍出版社，2000：85.）。”因此，“和”与“太和”是不同的概念和范畴，张载不可能不知道这种区别，他一定不会为了精炼语句，将“太和”简略为“和”字来用。所以，“和”不等于“太和”之气，它有自身独立的内涵。

③ 国语[M]．黄永堂，译注．贵阳：贵州人民出版社，1995：590.

各止其所，却是和。……天之生物，物物有个分别，各得其利，便是和。”[①] 这都是对伯阳父“和”的继承和发挥。据上，儒家之“和”大致可以规约为两点：一，系统中涵盖着多样异质的要素；二，这些要素在多样性和差异性中和谐、稳定地共存着。而以儒家正统自居的张载，他的“和”的内涵自然与此无太大出入[②]。

因此，张载“仇必和而解”可以这样理解：竞争的最终结果是“和”，是“以他平他”，也即竞争并没有令竞争的任何一方遭到消灭，而是使双方出现差异性的分化，逐渐远离原来冲突和对立的中心，从而以各止其所、各取所需、各得其利的双赢方式实现彼此的共存。实际上，这种观点正好与当代生物学暗相谋合。

生物学认为竞争一般发生在利用同一资源的两个或多个物种之间。但竞争的结果并不会使物种的数目较少，反而有利于维持多个物种的共存。因为竞争首先会造成对立物种生态要求或生态位的分离。生态位一般是指对一个生物在生态系统中占据的时空位置、发挥的功能作用及资源利用的方式的统称。而竞争往往导致“生物利用不同的生境，吃不同的食物或利用不同的营养成分，在不同的时间出来活动”[③]（生态位分离），从而避免因生态位重叠带来的竞争排斥（一个物种消灭另一个物种），以使得一定的生态系统中能容纳更多的生命和物种。

例如，MacArthur 于 1958 年观察到在云杉上生活着 5 种树莺，它们的大小、外部形态都很接近，而且都以昆虫为食。按照竞争排斥原理，这 5 种树莺因形态和食性上的重叠性，将产生相互排斥，难以在云杉上共存。可事实并非如此。为什么呢？MacArthur 发现它们生活在云杉的不同部分。有的在树的顶部，有的在树的中上部，有的在树的中部，有的在树的下部。这样，5 种树莺尽管相互竞争，但是没有任何一方遭到排斥。它们以占据云杉不同空间位置的生态位分离方式实现了共存。

Lamprey 于 1963 年在坦桑尼亚 Tarangire 自然保护区所进行的研究工作也同样是生态位分离的经典案例之一。他发现大羚羊、野牛、长颈鹿、高角羚、疣猪、犀牛、象和水羚 8 种食草动物基本上都生活在同一生境——稀疏林地中。虽然如此，但各种动物之间似乎并不发生利害冲突，也没有竞争排斥。Lamprey 发现，这是因为竞争使它们的生态位以下面几种方式发生分离：①不同的食草动物吃不同种类的食物；②不同的食草动物吃同一种植物的不同部位；③不同的食草动物在距离地面的不同高度上取食；④不同的食草动物出现在同一地区的时间（一天内）和季节不同；⑤在任一特定的季节内，分散在不同的地点取食[④]。所以，借助于竞争压力下产生的生态位分离，这 8 种食草动物在同一生境中都实现了共容。

① [宋]朱熹．朱子语类[Z]．黎靖德，编．北京：中华书局，1986：卷六十八．
② 对于儒家之“和”，我们将在下一章中进行更为详细、深入、系统的讨论。
③ 宋博洲．生物多样性分析[M]．南宁：广西民族出版社，2002：81．
④ 尚昌玉．普通生态学[M]．北京：北京大学出版社，2002：288．

另外，现代生物学认为竞争也会导致特征替代现象的产生，这种现象同样有利于多个物种之间的共存。特征替代现象是指近缘物种之间在同地分布时的差异比较明显，而在异地分布时差异则变得模糊起来。同地分布时，近缘物种由于竞争比较激烈，从而引起了它们各自的形态、行为和生理逐渐分化。例如，Grant 等于 1986 年研究了加拉巴戈斯群岛的 3 种地雀 *Geospiza magnirostris*、*G.fortis* 和 *G.fuliginosa*。他发现这些同地分布的地雀在竞争的压力下，喙的大小发生了分化。大口喙的地雀 *G.magnirostris* 吃大的植物的种子，中等口喙的地雀 *G.fortis* 吃中等大小的种子，小喙的地雀 *G.fuliginosa* 吃小种子①。通过这种取食器官的分化（形态上的特征替代），3 种地雀便可以共同生活于资源和空间有限的同一区域中。

通过现代生物学的这些事例，我们发现竞争的作用和结果，不像达尔文以为的那样造成一个物种排斥另一个物种，而是会使得对立冲突的物种之间出现生态位、形态、生理等各种特征上的差异分化，从而在分化中实现各方的共存。这样的理论及其相关生态事实在很大程度上刚好演绎和验证了张载“仇必和而解”的观点。据此，我们也可以看出，张载和儒家气论已经朦胧地认识到了竞争这种被达尔文所忽视的积极作用。这是非常难能可贵的。因此，儒家气论相信，气尽管生化着种类繁多、数量庞大的生物，这些生物因生于对立冲突的阴阳二气而相应地会出现相互竞争，但由于“仇必和而解”，各种生物间并不出现相互毁灭、你死我亡的排斥状况，而是共存共生、同时被自然所容纳。

三、理寓气中：物各有序的先天秩序规定

从以上内容，我们知道竞争之所以有助于生物多样性能被自然所容纳，是因为它造成了生物之间生态位的分离和特征替代现象。而生态位分离和特征替代现象从根本上讲，其实都在表达着同样一个概念——秩序。也就是说，竞争创造了一种秩序，令“生态系统、种群之间、种群之内产生有序化”②，使各种生物井然有序，各居其位、各得其所，从而最终令生物多样性能被自然和生态系统所容纳。

秩序有助于生物多样性被自然容纳，这样的原理就像在一个空间有限的衣柜中，把衣服叠得整齐有序后才能装进更多的衣服一样。如果混乱不堪，没有层次和秩序，衣柜中装不了几件衣服。同理，各种生物如果都要被自然所容纳，它们之间就必须存在秩序。因为秩序意味着对空间和资源的节省和有效利用。

但是，在气论哲学中，生物之间的竞争并不是秩序产生的唯一途径。秩序还有一个更为根本的来源——气本身。古希腊哲学中以火为本原的赫拉克利特认为，火的属性是“逻各斯”。而“逻各斯”另外一层重要的内涵就是尺度和秩序。他说：

① 宋博洲．生物多样性分析[M]．南宁：广西民族出版社，2002：83．
② 宋博洲．生物多样性分析[M]．南宁：广西民族出版社，2002：154．

“它过去是、现在是、将来也是一团永恒的活生生的火，按照一定的分寸燃烧，按照一定的分寸熄灭。”[①] 因此，火创造和生化万物就不是杂乱无章的，而是蕴涵着一种先天的秩序规定，使得生化过程及其万物井然有序。儒家气论也认为，作为万物本原的气，它自身同样蕴涵着秩序。秩序在万物被创造的同时也一并为气所赋予了。只不过秩序在气论的体系中，不是被表述为“逻各斯”，而是“理”。

张载说：

> 天地之气，虽聚散、攻取百涂，然其为理也顺而不妄[②]。
>
> 生有先后，所以为天序；大小高下相并而相形焉，是谓天秩。天之生物也有序，物之既形也有秩[③]。

罗钦顺说：

> 盖通天地，亘古今，无非一气而已。……积微而著，由著复微，为四时之温凉寒暑，为万物之生长收藏，为斯民之日用彝伦，为人事之成败得失。千条万绪，纷纭胶轕而卒不可乱，有莫知其所以然而然，是即所谓理[④]。

罗钦顺说“千条万绪，纷纭胶轕而卒不可乱，有莫知其所以然而然，是即所谓理”，这就指出“理”其实就是秩序。而理，或者说秩序，在气论中同赫拉克利特认为的一样，不是高于或外于本原物，而是在本原物之中。朱熹说：“气则能酝酿凝聚造物也，但有此气则理便在其中”，“理又别非一物，即存乎是气之中。无是气，则是理亦无挂搭处。”[⑤] 罗钦顺认为，气的运行就是理，“初非别有一物，依于气而立，附于气而行也”。[⑥] 王夫之说：“理与气元不可分为两截”。[⑦] 气论哲学家都强调，理只是气之理，理在气中，为气所涵盖。如是，气在变化万端、聚散莫测中生化多样性生命和物种时，它所蕴涵的秩序和条理（理）就会落实和体现出来，令自身生化过程顺而不妄，令有形有象的生物井然有序。因此，张载才说：“天地之气，虽聚散、攻取百涂，然其为理也顺而不妄”，“天之生物也有序，物之既形也有秩”。王夫之注曰：“其一阴一阳，或动或静，相与摩荡，乘其时位以著其功能，五行万物之融皆流止，飞潜动植，各自成其条理而不妄。”[⑧] 简言之，儒家之气同赫拉克利特的火一样，因为自身具有秩序的规定性，所以规定了它所

① 苗力田．古希腊哲学[M]．北京：中国人民大学出版社，1989：37页，75条．
② [宋]张载．张子正蒙[Z]．王夫之，注．汤勤福，导读．上海：上海古籍出版社，2000：87．
③ [宋]张载．张子正蒙[Z]．王夫之，注．汤勤福，导读．上海：上海古籍出版社，2000：126．
④ [明]罗钦顺．困知记[Z]．阎韬，译注．成都：巴蜀书店，2000：242．
⑤ [宋]朱熹．朱子语类[Z]．黎靖德．北京：中华书局，1986：卷一．
⑥ [明]罗钦顺．困知记[Z]．阎韬，译注．成都：巴蜀书店，2000：242．
⑦ [明]王夫之．读四书大全说[Z]．北京：中华书局．1975：600．
⑧ [宋]张载．张子正蒙[Z]．王夫之，注．汤勤福，导读．上海：上海古籍出版社，2000：94．

生化的各种生物的秩序。

可是，生物的种类和数目非常之多，如果一物有理，另一物无理，混乱和无序将仍然难免。换言之，气之中又是否具备够多的理，以使所有生物都有理所禀、有理所循？答案是肯定的。王廷相说：

> 天地之间，一气生生，而常，而变，万有不齐，故气一则理一，气万则理万。世儒专言理一而遗万，偏矣。天有天之理，地有地之理，人有人之理，物有物之理，幽有幽之理，明有明之理，各各差别[①]。

据王氏所言，理和气一样都是多样繁芜的：有什么样的气，就有什么样的理；气的形态变化万千，理的特征也多样有别。气与理是有机的统一体，有某种气而没有某种理，或者说有某种事物而不存在此种事物的理，这样的情况是绝对不会出现的。

王夫之说：

> 气原是有理底，尽天地之间，无不是气，即无不是理[②]。

朱熹说：

> 所以有此物，便是有此气；所以有此气，便是有此理。……言物则气与理皆在其中[③]。

所以，天、地、人、物等任何事物，以及自然界的所有生物，都有理可循，有理可依；秩序和条理在自然界无处不在，无物不有。

那么，这种秩序和条理（理）在各种生物同自然事物上又是如何具体体现的，即又是如何有助于生物多样性被自然所容纳？对此，王夫之在注解张载“天地之气……为理也顺而不妄”这段话时说得非常清楚：

> 聚则见有，散则疑无，既聚而成形象，则才质性情各依其类。同者取之，异者攻之，故庶务繁兴，各成品汇，乃其品汇之成各有条理，故露雷霜雪各以其时，动植飞潜各以其族，必无长夏霜雪、严冬露雷、人禽草木互相淆乱之理[④]。

气之理使得每一类物种在形状、体质、性情等物理和生理因素上都出现不同；每一物种都有独立于他种的特征和变异性（“才质性情各依其类”）。而当生物的形态和生理特征出现变异性时，它们各自的生态要求或生态位也会存在相应的错位

---

① [明]罗钦顺．困知记[Z]．阎韬，译注．成都：巴蜀书店，2000：352．
② [明]王夫之．读四书大全说[Z]．北京：中华书局，1975：600．
③ [宋]朱熹．朱子语类[Z]．黎靖德，编．北京：中华书局，1986：卷六十八．
④ [宋]张载．张子正蒙[Z]．王夫之，注．汤勤福，导读．上海：上海古籍出版社，2000：87．

和分化（如动物与植物、飞鸟与潜鱼，它们所需之物同所据之所就有差异）。通过这种错位和分化，各种生物自然就能共同生存于同一生境中（如上所论）。

另外，气之理对生物之外的气候现象也同样存在相应的规定作用，令它们遵循一定的季节规律。例如，使露、雷、霜、雪等在不同的时间和季节出现。这种时间上的秩序和规律，可使得更多的气候现象和自然景观能被自然所容纳。而这同样表达着生物多样性的内涵和要求。因为，生物多样性也包括自然景观和地理环境多样性。

总之，气之理赋予、规定了各类物种生活存在的秩序和规则，使得它们在生态系统中就占据着不同的生态位，利用相异的资源，发挥着不同的功能和效用。例如，王夫之所说：“自其化之各成而有其条理，以定志趣效用功能者”。[①] 这样，气作为本原物尽管生生不息地创造多样性的生命和物种，尽管自然界的空间和资源是有限的，但是因为气同时赋予了所有生命与物种各依其类、各以其族的有序结构和合理规则，避免了它们之间出现生理机制的混乱和生态位的重叠，从而最终令自然界和生态系统能容纳和支持更多种类与数目的物种及其个体，也即“各成品汇”，“庶务繁兴”。较为形象地说，气在赋予生物以形体等“硬件”的同时，也给它们设计了一套“软件”。有了“软件”，各种生物自然可以在同一生境中稳定运行，并育兼容。

四、气形互化：质量均恒的物质循环体系

以上几点都从生物多样性自身的角度论述了它们是如何被自然和生态系统所容纳的。但是这不还足以说明问题。因为，容纳是一个双向意蕴的动词，它对被容纳者和容纳者都有要求。换言之，它除了要求作为被容纳者的生物保持在一定数量范围内并遵循一定的秩序外，还要求作为容纳主体的自然和生态系统拥有足够的物质和资源以支持各种生物的生活和存在。如果后一个要求得不到满足，生物多样性的容纳问题最终还是无法实现。那么，在儒家气论自然观中，物质和资源又是什么样的状况？气论认为，自然界的物质和资源因处于不断循环、持续转化之中，所以永远丰足，永不枯竭。

张载说：

> 气之为物，散入无形，适得吾体。聚为有象，不失吾常。大虚不能无气，气不能不聚而为万物，万物不能不散而为太虚（太虚即气，引者注）。循是出入，是皆不得已而然也[②]。

① [宋]张载．张子正蒙[Z]．王夫之，注．汤勤福，导读．上海：上海古籍出版社，2000：233．
② [宋]张载．张子正蒙[Z]．王夫之，注．汤勤福，导读．上海：上海古籍出版社，2000：87．

张载在此明确指出，万物由气所生化，最终仍将归散为气，自然界是一种“气–万物–气”的环道循环模式。这种循环模式是必然的，是普遍的，整个自然界的万物都处于其中。在这个模式中，自然界的物质和资源没有任何浪费，所有消亡、归散的物质将被得到重新利用。对此，王夫之通过举例注解到：

车薪之火，一烈已尽，而为焰，为烟，为烬，木者仍归木，水者仍归水，土者仍归土，特希微而人不见尔。一甑之炊，湿热之气，蓬蓬勃勃，必有所归，若庵盖严密，则郁而不散。汞见火则飞，不知何往，而究归于地。有形者且然，况其絪缊不可象者乎!未尝有辛勤岁月之积，一旦悉化为乌有，明矣。故往曰来，曰屈伸，曰聚散，曰幽冥，而不曰生灭①。

一车木柴燃烧后虽然质量大为减少，只存留着少量的灰烬，但是减少的那些质量和物质并没有完全消失，而是转化为其他物质了，或者为土，或者为水，又或者为木。最终它们都将归散至太虚，重新转化为可以生化事物的气。所以，物质是循环不灭的。

张载这种思想得到了后来大多数气论哲学家的遵循和秉承。罗钦顺说：“气本一也，而一动一静，一往一来，一阖一辟，一升一降，循环无已。”② 王廷相说：“气，浑于太虚，何日无之？……气无灭绝之理。”③ 吕坤说：“气无终尽之时，形无不毁之理”④，“天地万物只是一气聚散，更无别个”。⑤ 他们和张载一样，都认为气与形相互转化，物质不灭、循环不已。后来有着科学实践基础的宋应星沿着张载、罗钦顺等的哲学路线发展了这种思想。

宋应星认为“天地之间非形即气，非气即形”⑥。气与形是自然界所有物质的两种存在形式。任何事物都在“由气而化形，形复返于气”⑦的过程中相互转化。由气至形称为生，由形至气称为化。他论述道：

气从地下催腾一粒，种性小者为蓬，大者为蔽牛干霄之木，此一粒原本几何，其余则皆气所化也。当其蓊然于深山，蔚然于田野，人得而见之。即至斧斤伐之，制为宫室器用，与充饮食炊爨，人得而见之。及其得火而燃，积为灰烬，衡以向者之轻重，七十无一焉；量以多寡，五十无一焉。即枯枝、榴茎、落叶、凋芒殒坠渍腐而为涂泥者，失其生茂之形，不啻什之九，人犹见以为草木之形。至灰烬与涂泥而止矣，不复化矣。而不知灰烬枯败之归土与随流而入壑也，会母气于黄

① [宋]张载．张子正蒙[Z]．王夫之，注．汤勤福，导读．上海：上海古籍出版社，2000：88．
② [明]罗钦顺．困知记[Z]．阎韬，译注．成都：巴蜀书店，2000：242．
③ [明]王廷相．慎言．雅述[Z]．冒怀辛，译注．成都：巴蜀书店，2009：300．
④ [明]吕坤．呻吟语[Z]．王国轩，王秀梅，译注．北京：北京燕山出版社，1996：4．
⑤ [明]吕坤．呻吟语[Z]．王国轩，王秀梅，译注．北京：北京燕山出版社，1996：220．
⑥ [明]宋应星．宋应星佚著四种——野议、论气、谈天、思怜诗歌[Z]．上海：上海人民出版社，1976：52．
⑦ [明]宋应星．宋应星佚著四种——野议、论气、谈天、思怜诗歌[Z]．上海：上海人民出版社，1976：52．

泉，朝元精于沍穴，经年之后，潜化为气，而未尝为土与泥，此人所不见也。若灰烬涂泥究竟积为土，生人岂复有卑处之域，沧海不尽为桑田乎[①]？

草木由气所生成后，经过燃烧，或者自行腐败为灰烬涂泥。草木变为灰烬涂泥后，看似不变化了，可实际上若干年后，灰烬涂泥仍然会复化为气。若不如此，自然界的涂泥将越来越多，大海将全都为土地所填埋，人类哪还有什么立足之地？因此毫无疑问，有形的物质由气生成后，都必将复化为气。

不过，有形之物虽然都会物化为气，但是宋应星认为气化的速度不一样。他说：

> 有形之物，有化速与化迟者，何也？曰：化，视其生也。化之速者，其生必速；生之迟者，其化亦迟也。
>
> 匏瓜之为物也，自清明之初至于秋分之末，其藤蘽、其叶蓬、其实枵然大；及其殒落而化也，亦以百八十日而返于无。杉桧之质，有经百年者，其化之至于净尽，亦须百年；经五百年者，化之至于净尽，亦五百年也。墓门之内，使彭殇合葬，圹中殇骨必先化，而彭骨必久延。犹之雏鸡与母同入汤镬中，雏已熟烂，而母鸡皮肉方坚韧也。[②]

事物如果生长速度比较快，生长周期比较长，那么气化速度就比较快。例如，匏瓜之类的蔬菜，从清明节到秋分这段时间就可以长成，那么它物化为气也只需要百八十日。事物如果生长速度比较慢，生长周期比较长，那么气化的速度就比较慢。例如，杉桧之树木，经百年才能长成，质地坚硬，其气化也需要百年。物质气化速度的这种差异犹如在汤锅中炖鸡，小鸡易烂，而老母鸡久炖才熟。

另外，宋应星认为，不同的物质，气化的途径也不一样。他把自然界的物质大致分为两类：有灰质者和无灰质者。有灰质者，主要有人、禽兽、草木、虫鱼等有生命的事物；无灰质者主要有硃砂、雄雌石、硫黄、煤炭、魁、朴硝等矿物质。有灰质物质的气化借助地气以实现。“其质有灰者，非地气蒸混，必无由化”[③]。无灰质物质的气化借助火。“若夫见火还虚，而了无灰质存者”。

总之，无论事物气化的速度和途径如何不同，宋应星同先于他的气论哲学家一样，认为物质并不会毁灭，而只是在不同的存在形态之间相互转换，在“气–万物–气”的系统中动态循环。质量守恒定律的发现者拉瓦锡说：“……由于人工的或天然的操作不能无中生有地创造任何东西，因此每一次操作中，操作前后存在的物质总量相等，且其要素的质与量保持不变，只是发生更换和变形，这可以看成为公理。”[④] 而在儒家气论的循环理论中，哲学家也初步认识到了事物在气形之

① [明]宋应星．宋应星佚著四种——野议、论气、谈天、思怜诗歌[Z]．上海：上海人民出版社，1976：52-53．

② [明]宋应星．宋应星佚著四种——野议、论气、谈天、思怜诗歌[Z]．上海：上海人民出版社，1976：57．

③ [明]宋应星．宋应星佚著四种——野议、论气、谈天、思怜诗歌[Z]．上海：上海人民出版社，1976：59．

④ 刘佑昌．现代物理思想渊源——物理思想纵横谈[M]．北京：北京航空航天大学出版社，1995：227．

间无论怎样更换和变形，自然界中物质总量保持不变：宇宙中生成了多少质量的物质，就亏损了多少质量的气；消散了多少质量的物质，就还原了多少质量的气。张载说的“气之聚散于太虚，犹冰凝释于水”①正是此意。无形之气与有形之物的相互转化，就如同冰水凝释一样，形态虽异，但质量同一。宋应星也说：“深山之中，无石而有石，小石而大石，土而母，石为子，子身分量由亏母而生。”②“子身分量由亏母而生”表达的就是气形转化中质量均恒的意蕴。这样，任何物质消散后都将转化为与自身等量的气从而被得到重新利用。因此，这个质量均恒的循环体系可使宇宙中总有源源不断的造物之气供给和支撑着物质与资源的生成和代谢，令它们永不枯竭、永远丰足，从而充分满足着各种生物对物质和资源的生存需求，最终令生物多样性被自然所完整容纳。

不过，物质和资源总是处于不断的循环和转化之中，自然界在“气-万物-气”的循环系统实现了自身物质和资源的新陈代谢，儒家气论哲学这种观点也遭到了认理为究极本原的程朱理学的反对。程伊川说：“凡物之散，其气遂尽，无复归本原之理……既散之气，岂有复在？天地造化，又焉用此既散之气？其造化者，自是生气。”③ 朱熹秉承伊川的思想，讥讽张载等物质循环说近似佛教的轮回说：“释氏是各个轮回，横渠是一发和了，依旧是一大轮回。”④ 朱熹认为：“聚而生，散而死者，气而已……若理则古今常在，不复有聚散消长也。”又说：“一去便休而，岂有散而复聚之气。”⑤ 总之，在程朱看来，气在造物过程中不如张载和其他气论哲学家认为的那样可以重复使用，而是一次性的；物质不是循环的环道模式，而是矢量的直线运动。可是，这种理论存在着致命缺陷。就如王夫之所坚决反驳道的：“倘如散尽无余之说，则此太极浑沦之内，何处为其翕受消归之府乎?又云造化日新而不用其故，此太虚之内，亦何从得此无尽之储，以终古趋于灭而不匮邪?”⑥ 事物归散之后，如果什么都没有了，那么它又去了哪里？如果自然界生生不息、源源不断地创造着新的物质，而又不使用原来的物质归散转化之气，那么在宇宙中怎么可能有这么一个地方，在只减不增、持续消耗的情况下还永远储藏着用之不竭的气，以至于在无限的时间中都支持物质的形成和持存？这根本不可能。物质没有循环就没有无限性。如马克思所说：“事物在直进中没有无限性，在循环中则有。”⑦ 所以，程朱的反对观点并不成立。相反，气论中气形转化物质不

---

① [宋]张载. 张子正蒙[Z]. 王夫之，注. 汤勤福，导读. 上海：上海古籍出版社，2000：92.

② [明]宋应星. 宋应星佚著四种——野议、论气、谈天、思怜诗歌[Z]. 上海：上海人民出版社，1976：61.

③ [宋]程颢，程颐. 二程遗书[Z]. 潘富恩，导读. 上海：上海古籍出版社，2008：209.

④ [宋]朱熹. 朱子语类[Z]. 黎靖德，编. 北京：中华书局，1986：卷九十八.

⑤ [宋]朱熹. 朱子语类[Z]. 黎靖德，编. 北京：中华书局，1986：卷一.

⑥ [宋]张载. 张子正蒙[Z]. 王夫之，注. 汤勤福，导读. 上海：上海古籍出版社，2000：88.

⑦ 中共中央马克思恩格斯列宁斯大林著作编译局马恩室. 马克思恩格斯全集[M]. 北京：人民出版社，1986：23：175.

灭的循环模式更具合理性，更能说明自然界的物质和资源为什么可以持续保持着丰足性，以容纳各种生命和物种的生存需求。

五、“多”完全容于自然

在儒家气论的以上说明中，“一物两体”通过毁灭作用抑制着生物数量的过度增长，防止了自然界变得过于拥挤；“仇以而解”和“理寓气中”分别以后天形成和先天赋予的秩序来协调、润滑着所有生物之间的关系，使它们能和谐共存，使“多”是“好”的；而“气形互化”则通过气形转化质量守恒的理论解决了生物对物质资源的需求问题。儒家气论通过这些多样但又统一的说明方式，较为完整地解答了生物多样性如何被自然所容纳的问题。因此，儒家相信，为气所持续不断生化着的纷繁芜杂的生命与物种——生物多样性——完全能被自然所容纳。儒家常言“万物并育而不相害，道并行而不相悖”，正是对这一容纳状态的描述和肯定。在这种描述和肯定之下，自然于儒家的视域中就不是如战场般遍布杀戮和暴力（如达尔文及近现代西方所理解的那样），而总是呈现一幅祥和融洽、欣欣向荣、万物昌兴的景象。这样的自然对人们来说意味的不是威胁，而是充满生生之仁德的栖息之所和存在家园。

第三节　“多”为什么受到尊重和爱护

至此，儒家气论充分说明和解释了“多”不但能够被创造，而且还可以被自然容纳。不过，作为一种覆盖着广泛实在的信念体系，气论并不仅仅局限于自然现象和生态事实的范围，在涉及生物多样性与人类关系的价值领域，它仍然有效地发挥着富含生物多样性智慧的解释作用和说明意义。通过这些解释和说明，它使人们趋向于尊重和爱护生物多样性。

尊重和爱护生物多样性，是一种积极的态度和行为，这往往取决于人们对人、物及二者关系的理解。那么此三者在儒家气论中又是如何得到理解的，从而能引导和规约人们自然地形成这种态度和行为。换言之，儒家气论以怎样的说明过程与阐释途径解决了生物多样性“为什么”要受到尊重和爱护的问题。

一、从人而言

（一）人性气命

在儒家气论中，气有精神和物质双重属性，它是构成万物的质料始基，也是宇宙间一切道德价值的源泉。所以在儒家气论看来，除了人的形体外，人的心性也是由气所生成和赋予：

> 由太虚，有天之名；由气化，有道之名；合虚与气，有性之名；合性与知觉，有心之名①。
>
> 二气四德者，未凝结为人者。人者，已凝结之二气四德者。存之为仁义礼智。谓之性者，以在内质元亨利贞名之也。发之为恻隐、羞恶、辞让、是非。谓之情者，以及物之元亨利贞言之也②。
>
> “天命之谓性”，自其受气之初言也③。
>
> 秉太虚和气健顺相涵之实，而合五行之秀以成乎人之秉彝，此人之所以有性也④。

显而易见，这些都标示着人的道德心性绝不是凭空而有、无故而生的，而是完全源自于气，为气所赋，由气所命；儒家常言“天命之谓性”，实乃“气命之谓性”。“天所命人而为性者，即以其一阴一阳之道成之。……天以其阴阳五行之气生人，理即寓焉而凝之为性”⑤。同时，气论认为气将己性命于人时，性在气、人之间能保持连续性和同一性。王夫之说“在天而天以为象，在地而地以为形，在人而人以为性，性在其中，屈伸通于一”⑥一语即此意。所以，性者在气在人，所处虽不同，所是却无异。“天性在人，犹水性在冰，凝释虽异，为物一也”⑦。“吾之形色天性，与父母无二，无天地无二也”⑧。而气之性，如上所论，因是“生生”，是不断地生化、创造和成就多样繁芜的生命与物种，那么在这种“屈伸通于一”和“为物一也”的连续性和同一性中，人之性自然与气之性一样存在着“生生”的本来内容和基本规定。诚如朱子所说：“人受天地之气而生，故此心必仁，仁则生矣”⑨，“此心何心也？在天地则块然生物之心，在人则温然爱人利物之心。”⑩戴震也说：“道有天道，人道。天道以天地之化言之，人道以人伦日用言也，是故在天地，则气化流行，生生不息，是谓道；在人物，则人伦日用，凡生生所有事，亦如气化之不可已，是谓道。”⑪ 要之，人之心性因由气所命，是气之性的延伸和凝集，所以天然地能够且应该“生生”和“温然利物”，即赞誉、尊重和爱护万物。

---

① [宋]张载．张子正蒙[Z]．王夫之，注．汤勤福，导读．上海：上海古籍出版社，2000：94.
② [清]颜元．存性编[Z]．北京：中华书局，1985：24.
③ [明]罗钦顺．困知记[Z]．阎韬，译注．成都：巴蜀书店，2000：247.
④ [宋]张载．张子正蒙[Z]．王夫之，注．汤勤福，导读．上海：上海古籍出版社，2000：90.
⑤ [宋]张载．张子正蒙[Z]．王夫之，注．汤勤福，导读．上海：上海古籍出版社，2000：132-133.
⑥ [宋]张载．张子正蒙[Z]．王夫之，注．汤勤福，导读．上海：上海古籍出版社，2000：90.
⑦ [宋]张载．张子正蒙[Z]．王夫之，注．汤勤福，导读．上海：上海古籍出版社，2000：133.
⑧ [宋]张载．张子正蒙[Z]．王夫之，注．汤勤福，导读．上海：上海古籍出版社，2000：232.
⑨ [宋]朱熹．朱子语类[Z]．黎靖德，编．北京：中华书局，1986：卷四.
⑩ 中国哲学史资料选辑．宋明元之部[M]．北京：中华书局，1962：247.
⑪ [清]戴震全书[Z]．合肥：黄山出版社，1995：37-38.

当然，在气论看来，人不但应该尊重和爱护万物，而且也必须如此。因为，气虽是万物之宗统，虽为物质与精神的双重本原，但是人与物所禀之气存在着差异：人禀受气之精华，物禀受气之偏塞。这种差异使得人在自然界中具备着他物所缺乏的功能和作用。周敦颐说：“无极之真，二五之精，妙合而凝，乾道成男，坤道成女，二气交感，化生万物。万物生生，而变化无穷焉。……唯人也得其秀而最灵，形既生矣，神发知矣，五性感动而善恶分，万事出矣。”① 二程言：“人与物但气有偏正耳，独阴不成，独阳不生。得阴阳之偏正者为鸟兽草木夷狄，受正气者人也。”② 朱熹说：“以其气而言，得其正且通者为人，得其偏且塞者为物。”③ 王夫之说：“二气之精，五行之粹，得其秀而最灵者，惟人耳。”④ 戴震说：“天地之气化也，人物之生生本乎是，由其分而有之不齐，是以成性各殊。……若夫鸟之反哺，雎鸠之有别，蜂蚁之知君臣，豺之祭献，獭之祭鱼，合与人之所谓仁义者矣，而各有性成。人则能扩充其知至于神明，仁义礼智无不全也。”⑤ 这些都表明，非人类的事物所禀之气偏塞，所以它们最多只能关怀和爱护同类的事物。而人因禀受了气之灵秀精华者，所以便具备了完整通达的仁义礼智和扩充这种仁义礼智的能力。进一步说明，万物当中唯有人可以关怀和爱护他物，载成辅相天地之造化，曲成万物而不遗。例如，宋儒邵康节所言：“唯人兼乎万物，而为万物之灵。如禽兽之声，以其类而各能得其一；无所不能者人也。推之他事亦莫不然。唯人得天地日月交之用，他类则不能也。人之生，真可谓之贵矣。”⑥ 人能兼顾万物，这是人贵于他物的独到之处，也是人之为人的根本所在。而若不践行这种能力，一方面万物将因失去寄托和体恤而难遂其性、不能自成。“而万物之性人为贵，吾辈意不能体天之心为心，万物将何所托命乎”⑦。另外，人与自己的地位和形象之间将形成紧张关系，难以称其为人。因为人之形色所以为人而非禽兽，正在于“亲亲而仁民，仁民而爱物”，在于其能率其仁义礼智兼乎万物。例如，宋孙明复言：“人亦天地一物耳，饥食渴饮无休时。若非道义充其腹，何异鸟兽安须眉？”⑧ 所以，尊重和爱护万物是人内在的、必然的责任与义务，人不但应该如此，也必须如此。如是，儒家气论就从人之道德价值的本始来源和先天规定，以及人在自然中的形象和地位之中寻获了人们尊重和爱护包括生物多样性在内的万物的缘由。

① [宋]周敦颐．周敦颐集[Z]．北京：中华书局，1990：5-6．
② [宋]程颢，程颐．二程遗书[Z]．潘富恩，导读．上海：上海古籍出版社，2008：54．
③ [宋]朱熹．朱子语类[Z]．黎靖德，编．北京：中华书局，1986：卷四．
④ [明]王夫之．读四书大全说[Z]．北京：中华书局，1975：728．
⑤ [清]戴震．孟子字义疏证[Z]．北京：中华书局，2009：28．
⑥ [宋]邵雍．邵雍集[Z]．北京：中华书局，2010：151．
⑦ [清]郑板桥．郑板桥文集[M]．艾舒仁选．成都：四川美术出版社，2005：21．
⑧ [宋]程颢，程颐．二程遗书[Z]．潘富恩，导读．上海：上海古籍出版社，2008：265．

二、从物而言

（一）“多”是倾向

如上所论，儒家气论首先认为，气作为一种非惰性的有生命力的本原物，它不是盲目又毫无目的的，而是有一定的本性和内在倾向，这种本性和内在倾向是要生化和创造万物及其生物多样性。生化和创造多样万物被看作本原物自身所含有的内在倾向，这是儒家气论哲学优于西方哲学的生态智慧所在。在西方，古希腊哲学家也在不断地寻找多样万物的统一本原。但是这些本原物，无论是泰勒斯有灵魂的“水”，还是赫拉克利特蕴涵“逻各斯”的火，抑或第欧根尼具有理智且可以安排万事万物的“气”，都不存在化生万物的本性和倾向。哲学家寻找这些东西，只是从知识层面关注本原“怎么样”化生万物，或者万物“怎么样”统一于本原，而不是为了从中追寻引导出万物存在的价值和意义。他们所构造的“一”与“多”之间的说明体系，只富有认识论上的意义，而欠缺价值论上的解释。这样一种价值论的空缺，给万物在认识论以外如何被人们看待和对待留下了一片空白。这片空白又为西方自然目的论和神学目的论及其所导致的破坏万物和生物多样性的思想行为的出现提供了滋生的土壤。

而在儒家气论中，气作为本原物由于被认为具有创万物的本性和内在倾向，使得气论的解释系统，不但可以从知识层面描述万物“怎么样”产生和存在的，而且也能够从价值领域说明它们“为什么”产生和存在着：万物的产生和存在不是平白无故、没有理由的，而是源自本原物自身的本性和倾向。也就是说，是气本原要创造形形色色、纷繁芜杂的万物。这样，万物的产生和存在就获得了最高的充足理由律，从而可对人们关乎万物的行为隐约发挥着道德许可或者道德约束的作用，“微妙地决定着人们‘应该’做什么和‘不应该’做什么”①：顺从气的本性和倾向来辅助和成就多样万物的行为将受到许可和鼓励；违背气的本性和倾向去破坏和损害多样万物的行为将受到责备和限制。因为多样万物存在和繁荣恰恰体现着气的本性和倾向。而气作为高于一切又创造一切的本原，它的本性和倾向必然要受到被它同时所创造的人类的顺从和尊崇。人不可能逆气而行，只能顺气而为。如是，包括生物多样性在内的多样万物“为什么”要受到人们的尊重和爱护就在此获得了源自本体论的坚实理由。

（二）“通一无二”

与西方哲学长期固守本原与现象对立、割裂不同的是，气论认为“聚亦吾体，

① （美）卡洛琳·麦茜特．自然之死[M]．吴国盛，等，译．吉林：吉林人民出版社，1999：4.

散亦吾体……有无隐显，神化性命，通一无二”[①]——本原与现象圆融无碍，存在高度的统一性。西方文化由于固守本原与现象的二元对立，人们所尊、所敬、所爱的往往是本原，或者彼岸世界，而现象万物或者彼岸世界，则因不完美或者价值微弱而常常被人们所忽略和鄙弃。例如，以“相”为万物本原的柏拉图就说：“在海洋里，根本不存在任何值得关注的植物，几乎不存在真正完美的形式，只有山洞、沙子和无数的泥土，在有土的地方还有大片黏土。根据我们的标准，这些东西都不太可能被认为是美的。”[②] 在柏拉图看来，人们应该追求和向往“相”的世界，而非不明智地专注于美善和价值皆不足的现象世界和其中的万物。而儒家气论则认为，本原的价值和意义将倾注流行于万物之中，即便再微小的生命与事物也都涵摄承载着最高的价值：“一草一木，皆天地平和之气”[③]；“虽肖翘之微，蠕动之蠢，皆契阴阳妙合之道”[④]。即使是那微不足道的肖翘之物，或者看似迟缓愚蠢的蠕动之虫，也都完全契合阴阳妙合之道。推而言之，万物无论远近大小，不管是人还是物，都蕴含阴阳二气，与本体之气通一无二；本体之气就在作为现象的万物之中，互为杂糅。这样，草木昆虫就涵摄、契合最高的价值，此岸世界中各类生命与事物也就自然拥有已然而又本然的“可尊之势”。其次，气本原和自然万物只有本末之分，而无真假之别。因为气化生万物之后，并未在物之外与物对立，而仍在万物之中，与为屈伸。本原之气，“它不像亚里士多德的‘形而上学’那样‘在物理学之后’，而是在物理学之中。”[⑤] 所以，包括生物多样性在内的形形色色的万物都是本原自身的显现，它们与气本原或本根唯有可见与不可见、有形与无形的区别，而不存在“现象现而不实，本根实而不现”[⑥]的对立。“本根是真实的”，由本根发生的各类生命和物种“亦是真实的”[⑦]。既是真实的，它们就值得人们尊重和爱护。因如若它们是虚幻的，任何关爱都显得多余而没有必要。就如古希腊，人们之所以忽视感官对象，因为人们习惯于把它们视为虚假不真的。而只有理性把握的对象才是真实的。再次，由于“夫天地之间，何虚非气？何气不化？何化非神？安可谓无灵？安可谓无知？”[⑧] 即气被认为含有精神的先验属性，那么在“通一无二”的统一性中由气所生化的人类、动物、树木和石头等整个存有之链上的所有生命和事物[⑨]，必然皆会相应地呈现精神性。《呻吟语》记载，“问：禽兽草木亦有性否？曰：有。其生亦大命否？曰：天以阴阳五行化生万物，

---

① [宋]张载．张子正蒙[Z]．王夫之，注．汤勤福，导读．上海：上海古籍出版社，2000：89.
② （美）尤金·哈格洛夫．环境伦理学基础[M]．杨通进，等，译．重庆：重庆出版社，2007：36.
③ [宋]朱熹．朱子语类[Z]．黎靖德，编．北京：中华书局，1986：卷四.
④ [明]王廷相．慎言·雅述[Z]．冒怀辛，译注．成都：巴蜀书店，2009：376.
⑤ 李存山．中国气论探源与发微[M]．北京：中国社会科学出版社，1990：212.
⑥ 张岱年．中国哲学史大纲[M]．北京：商务印书馆，1958：15.
⑦ 张岱年．中国哲学史大纲[M]．北京：商务印书馆，1958：10.
⑧ 王廷相．王廷相哲学选集[M]．侯外庐，等编．北京：中华书局，1965：227.
⑨ 杜维明．存有的连续性：中国人的自然观[J]．刘诺亚，译．世界哲学，2004：90.

安得非天命？”[①] 王夫之也说：“气之所至，神必行焉，性必凝焉，故物莫不含神而具性。”[②] 所以，非人类的生命和物种与人类一样，不是惰性、被动和死气沉沉的，而是存在着精神和知觉这些令人心生敬畏的主体性的属性。这些属性和由此衍生的敬畏，将规约和引导人们对他物形成深切的尊重和关怀，儆戒肆意的毁灭和破坏。总之，在儒家气论中不存在本原与现象对立的两个世界，只有本原与现象融合无间的一个世界。这个世界的所有生命与物种，都生机盎然，价值充盈，真实且蕴涵精神性，人们有充分的理由尊重、关怀和爱护它们。

三、从人物关系而言

（一）人物一体

在儒家气论看来，人与多样的、非人类的生命和物种并非割裂的、异体的，而是有机一体。而一体必须符合两个条件：一，连续而没有间断。例如，人的四肢和身体没有间断，所以是一体的。如有间断，那就是异体存在物了。二，能彼此感应，相互影响，相互作用。例如，树干和树叶由于是一体，所以树叶的枯绿能影响树干的发育，而树干的好坏也能影响树叶的生长。而儒家气论认为，人与非人类的生命与物种之间也具备这两个条件。

首先，人与非人类的生命和物种之间表面为虚空，而实际上这些虚空都为气所充盈。董仲舒说：“天地之间有阴阳之气常渐人者，若水常渐鱼也，所以异于水者，可见于不可渐耳，其澹澹也。天地之间，若虚而实，人常渐是澹澹之中。”[③] 朱熹说：“天地间无非气，人之气与天地之气常相接无间断。”[④] 罗钦顺说：“故此身虽小，万物虽多，其血气之流通，脉络之联属，无丝毫空阙之处，无须臾间断之时，此其所以为浑然也。然则所谓同体者，岂待于采揽牵合以为同载？”[⑤] 王夫之说：“阴阳二气充满太虚，此外更无他物，亦无间隙，天之象，地之形，皆其所范围也。”[⑥] 方以智说：“一切物皆气所为，空皆气所实也。”[⑦] 这些都表明了，有形有相的事物是气，无形无相的虚空同样是气，天地万物中的所有事物都为气所充盈而连贯一体。所以，人与非人类的生命与物种之间同样连续而不间断，绝非割裂、孤立、异体地存在着。

其次，人与非人类的生命与物种之间存在着相互感应。如第一节所论，万

① [明]吕坤．呻吟语[Z]．王国轩，王秀梅，译注．北京：北京燕山出版社，1996：11．
② [宋]张载．张子正蒙[Z]．王夫之，注．汤勤福，导读．上海：上海古籍出版社，2000：233．
③ [汉]董仲舒．春秋繁露[Z]．曾振宇，傅永聚，注．北京：商务印书馆，2010：355-356．
④ [宋]朱熹．朱子语类[Z]．黎靖德，编．北京：中华书局，1986：卷二．
⑤ [明]罗钦顺．困知记[Z]．阎韬，译注．成都：巴蜀书店，2000：294．
⑥ [宋]张载．张子正蒙[Z]．王夫之，注．汤勤福，导读．上海：上海古籍出版社，2000：90．
⑦ [明]方以智．物理小识[Z]．陈文涛，笺证．福州：福州文明出版社，1936：11．

物之间存在着超越空间距离又无时不在的相互感应和相互作用，所以人与非人类的生命和物种之间也同样是“阴阳具于中，故不穷于感”①。能相互感应，就能相互作用和影响，就更说明人与物的连续一体性。所以朱熹说：“横渠云：一故神，譬之人身，四体皆一物，故触之而不觉，不待心使至此而后觉也。此所谓‘感而遂通，不行而至，不疾而速也’。发于心，达于气，天地与吾身只是一团物事。”②《传习录》也载，“问：‘人人与物同体，如吾身原是血气流通的，所以谓之同体；若于人便异体了，禽兽草木益远矣，而何谓之同体？’先生曰：‘你只在感应之几上看，岂但禽兽草木，虽天地也与我同体的，鬼神也与我同体的。’”③

基于这两点，气论深刻地意识到人与万物不是割裂的异体存在，而是有机连续的统一整体。王阳明说：“盖天地万物与人原是一体，……风雨露霜，日月星辰，禽兽草木，山川木石，与人原是一体。”④ 罗钦顺说：“果然寻得着，见得真，就万殊中悟一致之妙，方知人与天地万物原来一体，不是牵合。”⑤ 黄宗羲说：“天地浑然一大气，万物分形其间，实无二体。譬如百果累累，总是大树生气贯彻。又如鱼在水中，内外皆水也。人乃以自私意间隔，岂复能与天地万物合一乎？”⑥总之，儒家气论对这样一个自然事实有着深刻的认知和理解：人与禽兽草木、山川木石等非人类的生命与物种实为一个相互感应、相互作用的有机整体；“人物乃其花叶，天地其根也”⑦。人与万物恰如花与叶，一荣俱荣，一损俱损，相连不相离，彼此密不可分。既是如此，那就意味着世界万物及各类生命和物种就如同我们的肢体，我们没有理由不去尊重和爱护自己的肢体。“天地之间，品物万形，为四肢百体，夫人岂有视四肢百体而不爱哉”⑧？

总之，在儒家气论中，人与非人类的生命和物种为有机连续的统一体，相互影响、彼此依赖。在这种休戚与共的一体认识和体悟上，人们尊重和爱护其他生命与物种为无须言说同理所当然之举。

儒家气论通过人物一体的事实意识，以及基于此意识来说明和回答为什么要保护非人类生命与物种，这在现代思想中也有其坚实的理论后援。深层生态学的代表人物奈斯说：“如果你的自我在广义上包括了另一个存在物，那么，无需劝告，你也会从道德上关心它。你在关心自己时不会感到任何压力——除非你患上了某种倾向于自我毁灭和自恨的神经官能症。”乔安娜·麦西指出：“我认为，对于我们现

① [宋]张载．张子正蒙[Z]．王夫之，注．汤勤福，导读．上海：上海古籍出版社，2000：237.
② [宋]朱熹．朱子语类[Z]．黎靖德，编．北京：中华书局，1986：卷九十七.
③ [明]王阳明．传习录[Z]．南京：凤凰出版社，2009：341.
④ [明]王阳明．传习录[Z]．南京：凤凰出版社，2009：288.
⑤ [明]罗钦顺．困知记[Z]．阎韬，译注．成都：巴蜀书店，2000：391.
⑥ [明]黄宗羲．明儒学案[Z]．沈芝盈，点校对．北京：中华书局，1985：卷三.
⑦ [明]罗钦顺．困知记[Z]．阎韬，译注．成都：巴蜀书店，2000：268.
⑧ [宋]程颢，程颐．二程遗书[Z]．潘富恩，导读．上海：上海古籍出版社，2008：83.

在的生存来说，这种转换（强调我们与更大集体中的所有存在的认同能力）确实是必要的，因为它可以代替说教：而说教又不起作用……例如，我肯定不会劝你不要砍下自己的腿。我或你不会那样做，因为你的腿是你的一部分。同样，亚马孙盆地的森林也是我们的一部分，是存在于我们体外的肺。我们开始意识到这一点，并愈来愈明白，我们自身就是我们的世界。”①

（二）同本同构

在儒家气论中，人与非人类的各种生命与物种同本且同构。同本，是指它们都以气为共同始源：“万物之始皆气化”②，“天地间百物生生，无非推本阴阳”③；同构，是指它们皆以气为构成材料和基本元素：“人物之生，……同得天地之气以为形”④，“人与天地、鬼神、万物一气也。”⑤ 也就是说，人与非人类生命和物种既皆来自同一“地方”，又由同一种“材料”所构成。如是，它们定然就不存在类别上的根本差异，而必应是同一种“东西”。基于此，罗钦顺说：“盈天地之间者惟万物，人亦万物中一物尔。‘乾道变化，各正性命’，人犹物也，我犹人也。”⑥ 人犹物也，我犹人也，所以我也是物，人人都是物。张载言：“圣人尽性……其视天下，无一物非我”⑦；二程言：“自家心便是草木鸟兽之心”⑧，“仁者以天地万物为一体，莫非己也。”⑨在“人犹物也”和“万物莫非己也”意识中，儒家认知到他物与人同一，体会到它们与人类存在着根本共同的生命特征——这种高度统一的认同感使得尊重和爱护其他生命与物种显得自然如此、理当如此：

> 人物之生，本同一气，恻隐之心，无所不通。故“亲亲而仁民，仁民而爱物”，皆理之当然，自有不容已者，非人为之使然⑩。
>
> 禽兽之生，虽与人异，然原其禀气赋形之所自，而察其悦生恶死之大情，则亦未始不与人同也。故君子尝见其生，则不忍见其死，尝闻其声，则不忍食其肉，盖本心之发，自有不能已者，非有所为而为之也⑪。

禽兽等各种生命与物种由于与人类同本同构，都为气所生化和构成，因此人们“仁民而爱物”、“见其生不忍见其死”也就自然而然、理所当然。因为，人们

① 雷毅．深层生态学思想研究[M]．北京：清华大学出版社，2001：126.
② [宋]程颢，程颐．二程遗书[Z]．潘富恩，导读．上海：上海古籍出版社，2008：130.
③ [清]戴震．孟子字义疏证[Z]．北京：中华书局，2009：17.
④ [宋]朱熹．朱子语类[Z]．黎靖德，编．北京：中华书局，1986：卷十八.
⑤ [明]王廷相．慎言·雅述[Z]．冒怀辛，译注．成都：巴蜀书店，2009：258.
⑥ [明]罗钦顺．困知记[Z]．阎韬，译注．成都：巴蜀书店，2000：240.
⑦ [宋]张载．张子正蒙[Z]．王夫之，注．汤勤福，导读．上海：上海古籍出版社，2000：143.
⑧ [宋]程颢，程颐．二程遗书[Z]．潘富恩，导读．上海：上海古籍出版社，2008：54.
⑨ [宋]程颢，程颐．二程遗书[Z]．潘富恩，导读．上海：上海古籍出版社，2008：65.
⑩ [明]罗钦顺．困知记[Z]．阎韬，译注．成都：巴蜀书店，2000：252.
⑪ [明]朱熹．四书或问[Z]．上海：上海古籍出版社，2001：420.

对他物的关爱之情往往是建立在同一性的体会和认知上的。例如，拉塞尔所言：“一种对天地万物其余部分真正的爱来自个人对于何宇宙其余部分同一性的体验。”①

另外，由于“盖通天地，亘古今，无非一气而已”②，这便使得人们对非人类生命和物种基于认同感上的尊重与爱护，可顺着气的这种弥沦性和统摄性由近及远推广扩充至一切万有。因为万有都是气，都是“同”和“我”。正由于此，儒家对“孺子”、“鸟兽”、“草木”、“瓦石”等万有的关爱虽有厚薄亲疏之分，但绝不会如当代西方生态伦理学一样在选择道德对象时争吵不休、顾此失彼（不是止步于能感受苦乐的动物，就是局限于有生命的存在物；不是拘泥于个体的生物组织，就是执着于整体的生物共同体），而是“立必俱立，知必周知，爱必兼爱，成不独成”③，使可爱之物与所爱之物达致“最广化”与“最多化”。如果说“道德能力可以用他所认同的‘我们’的范围大小来粗略地加以衡量。……‘我’有时会与一个‘你’认同，从而产生出了一个‘我们’。‘我’这个自我延伸‘你’。于是伦理的关注不再仅限于我自己，而是延伸到与我亲近的其他人。道德成熟就在于这种亲近感觉的扩展。”④ 那么毫无疑问，儒家的道德能力在气论的基础上展现了它极为成熟的一面。

与儒家人物同本同构恰成对比的是，我们发现在西方文化中人们往往固守人与他物有着不同的来源和构成。例如，基督教就赤裸裸地宣布人是按照上帝的形象所造，存在着鱼、鸟、昆虫等自然万物所不具备的高贵来源和神圣原型——这一方面使得人卓然屹立于自然万物之上，不需要去尊重和爱护自然万物，相反还要去征服和统治它们；另一方面，由于人与他物来源和原型不同，那么也就令人物之间失去了认同的基础，而这种基础正是人们尊重和爱护他物的先决条件。

（三）“目的论”的否定

在西方文化中一直存在和延续着对生物有着巨大负面影响的两种目的论：自然目的论和神学目的论。自然目的论认为自然界中一切生命和物种的目的都指向于人。这种目的论肇始于普罗泰戈拉“人是万物尺度”的理念。自此之后便不可收拾。亚里士多德指出：“……植物的存在就是为了动物的降生，其他一些动物又是为了人类而生存，……如若自然不造残缺不全之物，不作徒劳无益之事，那么它是为着人类而非为了所有动物。”⑤ 法国动物学家居维叶（1769~1832 年）情不自禁地认为，“鱼的存在……无非是给人提供事物。”英国地理学家赖尔（1797~1875 年）写道：“大自然赋予马、狗、牛、羊、猫和许多家畜那些适应各种气候的能力，

① （英）拉塞尔．觉醒的地球[M]．王国政，等，译．北京：东方出版社，1991：153.
② [明]罗钦顺．困知记[Z]．阎韬，译注．成都：巴蜀书店，2000：242.
③ [宋]张载．张子正蒙[Z]．王夫之，注．汤勤福，导读．上海：上海古籍出版社，2000：131.
④ （美）霍尔姆斯·罗尔斯顿．哲学走向荒野[M]．刘耳，叶平，译．长春：吉林人民出版社，2000：100.
⑤ 苗力田．亚里士多德全集（第九卷）[M]．北京：中国人民大学出版社，1994：17.

明显是为了使它们能听从我们的调遣，使它们能为我们提供服务和帮助。”① 康德说：“就动物而言，我们不负有直接的义务。动物不具有自我意识，仅仅是实现一个目的的工具。这个目的就是人。”② 弗朗西斯·培根宣称：“如果我们考虑终极因的话，人可以被视为世界的中心；如果这个世界没有人类，剩下的一切将茫然无措，既没有目的，也没有目标。……各种动物和植物创造出来是为了给他们提供住所、衣服、食物或药品的，或是减轻他的劳动，或是给他快乐和舒适。”③ 可见，自然目的论在西方源远流长、影响深远。人们长期以来都深信所有生物的存在和产生都以人为目的。这样，各种生物就像奥德修斯的女奴一样沦为了人类的财产和工具，可以任由其处置、宰割：对人类有用的保留，无用的可以尽弃——尊重和爱护始终无从谈起。甚至亚里士多德早就认为，植物的和动物的个体数量如此之多，以至于对它们的关心都变得没有必要④。

而神学目的论认为上帝为人创造了地球上的一切生命和物种。《圣经》说：“上帝说，我们要照着我们的形象，按照我们的样式造人，使他们管理海里的鱼、空中的鸟、地上的牲畜和整个大地，以及地上所爬的一切昆虫。”⑤ 基督教的这种教义更加强化了人是万物目的的观念，使人类俨然成了所有生物真正的、绝对的拥有者。M. 兰德曼（M. Landman）指出：“正如宗教世界观使上帝成为世界的君主一样，在上帝的特别关怀下，它使人成了地球上的主人。”⑥ 在人物地位悬殊的情况下，一方面，使得人类没有必要尊重和保护各种生物，人只能尊重上帝，而不必尊重上帝为了人的目的而创造的万物。例如，著名传教士利玛窦就认为“上帝创造天地万物，为的是‘存养人民’，‘宇宙之间，无一物非所以育吾人者’，所以人只能奉敬创造了天地万物的‘恩主’，而不能奉敬‘其役事吾者’。”⑦另一方面使得人类对所有生物拥有了更大的权利，而生物被人类随意地利用和征服也获得了更好的借口。例如，麦克基本在《自然的终结》一书中所说：“事实上，在我们占主导地位的犹太基督教传统中，人们所说的有关自然的一切，通常都是反自然的，这种观念把人置于其他万物之上。《创世纪》的故事及它所表达的强调主权的观念，……这成为人们砍伐森林，在每一处野生地带修起四通八达的道路，消灭蜗牛和镖鲈飞鱼的完美的理由。”⑧

所以，我们可以看出，西方文化中一直存在着人类中心主义和人类沙文主义特质的自然目的论和神学目的论。这两种目的论使得所有生物有充足的原因长期

---

① 何怀宏．生态伦理——精神资源与哲学基础[M]．保定：河北大学出版社，2002：338.
② 何怀宏．生态伦理——精神资源与哲学基础[M]．保定：河北大学出版社，2002：343.
③ 何怀宏．生态伦理——精神资源与哲学基础[M]．保定：河北大学出版社，2002：274-275.
④（美）尤金·哈格洛夫．环境伦理学基础[M]．杨通进，等，译．重庆：重庆出版社，2007：33.
⑤《旧约圣经·创世纪》1：26
⑥ 雷毅．深层生态学思想研究[M]．北京：清华大学出版社，2001：16.
⑦ 李存山．自然的经济体系还是道德体系[J]．中国哲学史，2003，(1).
⑧（美）比尔·麦克基本．自然的终结[M]．孙晓春，马树林，译．长春：吉林人民出版社，2000：71.

处于利用、统治、征服的对象之中，而缺乏必要的理由与合适的形象纳入人们道德关怀和行为保护的范围之外。毫无疑问，这种目的论对西方近现代工业化以来生物多样性的加速丧失产生了巨大的影响。

而在儒家气论中，这两种目的论都没有立足之地。儒家气论表达了对这两种目的论最坚决的否定态度。

柳宗元：山川者，特天地之物也。阴与阳者，气游乎其间者也，自动自休，自峙自流，是恶乎与我谋？自斗自竭，自崩自缺，是恶乎为我设[①]？

刘禹锡：阴荣阳悴，生濡死槁，多乘气化，不以意造[②]。

张载：游气纷扰，合而成质者，生人物之散殊[③]。天惟运动一气，鼓万物而生，无心以恤物[④]。

朱熹：谋谓天地别无勾当，只是以生物为心，一元之气，运转流通，略无停间，只是生出许多万物而已[⑤]。天地之气只管运转，不知不觉生出一个人，不知不觉又生出一个物[⑥]。

王廷相：天地之生物，势不得不然也，天何心哉？……世儒曰天地生物为人耳，嗟乎！斯其昧也。五谷似也，断肠裂腹之草，亦将人食乎？鸡豚似也，蚖蜿蝮蝎之属，亦将为人乎？夫人之食夫物，固曰天之为夫人之生之也，然则虎狼攫人而食，谓天为虎狼生人可乎？[⑦]人物之生于造化，一而已矣。无大小，无灵蠢，无夭寿，各随气之所禀而为生，此天地之化所以无心而为公也，故曰“各正性命”[⑧]。

黄宗羲：天地间只有一气，……草木之荣枯，寒暑之运行，地理之刚柔，象纬之顺逆，人物之生化，夫孰使之宰？皆气之自为主宰也[⑨]。

王夫之：游气，气之游行也，即所谓升降飞扬，纷扰者，无心之化，无择于施[⑩]。

首先，在儒家气论的观念中，天地万物都是一气，气主宰自然界万象的运行和事物的成毁。例如，黄宗羲上言：“天地间只有一气，……草木之荣枯，寒暑之运行，地理之刚柔，象纬之顺逆，人物之生化，夫孰使之宰？皆气之自为主宰也”。

---

① [唐]柳宗元．柳宗元集[Z]．北京：中华书局，1979：1269.
② [唐]刘禹锡．刘禹锡全集编年校注[Z]．陶敏，陶红雨，校注．长沙：岳麓书社，2003：1017.
③ [宋]张载．张子正蒙[Z]．王夫之，注．汤勤福，导读．上海：上海古籍出版社，2000：96.
④ [宋]张载．张载集[Z]．北京：中华书局，1978：185.
⑤ [宋]朱熹．朱子语类[Z]．黎靖德，编．北京：中华书局，1986：卷一.
⑥ [宋]朱熹．朱子语类[Z]．黎靖德，编．北京：中华书局，1986：卷九十八.
⑦ [明]王廷相．慎言·雅述[Z]．冒怀辛，译注．成都：巴蜀书店，2009：303.
⑧ [明]王廷相．慎言·雅述[Z]．冒怀辛，译注．成都：巴蜀书店，2009：357.
⑨ [明]黄宗羲．明儒学案[Z]．沈芝盈，点校对．北京：中华书局，1985：卷三.
⑩ [宋]张载．张子正蒙[Z]．王夫之，注．汤勤福，导读．上海：上海古籍出版社，2000：96.

气涵括、主宰、创造一切，气之上绝没有如上帝一样的人格神或者造物主超然地存在着。既然造物主和神都不存在，那么自然也就不存在神为人类创造生物的观点。这样，儒家气论以否定造物主这种最为彻底的方式首先否定了神学目的论。

其次，气论认为，气虽然主宰着多样生命和物种的生化，但生化的特点是“别无勾当”、“不以意造”、“无心而为公”：气只是要不断地创造各类生命和物种，但并不是为了人类的目的而创造它们。如果说生物都是天地之气有心为人而生，莫非那些可致人于死的毒草毒虫也是为人而生？如果说生物因可成为人类的食物，就说它们是为人而存在，难道虎狼吃人，就可以说人是为虎狼而存在的？显然，生物生成和存在的目的都指明人的观点完全是荒谬的和站不住脚的。所以，“气游乎其间者也，自动自休，自峙自流，是恶乎与我谋？自斗自竭，自崩自缺，是恶乎为我设？”如是，自然目的论也为儒家气论所否定。

神学目的论和自然目的论被否定，这也就意味着儒家否定了人类中心主义和人类沙文主义的立场，否定了从人来“看”非人类生物的视角，就不会如西方一样在以我为大、以物为小的方式中将他物完全“人化”，就会使得他物获得更加客观、公允的地位与形象：非人类的生命和物种不是人类的财产与工具，人类也非它们的主人，没有随意处置、利用、宰割它们的权利和借口，它们与人类一样都是为气所生、都有其独立的不以人类利益为转移的内在价值，它们不管对人类有用无用、有害无害都有存在的权利。所以，与西方文化截然不同的是，儒家对待非人类存在物的态度是：“大人者，有容物，无去物；有爱物，无徇物，天之道然。天以直养万物，代天而理物者，曲成而不害其直”①；“不离物以自高，不绝物以自洁，广爱而全仁，而不违道而干誉，皆顺天之理以行也。万物并育于天地之间，天顺其理而养之，无择于灵蠢、清浊，挠其种性，而后可致其养，直也……道立广大而化之以神……天下之物无不用……非有所必去，有所或徇也。”② 也就是说，所有的生命和物种都是天地之气所生化的，不存在有用无用或者该去该徇的区别，它们全都应该受到“万物之一物”的人类的尊重和爱护。

四、“多”受到普遍尊重和爱护

在本节中，从人的方面而言，“人性气命”说明了“生生”和“成物”，即尊重和爱护非人类的生命与物种是人性天然的规定内容，也是人之为人的原因所在。从物的方面而言，“多”是倾向赋予了多样性的生命和物种最高的充足理由律；而“通一无二”则表征了各种生命与物种的价值性、真实性和主体性。从人物关系而言，“人物一体”揭示了人与各种生物相互依存的紧密关系，“同本同构”则为人

① [宋]张载．张子正蒙[Z]．王夫之，注．汤勤福，导读．上海：上海古籍出版社，2000：172．
② [宋]张载．张子正蒙[Z]．王夫之，注．汤勤福，导读．上海：上海古籍出版社，2000：172．

们对多样生命与物种建立认同感提供了坚实广大的物质依据，“目的论的否定”说明了所有生物与人一样都有内在价值与权利。通过人、物和人物关系 3 个方面翔实的说明，以上“为什么”的问题就得到了较为成功地解答，各种非人类生命和物种就能以较少的障碍和较充分的理由被普遍纳入儒家尊重和爱护的对象之内。所以，董仲舒说：“质于爱民以下，至于鸟兽昆虫莫不爱。”① 持万物“同此一气”观点的王阳明说：“凡有血气，皆其昆弟赤子之余，莫不欲安全而教养之”②，“君臣也，夫妇也，朋友也，以至于山川草木鬼神鸟兽也，莫不实有以亲之。”③ 清儒郑板桥说：“夫天地生物，化育劬劳，一蚁一虫，皆本阴阳五行之气絪缊而出。……蛇虺蜈蚣豺狼虎豹，虫之最毒者，然天既生之，我何得而杀之？若必欲尽杀，天地又何必生？亦惟驱而远之，避之使不相害而已。”④……我们看到，在气论世界观的重要影响下，儒家对于天地间各类生命与物种，无论洪纤高下，不管害益利弊，无不有着深切博大的尊重和爱护。此种难得的境界恰如近世大儒方东美所言：“宇宙乃是普通生命流行的境界，天位大生，万物资始，地为广生，万物咸亨，合此天地生生之大德，造成宇宙，其中生气盎然充满，旁通统贯，毫无窒碍，我们立足于宇宙之中，与天地广大和谐，与人人同情感应，物物均调浃合，所以无一处不能顺此普遍生命，而与之全体同流。”⑤

综上所述，在儒家气论所构造的世界图景中，作为万物本原和究极元素之气，以其生生之德性和能力永续不已地孕育纷繁生物多样性的同时，还能通过自我整合、自我调节令所有生命与物种在合理的数量范围内和充足的物质资源条件上有序地共生、和谐地并存。自然呈现生物多样性是气化的必然结果，而有序和谐地共存则是生物多样性的本然存在状态；生物多样性中，无论是动物、植物还是现代概念中的无机物，它们与人类一样都为气所生化和构成，都蕴涵着独立的价值、目的与主体性，同人类存在根本的一致性，而非惰性的、可操纵的、异己性的和工具性的存在物——以这些形象呈现的生物之“是”，为人类尊重和爱护它们之“应该”奠定夯实了稳固的基础；世界因都为连续无间的气所充盈和贯彻，不存在任何完全模块化的实体和原子式的分立单元，所以人类也绝非超然于其他生命和物种之上，而是休戚与共、唇齿相依地存在于与万千他物形成的有着内在而非外在关系的生命共同体中。在此之中，爱护其他生命和物种，尊重它们的多样性，不使一物失其性，不令一物受其害，不但是人赖以生存的基本条件和必要保障，而且是气本原命之于人的先天道德规定和人在后天生活中成就、完善自我的目的与

① [汉]董仲舒．春秋繁露[Z]．曾振宇，傅永聚，注．北京：商务印书馆，2010：177．
② [明]王阳明．传习录[Z]．南京：凤凰出版社，2009：88．
③ [明]王阳明．王阳明传习录及大学问[Z]．台北：黎明文化有限公司，1986：188．
④ [清]郑板桥．郑板桥文集[M]．艾舒仁，选．成都：四川美术出版社，2005：19-21．
⑤ 蒋国宝，周亚洲．生命理想与文化类型[M]．北京：中国广播电视出版社，1992：83．

意义所在。毫无疑问，这些都深刻彰显和标示了儒家气论世界观所蕴涵的生物多样性智慧。当今，深入发掘和广泛汲取这些智慧将是我们在仍然有着广泛影响力的机械原子论世界观之外重新定义世界、重塑人与自然的和谐关系及持久保护生物多样性繁荣稳定的重要方法和有效途径。最后应该指出的是，气论世界观只展现了儒家生物多样性智慧之一隅，在儒家文化的其他范畴中还存在更加丰富的生物多样性智慧有待进一步发掘和整理[①]。而“和”论将是我们紧接气论后将要发掘和梳理的对象。在下一章，我们的研究将进入儒家“和”论的视域之中。

① 在儒家气论中还有一种思想也体现着生物多样性智慧：“气不沈滞，殷实生物”。儒家气论认为，气作为感应中介物存在于万物之间，不但使万物连接成一体，而且还承担着沟通信息和传达能量的重要作用。这对于万物的生长、成育至关重要。《易·说卦传》云：“水火相逮，雷风相悖，山泽通气，然后能变化，既成万物。”万物之成化需要不同的物质之间能够交通感应，水火要相逮，雷风要相悖，山泽则需要相互通气。只有气畅行流通于山泽和各种事物之间，沟通信息和传达能量，万物才能得以形成，生命才可以存在。而气在自然界的主要通道，儒家认为是川谷河流。因此，人们不能壅堵之。《国语·周语下》载，“灵王二十二：谷洛斗，将毁宫室。王欲壅之，太子晋谏曰：‘不可。晋闻古之长民者，不堕山，不崇薮，不防川，不窦泽。夫山，土之聚也；薮，物之归也；川，气之导也；泽，水之钟也。夫天地成而聚于高，归物之下。疏为川谷，以导其气；陂塘汙庳，以钟其美。是故聚不阤崩，而物有所归；气不沈滞，而亦不散越。’……‘高高下下，疏川导滞……天无伏引，地无散阳，水无沉气，……时无逆数，物无害生，皇天嘉之，祚以天下，……谓其能殷实生物也。’”（国语[M]. 黄永堂，译注. 贵阳：贵州人民出版社，1995：89.）太子晋之所以阻止灵王壅堵河道，因为在他看来河道发挥着疏气导滞的重要作用。如果河道堵塞，那么气在大地上的流通将受到阻碍而沈滞不散。气沈滞不散，万物间将失去传达信息和沟通能量的中介物，自然界也会如同一潭死水一样没有生机。所以，太子晋认为不可防壅川谷，而应该向大禹一样疏川导滞，保证气在自然界的流动、通畅。如此，才可令气候正常、作物良好，自然界也因此能创造和保育更多的生物，也就是“殷实生物”。若不是，则会走向“殷实生物”的反面。这样一种思想实际上在现代水利工程案例中已经得到了部分验证。例如，埃及阿斯旺水坝的修建，一方面减少了下游水量，削弱了原本河水冲刷土壤盐分的作用，从而导致了两岸土壤盐碱化，使得各种农作物和植物难以生长；另一方面，造成了下游河水的富营养化，而使得水生植物和藻类大量繁殖，严重危害了其他生物的生存，最终破坏了生物多样性的稳定。所以，儒家气论“气不沈滞，殷实生物”的理念是有一定合理性的，它同样蕴涵着富有启发意义的生物多样性智慧。

第二章　儒家“和”论中的生物多样性智慧

在儒家的场域中，作为由史伯开启，经晏婴、孔子、子思、董仲舒、张载等大家而逐渐发展起来，并以追求要素的多样性与维护多样性要素和谐统一为内在特征的重要观念——“和”①，是一个非常核心的范畴，它广泛渗透于中国传统自然观、本体论、价值论等各个方面。人们审视世界的根本观点（所视）与审视世界的基本结果（所示），人们处理与天地自然万物关系的准则、要求与目的，以及人们生产、生活等各类实践活动（特别是农业生产）等，都深受“和”观念的主导与影响。“和”观念同样富含深刻的生物多样性智慧②。

第一节　和之“是”：“多”生成存在的基础与形式

作为一种哲学观念，儒家之“和”首先昭示的便是天之道，或者说自然之“是”。深入分析来看，这种天之道与自然之“是”有两层意蕴。第一，所有生命与物种的生成有赖于异质多样元素的协同统一。第二，所有生命与物种生化后以既相互独立又同是一体、既各行其道又相互促进的协同统一的形式共存着。用儒家自己的语言表述，前一点可被称为“和实生物”，后一点则是“保合太和”。儒家“和”论的生物多样性智慧便首先寓于此两点之中。

一、“和实生物”：“多”生成流布的必然基础

一般而言，人类思想从简单走向复杂，从直观走向抽象，从具体走向一般，是一种较为常见的模式和路径。例如，古希腊人们在探索世界本原的问题上，从泰勒斯的“水”，到阿那克西美尼的气，再到柏拉图的“相”（idea），就经历了这样一个发展和上升的过程。而考察儒家“和实生物”——“多”的生成有赖于异质元素协同组合这种观念的发展脉络后，我们将发现同样的特点。在这种特点中，“和实生物”观念所蕴涵的生物多样性智慧渐趋深刻。

---

① 需要指出的为，史伯以前虽早已存在着“和”观念，但作为一种哲学形态的“和”自史伯始。

② 从“和”的层面来发掘与梳理儒家生物多样性智慧这一点受到了南京农业大学王翠华硕士论文《儒家生物多样性》的启发。参见王翠华.儒家生物多样性智慧研究[D]. 南京：南京农业大学硕士研究生学位论文．第三章。

（一）史伯："和实生物，同则不继"

从辞源学和文献学的角度而言，"和"历史悠久，起源很早，其在甲骨文和金文中就早已存在。但从先秦"和"、"龢"、"盉"的常见字形，以及《说文解字》"凡和之属，从禾"及"口，人之所食"的论述，我们大致可以判断"和"的原始意义可能同种植、饮食、器皿等实践领域或生活层面的内容有着紧密的关联。

而"和"脱离其原始意义作为事物生成的基础和条件的哲学观念，则首先始于西周史伯的"和同之辨"：

> 夫和实生物，同则不继。以他平他谓之和，故能丰长而物归之，若以同裨同，尽乃弃矣。故先王以土与金、木、水、火杂以成百物。是以和五味以调口，刚四肢以卫体，和六律以聪耳，正七体以役心，平八索以成人，建九纪以立纯德，和十数以训百体。出千品，具万方，计亿事，材兆物，收经人，行姟极。故王者居九畡之田，收经入以食兆民，周训而能用之，和乐如一。夫如是，和之至也。于是乎先王聘后于异姓，求财于有方，择臣取谏工，而讲以多物，务和同也。声一无听，物一无文，味一无果，物一不讲。王将弃是类也而与剸同，天夺之明，欲无弊，得乎[①]？

在此，史伯在中国思想史上首先指出了"和"与"同"的区别。所谓"和"就是以他平他。"他"一般相对己而言，可引申为不同或对立的事物。"平"据《国语·周语下》载曰："细大不逾曰平"。韦昭注："细大之声不相逾越曰平。"意指不同乐器发出的声音尽管有高低大小之分，却没有相互逾越或掩盖，而是和谐融合于一致的旋律之中。因此，"以他平他"或者说"和"就是指多样异质元素的协同统一。例如，五味、四肢、六律、七体、八索、九纪、十数等多样异质成分协同统一于由它们所组构的整体之中。

但是，史伯的最终目的不是解释"和"的内涵，而是要说明与强调"和"的功能同作用。在史伯看来，"和"最主要、最独有的功能和作用便是能生物，即产生和形成事物。而"和"之所以能够如此，乃是缘于它一方面以包容、开放的特征吸纳涵盖了多样异质的元素，另一方面"和"系统中的不同元素能达到相互平衡的整体和谐。换言之，"和"不但蕴涵着"多"，而且"多"之间还和合协同着。基于此，新的、原本不存在的事物便能借此而产生。因此，史伯指出"和实生物"，即"和"着实可以生成事物。而且，史伯还认为因"和"而生成的新事物的数量往往多于"和"中各类元素的数量，如"百物"就远多于金、木、水、火、土五行。也就是说，"和"具有以"少"生"多"的功效。

① 国语[M]．黄永堂，译注．贵阳：贵州人民出版社，1995：590.

相对于“和”是“他”与“他”兼容性的并存，而“同”则“是‘我’（而非‘他’）与‘我’的结合，而‘我’指是一，所以，‘同’实际上是一种排‘他’性的自我同一，是一种‘专同’”[①]。或言之，“同”乃是某一元素在数量上的机械累积与重复叠加，即无差别的自我同一。这种自我同一由于封闭、固化，拒绝异质元素的加入，因此它除了使得“同”整体中的某一元素的数量发生多与少的简单改变外，并不可能使自身产生新的有别于这一元素的任何事物。其道理正如一种声音则难成音乐，一种味道则难成美食一样。所以史伯警言，若世界都是无差别的自我同一，那么任何事物都难以生成，万物皆将不复存在（“若以同裨同，尽乃弃矣”）。

觉察“和实生物，同则不继”——只有“和”而非“同”才是事物生产的基础与条件这样一个基本事实，于是史伯坚决反对“去和而取同”，不管自然还是社会，无论天道还是人道，皆必应如此。

尽管，史伯以上所论还关联着政治伦理与实践方法，未达到一般世界观的高度，其所涉及的多样元素仍存有大量感性、直观、具体的属性，因“和”所生成的“多”也未明确指向于一般多样性及生物多样性，但与此同时我们也必须客观指出，史伯“和实生物，同则不继”的观念开创和奠定了传统人们审视周遭世界及其多样事物的基本哲学视域：多样元素的协同统一是事物生成的基础，事物必“待异而后成”及“待和而后生”。后儒论“和”，无论先秦还是秦汉以降，无论是器论层面还是道论境地，皆是对史伯之“和”或深或浅的秉承和延伸。

（二）晏婴：“和如羹焉”

继史伯之后，春秋之婴也抛出了“和同之辨”：

> 和如羹焉，水、火、醯、醢、盐、梅以烹鱼肉，燀之以薪，宰夫和之，齐之以味，济其不及，以泄其过。君子食之，以平其心。君臣亦然，君所谓可而有否焉，臣献其否以成其可。君所谓否而有可焉，臣献其可以去其否。是以政平而不干，民无争心。故《诗》曰：“亦有和羹，既戒既平。鬷蝦无言，时靡有争。”先王之济五味、和五声也，以平其心，成其政也。声亦如味，一气，二体，三类，四物，五声，六律，七音，八风，九歌，以相成也；清浊、小大，短长、疾徐，哀乐、刚柔，迟速，高下，出入，周疏，以相济也。君子听之，以平其心。心平，德和。……君所谓可，据亦曰可；君所谓否，据亦曰否。若以水济水，谁能食之？若琴瑟之专一，谁能听之？同之不可也如是[②]。

---

① 陈科华．“和同之辨”及其对当代和平理论构建的意义[J]．求索，1999，(4)．

② 左传[M]．王守谦，金秀珍，王凤春，译注．贵阳：贵州人民出版社，1990：1303．

显然，秉承史伯之论，晏婴也认为只有“和”——多样异质元素的协同统一，而非单一元素的自我同一，才能产生新的事物。以烹饪为例，若用水做调料或食材和水相煮，结果必然还是一锅水，必然也将寡然无味难成有别于水的佳肴。但若在水之外，同时还加入火、醯、醢、盐、梅、鱼肉等多样异质的调料和食材，相互调和，那么就会烹饪出新的事物——羹。羹既不是水或盐，也不是梅或鱼肉，它有新的状态、新的味道、新的形态，它是新的事物（现在看来，羹这种比喻十分恰当，它以具体明了的实例极好地诠释了“和”在晏婴那个时期所具有的主要意蕴与深刻内涵）。因此，晏婴与史伯一样，主张取“和”而去“同”、趋“多”而弃“一”。

不过，晏婴在继承史伯之“和”的同时对其也有所发展和补充之处。第一，晏婴注意到了系统中异质元素间存在着既和谐又对立的矛盾。以政事喻，君认为对者也有不对的成分，臣需揭其不对而成其对；君认为不对者也存在对的内容，臣应示其对而去其不对。以音乐喻，清浊、小大、短长、疾徐等对立的成分和谐统一于同一整体中，便形成了悦耳平心的音乐。在晏婴看来，“和”不是没有对立，而是对立的成分和谐共存着；也只有对立，只有矛盾，元素才能相反而相成、相异而相济，新事物才能借此而形成和产生。第二，晏婴所论之“和”形式中的异质元素，不但有水、盐、梅等实体质料，而且有刚柔、迟速、高下等抽象属性，这说明了“和”于此已经出现了由器论向道论转变的较为细微的萌芽。所以，由史伯开启的“和实生物”的观念在晏婴这里已有一定的发展。

而在晏婴论“和”第二年，即昭公二十一年（公元前522年），乐官泠州鸠[①]对和也有不得不提的相关论述：

> 夫政象乐，乐从和，和从平。声以和乐，律以平声。……声应相保日和，细大不逾日平。……细过其主妨于正，用物过度妨于财，正害财匮妨于乐，细抑大陵，不容于耳，非和也[②]。
>
> 小者不窕，大者不槬，则和于物，物和则嘉成。……窕则不咸，槬则不容[③]。

结合两段材料，可以看出泠州鸠已经注意到，“和”形式中各元素不但是异质多样的，而且彼此之间还存在着等级次序和主次结构。例如，宫商角徵羽五音有大、小、主、辅的差异。五者在构成音乐时，大音（宫）与小音（羽）便需各安其位：小的既小，就应该安于小，不可以小夺大（小者不窕）；大的既大，就应该慎于大，不可以大抑小（大者不槬）。如果小的小到没有，大的大到排挤小者（细

① 此乐官之名，《左传》作泠州鸠，《国语》作伶周鸠，本文从《左传》。
② 国语[M]．黄永堂，译注．贵阳：贵州人民出版社，1995：132．
③ 左传[M]．王守谦，金秀珍，王凤春，译注．贵阳：贵州人民出版社，1990：1308．

抑大陵），那么音乐定将失“和”而不容于耳。引申开来，即由“和”而形成的新事物必须基于系统中异质元素间合理的大小次序和主辅结构上，元素次序的颠倒、结构的混乱都将碍于新事物的形成。无疑，泠州鸠的论述同样丰富和提升了“和实生物”观念的内涵。

（三）《易传》：天地和合，其益无方

晏婴之后，儒家和论为成书于战国之《易传》所集大成。同史伯、晏婴一样，《易传》也认为事物的生成和产生有赖于多样异质元素的和合统一。只不过，《易传》中的这些异质元素不再是金木水火土，而是八卦和它们所分别代表的事物。例如，《说卦传》言：“神也者，妙万物而为言者也。动万物者莫疾乎雷，桡万物者莫疾乎风，燥万物者莫熯乎火，说万物者莫说乎泽，润万物者莫润乎水，终万物始万物者莫盛乎艮。故水火相逮，雷风不相悖，山泽通气，然后能变化既成万物也。”又言：“雷以动之，风以散之；雨以润之，日以烜之；艮以止之，兑以说之；乾以君之，坤以藏之。”即在雷、风、火、泽、水、艮、乾、坤八卦及其所代表的异质元素的协同和合下，万物才可能生成。如果只是单一元素的自我同一，则无物可生无物可成。例如，《易·睽·象》曰：“二女同居，其志不同行。”字面之意，二女同居一室，各思其归，无交媾的想法，更无生育的可能。引申而言，相同的事物不能和合，也不会有新事物的诞生。所以，《易·坤·文言》曰：“阴疑于阳必战。”朱熹释曰：“疑，谓均敌而无大小之差也。”毛奇龄言：“阴动极类阳。”疑字可解作类似，等同。也就是说，坤阴经过了六爻的发展变化，它的势力已经与乾阳相似了。由于相类似，也就无大小尊卑的差别而成为阳对阳的绝对排斥，这就必然发生斗争[①]。所以，相同事物或元素的自我同一，将相互排斥，不可能产生和生成新的事物。

因此，《易传》特别强调：“天地睽而其事同也，男女睽而其志通也，万物睽而其事类。睽之时用大矣载（《易·睽·象》）！”对此，金景芳先生解释得非常好：“睽，看来不是好事，而实际万事万物没有睽是不行的。睽的用处大着呢。天地是最大的睽，天在最上，地在最下，正是因为有天地之睽，才有四时变化，才有万物萌生。男女是最显著的睽，正是因为有男女之睽，才有阴阳交感，才有人的生育繁衍。世间万物千差万别，是最普通的睽，正是因为有万物之睽，万物才能有类，有类才能有合。假若没有睽，则将是天地混沌，男女不分，万物无殊，合也就无从谈起。”[②] 也就是说，只有差异才能合，只有睽殊才有和，只有和合，新事物才会化育，万物才能流形。

但《易传》中，雷（震）、风（巽）、水（坎）、火（离）、山（艮）、泽（兑）

---

① 徐志锐．周易大传新注[M]．济南：齐鲁书社，1986：33．
② 金景芳，吕绍刚．周易全解[M]．长春：吉林大学出版社，1989：274．

天（乾）、地（坤）等元素并不是平行并列的，因为前六者元素仍有着一定的后退性和来源之所——它们皆是由对立又统一的天（乾）地（坤）所衍生："乾，天也，故称乎父。坤，地也，故称乎母。震一索而得男，故谓之长男；巽一索而得女，故谓之长女；坎再索再得男，故谓之中男；离再索再得女，故谓之中女；艮三索而得男，故谓之少男；兑三索而得女，故谓之少女（《易·系辞下》）。"所以，在《易传》看来，八卦所代表的异质元素的协同和合最终仍将规约为天（乾）地（坤）的协同和合；天（乾）地（坤）能否和合将直接关联着万物能否生成："天地交，而万物通也"（《泰·象》）；"天地感而万物化生"（《易·咸·象》）；"天地相遇，品物咸章"（《易·姤·象》）；"天地氤氲，万物化醇"（《易·系辞下》）；反之，若"天地不交，则万物不兴"（《易·归妹·象》）；"天地不交，而万物不通也"（《易·否·象》）。天（乾）地（坤）在"和实生物"的过程中缺一不可；万物之生成流布，赖于二者之一始一成、一施一受的协同和合。如来知德所言："乾所知者，惟始物；坤所能者，惟成物。无乾之施，则不能成坤之终；无坤之受，则不能成乾之始。"① 当然，这也说明了天（乾）地（坤）在"和"形式中也并非并列，而是同泠州鸠之和一样存在着主辅层次和次序结构：天在上，地在下，乾者尊，坤者卑，天乾动而主施予，地坤静而主顺承。《系辞》说"天尊地卑，乾坤定矣"（《易·系辞上》），即是对这种层次结构的描述与肯定。这种层次结构使得天（乾）地（坤）能各安其位，各据其所，相济相成，令由它们组成的"和"整体显现出和谐稳定的常态。

不过，《易传》虽言天地氤氲和合而生万物，但实际上氤氲和合的是无形之阴阳二气，而非有形之天地。因为天地皆为定体，天在上，地在下，天圆而地方，天玄而地黄，二者难以和合，唯有以无形之气相交：天气下沉，地气上升，天地才可交合而生成万物。例如，孔颖达说："天地氤氲，万物化醇者，氤氲，相附著之义，言天地无心，自然得一，唯二气氤氲，共相和会，万物感之变化而精醇也。"② 程颐也说："氤氲，交密之状。天地之气，相交而密，则生万物之化醇。"③ 因此，天（乾）地（坤）的协同和合从根本上而言，乃是阴（柔）阳（刚）二气的协同和合④。

---

① [明]来知德．影印文渊阁四库全书．周易集注[Z]．上海：上海古籍出版社，1987：32册，卷十三．

② [魏]王弼，[晋]韩康伯．周易正义[Z]．孔颖达，正义．北京：中国致公出版社，2009：293．

③ [宋]程颐．周易程氏传[Z]．王鹤鸣，殷子和，整理．北京：九州出版社，2010：166．

④ 在《易传》中，天地与乾坤、刚柔、阴阳等在很大程度上其实是从不同侧面对同一事物的指陈：以体言称天地，以用言称乾坤，以质言称刚柔，以气言称阴阳。这些异名而同指的事物相互间存在很强的互释性和通约性。例如，《易传》说："乾，天也，……坤，地也"，"乾，阳物也；坤，阴物也。阴阳合德而刚柔有体"（《系辞下》）。孔颖达也说："刚柔即阴阳也。论其气即谓之阴阳，语其体即谓之刚柔也（王弼，韩康伯.《周易正义》. 孔颖达，疏. 北京：中国致公出版社，2009：281.）。"当然，各类元素中最具通约性的还数阴阳。阴阳几乎可以描述和代表一切。《系辞上》说："一阴一阳之谓道"。"之谓道"者，表示的即是阴阳的普遍通约性。而天地、乾坤、刚柔却不具备这种特质。不过，《易传》仍然言天地远多于阴阳。这或许是因为天地比阴阳更为直观形象（阴阳是无形的，而天地是有形的；阴阳是形而上的，而天地是形而下的），其各类属性可能更易为人们所领会与感受。

但无论是天地、乾坤，还是刚柔、阴阳，这些异名同指的元素在“和”形式中皆有个共同的特点——极大极高的统摄性。以有形有象的事物而言，最大的便是天与地，不存在比天地还大的事物（“法象乎莫大乎天地”《易·系辞上》）；以动静承载的特质而言，乾坤分别为健行、载物之最，没有什么事物健行不息过于乾、包藏载物过于坤；以事物的质地而言，刚柔能概括天地万物，事物非刚即柔，非柔即刚，无出其外；对无形无象但又实际存有的事物而言，最根本的只有阴阳二气，绝无他类与之并存。基于元素的这种统摄性，因这些异质元素协同形成之“和”的形式也能统摄一切事物，成为它们最根本、最究极的生成源泉。所以《易传》指出：“夫《易》广矣大矣！以言乎远则不御，以言乎迩则静而正，以言乎天地之间则备矣”，“范围天地之化而不过，曲成万物而不遗”（《易·系辞上》），“其道甚大，百物不废”（《易·系辞下》），“有天地，然后有万物”（《易·说卦传》）。即天地阴阳之“和”无所不包，无所不概，万物皆为其弥沦涵纳，万有皆由其成就生化。进言之，在《易传》中，天地阴阳之“和”被明确认为是万物实然而又必然的普遍性的生成基础。也就是说，“和”生化事物的功能与作用被提升至了本体论的高度，它不再只适用于范围有限的“百物”，而是可适用于包罗万象的天地万物。这种思想的深刻性和彻底性是史伯、晏婴等前人所远不及的。

此外，史伯和晏婴之“和”形式中的各元素，金就是金，木就是木，水就是水，盐就是盐，梅就是梅，它们皆以各自本有的物质属性在“和”的整体中存在着，不能运动，没有精神属性，也不会在对立状态中相互转变。在这种情形下，由这些元素组成的“和”，只“着重于横向静态的结构与数量关系上的平衡性、协调性”，而缺少“纵向动态”的“过程性和历时性”。[①] 也就是说，“和”是事物生成的基础，“和”也可以生成事物，但“和”本身没有生化事物的主动趋向和必然态势。而在《易传》中情况却大不一样。“和”形式中的元素，就天（乾）与地（坤）而言，它们不但有物质层面的质料属性，而且有精神层面的内在德性和固有品质。《易·系辞上》说：“夫乾，其静也专，其动也直，是以大生焉；夫坤，其静也翕，其动也辟，是以广生焉。”《系辞下》说：“天地之大德曰生。”《易·复·彖》曰：“复，见天地之心乎！”复卦六爻，五阴一阳，阳被阴剥，却又未剥尽，这时最能显现天地之心。天地之心是什么？张载解释说：“大抵言‘天地之心’者，天地之大德曰生，则以生物为本者，乃天地之心也。”[②] 即天地之心就是生化事物。因此，天地乾坤蕴涵生化事物之心，生生是其本有的德性与品质。天地乾坤具备生生的德性和品质，但它们单方面又不能生生，所以它们必须协同和合（如上所论）。进言之，

① “横向静态”与“纵向动态”等内容，参见董根洪．儒家中和哲学通论[M]．济南：齐鲁书社，2001：85．不过需要指出的为，董根洪先生把“纵向动态”、“历时性”等仅作为汉儒中和哲学的特征，而本文认为《易传》及汉以后的儒家中和哲学实际上也都具有这种特征。

② [宋]张载．张载集[Z]．北京：中华书局，1978：113．

为了生物，为了成就实现各自的德性与品质，天乾必须协同和合于地坤，地坤也必须协同和合于天乾，二者将必然成“和”。要必然成“和”，而又存在“和实生物”的本来机制，那么万物的生化也就同样成了必然的趋向和态势。

就阴阳刚柔而言，也是如此。作为两种对立的抽象元素，阴定要和合于阳，阳定要和合于阴；刚必相摩于柔，柔必相摩于刚。例如，董仲舒言：“阴者阳之合，……物莫无合，而合各有阴阳……阴道无所独行，其始也不得专起，其终也不得分功（《春秋繁露·基义》）。”①而且，阴与阳、刚与柔不像金木水火一样固定于各自属性上，而是可相互转变彼此更易：“上下无常，刚柔相易，不可为典要。唯变所适”（《易·系辞下》）。孔颖达释曰：“阳极而变为阴，阴极变为阳，阳刚而阴柔，故刚柔共相切摩，更递变化也②。”朱熹言：“刚柔变化，刚了化，化了柔，柔了变，变便是刚，亦循环不已。”③如我们所知，元素的矛盾和冲突往往会使得由元素组成的整体产生动力（如第一章第一节所论）。所以，在以上这种相互对立又相互转易的机制中，由阴阳刚柔所协同组成的“和”便会形成一种内在、自发、本然的生化事物的动力和趋势。因此，《易·系辞上》说：“刚柔相推而生变化”，“刚柔相推，变在其中矣”。又说：“一阴一阳之谓道。”所谓“刚柔相推”而“生变化”或“变在其中”，即刚柔协同和合而使万物生成流形；所谓“一阴一阳之谓道”，即是阴阳交合协同而成万物生生之道。所以，在《易传》的场域中，天地不能不絪缊，乾坤不能不相荡，阴阳不能不交合，刚柔不能不相摩，是故生化之良机自成，万物之品形必显。质言之，各种对立的异质元素协同成“和”，以及由“和”生化形成万物都是自然而又必然的；“和”于此所指陈与代表的不仅是元素横向静止的状态和关系，更是万物纵向动态的大化过程和生生机制。因此，《易传》说“生生之谓易”（《系辞上》）。所谓“生生”，主要就是不断地生化和创造。例如，韩康伯注曰：“阴阳转易，以成生化。”孔颖达疏曰：“‘生生之谓易’者，生生，不绝之辞。阴阳变转，后生此于前生，是万物恒生，谓之易。”④ 可见，纵向动态的大化过程和生生机制正是《易传》之“和”的基本功能与主要特征所在。

而需特别指出的是，作为“和”形式中对立的元素——天（乾）地（坤），它们不但有生化事物的德性和品质，而且这种德性与品质中还有着成就与实现万物之“多”的因素和内容⑤。针对天（乾），《易·乾·彖》曰：“大哉乾元！万物资始，乃统天。云行雨施，品物流形。”即天（乾）生化事物，要使其各具形质，殊异有

---

① [汉]董仲舒．春秋繁露[Z]．曾振宇，傅永聚，注．北京：商务印书馆，2010：260．

② [魏]王弼，[晋]韩康伯．周易正义[Z]．孔颖达，正义．北京：中国致公出版社，2009：252．

③ [宋]朱熹．朱子语类[Z]．黎靖德，编．北京：中华书局，1986：卷七十四．

④ [魏]王弼，[晋]韩康伯．周易正义[Z]．孔颖达，正义．北京：中国致公出版社，2009：262．

⑤ 而实际上，阴阳也具备生化事物之“多”的特征。阴阳本身变化莫测，没有定体定质，二者和合所生之物同样繁芜多样。这一点在本文第一章第一节中由于已经论及，视角虽不一样，但内容大都相同，于此便不再赘述。

别。此处“不曰万物曰品物，意在强调物各分类，物各有形。”[①] 也就是说，天（乾）所生化的万物有多样性和变异性的特征，是不同的“多”，而非雷同的“一”。另外，《易传》还认为天（乾）“鼓万物而不与圣人同忧”（《易·系辞上》）——其生化事物，乃是无心之化，而非有心之举。有心而化，便有分别，会有所生有所不生。例如，牛马犬羊为善，豺狼虎豹为恶，天（乾）若有心，则会殉善而弃恶，生牛马犬羊而不生豺狼虎豹。如此，便难以实现万物之“多”。王弼言：天（乾）“若其以有为心，则异类未获具存矣。”[②] 又如二程所言：“若善者亲之，不善者远之，则物不与者多矣。”[③]而天地由于无心，由于“物我齐致，亲疏一等”（孔颖达语）[④]，所以便会无所不生，无所不化，无所不成，善恶利弊，洪纤高下，远近大小，悉皆成就而无一遗漏。《易·系辞上》言“曲成万物而不遗”，所诠释的正是天（乾）的此种博大无私的生化品质和生化功能。而针对地（坤），《易·坤·彖》曰：“至哉坤元，万物资生，乃顺承天。坤厚载物，德合无疆。”“坤厚载物，德合无疆”者，即言地（坤）广博厚远，无所不长，无所不藏，无所不成，无所不载；事物无论如何之“多”，都可以被地（坤）承载涵盖。《周易集解》引蜀才曰：“坤以广厚之德，载含万物，无有穷竟也”[⑤]，可谓正解。如此，天（乾）与地（坤），一个无所不始，一个无所不生，一个无所不化，一个无所不载，二者和合协同起来便能最大程度地实现与成就万物的多样性。因此，《易·益·彖》曰：“天施地生，其益无方”。孔颖达释曰：“天施气与地，地受气而化生。……其施化之益，无有方所。”[⑥] 程颐阐释道：“天道资始，地道生物，天施地生，化育万物，……其益可谓无方矣。方，所也。有方所，则有限量。无方，谓广大无穷也。天地之益万物，岂有穷际乎？”[⑦] 也即天（乾）地（坤）和合所生所载之物极其多样，无穷无尽。当然，这主要体现在空间维度上。

天（乾）地（坤）和合生化事物，成就万物之“多”，除了要在空间维度上无穷无尽，必然还需要在时间维度上绵延不绝。因为没有绵延，就意味着创生之机将停息截断。创生之机停息截断，事物便难以新老代谢。没有代谢，事物原本的数量即便再多也会很快消亡殆尽。那么，天地是否具备某种特质，从而能保障生化之机的连续性呢？正是。《易传》曰：“乾以易知，坤以简能”（《系辞上》）。对此，金景芳先生的解释甚好。他说，所谓易，就是不难，即天（乾）开创万物显得极其容易而不难。之所以不难，因为天（乾）是健，没有主观意识，创生万物

① 金景芳，吕绍刚．周易全解[M]．长春：吉林大学出版社，1989：12.
② [魏]王弼，[晋]韩康伯．周易正义[Z]．孔颖达，正义．北京：中国致公出版社，2009：114.
③ [宋]程颢，程颐．二程遗书[Z]．潘富恩，导读．上海：上海古籍出版社，2008：67.
④ [魏]王弼，[晋]韩康伯．周易正义[Z]．孔颖达，正义．北京：中国致公出版社，2009：115.
⑤ [唐]李鼎祚．周易集解[Z]．张文智，导读，济南：齐鲁书社 2005：108.
⑥ [魏]王弼，[晋]韩康伯．周易正义[Z]．孔颖达，正义．北京：中国致公出版社，2009：175.
⑦ [宋]程颐．周易程氏传[Z]．王鹤鸣，殷子和，整理．北京：九州出版社，2010：166.

没有目的，完全是自然的；而所谓简，就是不繁，即地（坤）在生化万物时显得极其简单而不繁。之所以不繁，因为坤顺乾，乾已开始了的事情，坤来顺应着完成便可，不须另费工夫。合言之，就是天（乾）与地（坤）和合生物全不必动脑筋，劳气力，自然始物，自然成物①。例如，韩康伯说："天地之道，不为而善始，不劳而善成，故曰易简。"②如果，天地生物困难且烦琐，那么天地也会很快劳烦而罢休；唯有不难与简单才可能令天地生物绵延持续长久不息。明朝大易来知德言："使为乾者用力之难，为坤者用力之烦，则天地亦劳矣！惟易乃造化之良知故始物不难，惟简乃造化之良能故成物不烦也。"③ 概之，当且仅当因易而不难，所以物自然始；因简而不繁，所以物自然成；因易而又简，所以天（乾）地（坤）和合，成物无尽，生物不已。因此，《易·系辞上》赞叹道："盛德大业至矣哉。富有之谓大业，日新之谓盛德"。而所谓"富有者"，即天地所生"无物不有，而无一毫之亏欠"；所谓"日新者"，即天地之功"无时不然，而无一毫之间断。"④ 也就是说，天（乾）地（坤）和合生物能在空间与时间的双重维度上实现成就万物之"多"。套用孔颖达之语，天（乾）地（坤）和合生物不但"广博无疆"，而且"长久无疆"⑤。如此，万物岂不"多"哉？

最后，《易传》之"和"超越前人的地方还在于它将人纳入了"和实生物"的过程与机制之中。《易·说卦》云："昔圣人之作《易》也，将以顺性命之理，是以立天之道曰阴与阳，立地之道曰刚与柔，立人之道曰仁与义，兼三才而两之，故《易》以六爻以成卦。"《易·系辞下》又说："易之为书也，广大悉备，有天道焉，有人道焉，有地道焉，兼三材而两之，故六。六者非它也，三材之道也。"材（如蒙培元先生所言）不只是材质、材料，更是才能。天有天的才能，地有地的才能，人有人的才能。天的才能在于"始万物"，地的才能在于"生万物"，而人的才能便是"成万物"。⑥ 只有天地人三材的和合协同，即让天地之道的生成原则与人道的实现原则统一起来，"和"的形式才算完整，万物才可最终被生化和形成。《易传》这种思想受到了后儒的普遍继承与发扬。例如，《管子·五辅》认为"上度之天祥，下度之地宜，中度之人顺"，如果"天时不祥则有水旱；地道不宜则有饥馑；人道不顺则有祸乱"。⑦ 《管子·禁藏》又说：只要"顺天之时，约地之宜，中人之和"，就会"风雨时，五谷实，草木美多，六畜蕃息"。⑧ 荀子言："天有其时，地

① 金景芳，吕绍刚．周易全解[M]．长春：吉林大学出版社，1989：460．引用时有改动。
② [魏]王弼，[晋]韩康伯．周易正义[Z]．孔颖达，正义．北京：中国致公出版社，2009：151．
③ [明]来知德．影印文渊阁四库全书．周易集注[Z]．上海：上海古籍出版社 1987：32 册，卷十三．
④ [明]来知德．影印文渊阁四库全书．周易集注[Z]．上海：上海古籍出版社 1987：32 册，卷十三．
⑤ [魏]王弼，[晋]韩康伯．周易正义[Z]．孔颖达，正义．北京：中国致公出版社，2009：32．
⑥ 蒙培元．天地人——谈《易传》的生态思想[J]．周易研究，2000，(1)．引用时有改动。
⑦ 管子[M]．谢浩范，朱迎平，译注．贵阳：贵州人民出版社，2008：110-111．
⑧ 管子[M]．谢浩范，朱迎平，译注．贵阳：贵州人民出版社，2008：543．

有其财，人有其治，夫是之谓能参。”[①] 又言“上不失天时，下不失地利，中不失人和”，就能“财货浑浑如泉涌，汸汸如江海，暴暴如丘山”。[②] 财与货，当指地上的生物，即荀子所说的如若烟海之“飞鸟雁凫”与不可胜数之“昆虫百物”[③]等。董仲舒提出：“天地人，万物之本也，天生之，地养之，人成之。”[④]……如此等等，充分标示着：“和实生物”不仅仅是天之道，也是人之道；非人类的各种生命与物种，不仅是自然存在物，也是人类实现与成就自我的道德对象；关怀和尊重其他生命与物种渐渐成为人们义不容辞的责任和义务。就如李约瑟先生的中肯之言：“不论人们如何描述它，这是很长时期以来中国文化的基本态度。人是主要的，但他并不是为之创造的宇宙的中心。不过他在宇宙中有一定的作用，有一项任务要去完成，即协助大自然，与自然界自发的和相关的过程协同地而不是无视于它地起作用。”[⑤]

综上所述：同史伯晏婴一样，《易传》也认为事物的生成必依赖于“和”——异质元素的和合协同；异质元素在《易传》中不再是并列平行的感性事物，而是被抽象为对立统一、统摄性极高的天地、乾坤、刚柔和阴阳；这种形式的“和”因元素的统摄性而统摄一切，上升至了本体论的层面，成为自然万物的普遍生成基础；“和”不仅是横向静态的元素关系，更是纵向动态的生化机制，它不但具备着生物事物的主动趋势，而且还拥有成就和实现万物之“多”的特质。这种特质体现在空间数量上，也体现在时间绵延上；人开始被纳入“和”形式之中，成为了万物生化过程中必不可缺的因素，而万物的生遂成亡也更加深入地嵌进了人类的道德范围和价值领域。总之，《易传》开创和奠定了“和实生物”观念的新局面和新境界，彰显了更加成熟和完善的生物多样性智慧。

（四）后儒：“万物各得其和以生”

《易传》以后，儒家“和”论较为分散，如史伯、晏婴、《易传》等翔实而集中者较少。但是这种零散的情况并没有影响到儒家“和”论的发展。“和实生物”的观念无论在广度还是深度上都有长足进步。主要体现在如下几点。

第一，在“和”的基础上，明确提出了“中”的概念，丰富了“和”与“和实生物”观念的内涵。“中”的概念其实与“和”同样悠久，它在《易传》及其之前的儒家典籍中其实早就存在。但是，之前的“中”往往缺乏作为万物生成基础的本体论意义。例如，《易传》里，“中”主要指陈爻所据之位。爻据二位或五位

① 荀子[M]．蒋南华，罗书勤，杨寒清，译注．贵阳：贵州人民出版社，2008：296.
② 荀子[M]．蒋南华，罗书勤，杨寒清译注．贵阳：贵州人民出版社，2008：158.
③ 荀子[M]．蒋南华，罗书勤，杨寒清译注．贵阳：贵州人民出版社，2008：157.
④ [汉]董仲舒．春秋繁露[Z]．曾振宇，傅永聚，注．北京：商务印书馆，2010：119.
⑤（英）李约瑟．李约瑟文集[M]．潘吉星主编．沈阳：辽宁科学技术出版社，1986：388.

皆为“中”;《尚书》、《论语》里,“中”多指代无过无不及的政治方法和实践智慧。《尚书·大禹谟》言“允执厥中”和《论语·子罕》言“执两用中”皆是此意;《左传》里,“中”虽有生成事物的意义,但是这种生成只指向于人,未遍及于物。《左传·成公十三年》言“民受天地之中以生”①是为证。……如此等等,不一而论。而在《易传》之后,“中”的意义发生了变化,上升至与“和”一样具有本体论地位的概念——这首先为《中庸》所道破:“中也者,天下之大本也;和也者,天下之达道也。致中和,天地位焉,万物育焉。”在此,“中”成了与“和”并列的概念。“和”是天下的“达道”;“中”是天下之“大本”。“达道”者,“即最高的生成之道”;“大本”者,“即最高的本体存在”②。如果说,“中”是体,侧重状态,“和”则是用,强调功能。体则是生化万物究极本体,用是生化万物的最终效用。例如,朱熹言:“以其体而言之则曰中,以其用而言之则曰和。中者,天地之所以立也,故曰大本;和者,化育之所以行也,故曰达道。”③“体”与“用”,“大本”与“达道”,“本体存在”与“生成之道”,名称虽异,侧重虽殊,但生化万物是它们共同归旨,且唯有二者的和合万物才可生成。所以《中庸》言,“致中和,天地位焉,万物育焉。”

中和致否将直接关系到万物育否,“中和”为天地之大本达道的思想较之《易传》,《中庸》无疑进行了更加明确化、精确化的概括和表达。不过,需客观看待的是,《中庸》之“中”、“和”并非天地阴阳中和之道。《中庸》自释“喜怒哀乐之未发,谓之中;发而皆中节,谓之和”,便说明“中”与“和”更多关联的是人的性情修养和行为状态,而非生化万物之阴阳及它们之间的协同关系。根本性元素在“中”、“和”系统中的缺失决定了《中庸》之“中和”的本体论的意义仍是不纯粹的、不彻底的。

但这种情况在汉儒董仲舒那里则得到了改善。同《中庸》一样,董仲舒也提出了“中”的概念与“和”对应。《春秋繁露》载:“天有两和,以成二中,岁立其中,用之无穷。……中者,天下之所终始也;而和者,天地之所生成也。夫德莫大于和,而道莫正于中。中者,天地之美达理也。……中者天之用也,和者天之功也,举天地之道,而美于和。”④ 在董仲舒的宇宙系统里,上为北为冬,下为南为夏,右为东为春,左为西为秋。两中,即作为冬至的“北方之中”和作为夏至的“南方之中”;两和,即作为春分的“东方之和”和作为秋分的“西方之和”。两“中”与两“和”代表着阴阳二气在四时中的运行刻度和变化标志;“中”是阴阳之“中”,和也是阴阳之“和”。“北方之中”(冬至)表示阴盛而极;“南方之中”

① 左传[M]. 王守谦,金秀珍,王凤春译注. 贵阳:贵州人民出版社,1990:673.
② 董根洪. 儒家中和哲学通论[M]. 济南:齐鲁书社,2001:178.
③ [宋]朱熹. 朱子语类[Z]. 黎靖德,编. 北京:中华书局,1986:卷十八.
④ [汉]董仲舒. 春秋繁露[Z]. 曾振宇,傅永聚,注. 北京:商务印书馆,2010:333-336.

（夏至）表示阳盛而极。即董子所谓“中者，天地之太极也”[①]。而“西方之和”（秋分）与“东方之和”（春分）则皆表示阴阳二气均衡相半的情况。对此，周桂钿先生将“中”“和”概括为“极阴极阳为中，阴阳相半为和”[②]，可谓十分准确。而两“中”与两“和”因阴阳二气的状态不同，所以功能也存在区别。“南方之中”（夏至）由于极阳极热，因而容易长育事物。“夏气养而百物皆长”；“北方之中”（冬至）由于极阴极寒，因而容易藏敛事物。“冬气收而百物皆藏”；而两“和”由于阴阳相半相和，寒热适度，气候优良，因而容易生成事物。“和者，天之正也，阴阳之平也，其气最良，物之所生也”[③]。当然，因“中”、“和”而生遂成亡的在董子看来绝不是有限的事物，而是天地间无限的万物。因为阴阳二气统摄一切，所以由它们交融运行而形成的“中”、“和”也统摄天地万物。因而，董子明确指出：“中者，天地之所终始也；而和者，天地之所生成也。”也就是说，“两中”是天地万物发展的“始和终，起和止”。而“两和”是天地万物发展的“生和成，萌和熟”[④]；“中和”是天地一切万物（包括人类与非人类存在物）的存在和生成基础。所以，董子又言：“能以中和理天下者，其德大盛。”[⑤]不言而喻，董仲舒“中和”的本体论意义比《中庸》更为彻底和纯粹，无论是针对“中”与“和”本身（“所指”）还是针对它们的功能和作用（“所能”）。

另外，较之《中庸》对“中”、“和”只有简单的体用描述，董仲舒对二者的关系则有着较为深入翔实的论述。在董子看来，“中”虽极偏，“和”虽不偏，但它们并非平行无涉，而是更相交替、穿插作用。“北方之中”如果“不得东方之和”，就不能生“南方之中”。就是说，冬天不经过春天。就到不了夏天。“南方之中”，如果“不得西方之和”，也就不能成“北方之中”。也就是说，夏天也要经过秋天，才能到达冬天。同样，“东方和生，北方之所起。西方和成，南方之所养长。起之不至，于和之所不能生；养长之不至，于和之所不能成”[⑥]。春天的和是因冬天的中而产生的，秋天的和是由夏天的中养长而成的。没有冬天，就没有春天，没有夏天，也就没有秋天。因而，董子又言：“成于和，生必和也；始于中，止必中也。”生于和，经过中才能成于和；始于中，经过和才能止于中。也就是说，这个和到那个和，必定经过一个中；同样，这个中到那个中，也要经过一个和[⑦]。当然，由于时间流逝、季节变换、阴阳消息，“中”必会经过“和”，“和”也必会经过“中”，

① [汉]董仲舒．春秋繁露[Z]．曾振宇，傅永聚，注．北京：商务印书馆，2010：336．
② 周桂钿．董学探微[M]．北京：北京师范大学出版社，1989：302．
③ [汉]董仲舒．春秋繁露[Z]．曾振宇，傅永聚，注．北京：商务印书馆，2010：333-336．
④ 董根洪．儒家中和哲学通论[M]．济南：齐鲁书社，2001：198．
⑤ [汉]董仲舒．春秋繁露[Z]．曾振宇，傅永聚，注．北京：商务印书馆，2010：334．
⑥ [汉]董仲舒．春秋繁露[Z]．曾振宇，傅永聚，注．北京：商务印书馆，2010：333．
⑦ 此段落中注脚以上内容基本引自周桂钿．董学探微[M]．北京：北京师范大学出版社，1989：302．引用时有改动．

“中”、“和”在纵向维度里注定要更替穿插、和合协同。所以，“中-和-中-和”动态的、逆时针的环道循环体系便是自然界的必然结果和本然形式。这种结果和形式，一方面表达着万物生遂成亡的完整过程有赖于“中”与“和”的和合协同，有“和”无“中”，或者有“中”无“和”，便会使得各类生命与物种有生而无终，或者有始而无成。另一方面则标示着由“中”、“和”决定和影响的生命与物种将因“中”、“和”有机动态的交错关系而展现出代谢更替、生生不息的繁荣场景。

继董仲舒之后，“中”在儒家场域中的意义变化较大，其所指陈的不是极阴极阳，而是阴阳不偏不倚平衡中正——这基本成了后世儒家的共识。二程言：“中之理至矣，独阴不生，独阳不生。”① 即表示“中”是阴阳两种元素的和合协同；独阴或独阳及极阴或极阳，皆不是“中”，皆不可能生化和形成事物。王夫之言：“大中者，阴阳合德，屈伸合机。”“中道者，大中之矩，阴阳合一，周流于屈伸之万象，而无偏倚者，合阴阳健顺动静于一而皆和。”② 此外更明确指出，“中”乃是阴阳二气平衡中正、协同调和的稳定形式。不过，“中”的意义在董子之后尽管有所改变，但是“中”生化万物的本体论地位没有变，而且较之董子有过之而无不及。张载言：“中正然后贯天下之道。”③ 又言：“大中，天地之道也。得大中，阴阳鬼神莫不尽之矣。”④ 王夫之言：“中正，则奉天下之大本以临事物，大经审而物不能外，天下之道贯于一矣。”“大中者，无所不中。”“大中之矩以贯万理。”“大中者，……万物万理之大本也。”⑤ 这些都充分说明“中”贯彻充盈于万事万物之中，是天下万物生成的普遍基础和必然条件。在这种情况下，“中”极近似“和”，地位与“和”相同。而实际上，在后儒看来也是如此。周敦颐就曾指出：“惟中也者，和也。”⑥“中”其实本就是“和”。可见，在后儒的理论里，“中”的地位显然更高。

不过，无论“中”的地位高低与否，“中”的提出，使“和”被析分为“中”与“和”，细化了“和”的内在层面，丰富了“和”的基本内涵。而“和”无论是被析分为内在之“中”与外在之“和”，还是道体之“中”与道用之“和”，抑或万物终始之“中”与万物生成之“和”，都使“和实生物”观念在本体论层面变得更具说服力，也令万物之生化在究极源头上显得更有层次性与逻辑性。相对于之前那种“中”、“和”不分的混沌情形，这种析分的形式在理论上无疑也更为成熟和完善。从以上我们也可以发现，“中”的意义（“所指”）尽管存在流变，但是“中”作为天下“大本”的地位及生化万物的基本作用（“所能”）基本不变。而这正体

① [宋]程颢，程颐. 二程遗书[Z]. 上海：上海古籍出版社，2008：169.
② [宋]张载. 张子正蒙[Z]. 王夫之，注. 汤勤福，导读. 上海：上海古籍出版社，2000：150.
③ [宋]张载. 张子正蒙[Z]. 王夫之，注. 汤勤福，导读. 上海：上海古籍出版社，2000：149.
④ [宋]张载. 张子正蒙[Z]. 王夫之，注. 汤勤福，导读. 上海：上海古籍出版社，2000：234.
⑤ [宋]张载. 张载集[Z]. 北京：中华书局，1978：274.
⑥ [宋]周敦颐. 周敦颐集[Z]. 北京：中华书局，1990：20.

现了儒家“和”论或者“中和”哲学注重“生生”的基本特征、核心品质——这恰是生物多样性智慧的重要内容。

第二，“和”作为万事万物的创生本体或者说万物因“和”而生成流布的观念得到了更加明确化和普遍化的表达。先前史伯尽管早就提出“和”是事物生成的基础和条件，但是在史伯的视域中，“和”所生能生的并非是天地间普遍的万事万物，而只是有限的“百物。”“百物”在后来的儒家虽然可指天地万物（“天何言哉！四时行焉，百物生焉！”），可在史伯的文境中它仅仅指“人对自然物进行加工的‘铸冶煎烹之属’（韦昭《注》：‘成百物，谓若铸冶煎烹之属’）”。“若不这样解释”，那么史伯言“先王以土与金、木、水、火杂以成百物”，岂不表示“‘先王’成了整个世界的‘造物主’；而在中国古代的传统宗教中，王只是天神在世上人间选中的‘民（之）主，并没有‘造物主’那样的权威和作用”。[①] 所以，史伯之“和”的作用和功效仍然有限，并没有上升到生成万物的本体论高度。其后，《易传》在“生”的作用和功效层面虽然弥补了史伯的不足，指出天地阴阳的和合协同可产生和化成万物，但是它没有明确提出“和”的概念。它将生化的主体或者本体论的地位更多地赋予了天地阴阳等对立因素，而非由它们协同而成之“和”的整体。另言之，《易传》侧重于“和实生物”的基本内容，但疏忽于构建“和”的外在形式。《易传》之后，以上两个问题都得到很好的解决。《礼记·乐记》说：“地气上升，天气下降，阴阳相摩，天地相荡，鼓之以雷霆，奋之以风雨，动之以四时，煖之以日月，而百化兴焉。……天地䜣合，阴阳相得，煦妪覆育万物，然后草木茂，区萌达，羽翼奋，角觡生，蛰虫昭苏，羽者妪伏，毛者孕鬻，胎生者不殰，而卵生者不殈。”又曰：“和，故百物皆化（此处的百物，便是指天地万物）。”[②]《中庸》指出：“和也者，天下之达道也。致中和，天地位焉，万物育焉。”《管子·内业》载：“和乃生，不和不生。”[③] 荀子言：“列星随旋，日月递炤，四时代御，阴阳大化，风雨博施，万物各得其和以生。”[④] 董仲舒言：“和者，天地之所生成也”，“成于和，生必和”，“举天地之道，而美于和”[⑤]。二程说：“凡物参和交感则生，不和分散则死。”[⑥] 张载说：“和乐道之端乎！和则可大，乐则可久，天地之性，久大而已矣”。[⑦] 王夫之说：“天下共化于和”。[⑧]……这些都确切说明着，《易传》之后的儒家不但明确提出了“和”的形式，还明确指出“和”是天地一切万物的生成

① 李存山．中国气论探源与发微[M]．北京：中国社会科学出版社，1990：38-39．
② [汉]郑玄，注．礼记正义[Z]．孔颖达，疏．上海：上海古籍出版社，2008：1477．
③ 管子[M]．谢浩范，朱迎平，译注．贵阳：贵州人民出版社，2008：500．
④ 荀子[M]．蒋南华，罗书勤，杨寒清，译注．贵阳：贵州人民出版社，2008：296．
⑤ [汉]董仲舒．春秋繁露[Z]．曾振宇，傅永聚，注．北京：商务印书馆，2010：333-336．
⑥ [宋]程颢，程颐．二程遗书[Z]．上海：上海古籍出版社，2008：133．
⑦ [宋]张载．张子正蒙[Z]．王夫之，注．汤勤福，导读．上海：上海古籍出版社，2000：140．
⑧ [宋]张载．张子正蒙[Z]．王夫之，注．汤勤福，导读．上海：上海古籍出版社，2000：169．

基础；“和”无所不周，无所不容，一切生命与物种都因其生、由其而成，天地帝王、草木虫鱼无不如此。而且，更进一步的是，他们还指出了“和”也是万物持存的基本保障：万物有“和”者生，离“和”者死（“中和者，……须臾不可离也”）。也就是说，无论是万物未生之前还是万物已生之后，或者说无论是在本体论的维度还是于存在论的层面，“和”都是必不可缺的基础和条件。所以，在后世儒家中，“和”的地位更高，“和”对万物的统摄性也更为根本。史伯之“和”的外在概念与《易传》天地阴阳和合生化万物的基本内容以一种交融互补的方式在更成熟的理论中得到了结合。这样一来，“和”与多样性生命与物种在生化意义上的内在关联便更为紧密与具体。

第三，“和”纵向动态的历时性和过程性，或者说“和”生化万事万物的内在主动的趋势显得更为突出，相关论述也更为直接明了。如上所论，在史伯、晏婴的理论中，“和”所描述和指陈的仅是异质元素间的横向静态的状态，其虽能生成事物，但是自身并没有生化事物的主动趋势。而在《易传》中，天地阴阳的和合协同虽然蕴涵生化万物的内在趋势，但这种趋势的主动性和必然性在程度上仍然不够充分，相关表述也显得过于隐晦和朦胧。但在，后儒尤其是宋及其以后的儒家哲学中，情况却不一样。最能体现这种转变的莫过于张载的经典论述：

> 太和所谓道，中涵浮沈升降动静相感之性，是生絪缊相荡胜负屈伸之始，其来也几微易简，其究也广大坚固[①]。

在张载看来，最大最高最根本的“和”便是“太和”。所谓“太和”，就是本原和本体层面的阴阳交融絪缊和合协同的情形。这种形式的“和”是“和”之至。例如，王夫之所释：“太和，和之至也。……阴阳异撰，而其絪缊于太虚之中，合同而不相悖害，浑沦无间，和之至矣。” 由于“太和”蕴涵阴阳，而阴阳本身又相感相应屈伸不息，从而使得由它们而协同之“太和”也内藏动几而运行不息絪缊不已。“中涵浮沈升降动静相感之性，是生絪缊相荡胜负屈伸之始”。“是生”表示运动的阴阳与“太和”的运动之间有着必然的因果关联。所以，“太和”必是絪缊运动的，絪缊运动是“太和”的本然状态。“不如野马之絪缊，不足谓之太和”[②]。如此，“太和”便“其来也几微易简，其究也广大坚固”。所谓“来”，即“始动而化之初”；所谓“究”，即“已成形体也”[③]。所谓“几微易简”，即“太和”的运行容易而简单、自然又本然；所谓“广大坚固”，即“太和”所生之物多样且繁芜、坚固而持存。合言之，“太和”是运动的，运动是本然的，在本然的运动下“太和”生化包括生物多样性在内的一切万事万物是必然的和不可避免的。所以，张载说：“太虚

① [宋]张载．张子正蒙[Z]．王夫之，注．汤勤福，导读．上海：上海古籍出版社，2000：85．
② [宋]张载．张子正蒙[Z]．王夫之，注．汤勤福，导读．上海：上海古籍出版社，2000：86．
③ [宋]张载．张子正蒙[Z]．王夫之，注．汤勤福，导读．上海：上海古籍出版社，2000：85-86．

不能无气，气不能不聚为万物。”①显然，较之先儒，“和”生化事物的内在趋势于此更为明确、必然。“和”实现了从生化事物的条件，到有生化事物的主动倾向，再到不得不生化事物必然趋势的逐级进化，即实现了从横向静态的关系指陈到纵向动态的过程机制的完全转变。在这种转变中，“和”不仅仅意味着多样性元素的统一，更意味着“生生”，意味着多样繁芜的生命与物种必然要被生化的不可逆的趋向。

基于以上历时性的梳理和考察，我们可对儒家“和实生物”观念及其所蕴涵的生物多样性智慧如下解说：包括多样性生命与物种在内的万物之生成必基于异质元素间的协同组合（“以他平他”），若只是单一元素的自我同一（“以同裨同”）将不会产生任何事物。在萌芽和初始阶段，“和”形式中所涉及的异质元素主要指向于直观、感性、形而下的具体事物；而在发展和成熟阶段，这些元素则转驻于较为抽象、根本、形而上的事物。前者约停留在器论的层面，注重横向静态的物物相交；后者渐臻于道论的境界，侧重纵向动态的阴阳和合。由器论至道论，“和”所生能生的事物愈加普遍，愈加呈现出多样性的特征，“生生”的内在趋势也愈加强烈。而由之所标示的生物多样性智慧也渐趋深刻②。

二、“保合太和”：“多”协同共在的实然形式

如上所提，儒家“和”思维昭示的自然之“是”或者说天之道，不但包括“和实生物”——万物的生成基础与条件是多样性元素的协同统一，也涵盖着“保合太和”——包括多样性生命与物种在内的所有事物以并育不害、协同统一的秩序共在。李约瑟说：“在中国人的观念中，宇宙体现着一种天然的秩序。”这种秩序其实就是“和”的秩序③。但是有疑问的是，宇宙万物为什么会存在着这种秩序呢？对此，儒家“和”论中有充分的说明。这种说明在史伯和晏婴的论述中还未涉及，但自

① [宋]张载．张子正蒙[Z]．王夫之，注．汤勤福，导读．上海：上海古籍出版社，2000：87．

② 认为事物产生于多样异质元素的协同统一，这种观念其实也并非儒家和论所特有。西方古希腊文化中同样存在着类似的观念。除恩培多克勒外，最典型当数赫拉克利特的论述：“自然同样也追求对立，而且由对立产生和谐，而不是从相同的东西产生。例如，雄的当然要配雌的，而不是各个配与它相同的。最初的和谐是由对立的东西结合起来的，而不是由相同的东西结合起来的。同样，作为自然的模仿艺术，也是这样形成的。绘画用白、黑、灰、红等颜色的混合以完成与自然原本之和谐，音乐则由高低、长短不同的声音加以混合形成和谐，写作法由元音、辅音在写作上的混合而成，由元音、辅音的结合形成整个这种技术。”（转引自叶秀山．前苏格拉底哲学研究[M]．北京：三联书店，1982：115．）可以看出，这与史伯、泠州鸠等的论述有着很大的相似。不过不同的是，以上观念在儒家或者中国文化中是一种普遍的民族自觉和集体意识，一直是传统文化的精髓与基调之一，而在西方文化中只是几个少数哲学的形单影只的论调，并非西方文化主流。相反，世界万物生成于一个单一本体（相或上帝）的观念始终长期占据、主导着西方人们的意识。19世纪末，尼采所反复倡导哲学应回归赫拉克利特，就说明了包括以上思想在内的赫氏等的哲学并未在西方得到继承与发扬。这种差异，一定程度上造成了西方人们远不如中国传统人们那样，对于非人类的生命与物种有着博大的包容性。

③（英）李约瑟．四海之内[M]．上海：三联书店，1987：69．

《易传》始有着翔实深刻的呈现。

（一）“各正性命，保合太和”

我们已知，《易传》之“和”中的元素——天乾地坤，其生化事物容易而不繁（“乾以易知，坤以简能”），且还有成就万物之“多”的特质。但除此之外，《易传》认为它们还具备另外一种特质，这种特质使得由其所生化的万物能够各得成就、并育不害。就天乾来说，《易传》认为其具有“元、亨、利、贞”的品质。那么，元、亨、利、贞又是什么？《易传》阐释道：“元者，善之长也；亨者，嘉之会也；利者，义之和也；贞者，事之干也（《易·乾·文言》）。”那么，善之长、嘉之会等又是何意呢？《正义》引庄氏云：“‘元者善之长’者，谓天之体性，生养万物，善之大者，莫善施生，元为施生之宗，故言‘元者善之长’也。‘亨者嘉之会’者，嘉，美也。言天能通畅万物，使物嘉美之会聚，故云‘嘉之会’也。‘利者义之和’者，言天能利益庶物，使物各得其宜而和同也。‘贞者事之乾’者，言天能以中正之气，成就万物，使物皆得乾济。”① 即所谓乾元亨利贞，就是说天乾不但具有生化和创始万物的品性，而且还具有使万物各得其利、各得其位、各得其宜的特质。换言之，在万物未生之前，天乾要生化万物；在万物生化以后，天乾要利益贞正万物，使其和合协同、并育不害。这些都是天乾内在的德性和品质。例如，孔颖达说：“言此卦之德，有纯阳之性，自然能以阳气始生万物而得元始亨通，能使物性和谐，各有其利，又能使物坚固贞正得终。”②

可天乾又如何使得万物和合协同、并育不害呢？《易·乾·彖》道：“大哉乾元！万物资始，乃统天。云行雨施，品物流形。”据蔡渊所释，“‘云行雨施’，‘亨’之见于气也。‘品物流形’，‘亨’之见于形也。”③ 也就是说，无论是于无形之气还是于有形之万物，天乾都同一性地保有着使事物亨通舒畅、繁茂荟萃的特质。在这种特征的影响下，万物生化的结果便是：形质皆具又类别分明、纷繁芜杂又井然有序。恰如《乾·文言》所描述的：“子曰‘同声相应，同气相求。水流湿，火就燥，云从龙，风从虎，圣人作而万物睹，本乎天者亲上，本乎地者亲下，则各从其类也。’”又如《系辞上》言：“方以类聚，物以群分。”类别相同的事物聚集在一起，类别不同的事物彼此相互分离。万物各有其类、各有其归、各有其性、各有其用，而非混乱不堪、沉滞不通。如此，万物岂不和合协同、并育共荣？所以，《易·蒙·彖》曰：“以亨行，时中也”。“时中”即表示万事万物在乾亨的作用下时时中和、处处融洽的存在状态。另外，《易·乾·彖》又进一步言：“乾道变化，各正性命，保合太和，乃利贞。首出庶物，万国咸宁。”至于“性命”，孔颖达释“性者

① [魏]王弼，[晋]韩康伯．周易正义[Z]．孔颖达，正义．北京：中国致公出版社，2009：19.
② [魏]王弼，[晋]韩康伯．周易正义[Z]．孔颖达，正义．北京：中国致公出版社，2009：9.
③ 徐志锐．周易大传新注[M]．济南：齐鲁书社，1986：1.

天生之质，若刚柔迟速之别；命者人所禀受，若贵贱夭寿之属。”① 程颐释“天所赋为命，物所受为性。”② 合之，“性命”者乃是一物之为一物的外在形体与内在属性的合称。而“各正性命”，便是“正定物之性命”，即天乾一方面赋予万物以形体和生命，另一方面又赋予它们以独立、纯而不杂、有别于他物的本质和属性；山川草木、鸟兽禽鱼、人类与非人类的生命与物种等，不管大小，无论远近，皆有其固定之形，咸有其本来之性。“乾道变化，生育万物，洪纤高下，各以其类，各正性命也。”③ 在这种“各以其类，各正性命”的情况下，天乾便会使自然万物和谐有序、万物共荣，即“保合太和，乃利贞。首出庶物，万国咸宁。”“保合”者，即“全于已生之后”。“言乾道变化，无所不利，而万物各得其性命以自全。”“首出庶物，万国咸宁”者，即“万物各得其所而咸宁，犹万物之各正性命而保合太和也。”④ 最后，《易传》对于天乾的这种特质及由之产生的功效总结道：“‘乾，元’者，始而亨者也；‘利，贞’者，性情也。乾始能以美利利天下，不言所利，大矣哉（《易·乾·文言》）!”创造和保合，施始与利贞，都是天乾的内在德性和本然特质；天乾不但无物不生，无物不化，而且“无物不嘉美，亦无物不利赖也”⑤。基于此，包括多样性生命与物种在内的万物经由天乾资生以后便会呈现和合协同、并育不害的存在状态与大美景象。

（二）“含弘光大，品物咸亨”

而至于地坤，《易传》认为它同样有以上特质：“至哉坤元，万物资生，乃顺承天。坤厚载物，德合无疆，含弘光大，品物咸亨。牝马地类，行地无疆，柔顺利贞。”（《坤·彖》）“坤厚载物，德合无疆”者，我们已知其意指地坤对万物无有穷尽的包容承载特质。那么何谓“含弘光大，品物咸亨”？孔颖达释曰：“‘含弘光大，品物咸亨’者，包含宏厚，光著盛大，故品类之物，皆得亨通。”⑥《集解》引崔憬曰：“含育万物为‘弘’，光华万物为‘大’；动植各遂其性，故曰‘品物咸亨’。”⑦ 所以“含弘光大，品物咸亨”者，即指地坤与天乾相似，同样具备着保合、利贞、惠益万物并使得它们亨通舒畅、并育不害的特质。不同的是，地坤顺承于天，受天乾而影响。但虽如此，地坤利贞万物的特质并未因其而弱化缺损。《易传》进一步论述道：“坤，至柔而动也刚，至静而德方。后得主而有常，含万物而化光。坤道其顺乎。承天而时行（《易·坤·文言》）。”“坤道其顺乎。承天而时行”

① [魏]王弼，[晋]韩康伯．周易正义[Z]．孔颖达，正义．北京：中国致公出版社，2009：15．
② [宋]程颐．周易程氏传[Z]．王鹤鸣，殷子和，整理．北京：九州出版社，2010：3．
③ [宋]程颐．周易程氏传[Z]．王鹤鸣，殷子和，整理．北京：九州出版社，2010：3．
④ [宋]朱熹．周易本义[Z]．廖名春，点校．北京：中华书局，2009：33．
⑤ [明]来知德．影印文渊阁四库全书．周易集注[Z]．上海：上海古籍出版社，1987：32册，卷一．
⑥ [魏]王弼，[晋]韩康伯．周易正义[Z]．孔颖达，正义．北京：中国致公出版社，2009：32．
⑦ [唐]李鼎祚．周易集解[Z]．张文智，导读．济南：齐鲁书社，2005：109．

者与上“乃顺承天”者同意，指地坤顺承于天乾。“至柔而动也刚”者，指地坤虽然顺承于天乾，然“乾之施一至坤，即能翕受而敷施之，其生物之机不可止遏屈挠。此又柔中之刚矣。”“至静而德方”者，指“乾动坤静定体也。坤固至静矣。及其承乾之施，陶镕万类各有定形，不可移易有息者，不可变为草木无息者，不可变为昆虫，此又静中之方矣。”因为，“德者，生物所得之质”。“后得主而有常”者，指“后乎乾，则得乾为主，乃坤道之常也”。“含万物而化光”者，指地坤“静翕之时，含万物生意于其中，及其动辟，则化生万物而有光显也。”① 合之，地坤在天乾“保合太和”特质的影响下，陶铸万物，动植飞潜、草木虫鱼等一切事物，使其皆有固定的性情和自己的场所，都可稳定和谐并育共荣地发展和生存。

天乾与地坤既然都具备以上特质，那么由它们和合而生化的包括多样性生命与物种在内的万物便将更加会呈现和合协同并育不害的状态。对此，《易·序卦传》较为形象地描述到：“乾为首，坤为腹，震为足，巽为股，坎为耳，离为目，艮为手，兑为口。”“八卦完全是一体之象，虽有上下之别，却和谐而不相悖”②。八卦在《易传》看来可代表万物，所以将这种情形引申开来即表示：天地间的万物恰如不同的器官和组织统一于人体一样，乃是和合协同共为一体地存在着，各有其用，各有其所，相互作用，相互成就。所以，《易传》在肯定“盈天地之间者惟有万物”的基础上又强调：“萃，聚也。顺以悦，刚中而应，故聚也”，“观其所聚，而天下万物之情皆可见矣（《易·萃·彖传》）。”孔颖达释曰：“萃，聚集之意。……拥隔不通，无由得聚，聚之为事，其道必通。”③ 天地自然本就是一个物类繁多的多彩世界，充斥着形形色色的生命与物种。这些生命与物种云集荟萃、并育不害、互惠互利，是自然界的基本事实，是万物的本然情形。

（三）生于“和”，存于“和”

除了“和”形式中的元素——天乾与地坤各自具备和合协同万物的内在特质外，儒家认为以上事实和情形的呈现还有另外一层原因。《易传》言：“天地以顺动，故日月不过，四时不忒（《易·豫·象》）。”《中庸》言：“辟如天地之无不持载，无不覆畴；辟如四时之错行，如日月之代明；万物并育而不相害，道并行而不相悖；小德川流，大德敦化，此天地之所以为大一也。”董仲舒曾说：“天地之气，阴阳相半，和气周回，朝夕不息……以此推移，无有差慝，运动抑扬，更相动薄，则熏篙歊蒸，而风雨云雾雷电霜雹生焉。”④ 王夫之言：“未有形器之先，本无不和；

① [明]来知德．影印文渊阁四库全书．周易集注[Z]．上海：上海古籍出版社 1987：32 册，卷一．
② 张祥浩．保合太和——《周易》的和合思想[J]．东南大学学报，2001，(3)．
③ [魏]王弼，[晋]韩康伯．周易正义[Z]．孔颖达，正义．北京：中国致公出版社，2009：184．
④ [汉]董仲舒．董子文集[Z]．北京：中华书局，1985：16．

既有形器之后，其和不失。”① 天（乾）地（坤）在相互作用、相互运动的过程中本来就呈现着“和”，而万物又是“和”在大化过程中的感性显现，加之“和”在形上与形下之间保持着“其和不失”的连续性，因而，由天（乾）地（坤）而生化的林林总总的万物也将随之展示出“万物并育而不相害，道并行而不相悖”的和谐状态。总之，“起之，不至于和之所不能生；养长之，不至于和之所不能成。成于和，生必和也；始于中，止必中也。中者，天地之所终始也；而和者，天地之所生成也。”② 万物生成于“和”，也存在于“和”。“和”是万物的生成基础，也是万物的存在状态。

（四）“物以和为常”

但儒家并不认为万物之间永远能保持“和”的状态。事物之间也有冲突乖逆斗争矛盾的时候。例如，《易传》认为六十四卦中的讼卦即喻指事物不和。“凡讼者，物有不和，情相乖争，而致其讼”。③ 张载也说：“有象斯有对，对必反其为(《正蒙·太和》)。”④尽管如此，儒家仍然认为，事物的斗争和冲突必然也将以“和”的形式得到化解；“和”是事物冲突与斗争的归宿。例如，董仲舒所言：“天地之道，虽有不和者，必归之于和，而所为有功；虽有不中者，必止之于中，而所为不失。”⑤ 又如张载说：“有反斯有仇，仇必和而解。”⑥ 事物之间，“不和”是暂时性的与过渡性的，“和”才是常态性的与稳定性的；“不和”是表面的，“和”是内在的；“不和”是事物发展的必然过程，而“和”则是事物存在的最终状态。确切来说，“和”–“不和”–“和”，即从“和”到“不和”再到“和”的动态交互的过程更能表示事物间的关系事实。总之，事物之间尽管存在矛盾与不和，但矛盾能得到调和，“不和”会趋向于“和”；不同生命与物种将在矛盾调和的过程中实现自身的发展与整体的和谐。这是符合现代生态科学所揭示的自然实情的（如在第一章第二节中所论）。

综上所述，经儒家“和”论所昭示的天之道或自然之“是”主要为“和实生物”与“保合太和”两层意蕴。“和实生物”可概之为：只有“和”——多样异质元素的协同统一才能生化和创造事物，若只是“同”——单一元素的自我同一则将无物可生能生；由天地乾坤阴阳等元素组合而成的“和”是自然中最根本最统摄的“和”，它具有本体论的地位，是万物的生成基础；天地阴阳之“和”，因元素本身蕴涵着生化事物的主动趋向，以及成就万物之“多”的内在德性与简易品质，

① [宋]张载．张子正蒙[Z]．王夫之，注．汤勤福，导读．上海：上海古籍出版社，2000：85．
② [汉]董仲舒．春秋繁露[Z]．曾振宇，傅永聚，注．北京：商务印书馆，2010：333．
③ [魏]王弼，[晋]韩康伯．周易正义[Z]．孔颖达，正义．北京：中国致公出版社，2009：50．
④ [宋]张载．张子正蒙[Z]．王夫之，注．汤勤福，导读．上海：上海古籍出版社，2000：104-105．
⑤ [汉]董仲舒．春秋繁露[Z]．曾振宇，傅永聚，注．北京：商务印书馆，2010：336．
⑥ [宋]张载．张子正蒙[Z]．王夫之，注．汤勤福，导读．上海：上海古籍出版社，2000：97．

从而使得“和”不但代表着一种横向静态的元素关系，而且展示出一种纵向动态的生成过程和创造机制。在这种基础上，自然界便始终呈现着大化生生不息、百物绵延不绝、多样性的生命与物种不断被创造和生化的繁荣场景。而“保合太和”可概之为：一方面天乾与地坤各自都具有使万物和谐并育的特质，另一方面万物生成于由天乾、地坤等元素协同而成之“和”，而“和”在形器前后有着“其和不失”的连续性，因而包括多样性生命与物种在内的万物在生化成形以后便是以和合协同、并育不害的“和”的状态存在着。事物虽有“不和”的时候，但仍将终归于“和”。天地自然的基本事实是“物以和为常”。如果说，“和实生物”所诠释的乃是“前生化时期”（万物有形有象之前）“和”形式中多样异质元素的协同统一这种实然形式，那么“保合太和”揭示的则是“后生化时期”（万物有形有象之后）包括多样性生命与物种在内的万物的协同统一的实然形式。前者说明了万物生成于“和”，后者则表示万物存在于“和”。将二者结合起来，便是和之“是”，便是天之道，便是“和”观念下人们审视世界的根本视域（所视）及世界向人们呈现的基本结果（所示）。在这种“所视”与“所示”基础上，人们处理与天地万物关系的准则、要求与目的——和之“应该”也相应形成了，并且彰显着同样深刻的生物多样性智慧。

第二节　和之“应该”：“多”并育不害的理念与方法

众所周知，在儒家哲学的场域中，人之道始自天之道，天之道是人之道的根源与模板。所以，“人事”如何，其根本需“推天道以明”，即人之道的主要内容与核心准则必须要通过对天之道的观察、推演和体悟来限定和规范。另言之，人要如何，关键在于天地如何。天地呈现出什么样的本然规律和实然特征，人们便需有着什么样的相应德行和应然伦理。“天生神物，圣人则之；天地变化，圣人效之”（《易·系辞上》）。

照儒家看来，这是必然的和不可违背的。人的形体和性命皆有天地所赋予，人所生存与存在的自然系统及其秩序法则也皆有天地所构造与规定，所以人们唯有效天法地，顺天则地，“与天地同节”，“与天地同和”（《礼记·乐记》），才可动而适当，为而有功，进行的实践和活动才能获得相关的合法性与有效性。例如，《易·系辞上》曰：“与天地相似，故不违”，以及《易·文言》曰：“夫大人者，与天地合其德，与日月合其明，与四时合其序，与鬼神合其吉凶。先天而天弗违，后天而奉天时。”从另一个方面来讲，天是人们德性与品质的本源，人们只有与天地保持统一性，才能印证和实现终极的价值。这是人道之根本所在。《中庸》言“天命之谓性，率性之谓道，修道之谓教”及张载言“与天地不相似，其违道也远矣”（《正蒙·至当》）所诠释的正是这种理念与路数。所以，儒家始终拳拳服膺及孜孜以求的便是，人天合一，究天人之际，人之道契合天之道。

而从上节论述我们已知，由儒家“和”论而昭示的天之道是“和实生物”与“保合太和”。那么，在“援天道以证人道”、“开天文以立人文”的内在逻辑下，相应的人之道便顺然为，人们一方面要财成辅相天乾地坤和合创造多样性生命与物种的功能，另一方面又要维持与保障这些生命与物种以和合协同并育不害的“和”形式存在着①，令它们皆得成就，各有所归。可是，人们又如何去做，应该遵循什么样的方法，才可“与天地同和”？才可贯彻和实现源自天道的应然理念？对此，儒家有着丰富多样的论述。

一、“中孚贞正，厚德载物”：“多”无不包容

在儒家看来，要成就与实现多样性生命与物种并育不害的应然追求，其首要的要求便是“德合天地”（韩康伯）②，即仿效和契合天地的德性。因为人有什么样的德性，便会有什么样的行为，有什么样的行为，就会成就什么样的事情。人们若要协同天地成就其将成欲成之事——实现多样万物的繁芜与共荣，那么仿效和契合——生化了多样万物的——天地之德性自然成了首要目标和前提条件。

从上可知，天之德性是无所不始、无所不化、无所不予。地之德性是无所不生、无所不藏、无所不载。天地生物，不管是大是小，无论善恶利弊，悉皆成就，毫无私心与偏袒。天地既然如此，人当然亦需如此。在儒家的语境里，人们如天地一样对待万物的这种态度与德性被称为“中孚贞正”，“厚德载物”。

《易·中孚》言：“中孚：豚鱼吉，利涉大川，利贞。”《中孚·象》解释道：“泽上有风，中孚。”所谓中孚，便是上风下泽，风行泽上。那么风行泽上又喻指何意？孔颖达疏曰：“风行泽上，无所不周；其犹信之被物，无所不至”。又曰：“信发于中，谓之中孚。鱼者，虫之幽隐；豚者，兽之微贱。人主内有诚信，则虽微隐之物，信皆及矣。”③ 程颐释言：“风之动乎泽，犹物之感乎中，故为中孚之象”，“豚躁鱼冥，物之难感者也。孚信能感于豚鱼，则无不至矣。”④ 总结起来也就是说，风行泽上之象寓意人们对待包括多样性生命与物种在内的万物就应该如润风吹拂水面一样，无所不周，无所不至，无所不被，没有任何的遗漏、忽略及徇私。例如，金景芳先生所言：“中孚是信发于中，中心诚信。信发于中，中心诚信，必须贞正，像天之道即自然规律那样公正而无偏私。”⑤

① 而这两点可以概之为“‘多’并育不害的理念与方法”．因为，“‘多’并育不害的理念与方法”其实已经预设了首先要有“多”．只有有了“多”，才能再谈“多”之存在形式．基于此，本节是取以上标题．

② [魏]王弼，[晋]韩康伯．周易正义[Z]．孔颖达，正义．北京：中国致公出版社，2009：258．

③ [魏]王弼，[晋]韩康伯．周易正义[Z]．孔颖达，正义．北京：中国致公出版社，2009：236．

④ [宋]程颐．周易程氏传[Z]．王鹤鸣，殷子和，整理．北京：九州出版社，2010：243．

⑤ 金景芳，吕绍刚．周易全解[M]．长春：吉林大学出版社，1989：426．

中孚卦所喻指的这种德性，《周易》大有卦也有论述。只不过，中孚卦形式化的物象是“风行泽上”，而大有卦则是“火在天上”。大有卦是上离下乾。离是火，乾是天，所以火在天上。《易·大有·象》曰：“火在天上，‘大有’；君子以遏恶扬善，顺天休命。”那么，此是何意呢？王弼注曰：“《大有》，包容之象也。故遏恶扬善，成物之性，顺天休命，顺物之命。”① 孔颖达疏曰：“《大有》包容之义，故君子象之，亦当包含遏匿其恶，褒扬其善，顺奉天德，休美物之性命，皆取含容之义也。”又曰：“火是照耀之物而在天上，是光明之甚，无所不照，亦是包含之义，又为扬善之理也。”② 也就是说，人们应借鉴和效仿“火在天上”之象，对待所有生命与物种就应该如日光普照大地及万物一样一视同仁，无所偏私。日光照耀万物，不因鲜花就照之以多，不因牛粪就照之以少。同样，人们对待他物，不因是牛马犬羊而待以仁，不因是豺狼虎豹而弃之如履。生命与物种，无论善恶，人们都应该治养之、安顺之、包容之。当然，包容万物的同时人们也需要“遏恶扬善”。但是“遏恶扬善”不是要祛除、消灭那些人类以为恶的生命与物种，发展和壮大人类以为善的生命与物种，而是对一些生命与物种中那些恶的成分进行遏匿修正，对那些善的成分进行扶助褒扬。换言之，“遏恶扬善”中所遏之“恶”与所扬之“善”，不是物种意义上的，而是物性意义上的，其目的不是为了对事物进行善存恶去、利留弊除的筛选，而是为了使得存在着的所有事物能保留和发展更好的属性与品质，从而以更好的状态生存和存在着。孔颖达“休美物之性命”所表达的即是此意（“性命”，如上所论，即决定一物之为一物的特征属性）。因此，儒家要求人们“遏恶扬善”不但没有违背包容的德性，相反它是更深层的“顺奉天德”，能更好地实现万物的繁荣多样和共荣并育。所以程颐言：“万物众多，则有善恶之殊；君子享大有之盛，当代天工，治养庶类。治众之道，在遏恶扬善而已；恶惩善劝，所以顺天命而安群生也。”③

“中孚贞正”与“遏恶扬善”，基本是“应乎天也”或者说“顺奉天德”，即这些德性源自人们对天之德性的顺奉和效法。但除此之外，儒家认为人们还应该顺奉和效法于地之德性。因为，所谓“德合天地”者，即与天地二者合德。所以，《易传》在表达地坤“坤厚载物，德合无疆；含弘光大，品物咸亨。牝马之类，行地无疆”的德性后，紧接着又说：“地势坤，君子以厚德载物（《易·坤·象》）。”此是何意呢？孔颖达曰：“言君子以此地之厚德容载万物。”④ 可谓正解。在先人看来，最高远的当为天，而最深厚的则为地，没有什么比地更深更厚。因为深厚，地就能最大限度承载和包容形形色色的事物。地若浅薄，又怎能如是？察觉于此，《易

① [魏]王弼，[晋]韩康伯．周易正义[Z]．孔颖达，正义．北京：中国致公出版社，2009：81．
② [魏]王弼，[晋]韩康伯．周易正义[Z]．孔颖达，正义．北京：中国致公出版社，2009：82．
③ [宋]程颐．周易程氏传[Z]．王鹤鸣，殷子和，整理．北京：九州出版社，2010：58．
④ [魏]王弼，[晋]韩康伯．周易正义[Z]．孔颖达，正义．北京：中国致公出版社，2009：33．

传》告诫人们应该效仿地坤发展出宽广的心胸和深厚的德性来“容载万物”。“惟其厚，故能无不持载。故君子以其厚德，以承载天下之物多矣（林希元语）。”[①]人之德性只有宽广才能容物，只有深厚才能载物，只有宽广深厚才能承载“包容天下之人与物，使天下之人无不以为安，甚乃鸟兽虫鱼草木也无不以我为命。”[②]

除效法天地之德外，觉察于自然万物是以“和”的形式存在着（当然，这种形式也是因天地而出现，也是天之道的内容），同样是人们需要以包容的德性对待万物的根本缘由。如上所论，万物生于“和”，也存在于“和”。自然界可以说是一个以各类生命与物种为基本要素的完整巨大的“和”系统。这个系统，一方面蕴涵着多样性与变异性的生命和物种，并以它们“多”与“异”作为稳定运行的基础。另一方面，系统内部中的所有生命与物种，无论飞鸟潜鱼，不管是人是物，皆以对方的存在作为自身存在的基础与条件。它们既相互区别又相互统一，既各行其道又相互成就；不是分离独在着，而是协同共在着。这样，在儒家看来自然界中绝没有多余或无用的物种。任何物种只要产生了，就有其相应的场所，发挥着相应的功能，都是自然整体中不可分割和不能祛除的必要成员。简言之，凡是存在的，皆是该在的。“天下之物无不可用，……非有所必去，有所或徇也。”[③]基于此，儒家认为人们就更应该以无所不容的态度对待所有非人类存在物，充分保障和实现生命与物种的多样性同繁荣性。就如《易传》所高扬的那样：“范围天地之化而不过，曲成万物而不遗。”（《易·系辞上》）所有的生命与物种，不管大小，无论善恶，人们都应该尊重和包容它们。

《易传》之后，这种德性也受到了后儒的普遍秉持。董仲舒言：“质于爱民以下，至于鸟兽昆虫莫不爱。”[④]“莫不爱”是对万物的无不包容。张载言：“大其心则能体天下之物，……其视天下无一物非我。”[⑤]“大其心”是“厚德”，“无一物非我”是“载物”，即“有容物，无去物；有爱物，无徇物”，即“曲成万物而不遗。”另外，二程言“天地之间，品物万形，为四肢百体，夫人岂有视四肢百体而不爱哉。”[⑥] 王夫之言“不离物以自高，不绝物以自洁，广爱而全仁”，[⑦]所表达的也同样是这种无物不载的包容德性。这些充分说明了，包容和尊重所有生命与物种，与天地合德，代天理物，曲成万物而不遗，在儒家不是个别案例，而是普遍现象。

当然，主张知行合一的儒家，其对万物的包容承载不但体现在内在观念与道德品性上，也落实于外在行为和生活世界中；包容者，不只是一种理论说教，而

---

① 黄寿祺，张善文．周易译注[M]．上海：上海古籍出版社，2007：18．
② 金景芳，吕绍刚．周易全解[M]．长春：吉林大学出版社，1989：43．
③ [宋]张载．张子正蒙[Z]．王夫之，注．汤勤福，导读．上海：上海古籍出版社，2000：172．
④ [汉]董仲舒．春秋繁露[Z]．曾振宇，傅永聚，注．北京：商务印书馆，2010：177．
⑤ [宋]张载．张子正蒙[Z]．王夫之，注．汤勤福，导读．上海：上海古籍出版社，2000：143．
⑥ [宋]程颢，程颐．二程遗书[Z]．上海：上海古籍出版社，2008：126．
⑦ [宋]张载．张子正蒙[Z]．王夫之，注．汤勤福，导读．上海：上海古籍出版社，2000：172．

是一种实在行为，要求在实现维度里得到展开。另言之，“中孚贞正”、“厚德载物”不仅仅是停留在封闭的主观境界上，而是要发展延伸成一种主客互动的行为机制。基于此，儒家才产生了“为鼠常留饭，怜蛾不点灯”及“方春发生，不可无故摧折”等体现深厚包容德性的众多事迹。

不过，仍需要指出的为，儒家对所有生命与物种的包容，乃是物种意义上的，而非生物个体层面。为了生存，人们适当猎取、食用一些动物或植物个体，是完全为儒家所认可和赞同的。但是，儒家坚决反对将某一种动植物弄绝用尽。例如，《易·师》六五爻言：“田有禽，利执言，无咎。长子帅师，弟子舆尸，贞凶。”也就是说，野兽跑到农田里危害庄稼，这时候人们捕捉它是合情合理的（“以中行也”《易·师·象》）。但人们兴师动众，“穷山林以索禽兽”，[①]对它们赶尽杀绝，则是不可以的（“使不当也”《易·师·象》）。

在这种包容逻辑下，儒家对待生命与物种的态度往往如《易·比》九五爻所言：“显比，王用三驱，失前禽，邑人不诫，吉”及《史记·殷本纪》所载：“汤出，见野张网四面，祝曰‘自天下四方皆入吾网。’汤曰：‘嘻，尽之矣！’乃去其三面，祝曰：‘欲左，左；欲右，右。不用命，乃入吾网。’诸侯闻之，曰：‘汤德至矣，及禽兽。’”不禁止人们利用其他生命与物种，而是要求把利用的程度尽量限定在一定范围之内，这样一种既不危害其他物种又不影响人类生存的两全的包容之德，不但在方法论上是合理的，具有很好的可操作性，能较容易为人们所接受和秉持，而且还有利于人类与非人类物种之间保持一种平衡和谐的稳定关系，即一方面使得人类生存生活的正常秩序不受到影响，另一方面又使得由天地生化和形成的生命与物种，不会因人类——能广泛影响甚至是唯一能影响物种数量的主体性的存在物——的好恶喜厌而非自然地减少，相反还会受到很好地维持与保护。传统社会生物多样性的长久繁荣已证明了这点。

而与“中孚贞正、厚德载物”不同的是，西方人们对待非人类的生命与物种往往是“爱之欲其生，恶之欲其死（《论语·颜渊》）。”有用的就保护，无用的就消灭。例如，蕾切尔·卡逊所言：“我们对待植物的态度是异常狭隘的。如果我们看到某种植物具有某种直接用途，我们就种植它。如果出于某种原因我们认为一种植物的存在不合心意或者没有必要，我们就可以立刻判它死刑。除了各种对人及牲畜有毒的或排挤农作物的植物外，许多植物注定要毁灭仅仅是由于我们狭隘地认为这些植物不过是偶然在一个错误的时间，长在一个错误的地方而已。还有许多植物正好与一些要除掉的植物生长在一起，因此也就随之而被毁掉了。”[②]毫无疑问，把对其他生命与物种的态度建立在人类功利目的上，这样一种狭隘的观念与

---

① [宋]程颐．周易程氏传[Z]．王鹤鸣，殷子和，整理．北京：九州出版社，2010：33．

②（美）蕾切尔·卡逊．寂静的春天[M]．吕瑞兰，李长生，译．长春：吉林人民出版社，1997：53．

徇私的行为并不利于维护自然界物种的多样性，它远不如儒家“中孚贞正”、“厚德载物”这种“与天地同和”的德行那样富含生物多样性智慧①。

二、“物与无妄，对时育物”：“多”各得其养

尽管，得益于合乎天地之“中孚贞正”、“厚德载物”的德行，由天地生成的多样性生命与物种数量不会因为人类的活动而受到影响，能较为自然地存留着，但是儒家认为，要实现这些生命与物种并育不害的目的，这还远远不够。因为生命与物种并育不害，不只是一种静态的数量，更是一种动态的过程，它不但要求生命与物种能存留，更要求它们能生长、成育、遂亡——而这些（特别是后三点），在儒家看来皆离不开人的参与协助、财成辅相。作为万物的父母——天与地，尽管能创造万物的多样性，无所不生，无所不化，但并非无所不能；完整化生万物的生命历程，彻底实现和成就万物，天地还需要纳入人的因素。因为“天人所为，各自有分”，“人做得底，却有天做不得底。如天能生物，而耕种必用人；水能润物，而灌溉必用人；火能熯物，而薪爨必用人。财成辅相，须是人做，非赞助而何？”② 而“中孚贞正”、“厚德载物”的包容，无论是作为品性，还是作为行为，它们都没有直接参与万物生长成遂的具体过程中，都没有参赞天地，与自然万物协同地发生作用，即没有帮助天地做其意做而又不能做的事情。所以，在德合天地心存包容外，儒家认为人们还需财成辅相。

财成辅相语出《易·泰·象》：“天地交，泰。后以财成天地之道，辅相天地之宜。”那么，其是何意？孔颖达曰：“‘天地之道’者，谓四时也，冬寒、夏暑、春生、秋杀之道。若气相交通，则物失其节。物失其节，则冬温，夏寒、秋生、春杀。君当财节成就，使寒暑得其常，生杀依其节。”③程颐言：“财成，谓天地交泰之道，而财制成其施为之方也。辅相天地之宜，天地通泰，则万物遂茂，人君体之而为法制，使民用天时，因地利，辅助化言之功，成其丰美之利也。如春气发生万物，

① “据台湾‘今日新闻’报道，能在各种脏污环境下生存的蟑螂是许多家庭全力‘围剿’的对象。但美国生物学家对赶尽杀绝的行为持反对意见，表示蟑螂若遭灭族，恐将引发全球性的生态恐慌。报道称，来自美国泰勒得克萨斯大学的生物学家表示，蟑螂食用腐烂的有机物质后，会将氮气排进泥土，这些氮气会帮助植物顺利成长；一旦蟑螂灭绝，地球上的氮循环也会造成破坏。此外，全球高达5000~10 000种的蟑螂是许多鸟类、小型哺乳类动物的重要食物，因此蟑螂若是灭绝，也将会对食物链造成连锁反应，影响全球大量生物。”（http://tech.sina.com.cn/d/2012-06-26/15027312459.shtml）这条信息很好地说明了，任何物种在自然界都有其作用和功能，即便是“害虫”，不讨人喜欢、与人类利益对立冲突的物种，人们仍然需要包容它们，起码应该在物种意义上包容它们。因为，从最深层最基本的自然事实来看，所有物种都是密切相关的，任何物种的存在将直接影响其他物种及人类的存在．由此可以判论：一，儒家认为所有生命与物种以协同互成的“和”形式共在着的观念是正确的；二，儒家对所有生命与物种“中孚贞正”、“厚德载物”的包容德行并不是高远空洞不切实际的，而是的确有着必要的现实意义与深刻的生态智慧。

② [宋]朱熹．朱子语类[Z]．黎靖德，编．北京：中华书局，1986：卷六十四．

③ [魏]王弼，[晋]韩康伯．周易正义[Z]．孔颖达，正义．北京：中国致公出版社，2009：70．

则为播植之法；秋气成实万物，则为收敛之法。”①《二程遗书》又载，“李嘉仲问：‘财成天地之道，辅相天地之宜’，如何？曰：‘天地之道，不能自成，须圣人财成辅相之。如岁有四时，圣人春则教民播种，秋则教民收获，是财成也；教民锄耘灌溉，是辅相也。’”② 综上所言，所谓财成辅相，即人类生产生活等行为尤其是农事活动应该与自然界的“时变”相适应、相协调，契合天地气候变化的时序性、遵守生态学的季节节律，在不同的时间限阈和环境因素中实施不同的行为（如春生、秋杀或者春耕、秋收等都要因时而异、按季节而定），以便犬马牛羊、草木昆虫等万物都能在人类有效合理而非适得其反的协同作用下各得其养，繁茂昌盛。这种意义内涵下，我们发现财成辅相其实就是《易传》所言的：“天下雷行，物与无妄。先王以茂对时育万物（《易·无妄·象》）。”简言之，便是“物与无妄，对时育物。”“物与无妄”者，便是“物皆不可以妄也”（王弼语）③，即所有事物皆有其本然的、不可违背的生理规律和生态节奏；“以茂对时育万物”者，便是“以此无妄盛事，当其无妄之时，育养万物也”（孔颖达语）④，即人们需在正确的时间做正确的事情来助育惠养万物。

时或者说时序观念之所以受到儒家如此重视，成为财成辅相的基本要素，因为“物之有矣，惟其时矣”（《诗经·小雅·鱼丽》），人们深刻认识到事物“变化是在时间中进行的，生命流行是在时间中展开的”⑤，时间因素对事物的变化与进程起着决定性的作用，事物随着时间变化而变化。《易·乾·象》曰：“六位以时成，时乘六龙以御天。”王弼注言：“故六位不失其时而成。”⑥《易·系辞下》又曰：“六爻相杂，唯其时物也”。韩康伯注言：“爻各存乎其时”。⑦ 就是说，时间不同，事物的状态就不一样；卦有卦之时，爻有爻之时，事物在每一卦、每一爻所指示的时间刻度上都有不同的状态：“初者，时之‘潜’也；二者，时之‘见’也；三者，时之‘惕’也；四者，时之‘跃’也；五者，时之‘飞’也；上者，时之‘亢’也。”⑧由此可见时间对于事物不言而喻的重要性。

当然，在儒家看来，受时间因素决定的不是有限的事物，而是包括多样性生命与物种在内的天地万物。《易·丰·象》曰：“日中则昃，月盈则食；天地盈虚，与时消息，而况与人乎？”作为万物父母的天地既然都与时消息，受制于时间秩序，又何况于人乎，何况于万物乎？基于时间因素的不可逆性及对万物决定作用的根

① [宋]程颐．周易程氏传[Z]．王鹤鸣，殷子和，整理．北京：九州出版社，2010：46．
② [宋]程颢，程颐．二程遗书[Z]．上海：上海古籍出版社，2008：335．
③ [魏]王弼，[晋]韩康伯．周易正义[Z]．孔颖达，正义．北京：中国致公出版社，2009：119．
④ [魏]王弼，[晋]韩康伯．周易正义[Z]．孔颖达，正义．北京：中国致公出版社，2009：119．
⑤ 蒙培元．天地人——谈《易传》的生态思想[J]．周易研究，2000，(1)．
⑥ [魏]王弼，[晋]韩康伯．周易正义[Z]．孔颖达，正义．北京：中国致公出版社，2009：15．
⑦ [魏]王弼，[晋]韩康伯．周易正义[Z]．孔颖达，正义．北京：中国致公出版社，2009：297．
⑧ [明]王夫之．周易外传[Z]．北京：中华书局，1977：6-7．

本性与普遍性，因此人们唯有顺时、尊时、守时，才能使得万物按照它们自身的生理秩序和生命节奏正常地生长、发育、繁茂。例如，王弼言：“物皆不敢妄，然后万物乃得各全其性，对时育物，莫盛于斯也。”① 反之，人们如果逆时、错时、违时，那么生命与物种都将机理混乱、难以成育。就会造成“阴阳失次，四时易节，人民淫烁不固，禽兽胎消不殖，草本庳小不滋，五谷萎败不成”（《吕氏春秋·明理》）的后果。基于此，“物与无妄，对时育物”便成了《易传》及后儒的普遍共识——《易·贲·象》要求人们“观乎天文以察时变”；《易·革·象》主张“君子以治历明时”；《易·艮·象》强调“时止则止，时行则行；动静不失其时，其道光明。”《易·系辞下》指出：“变通者，趋时者也”；《易·文言》言：“先天而天弗违，后天而奉天时”；孟子明言：“虽有智慧，不如乘势；虽有镃基，不如待时”（《孟子·告子上》）；荀子说：“春耕、夏耘、秋收、冬藏，四者不失时，故五谷不绝而百姓有余食。”又说：“故养长时，则六畜育；杀生时，则草木殖”②；……这种共识也充分标示着，注重万物的时序性与人们行为的时效性，与“天地同和”，乃是财成辅相的主要内容及人们实现万物并育不害目标的前提条件。而我们也可以看出，此层意蕴下的财成辅相，虽然有参赞天地、成就万物的成分，但是并非人为、粗暴地干预或者主宰万物，而是在充分尊重自然、顺应事物的基础上发挥着人的主体性的助育功能与协同作用，从而使得万物各得其养，按照各自的本性自然地生长成育——而这是生物多样性稳定繁荣的重要条件。因为“万物各得其和以生，各得其养以成”③，“苟得其养，无物不长；苟失其养，无物不消（《孟子·告子上》）”④。

三、“以同而异，辨物居方”：“多”各得其所

如上所论，由于儒家“和”之“是”既“表征本体论意义上的天道本质，又表征现象之间的内在和谐”⑤，所以决定了和之“应该”不但要求保障辅助“和”生化事物的功能，成就万物之“多”，也要求维持事物并育不害的“和”形式，使得“多”协同统一的共在。而要实现这些目的，仅仅“中孚贞正，厚德载物”及“物与无妄，对时育物”，显然是不够的。因为，前者虽然有助于保障“和”的生化功能，却较少利于维持“和”的存在形式；后者虽然有利于保障着事物之“和”的形式，但这种保障只限于时间维度，未作用于空间维度。要在时空的双重维度同时维持着“和”的形式，使得“多”协同共在，儒家认为人们在注重万物的时

① [汉]郑玄，注．礼记正义[Z]．孔颖达，疏．上海：上海古籍出版社，2008：119．
② 荀子[M]．蒋南华，罗书勤，杨寒清，译注．贵阳：贵州人民出版社，2008：135．
③ 荀子[M]．蒋南华，罗书勤，杨寒清，译注．贵阳：贵州人民出版社，2008：196．
④ “物与无妄，对时育物”不仅仅是一种观念与方法，在儒家的场域中，它更是一种“时禁”模式的礼的规范．在下一章——儒家“礼”论中的生物多样性智慧中，我们将进一步论述和阐释。
⑤ 董平．论儒家的中和观[J]．人文杂志，1989，（3）．

序性与人们行为的时效性——“物与无妄，对时育物”以外，还需财成辅相天地使所有生命与物种能在有机统一的自然环境中各据其位、各得其所——即儒家所特别重视的“辨物居方。”[①]

众所周知，一个系统中的各个成员、各个部分处在其当处应处的位置之上，往往是这个系统稳定和谐运行的最为基本的条件。例如，一棵树之所以能成为一颗生机盎然的树，就在于树系统中各组织与部分都能各据其位、各得其所。试想，如果树叶埋在土里，树根暴露土外，本末颠倒，各易其位，树又如何存活？同理，自然界也是一个大的生态系统，这个系统中的所有生命与物种只有处在它们本应当处的生境或生态位中，才能和合协同地共在，才能使得由它们组成的这个系统呈现“和”的稳定形式。因为“天地所生之物各有其宜”[②]，不同的生命与物种对环境条件及生态因子——生境有不同的要求，居川者不能居山，居山者不能居泽，宜北者不能宜南，宜南者也未必能宜北。生境对于生物有决定作用，生物对生境有一定的选择机制。生物与生境之间存在着严格的对应关系[③]。儒家对此有着深刻的认知：《易·离·象》曰：“离，丽也。日月丽乎天，百谷草木丽乎土。”程颐认为这是指：“万物莫不各有所丽，天地之中，无无丽之物，……丽得其正则能亨也。”[④] 丽，就是附着的意思。即说，任何事物都有它应有和当有的附着之所。万物只有附着在正当合适的地方才会亨通安定，反之则淆乱悖逆、难以生存（“万物庶事莫不各有其所，得其所则安，失其所则悖”[⑤]）。所以，要令“六畜皆得其长，群生皆得其命”[⑥]，实现万物并育不害的目的，人们必须“辨物居方”，使生命与物种各得其宜，各据其位，各得其所。

“辨物居方”源出《易·未济·象》：“火在水上，未济。君子以慎辨物居方。”未济卦，上卦为火，下卦为水，为火在水上之象。由于水火不容，火在水上，火必熄灭。所以，火在水上，未得其所。观此物象，人们就应该“慎辨物居方”，即谨

① 以上“物与无妄，以时与物”其实只是财成辅相的直接内容，而非所有内容。除此之外，“以同而异，辨物居方”及下面的“裒多益寡，称物平施”也皆是财成辅相。因为，财成辅相从根本上而言，是三材之一的人弥补和完整天地的功能缺陷，做那些天地所意做而又不能做的事情。只要是与此有关的，都是财成辅相。——这是符合《易传》及整个儒家哲学精神的。

② [魏]王弼，[晋]韩康伯．周易正义[Z]．孔颖达，正义．北京：中国致公出版社，2009：70．

③ 对这种关系，《易·渐》进行了具体而形象的描述。渐卦是下卦为山，上卦为木，木生山上，因山而渐渐增高，非忽然如此，因而为渐。所以，渐就是渐进的意思。渐卦中渐进之物为鸿，即水鸟。水鸟处于不同的居所，则有不同的状态：处于“干”——岸边，离水不远，已不妨于生存了（“无咎”）；处于“磐”——水边的大石头，有充足食物来源（“饮食衎衎”），生存无忧（“吉”）；处于“陆”——远离水源的高地，食物无保障，生存堪忧（“凶”）；处于“木”——树上，虽远水，但因树在山上，所以处之无害（“无咎”）；处于陵——更高的高地（高于陆），可以免于弓箭，因此处之安全（“吉”）；位于“陆”——最高的“云路”，（[宋]程颐．周易程氏传[Z]．王鹤鸣，殷子和，整理．北京：九州出版社，2010：217．）则可以振翅高飞、舒展本性，所以处之适宜（“其羽可用为仪，吉”）。

④ [宋]程颐．周易程氏传[Z]．王鹤鸣，殷子和，整理．北京：九州出版社，2010：119．

⑤ [宋]程颐．周易程氏传[Z]．王鹤鸣，殷子和，整理．北京：九州出版社，2010：211．

⑥ 荀子[M]．蒋南华，罗书勤，杨寒清，译注．贵阳：贵州人民出版社，2008：135．

慎辨别，使事物处其当处能处之所。例如，程颐说：“火在水上，非其处也。君子观其处不当之象，以慎处于事物，辨其所当，各居其方，谓止于其所也。”[①]析分开来，“辨物居方”有“辨物”与“居方”两层意义。从基本语义上看，“辨物”即辨别事物，认识事物，归类事物；“居方”是让事物处在它应处的方所。而从逻辑结构上看，“居方”是目的，但“辨物”是基础；没有“辨物”，则难以“居方”[②]。那么，人们该如何“辨物”，从而“居方”？

《易·同人·象》曰：“天与火，同人；君子以类族辨物。”《正义》释曰：“天体在上，火又炎上，取其性同，故云‘天与火，同人’。‘君子以类族辨物’者，族，聚也。言君子法此同人，以类而聚也。‘辨物’谓分辨事物，各同其党，使自相同，不间杂也。”[③] 高亨注曰：“类犹分也。《系辞下》曰：‘以类分万物之情’，类字与此同义。族，种类也。类族，即分析事物的种类。……君子观此卦象及卦名，从而运用其明察，分析事物的种类，辨别事物的情况。”[④] 金景芳先生说：“类族与辨物意思相近，说是将万物加以辨别而分类。”[⑤] 据上，“类族辨物”意指对万物进行归类与辨别，把同种的归类，把异种的区分，不相混淆。这些解释虽然较为中肯而不离本意，但是过于笼统和简单，对于到底什么才是“类族辨物”缺少具体而形象的阐释和说明。

在我们看来，所谓“类族辨物”，即在共同生存于天地间的形形色色、纷繁芜杂的万物当中，把无生命的归为无生物，把有生命的归为生物。在生物当中，把头朝上、有血气、能运动的归为动物，把根入土、无血气、静止不动的归为植物。动物当中，把在天上飞的归为飞禽，把在地上行走的归为走兽，把在水里游动的归为潜鱼。潜鱼中，按照生物自身特征及其地域属性又析分出泥鳅、河虾、江豚、湖鱼、海鲸等。而植物当中，把自然生长的归为野生作物，把人为耕种的归为农业作物。农业作物当中，按照属性、外形与生理特征等又分别归类出麦、黍、麻、豆、稻等种类。水稻中，按照抗逆性因素再区分出耐水与寒的“冷水谷”、适宜盐碱地的“乌芒稻”、抗蟛蜞害的“哽杀蟛蜞”及耐水涝的观音柳等品种。……如是，对事物进行层层细化、循循递进的辨识、归类和区别就是“类族辨物”。

这种意义下的“类族辨物”的方法和过程所带来的直接效应即，使得人们对形形色色生命与物种的种类、性情、地域性、生态要求及统摄归纳着这些因素的名称，都自然而又必然地有一个周详细致的认知，从而以此为基础将生物与生境一一对应起来，使它们居其所居，位其当位，避免因人们的错行妄行而失其本所。

① [宋]程颐．周易程氏传[Z]．王鹤鸣，殷子和，整理．北京：九州出版社，2010：254．
② “居方”与“辨物”尽管互文，但“辨物”到“居方”还是存在一种递进关系。
③ [魏]王弼，[晋]韩康伯．周易正义[Z]．孔颖达，正义．北京：中国致公出版社，2009：77．
④ 高亨．周易大传新注[M]．北京：中华书局，1984：165．
⑤ 金景芳，吕绍刚．周易全解[M]．长春：吉林大学出版社，1989：123．

例如，既已经辨别出飞鸟与潜鱼，人们就肯定知道飞鸟不可生存于水下，潜鱼不能滞留于陆地；既已辨别了小麦与水稻，人们就不会将水稻种在旱地，将小麦种入水田；既已分辨出橘与枳，就自然种橘于淮南而非淮北。……以此类推，“鸟兽草木”等万物“放知其名，然后能知其形，知其性。”① 知其性，就知其所宜，就知其所居与能居。所以，“辨物”是“居方”的基础，“居方”以“辨物”为必要前提。缘于这种关系，全面周详地认识万物、辨别万物成了儒家普遍而内在的自觉：孔子就要求弟子多读《诗经》，从而可“多识鸟兽草木之名”(《论语·阳货》)；《易传》指出，人们只有“知周乎万物”才能使事物不失其分、各得其宜（“不过”）(《易·系辞上》)；《尔雅》按山、水、草、木、虫、鱼、鸟、兽、畜对多样性的生命与物种的名称、属性、功用、地域性等进行了翔实的记录、归类和总结；扬雄明言：“圣人之于天下，耻一物之不知”②；张载要求认知和了解事物必须周全不遗漏（“我体物未尝遗”③）；朱熹则主张格尽天下之物，无所不至。……如此等等，充分说明了儒家对于认识与辨别广大万物十分注重。无怪乎清儒刘宝楠说：“博物之学，儒者所甚重矣”。④

与“类族辨物”相近的是，《易传》又提出了“以同而异”。《易·睽·象》曰：“上火下泽，睽。君子以同而异。”睽卦之象是上离下兑，也即上火下泽。火在泽上，与火在水上，都会熄灭，都是不当位。人们观此物象，就应该“以同而异”，注意归类和辨别事物，令其得位。程颐释曰，“君子观睽异之象，于大同之中而知所当异也。”⑤高亨注曰，“同中有异，乃宇宙事物之普遍规律。君子现此卦象及卦名，从而观察研究，综合事物之同而又分析其中之异”⑥，都是这种意思。显然，“类族辨物”与“以同而异”同义。细化而言与逐个对比，“类族”等同于“以同”，“辨物”等同于“而异”。“类族”与“以同”，都是一种异中求同的归纳过程，把万物中相同的归为一类，在个性中抽象出共性；“辨物”与“而异”，则都是一种同中求异的分辨过程，把事物中不同的区别开来，在共性当中析分出个性。在辨别、认知事物的过程中，二者并非截然对立，而是犹如一枚硬币的两面，互相统一。例如，以上把万物分为生物与无生物，对万物而言是区分，是求异，是“辨物”与“而异”，但对生物与无生物各自而言是归总，是求同，是“类族”与“以同”。所以，在很大程度上，“类族”即“辨物”，“以同”即“而异”，彼此互文又互释。但是，无论求异抑或求同，不管“类族”、“辨物”还是“以同”、“而异”，它们都注重事物统一性与变异性的辩证关系，都趋向于使得事物划分得更加细化和多样，

① [清]刘宝楠．论语正义[Z]．上海：上海古籍出版社，1993：251．
② [汉]贾谊．扬子法言[Z]．上海：上海古籍出版社，1989：30．
③ [宋]张载．张子正蒙[Z]．王夫之，注．汤勤福，导读．上海：上海古籍出版社，2000：135．
④ [清]刘宝楠．论语正义[Z]．上海：上海古籍出版社，1993：251．
⑤ [宋]程颐．周易程氏传[Z]．王鹤鸣，殷子和，整理．北京：九州出版社，2010：150-151．
⑥ 高亨．周易大传新注[M]．北京：中华书局，1984：337．

都有利于对形形色色生命与物种的认知，都能有助于契合生物的生态要求，从而使得万物能各归其为、各据其位、各得其所。而万物各得其所也就意味着由它们组成的天地自然系统必将呈现着和合协同、并育而不害的“和”形式。例如，朱子所言：“各得其所，岂非和乎（《朱子大全·答腾德粹》）？”

有必要指出的是，尽管以“类族辨物”与“以同而异”为基础的“居方”还停留在对生命与物种较为感性的认知上，更多的是依赖“仰则观象于天，俯则观法于地，观鸟兽之文与地之宜，近取诸身，远取诸物”（《易·系辞下》）的直观体悟和经验总结，而非基于对生态系统与自然群落的科学研究和系统分析，但它仍然具备很大的合理性与实用性，仍然不失为一种深刻的智慧。依据直观和经验来“辨物”从而“居方”，这也就意味着人们必须是通过观察和总结，发现一些地域固定存在着某些生物，或者某些生物长期生存于某些地域，从而据此确立生物与生境对应关系——这种充分依据自然现象和客观事实的判定逻辑，实际上往往比人为的意见或者科学的理论都更能准确契合生物自身的本然生态要求。因为，生物能不能适宜某一生境，人们任凭怎么想象如何思辨都没有用，只有生物自身“说”了才算；生物在某一生境的即成存在就是它们能生存于这一生境的最好标志与证明。质言之，生物的“已在之所”就是生物的“能在之所”，后者只能从前者得到确认。而儒家“辨物居方”正是如此。例如，程子言：“圣人所以能使天下顺治，非能为物作则也，唯止于各于其所而已（《周易程氏传》卷四）。”① “唯止于各于其所”即表示从生物的“已在之所”确认判定其“能在之所”。在这种情况下，自然界有多少种生物，“辨物居方”就会有多少种结果，生物与生境就会存在多少种对应关系。生物与生境的对应关系越多，也就意味着自然界的生物多样性越丰富。儒家“辨物居方”虽不是“科学”的，却是合理的、实用的、富含生物多样性智慧的，它摒除了人为的安排和肆意的规划，严格尊重自然事实、顺应生物的天然趋向与内在要求，不但让生命与物种皆存在于它们本来就存在或者一直能够存在的地方，也利用、尊重和保障了自然的生物多样性②。

四、“裒多益寡，称物平施”：“多”平衡协调

通过“以同而异，辨物居方”的方法和过程，多样性生命与物种皆能够存在

① [宋]程颐．周易程氏传[Z]．王鹤鸣，殷子和，整理．北京：九州出版社，2010：211．

② 而反观当今，大行其道的不是让生物“唯止于各于其所”，而是“为物作则”；不是“辨物”而“居方”，而是“按需”而“居方”，即根据人类自身的目的或者需求在多样生境中强制性地养种某单一生物。这种方法由于违背了生物的本然生态要求，忽视了生物与生境对应机制，其代价便自然是：一，人们浪费大量的财力与物力去改变生物的物性和生态需求；二，破坏了自然界原本的生物多样性；三，虫害、病害、环境污染四起。尽管，在这种方法中我们也收益颇高，但是减掉成本，可能便入不敷出了。而实际这原本是可以通过“辨物居方”这一富含生物多样性智慧的方法来解决。

于它们最适宜的生境中，但是，这不意味着它们就能以并育不害的“和”形式共在了。因为，由“多”所组成的系统要呈现“和”的形式，除了要求所有要素、组织和部分能各居其位、各得其所外，还必须要求它们的数量和比例能保持一个相互均衡的状态。如以羹为喻，水若太多则太淡，盐若太多则太咸，梅若太多则太酸，所以需要“济其不及，以泄其过”[①]，使水、盐、梅等各种成分须不多不少、比例适度、相互均衡，从而令由这些原料组成的整体呈现着“和”的状态，成为羹这种美味佳肴。同理，在自然界中也是一样，任何一类生物的数量过多则势必影响其他生物的生存与繁衍，必将打破生命与物种之间的均衡性、多样性及构建其上的稳定性与协同性——“和”。所以，要最终实现多样性生命与物种并育不害、协同共在的目的，在“以同而异，辨物居方”的基础之上，人们还需要协助天地，调节平衡所有生命与物种之间的比例，数量太多的要减少，太少的要增加，即“善为之者，损其有余，益其不足，抑其太过，举其不及，大要归诸中和而已矣（《司马文正公传家集·答李大卿书》）。”这种观念，用儒家语言概括就是“裒多益寡，称物平施”。

“裒多益寡，称物平施”语出《易·谦·象》：“地中有山，谦；君子以裒多益寡，称物平施。”王弼注云：“多者用谦以为裒，少者用谦以为益，随物而与，施不失平也。”孔颖达疏曰：“‘多者用谦以为裒’者，《尔雅·释诂》云：‘裒，聚也’。于先多者，其物虽多，未得积聚，以谦故益其物更多而积聚，故云‘多者用谦以为裒’也。‘少者用谦以为益’者，其物先少，今既用谦而更曾益，故云‘用谦以为益’也。‘随物而与’者，多少俱与，随多随少，而皆与也。‘施不失平’者，多者亦得施恩，少者亦得施恩，是‘施不失平’也。言君子于下若有谦者，官之先高，则增之荣秩，位之先卑，亦加以爵禄，随其官之高下，考其谦之多少，皆因其所少而施之与也。”又曰：“‘裒多’者，……裒益其多，言多者得谦，物更裒聚，弥益多也。……‘益寡’者，谓寡者得谦而更进益，即卑而不可逾也……‘称物平施’者，称此物之多少，均平而施，物之先多者而得其施也，物之先寡者，而亦得其施也。”[②] 据上，所谓“裒多益寡，称物平施”，从内涵与方法而言即裒是增加，益也是增加，事物无论多少，只要有谦的属性，都可以并都应该被增加之、丰溢之。从范围和外延上而言，其所指陈的乃是一种为人、为官、治国的政治方法和行为策略，主要适用于人类社会，而非自然境域。显然，这样一种理解是有失偏颇的。

谦卦，上坤下艮，象指山在地下。众所周知，按常理应该是山高地矮，山是位于地之上的，地是在山之脚的，山与地之间存在着高低上下的不对称与不均衡。

---

① 左传[M]．王守谦，金秀珍，王凤春，译注．贵阳：贵州人民出版社，1990：1303．

② [魏]王弼，[晋]韩康伯．周易正义[Z]．孔颖达，正义．北京：中国致公出版社，2009：85．

而谦卦却偏偏是山在地下，地中有山。那么，这也就意味着“损高增卑以趣于平”[①]，即高山与大地开始持平，二者空间落差消除了，不再有高低尊卑的悬殊与对立，从不对称、不均衡趋于均衡与对称。当然，在《易传》看来，这种现象不但存在于山地之间，也普遍存在于天地万物当中。《谦·彖》说：“天道亏盈而益谦，地道变盈而流谦，鬼神害盈而福谦，人道恶盈而好谦。”“天道亏盈而益谦”者，指月亮盈满时就会亏损，太阳居中时就会偏昃；“地道变盈而流谦”者，指高山因流损侵蚀而渐渐平夷，峡谷因沙土沉积会慢慢填满；“鬼神害盈而福谦”者，指财富太多者会招祸，从而减少所拥有的，清贫少有者则会受福，从而得到所没有的；“人道恶盈而好谦”者，指盈溢骄傲的人会遭到人们厌恶，虚怀谦逊的人会受到人们喜欢。天道、地道、鬼道、人道的共同特征都是盈损谦溢，这就说明无论在自然境域，还是在社会领域，多的变少，少的增多，不平衡趋向于平衡，不对称趋于对称，是天地万物普遍必然的规律和形式。例如，崔憬曰：“损有余以补不足，天之道也。”[②] 在这种情况下，《易传》再紧接着说“地中有山，谦；君子以裒多益寡，称物平施”，那么其无非就是想表达，一方面人们应该学会谦逊，避免骄奢，而另一方面则如程颐所言：“山而在地下，是高者下之、卑者上之，见抑高举下、损过益不及之义；以施于事，则裒取多者，增益寡者，称物之多寡以均其施与，使得其平也。”[③] 即人们在财辅天地成就万物的过程中，应该契合天地之道，顺应自然的规律，裒取减少那些过多的生命与物种，增加补益出那些过少的，使得各类生命与物种在数量上平衡与协调[④]，从而最终令万物达至并育而不相害的“和”的境地[⑤]。

综上所述，在以上实现多样性生命与物种并育不害目的的各种方法和理念中，“中孚贞正，厚德载物”包容承载着“多”，避免“多”的种类与数量因人为因素而受到减损；“物与无妄，对时育物”顺应尊重着“多”，使它们能在合理的时间秩序与生理节奏中各得其养、自然生长；“以同而异，辨物居方”不但辨识、区分、认知着“多”，也令“多”各居其位、各得其所，皆处在它们最适宜最恰当的生境

① [宋]朱熹．周易本义[Z]．廖名春，点校．北京：中华书局，2009：85．

② [唐]李鼎祚．周易集解[Z]．张文智，导读．济南：齐鲁书社，2005：165．

③ [宋]程颐．周易程氏传[Z]．王鹤鸣，殷子和，整理．北京：九州出版社，2010：62．

④ 当然，“裒多益寡，称物平施”在儒家看来也需要注意时间因素。《易·损·彖》曰：“损益盈虚，与时偕行。”程颐注曰：“或损或益，或盈或虚，唯随时而已。过者损之，不足者益之，亏者盈之，实者虚之，与时偕行。”（《周易程氏传》卷三）即什么时候对生命与物种的数量进行减损，什么时候进行增益，都有着严格的秩序与条理，都要契合着天地秩序与气候节令。例如，冬天时，天地之间的阳气比较虚弱，万物敛藏，这时只能增益，而不可裒取；如若裒取，少的生命与物种将更少，自然系统将更不平衡。

⑤ 在传统社会，一方面由人类协助天地自然的活动主要为农事。张岱年先生就曾指出，“‘财成天地之道，辅相天地之宜’，主要是就农业生产而说的”[张岱年．《易传》与中国文化的优良传统[J]．江汉论坛，1984：（8）]。另一方面源于自然生态系统有较为完好的自我调节机制。这样一来，从而使得人们“裒多益寡，称物平施”的对象和范围实际非常有限，主要作用于虫害与受其影响的其他物种——特别是农作物之间。这一点，我们将在下一节中展开论述。

中；“裒多益寡，称物平施”则调节平衡着“多”，使多样性生命与物种之间能在一个数量均衡的比例关系中和谐共在。如果说，“中孚贞正，厚德载物”的重点在于保障着“多”，那么后三者的重点则是实现“多”的协同统一。但前者是后者的基础与条件，因为没有“多”，就无法言“多”的状态；而后者则是前者的趋向与保障，因为“多”不能协同，就反而混乱不堪，走向“好”的方面。所以，以上4种方法，既相互独立又相互统一，保障和实现“多”与“多”的协同统一是它们共同的趋向特征。而“多”与“多”的协同统一即是“和”。以上，便是源自和之“是”的和之“应该”。

第三节　和之“实践”：富含生物多样性智慧的传统农业

儒家和论，无论天之道或和之“是”，还是人之道或和之“应该”，都蕴涵和彰显着深刻的生物多样性智慧。而在传统社会，这样一种蕴涵深刻生物多样性智慧的“和”观念，长期影响与深层浸染着传统人们的意识与思维，使得人们生产生活的诸多领域也相应地契合、演绎与呈现着生物多样性的智慧①，这在传统农业系统上体现得尤为明显与集中：无论是农业三宜论，还是动植养种，抑或虫害防治的观念和技术，皆无不与“和”观念及生物多样性智慧暗相谋合。可以说，传统农业在很大程度上是“和”观念的典型实践和显像②。在现今农业生物多样性丧失日趋严重的情况下，在单一栽培引发虫灾肆掠、环境污染、食品安全等多种负效应的形式中，在人们往往仅用“粪多力勤”或“精耕细作”片面概括③传统农业特征的惯性思维中，在传统农业生物多样性与其哲学基础之间的关系尚未引起人们深入研究的学术语境里，我们有必要从“和”观念的层面及生物多样性的视角来发掘、梳理传统农业的深刻智慧。

一、三宜论与生物多样性智慧

如上所论，儒家和论认为万物始于天、生于地、成于人，天地人三要素只有和合协同，万物才可生长成育。而这种三才论，对传统农学产生了深刻影响④。《吕

---

① “和”意识虽脱胎自古代人们的生产生活，但是它发展为一种系统、成熟的哲学观念后又必将反作用于人们的生产生活，二者之间存在水乳交融的辩证关系。此处之论，亦为合适。

② 古代社会的建筑、医疗、饮食、服饰等各方面皆是“和”的显像和实践，但都不及农业有代表性，而且也没有像农业一样蕴涵那么丰富的生物多样性智慧。所以，本文对它们暂且不论。

③ 古人多以“粪多力勤”概括传统农业的特征，今人则代之以“精耕细作”，皆强调人对土地的干预，但忽视了农业生物的作用。参见曾雄生．杂种：农业生物多样性与中国农业的发展．//曾雄生．亚洲农业的过去、现在与未来[M]．北京：中国农业出版社，2010：295．

④ 三才论与传统农学间也存在着辩证关系：一方面三才论始于古代人们的农业生产，另一方面它成为一种哲学观念后又深刻影响了传统农学。见李根蟠．农业实践与农业三才论的形成[J]．农业考古，1997，(1)．

氏春秋》言：“夫稼，为之者人也，生之者地也，养之者天也。”① 西汉《氾胜之书》说“凡耕之本，在于趣时、和土，务粪泽，早锄早获”②中，“趣时”是天的因素，“和土”是地的因素，“务粪泽，早锄早获”则是人的因素③。《齐民要术·种谷》引《淮南子·主术训》之言强调：“上因天时，下尽地利，中用人力，是以群生遂长，无谷蕃殖。”④ 传统农学经典著作对三才论大同小异的表述，充分说明了三才论对传统农学影响之甚及传统农学对三才论的秉承之笃。难怪有的学者说，在相当大的程度上三才论规定了传统农学的发展方向⑤。

不过，稍有不同的是，三才论强调天地人三要素，而“物”——包括动植物在内的生物——概念则被隐化在地的形象之中。而以植物、动物为实践对象的传统农学，则把“物”的概念突显了出来（特别是明清以后），使得天地人三要素增置成了天地人物四要素。这四要素在传统农学语境中，天指天时，地指地脉，物指物性，而人则指对其他三要素的整体统筹与综合运用。在这种情况下，三才论渗入传统农学后最终稳定形态实际是三宜论——“合天时、地脉、物性之宜”（马一龙）⑥：即于天要契合天的运行规律，于地要适宜地的具体情况，于物要了解物的性情品质，或者说要——得天之和、得地之和、得物之和⑦。传统农业生物多样性智慧就首先蕴于此三者中。

（一）得天之和

天在传统农业场域指陈的是天体运行、四季更替和时令变迁等时间现象。所以，“得天之和”实为“得时之和”，或“得天时之和。”⑧《礼记·月令》中的“无变天之道”、《吕氏春秋》中的“得时”、《氾胜之书》中的“趣时”，以及《陈旉农书》所提倡的“盗天地之时利”都是这个意思。

那么人们如何才能得天时之和？以什么样的指时方式才可得之无误、得之无差？传统农学认为，此除了要“稽之天文”——以天象指时及以历法、节气、气象指时外，更重要的是需“验之物理”——以物候指时。而所谓物候指时，即是以动物的季节活动（如鱼上冰、獭祭鱼等）或植物的生理变化（如苦菜秀、鞠有黄花

① 夏玮瑛．吕氏春秋上农等四篇校释[M]．北京：中华书局，1957：94．
② 万国鼎．氾胜之书辑释[M]．北京：中华书局，1957：21．
③ 郭文韬．中国传统农业思想研究[M]．北京：中国农业科技出版社，2001：60．
④ 缪启愉．齐民要术校释[M]．缪桂龙，参校．北京：农业出版社，1982：61．
⑤ 李根蟠．农业实践与农业三才论的形成[J]．农业考古，1997，（1）．
⑥ [明]马一龙．农说[Z]．北京：中华书局，1985：2．
⑦ 这里非常有必要说明的是，“得天之和”、“得地之和”、“得物之和”等词语是对传统农学本有的表达方式的沿用，非本文凭空自造。例如，《氾胜之书·耕田》就有“得时之和”一词。所以，本文用这些词语来表达“和”论的相关意蕴亦为恰当。
⑧ 春秋时代，人们开始把“天”和“时”联系起来，形成了“天时”的概念。见懂恺忱，范楚玉．中国科学技术史·农学卷[M]．北京：科学出版社，2000：108．

等）作为农时的指示标志。在传统时代，这样一种指时方式较之其他方式实际上更为准确、更具优势。天象指时易受天气的影响，多云或阴雨时则不可使用，而物候指时几乎全天候有效。历法与节气虽也较为准确地反映气候季节的变化规律，但它既已固定，就难免与时而变动的气候状况产生偏差①。而物候则不然，“天变于上，物应于下”，物候中的动植物随气候的变化而变化，更能全面、动态、灵活、准确无误地反映某个时空领域的气候实况。例如，李根蟠先生所说：“在没有温度计和湿度计的古代，物候确实更能反映气候变化的实际变化，从而能比较准确地把握农时。”② 可以说，物候是“天时”显化直观的表征和精准无误的标志，是以动植物为文字和页码的自然界的“活”的历书。鉴于此，从《夏小正》到《豳风·七月》，从《礼记·月令》到《四民月令》，从隋唐至宋元，物候都是传统人们最为重要的指时方法③。

鉴于物候指时的这种优越性与重要性，对多样性生命与物种进行翔实辨识、记载，就成了传统农学（特别是传统农书）的重要内容组成。例如，在夏代历书《夏小正》就清楚记录着：正月——启蛰、雁北飞、雉震呴、鱼陟负冰、囿有见韭、田鼠出、獭祭鱼、鹰则为鸠、柳稊、梅杏、杝桃则花、缇缟、鸡桴粥；二月——荣堇、昆蚩、抵蚳、玄鸟来降、有鸣仓庚、荣芸、时有见稊、祭鲔；……四月——鸣扎、囿有见杏、鸣蜮、王萯秀、秀幽；……八月——栗零、鹿从、群鸟翔、鴽为鼠④……据《中国古代农业科技史图说》统计，《夏小正》中共记载生物 55 种。其中属于动物的物候有 37 条，包括 11 条兽类动物，10 条鸟类动物，12 条虫类动物，4 条鱼类动物。属于植物的物候有 18 条，包括 12 条草本植物，6 条木本植物。此外，还涉及 5 条非生物物候（俊风、冻涂、小旱、大旱、霖雨 5 条气象——自注）⑤。在《夏小正》以后，《诗经·豳风·七月》、《吕氏春秋·任地》、《礼记·月令》、《逸周书·时则训》、《氾胜之书》、《四民月令》、《齐民要术》、《王祯农书》、《三农纪》、《养余月令》等书目或篇章也相继进行了记录。随着历史的推进，传统农学在动植物记载方面载录愈加多样、繁芜。⑥另外，物候指时还会警示和引导人们主动保护与尊重各类动植物及它们的多样性，避免和防止它们灭绝。因为，人们深刻意识到，动植物的种类只有多样繁芜，才能全面准确反映自然界气候与环境的变化，从而为人们“得天之和”及农事活动提供精确参照。

① 惾恺忱，范楚玉．中国科学技术史．农学卷[M]．北京：科学出版社，2000：252．
② 李根蟠．《陈旉农书》与三才理——与《齐民要术》比较[J]．华南农业大学学报（社会科学版），2003，(2)．
③ 惾恺忱，范楚玉．中国科学技术史．农学卷[M]．北京：科学出版社，2000：475．
④ 方向东．大戴礼记汇校集解[M]．北京：中华书局，2008：139-270．
⑤ 中国农业博物馆农史研究室．中国古代农业科技史图说[M]．北京：农业出版社，1989：92．
⑥ 尽管有些记载不符实情（如田鼠化为鴽、爵入大水为蛤），但是其大部分的内容仍是合理的．

（二）得地之和

“地”一般指陈各种生命与物种赖以生长、成育的空间载体——土地①。所以，“得地之和”即是与土地相“和”，也即农业生产与农事活动应与土或壤相适宜、相协同。具体而言，无论是作物种植（在什么样的土地上种植什么样的作物），还是土地利用（以什么样的方式改良、管理与耕种），都应该因地制宜、与地调和，令物各归其所，让地可尽其用。在这种观念下，传统农业发展出了丰富的涉及地理环境多样性的智慧。

第一，对土地进行了翔实的分类和辨识。例如，《尚书·禹贡》按质地（壤、坟、埴、垆）、色泽（白、黑、赤、青、黄）、肥力（上、中、下 3 等 9 级）等标准对全国土壤进行了辨识和区分②：冀州土为白壤（盐渍土），颜色白，质地柔和，肥力等级中中（第五等）；兖州土为黑坟（灰棕壤），颜色黑，质地坟起，肥力等级中下（第六等）③。又如，《管子·地员》，《地员》前半篇，把土地按地势和水泉深浅，平原之地（渎田）5 种；丘陵之地（坟衍）15 种；山地之地 5 种。《地员》后半篇则按质地、颜色、肥力等标准，把全国土地分为 3 等 18 类 90 种。上等土有五粟、五沃、五位、五隐、五壤、五浮；中等土有五忢、五垆、五埴、五剽、五沙、五塥；下等土有五犹、五状、五埴、五觳、五舄、五桀④。

第二，对哪些生物与哪些土地相对应，以及在什么样的土地上适宜养种什么样的农业动植物皆有着明确的标志。例如，《周礼·夏官·职方氏》载扬州“其利金、锡、竹箭，……其民二男五女（男女比例），其畜宜鸟兽，其谷宜稻。”⑤ 又如，《地官·大司徒》指出：山林其动物宜毛物（貂、狐），其植物宜皁物（柞栗）；川泽其动物宜鳞物（鱼类），其植物宜膏物（莲芡）；丘陵其动物宜羽物（鸟类），其植物宜覈物（核果）；坟衍其动物宜介物（龟、鳖），其植物宜荚物（豆类）；原隰，其

---

① 需指出：一，在传统视域中土地的形象并非仅为今人所以为的无机土壤，而是土壤和生长蓄育于土壤上的生命与物种的统一体。如《说明解字》释曰：“土，地之吐生物者也。二象地之下，地之中，物出形也”；二，土地还包括土与壤两部分。土，指生长着野生植物的天然土地。“以万物自生焉，则言土”；壤，则指培植和耕种着农作物的人为改造过的土地。“以人所耕而树艺焉，则言壤。”

② 这被李约瑟认为可能是世界上最古老的土攘学著作及土壤学连同生态学和植物地理学的发源。参见李约瑟，鲁桂珍著．中国古代的地植物学[J]．懂恺忱，郑瑞戈译．农业考古，1984（1）．

③ 此段文字的注释参见：李约瑟，鲁桂珍著．中国古代的地植物学[J]．懂恺忱，郑瑞戈译．农业考古，1984（1）；郭文韬．中国传统农业思想研究[M]．北京：中国农业科技出版社，2001：215-216 页；林蒲田．中国古代土壤分类与土地利用[M]．北京：科学出版社，1996：31-39．

④ 见夏纬瑛．管子地员篇校释[M]．北京：农业出版社，1963 年．此种分类方法虽然翔实，不过总以“五”来套用，则显示了它的不足之处。如林蒲田先生所言：此“由于受了阴阳五行学说的影响，土壤分类表现得很机械，每类都有‘五物’，有的甚至还和宫、商、角、徵、羽‘五音’配合，以合‘五行’。实际情况并不都是如此，不一定每类土壤都有五物，有的可能多些，有的可能少些。”（林蒲田．中国古代土壤分类与土地利用[M]．北京：科学出版社，1996：50．）此说甚是。尽管如此，但瑕不掩瑜，这种分类在古代仍然是最为翔实的，它对于人们认识土壤和“得地之和”帮助甚大。

⑤ 周礼译注[M]．杨天宇，撰．上海：上海古籍出版社，2004：480．

动物宜嬴物（虎、豹），其植物宜丛物（苇芭）[①]。有的学者指出，这种分类实际上“已经初步觉察到生物有机体和土壤环境的密切关联及其统一性。”[②] 另外，《管子·地员》也载：悉徒土，宜种五谷，其木宜蚖、苍与杜、松树，其草宜楚棘；赤垆土，五谷皆宜，其草宜白茅与雚，其木宜赤棠；黄塘土，其谷只宜黍秫，其草宜黍秫与茅，其木宜櫄、扰、桑；斥埴土，其谷宜大菽与麦，其草宜萯、雚，其木宜杞；黑埴土，其谷宜稻麦，其草宜苹、蓨，其木宜白棠；县泉土，其草宜茅与走（蘆），其木宜檣；复吕土，其草宜鱼肠与莸，其木宜柳；泉英土，其草宜蕲、白昌，其木宜杨。有学者说，《地员》这些翔实细致的描述实际上“勾画出了地植物生态学与环境关系的生动图画，……是可靠的生态地植物学论文”[③]。这是非常中肯的论断。

第三，土地的利用、管理中呈现因地制宜的多样性理念。一，在土地利用上。传统人们（从隋唐开始）针对不同的地理环境和作物种植对象发展了畬田（分布于三峡、武陵、湘赣等山地）、梯田（云南、福建、江浙等山地）、圩田、围田（靠近湖泊水域）、架田（水面上）、沙田（沙滩或沙洲上）、涂田（海涂或海滨盐土上）、柜田（靠近低洼地、沼泽地、湖泊，形状似柜）、圃田（专种蔬菜、果树）等多种形式。这些利用土地的多样性形式，不但契合着多样性的土地类型，其本身实际上也造就了农业生境或农业地理环境的多样性。二，在施种上。《周礼》时人们已经认识到不同类型的土地上需用不同的方法来浸种：“骍刚用牛，赤缇用羊，坟壤用麋，渴泽用鹿、卤潟用貆（猪獾）、勃壤用狐，埴垆用豕，缰槛用蕡（大麻子）、轻爂用犬。”[④]针对不同的土壤情况用不同的动物或植物煮成的汁来浸种，[⑤]这一方面说明了人们因地制宜、物地调和的理念，另一方面说明了人们对多样性土地的性情品质有着深入的了解。三，在施肥上。清《知本提纲》提出了随土用粪的观点：“土宜者，气脉不一，美恶不同，随土用粪，如因病下药。即如阴湿之地宜用火粪，黄壤宜用渣粪，沙土宜用草粪、泥粪，水田宜用皮毛蹄角及骨蛤粪，高燥之处宜用猪粪之类是也。……又有碱卤之地，不宜用粪，用则多白晕，诸禾不生。……即如稻田宜用骨蛤蹄角、皮毛粪，麦粟宜用黑豆粪、苗粪，菜宜用人粪、

---

① 周礼译注[M]. 杨天宇，撰. 上海：上海古籍出版社，2004：147. 注释见郭文韬. 中国传统农业思想研究[M]. 北京：中国农业科技出版社，2001：219.

② 郭文韬. 中国传统农业思想研究[M]. 北京：中国农业科技出版社，2001：219.

③ 林蒲田. 中国古代土壤分类与土地利用[M]. 北京：科学出版社，1996：49.

④ 周礼译注[M]. 杨天宇，撰. 上海：上海古籍出版社，2004：239.

⑤ 对于这种浸种方法，许多学者认为其中所涉及的动物种类过多，所以认为此是过于理想、不切实际之举。本文则持相反观念：第一，在古代生物多样性保持良好，各种动物数量较大。在今日为保护动物或濒危动物的鹿、狐、麋、貆等，在古代往往非常多见。例如，《史记·周本纪》载：“麋鹿在牧，飞鸿遍野。”因此，获取这些动物的骨头来煮汁浸种并非不可能之事。第二，此种方法是针对全国而言，而非针对某一地方而言。就某一具体地域来说，它一般只拥有骍刚、赤缇等 9 种土壤的少数一两种，因此人们只需要获取一两种动植物（而不是 9 种）来煮汁浸种。如此，怎是不切实际之举？

油渣之类是也。”[①] 即不同的土壤有不同的质地和品情，人们施肥之法需多样灵活、因土而定。

（三）得物之和

“物”在传统农业场域中，主要指陈生长于天地之间、包括多样动植物在内的农业生物。所以，“得物之和”是：人们应该了解和尊重各种农业生物的品质性情（物性），使农业生产和农事活动与它们的生长规律和生理机制相契合、相协同，从而令所有生命与物种都能各遂其性，各成其长，各归其所。另言之，“得物之和”就是充分了解、认识各类农业动植物的外形、质地、地域性及生态要求等，就是得物之性、循物之情和成物之长。在这方面，传统农学也有丰富的经验与成果。

《周礼·地官·大司徒》要求人们“以土会之法，辨五地之物生”：毛物（貂、狐）、皁物（柞栗）适宜生长于山林；鳞物（鱼类）、膏物（莲芡）适宜生长于川泽；羽物（鸟类）、覈物（核果）适宜生长于丘陵；介物（龟鳖）、荚物（豆类）适宜于坟衍；羸物（虎、豹）、丛物（苇芭）适宜于原隰[②]。

《管子·地员》认知到：樠（落叶松）适宜生长在“县泉”（海拔 2000~3000m 的高山）；山柳适宜生长在“复吕”（海拔 1500~2000m 的高山）；椴树适宜生长在“山之材”（海拔约 1000m 的山）；榆树适宜生长于“山之侧”（海拔 500m 的山）[③]。还描述了“叶下于芰（菱），芰下于苋（莞），苋下于蒲（香蒲），蒲下于苇（芦苇），苇下于雚，雚下于蒌（蒌蒿），蒌下于荓（扫帚菜），荓下于萧（蒿属），萧下于薜（沙草之类），薜下于萑（益母草），萑下于茅（白茅）。凡彼草物，有十二衰，各有所归。”即不同种类的植物有不同的地理高度和水陆位置。也就是说，不同的植物适宜生存于不同的生境。

《吕氏春秋》中，《用民篇》已经认识到农业生物有稳定的遗传性；《审时篇》中认识到禾、黍、稻、麻、菽、麦等作物得时、先时和后时会呈现不同的特征（主要在形状、品情、成熟期、口感等方面）；《辨土篇》中认为耕种应该疏密适度，因地制宜。如肥地稀种，庄稼就会贪青徒长而秕子多；薄地种密了，庄稼因为营养欠缺而死亡，即所谓“肥而扶疏则多秕，墝而专居则多死。”[④] 也就是说，作物在不同的土壤条件和耕种密度中会呈现一定程度的变异性，耕种须因物因地而异。

《齐民要术》载：梁秫“收刈欲晚”是因为“性不零落，早刈损实”；荏蓼要

① 郭文韬．中国传统农业思想研究[M]．北京：中国农业科技出版社，2001：452．
② 周礼译注[M]．杨天宇，撰．上海：上海古籍出版社，2004：146-147．
③ 注释参见夏纬瑛．管子地员篇校释[M]．北京：农业出版社，1963：36．
④ 梁家勉．中国农业科技史稿[M]．北京：农业出版社，1989：127．

“侯实成，速收之”是因为“性易凋零，晚则落尽”；大豆“必须楼下”是因为“豆性强，苗深则及泽”；大豆收后之所以要“速耕”是因为“大豆性温，秋不耕则无泽”；葡萄“蔓延性缘，不能自举”，所以要“作架以承之”；“李性耐久，树得三十年，老虽枝枯，子亦不细”；“榆性扇地，其阴下五谷不植”。[①] 农作物物性各异，人们应该循物之情；不同作物采取的收获、管理或耕种的策略和方法也应有别。《栽树篇》指出移栽树木应注意它们的向阳面：“凡栽一切树木，欲记其阴阳，不令转易，阴阳易位则难生。”

明清陈昊子《花镜》则深刻指出，不同的地方有不同的生物，不同的生物有不同的品性和特征；人们若能“分其燥、湿、高、下之性，寒、暑、肥、瘠之宜”，就可令“园林璀璨，万卉争荣，……则治圃无难事矣。”[②] 所以，《花镜》从花木类、藤蔓类、花草类、禽鸟类 4 个大类对多样性生物作了翔实、深入、明确的物性描述和辨识——物类共 258 种，其中植物 216 种，动物 42 种（花木类 96 种，藤蔓类 62 种、花草类 58 种，禽鸟类 42 种）。另外，《花镜》还详细区分了物种的不同品种，如“竹”有 39 个品种，灵芝有 41 个品种[③]，芍药有黄 88 个品种等[④]。《花镜》描绘了种类极其丰富的生命与物种，它可以说是以集大成者的身份充分展现了传统“得物之和”的生物多样性智慧。

综上所述，“得天之和”与“得物之和”彰显了物种多样性的智慧。前者主要集中在非农业生物上，而后者集中在农业生物上。而“得地之和”不但展示了以土壤学为基础的地理环境多样性知识，也呈现了以生态地植物学为基础的物种多样性知识。总之，“得天之和”、“得物之和”和“得地之和”从不同层面与内容上诠释了传统农学“三宜论”[⑤]中的生物多样性智慧。

---

① 郭文韬．中国传统农业思想研究[M]．北京：中国农业科技出版社，2001：224.

② [清]陈昊子．花镜[Z]．北京：中华书局，1956：卷二.

③ [清]陈昊子．花镜[Z]．北京：中华书局，1956：卷四.

④ [清]陈昊子．花镜[Z]．北京：中华书局，1956：卷五.

⑤ 上文出于行为结构的考虑，虽把三者分开来论述，但必须指出的为，在传统农学中三者实际是有机统一的；“得天（时）之和”、“得地之和”与“得物之和”都会相互发明、协同参照。例如，“得天（时）之和”不但要观天象、查历法、看物候，还得视农作物而定、因地之宜而定。视农作物而定，如《氾胜之书》言：“小豆，忌卯；稻、麻，忌辰；禾，忌丙；黍，忌丑；秫，忌寅，未；小麦，忌戌；大麦，忌子；大豆，忌申，卯。凡九谷有忌日；种之不避其忌，则多伤败（万国鼎．氾胜之书辑释[M]．北京：中华书局，1957：100.）。”不同的作物有不同的播种时段，应避其不宜而就其宜，不可一概论之；《齐民要术·栽树第三十二》言：“然枣——鸡口，槐树——兔目，桑树——虾蟆眼，榆——负瘤散，自除杂木，鼠耳、蝱（牛虻）翅，各其时（此等名目，皆是叶生形容之形象也，以此时栽种者，叶皆即可生．早载者，叶晚出）”（缪启愉．齐民要术校释[M]．缪桂龙，参校．北京：农业出版社，1982：180.）。是说各种树木的移栽时间应该视其叶子所萌发的形象作为标志。因地之宜而定，例如，《氾胜之书·禾》言“种禾无期，因地为时”（万国鼎．氾胜之书辑释[M]．北京：中华书局，1957：100.），以及《齐民要术·种谷第三》言：“良田宜晚种，薄田宜早种．良地非独宜晚，早亦无害；薄地宜早，晚必不成实也（缪启愉．齐民要术校释[M]．缪桂龙，参校．北京：农业出版社，1982：43.）。”同样，“得地之和”须参照天（时）与物性，“得物之和”也须参照天（时）与地脉。

二、动植养种与生物多样性智慧

（一）动植多样：“和”形式要求之一

从以上可知，多样性要素的协同统一，是万物的本然存在形式，也是所有生命与物种生长蕃育的基础；如果只有单一事物的同一叠加，那么任何生命与物种都将不可能存在和成遂。受这种和观念的深入影响，追求多样性、变异性，趋于“多”而避免“一”、致于“和”而忌于“同”，即追求和维护农业动植物的生物多样性，也成了传统农学的普遍自觉与深层共识。

管子言：“六畜育于家，……国之富也。”[①]又说“六畜不育则国贫而不用。”[②]六畜当指马、牛、羊、鸡、犬、豚。这里表达着农业动物多样性的意蕴。荀子说：“今人之生也，方畜鸡狗猪彘，又畜牛羊。”[③]表示人们有意维持着动物的多样性。而《齐民要术》引《汉书·食货志》主张：“种谷必杂五种，以备灾害。田中不得有树，用妨五谷。……鸡、豚、狗、竟毋失其时；女修蚕织。则五十可以衣帛，七十可以食肉。”[④]即农业生产中动植物都应该实现多样性；谷与畜，或者说农业植物与动物，非“多”不丰收，非“多”不成农。宋代，政府甚至“以诏令的方式要求‘专种粳稻’的江南‘益种诸谷’，‘杂植诸谷’的江北‘广种粳稻’，以效法‘参植以防水旱’的古制。”[⑤]可见，不耕种一种植物，不蓄养一种动物，追求“和”与农业生物多样性是传统人们在农业生产上的基本特质和共同趋向。基于此，也就不难理解长期以来人们对农业生产频繁言说与深层期许的是容涵着生物多样性意蕴的“五谷丰登”与“六畜兴旺”。“五谷”指示着植物的多样性，“六畜”指示着动物的多样性。

受此影响，传统农业动植物的种类与品种十分多样、丰富、繁芜，实际远非“五谷”与“六畜”所能概括。例如，就果树栽培而言，春秋战国时期已有桃、李、梅、棘（枣）、榛、栗、樬、杜、甘棠、常棣、唐棣、郁李、薁、长楚、杏、梨、橘、柚、沙棠、杬、梾等多个种类[⑥]。秦汉时期《西京杂记》记载上林苑种植的果树品种有梨 10 种、枣 7 种、栗 4 种、桃 10 种、李 15 种、柰 3 种、楂 3 种、椑 3 种、棠 4 种、梅 7 种、杏 2 种[⑦]。就栽培蔬菜而言，秦汉时期已有葵、韭、瓜、瓠、

---

① 管子[M]. 谢浩范，朱迎平，译注. 贵阳：贵州人民出版社，2008：33.
② 管子[M]. 谢浩范，朱迎平，译注. 贵阳：贵州人民出版社，2008：63.
③ 荀子[M]. 蒋南华，罗书勤，杨寒清，译注. 贵阳：贵州人民出版社，2008：54.
④ 缪启愉. 齐民要术校释[M]. 缪桂龙，参校. 北京：农业出版社，1982：51-52.
⑤ 曾雄生. 杂种：农业生物多样性与中国农业的发展. //曾雄生. 亚洲农业的过去、现在与未来[M]. 北京：中国农业出版社，2010：317.
⑥ 郭文韬. 中国农业科技发展史略[M]. 北京：中国科学技术出版社，1988：116.
⑦ 梁家勉. 中国农业科技史稿[M]. 北京：农业出版社，1989：213.

芜菁、芥、大葱、小葱、胡葱、小蒜、杂蒜、薤、蓼、苏、蕺、荠、蘘荷、䅟斗、胡豆、苜蓿、笱、蒲、胡蒜等 20 多种。[①]就单个大田作物而言，魏晋南北朝时期《齐民要术》所记载当时的粟的品种就有 86 种四大类。其中，早熟、耐旱、免虫的有朱谷、高居黄、道愍黄、聒谷黄、雀懊黄等 14 种；穗上都有芒、耐风、免雀暴的有今堕本、下马看、白群羊、悬蛇赤尾、东海黄、青茎黄、惠日黄等 24 种；中租大谷的有宝珠黄、俗得白、张鄰黄、张蚁白、耿虎黄等 38 种；晚熟、耐水、抗虫性弱的有竹叶青、水黑谷、忽泥青、冲天棒、青子规等 10 种[②]。而水稻品种则更多。例如，清代《授时通考》则记载了 16 个省 223 个府县的 3000 多个水稻品种[③]。……如此等等，足以说明传统人们对于农业生物多样性的热衷及传统农业系统中动植物种类和品种的繁芜性、多样性。

（二）动植协同："和"形式要求之二

传统农业动植物种类与品种尽管如此繁芜多样，但绝非混乱无序、机械僵化地被拼凑镶嵌在农业生境中，而是被人们以合理的机制与适宜的原理组合搭配成相互作用、互利互惠的有机系统。人们深刻认识到，他们所致力追求的万物存在的本然形式及成育的必然基础——"和"，不但要求生命与物种的异质有别、数目繁多，更要求着它们在功能与作用上的相互促进、协同统一（就如同晏婴之论——"和如羹焉"：作为"和"形式典型的羹之所以为美味佳肴，除了缘于它涵盖着水、鱼、肉、盐、梅等异质性的事物，更在于这些异质性的事物能协同统一）。而对于怎样组合、如何搭配，才能使得农业系统中多样繁芜的生命与物种能呈现协同统一的"和"的形式，产生出相互促进的正面效应，避免相互抑制的负面作用，传统人们则发展总结出了丰富实用且富含生物多样性智慧的经验。这些经验体现在 3 个方面：植物与植物之间，植物与动物之间，以及动物与动物之间。

1. 植物与植物的协同

对于植物之间协同统一的组合搭配方式，传统农业发展出了 4 种技术：间作、套种、混作与轮作。间作是指在同一块土地上成行间隔播种或栽植两种及多种作物的农作制；套种是在同一块土地上一种作物生长期中行间补种或栽植另一种作物；混种是在同一块地里种植多种作物[④]；轮作则是在同一块土地上的轮换播种或栽植几种作物的农作制。大致可以这么说，间作、套种、混作是"和"与生物多样性在空间维度的展现；轮作则是"和"与生物多样性在时间维度上的体现。它

---

① 梁家勉．中国农业科技史稿[M]．北京：农业出版社，1989：213-214．

② 缪启愉．齐民要术校释（第二版）[M]．北京：中国农业出版社，1998：61．

③ 张芳，王思明．中国农业科技史[M]．北京：中国农业科技出版社，2001：366．

④ 间作、混作、套种的概念（引用时有所改动）。参见张芳，王思明．中国农业科技史[M]．北京：中国农业科技出版社，2001：178-179．

们皆是合理高效利用植物种间关系的优良技术。

间作、套种及混种，往往被习惯称为间作套种或者间混套种，其包含的各类作物的组合形式最为丰富多样。西汉的《氾胜之书》记载了瓜、薤、小豆间作套种的方法[①]。这是中国间作套种法的开始。《齐民要术》则认识到了作物种间关系，主张趋利避害、扬长避短，对多种作物互利与互抑的间作套种方式都作了明确强调与警示。互利的间作套种如桑间种植芜青、桑间种植禾谷、桑间种植二豆（小豆、绿豆）、麻子与芜青间作、葱与胡姜间作、大豆与谷子混作、大豆与麻子混作等。桑间种植芜青则“其地柔润，有胜耕者”；桑间种植禾豆则“欲得逼树”，既能充分有效地利用地力，又有利于熟化土壤；桑间种植二豆（小豆、绿豆），则可以“二豆良美，润泽益桑”[②]。而互抑的间作套种有：大豆地间作大麻、榆树下间种五谷等。大豆地种大麻则因彼此遮阴而“扇地两损，两收并薄”；榆树间种五谷，因榆树枝叶茂密而遮阴喜光的五谷，妨碍五谷生长。宋元时期《陈旉农书》在利用植物根系的层片结构的基础上，提出桑苎间种，认为“桑根植深，苎根植浅，并不相妨，而利倍差”（《陈旉农书·种桑法篇第一》）。元代司农司的《农桑辑要》则对桑间种植进行了总结：桑间不可种谷，因为谷生长需大量水分，会造成桑地干旱，还会引发虫害；也不可种高大的蜀黍（高粱），因为蜀黍植株高大，影响桑树生长；绿豆、黑豆、芝麻、瓜、芋桑等矮小植物，由于与桑树高矮不一、错落有致，不与其争夺生存空间，适合与桑间作，也会使桑叶增产；黍也可与桑间作，因为桑与黍可相互促进、互利互惠[③]。明清时期，间作套种的作物和方式发展得更为多样。例如，桑间种植的作物已发展到花生、红薯、棉花、芝麻、小豆、绿豆、瓜、蔬、大麦、小麦、豌豆、胡豆、菜子等几十种[④]；间作套种的组合方式增加到双季稻间作套种、稻豆间作套种、麦豆间作套种、麦棉套种、棉花和玉米芝麻套种、棉花与甘薯间作、苜蓿与荞麦混播、大麦和豌豆混播、蚕豆与麻子套种、粮食作物与绿肥作物套种、粮菜的间作套种等多种。传统农业作物间协同组合方式的多样性在这个时期达到顶峰。

而作为脱胎于原始抛荒制与休闲制的传统轮作技术，同样存在着多样、协同的植物组合方式。《吕氏春秋·任地》提出“今兹美禾，来之美麦”，表示这时人们已经有了谷子和麦子的轮作。《管子·治国》中说“四种而五获”及《荀子·富国篇》说“今是土之生五谷也，人善治也，则亩数盆，一岁而再获之”，则表示四年五熟和两年三熟的种植制度。西汉《氾胜之书》中说“区种麦……禾收，区种”即代表谷麦轮作的技术。东汉郑玄注《周礼》稻人和雍氏时所说的：“芟刈其禾，于下

① 万国鼎．氾胜之书辑释[M]．北京：中华书局，1957：153．
② 郭文韬．中国间套种的历史发展[J]．云南农业科技，1986，(2)．
③ 郭文韬．中国间套种的历史发展[J]．云南农业科技，1986，(2)．
④ 曾雄生．杂种：农业生物多样性与中国农业的发展。//曾雄生．亚洲农业的过去、现在与未来[M]．北京：中国农业出版社，2010：301．

种麦”和“芟刈其麦，以其下种禾、豆”，即指代谷、麦、豆之间的复种轮作。东汉张衡在《南都赋》中所说的：“冬徐夏穲，随时代熟”，描述的是稻麦复种轮作一年二熟的耕种制度①。《齐民要术》以上、中、下三等级详细说明了在时间维度上的作物组合方式，也即各种作物的合理前茬：谷子的前作——绿豆、小豆、瓜为上，大麻、黍、胡麻次之，蔓菁、大豆为下；黍稷的前作——大豆次之，谷子为下，而新开荒地为上；茭豆（青刈大豆）的前作——麦；大麻的前作——小豆；瓜的前作——小豆佳，黍次之，晚谷子令地肥润；蔓菁的前作——大小麦；胡荽的前作——麦；紫草的前作——黍稷大佳②。

另外，过去的人们还开创了绿肥轮作技术，发展出了绿肥作物与粮食作物协同统一的多种组合形式。西晋郭义恭的《广志》载：“苕，草色青黄，紫华，十二月稻下种之，蔓延殷盛，可以美田。”即以苕草与稻轮作来达到肥田的效果。魏晋《齐民要术》在《耕田第一》中说：“凡美田之法，绿豆为上，小豆胡麻次之。……其美与蚕矢（蚕粪）熟粪同。”③ 即指出以绿豆、小豆、胡麻作为不同等级的绿肥轮作作物。元代王祯《农书》上载有苗粪（指栽培作物用作绿肥）和草粪（指绿肥作物）两种肥料，并指出：“于草木茂盛之时芟倒，就地内掩罨腐烂……草腐而土肥美也。”明代徐光启《农政全书》中指出，蚕豆、大麦、翘、摇、菱、苔等皆可为绿肥作物。清代《抚郡农产考略》中有萝卜作绿肥的记载。归纳来看，绿肥作物种类在元代以前主要有绿豆、小豆、胡麻、苔草、芜普、蚕豆、大麦、首着等，到了明清时代种类扩大了两倍多，主要有紫云英（翘摇）、满江红、紫首着、金花菜、香豆子、爬山豆、绿豆、小豆、胡麻、首子、蚕豆、梅豆、油菜、萝卜，黛豆、茅草、大麦、小麦、水苔、萍、蔓青等④。可见，传统农业中绿肥作物的种类及其绿肥轮作的方式同样繁芜⑤。

总之，传统农业对于多样性农业植物之间互利和互抑关系有着较为深刻的认知，对于如何组合搭配才能使得这些植物之间产生协同统一的效用也总结出了多

① 郭文韬．中国复种制的历史发展[J]．世界农业，1986，(3)．

② 缪启愉．齐民要术校释（第二版）．附录一[M]．北京：中国农业出版社，1998：900．

③ 缪启愉．齐民要术校释[M]．缪桂龙，参校．北京：农业出版社，1982：24．

④ 此段内容参见焦彬．论我国绿肥的历史演变及其应用[J]．中国农史，1984，(1)．

⑤ 实际上，在现代科学的视域中，传统农学以上经验中的生态原理、分子生物学机制已开始被揭示，个中“软”关系的微妙近年业已开始被人们所认识[骆世明．传统农业精华与现代生态农业[J]．地理研究，2007，(3)]。例如，郑晓媛等科研人员的研究证明，在桑树和大豆间作的共生期间，间作桑树地上部生物量、光合速率、含N量、根系干重、根长密度和叶片硝酸还原酶活性（NRA）比单作桑树分别增加了65.9%、11.8%、17.8%、24.8%、139.8%和116.2%，而间作大豆土壤微生物生物量碳和土壤脱氢酶活性分别比单作大豆高10.6%和3.5%[郑晓媛，赵莉，许楠．桑树大豆间作地上部和地下部的种间作用研究[J]．土壤，2011，(3)]。李隆、张福锁等学者研究表明豆科作物和禾本科作物的间作可以使豆科作物的固氮效率提高近10倍，禾本科根系分泌的麦根酸等植物铁载体可以增加豆科作物对缺铁土壤的适应性，豆科作物的酸性分泌物还可以改善禾本科作物对缺磷土壤的适应性[骆世明．传统农业精华与现代生态农业[J]．地理研究，2007，(3)]。所以，传统人们经过长期实践总结出来的以上经验有其内在的合理性，值得现代农业所秉承和借鉴。

样、丰富与实用的经验。为人们所长期实践的这些合理经验，由于皆契合着“和”的形式与体现着生物多样性特征（或者在空间维度，又或者在时间的维度），使得传统农业生产能在紧凑、密集、高效的耕种模式和栽植制度（“相继以生成，相资以利用，种无虚日，收无虚月，一岁所资，绵绵相继。”《陈旉农书·六种之宜篇》）中持续循环地发展。其特点与优势如美国著名农学家格拉斯（N.S.B.Gras）所赞：“中国给农业历史学家一种极有意思的情况，……他把两种以上的作物同时种在一起；他把田地结结实实地种满，使他的农场像鱼鳞一般……那是聪敏的耕种制度，使这个国家不致枯竭。”①

2. 植物与动物的协同

植物与动物协同统一的组合方式在传统农业之中同样是丰富多样的。东汉，曹操撰的《四时食制》记载了稻田养鱼的动植物协同组合模式：“郫县子鱼，黄鳞赤尾，出稻田，可以为酱。”稻田里养鱼，其协同之处在于：田鱼觅食时，搅动田水，搅糊泥土，为水稻根系生长提供氧气，能消除叶蝉等害虫，而且鱼的排泄物还可给稻田施加有机肥料，促进水稻生长；而稻田则为鱼遮阴、提供杂草与昆虫等多种食物②。

《齐民要术》记载了桑间种植芜菁，收割后，放猪在地里吃芜菁的残根剩茎；猪会在地里反复践踏，拱地觅食，一则把土地践拱的稀烂，二者踩死杂草，三者还通过拉屎尿给地上粪。这种“独具匠心的安排及其巧妙，发挥了特异的综合性经济效益。”③

明清时期，沈氏《农书》记载了湖羊与桑树互养组合模式。羊吃桑树叶，羊粪又可肥桑地；于羊可获羊毛、小羊，于桑又可增产桑叶。所以，这种模式遍及太湖地区，以至于人们甚至把吃桑叶的湖羊称为“桑叶羊”。沈氏《农书》还提到了田猪互养模式，指出猪吃槽、麦，而猪壅又宜于田，二者互利互惠，并认为“种田养猪，第一要紧”④。同时期，还出现了最典型的动植协同组合模式——桑基鱼塘。“基”即隔鱼塘的土埂，称“塘基”。在“基”上种桑，就称“桑基”。桑基鱼塘就是对种桑、养蚕、养鱼三合一组合模式的简称。在这种模式中，桑叶可以饲蚕，蚕屎可以饲鱼，塘泥又可壅桑，所以桑、蚕、鱼皆可得利⑤。清末又发展为蚕、桑、鱼、猪的循环系统。这种系统所包含的动植物种类更多，协同效应也更复杂。

① 曾雄生. 杂种：农业生物多样性与中国农业的发展. //曾雄生. 亚洲农业的过去、现在与未来[M]. 北京：中国农业出版社，2010：304.

② 高东，何霞红，朱书生. 利用农业生物多样性持续控制有害生物[J]. 生态学报，2011，(24).

③ 缪启愉. 齐民要术校释（第二版）. 附录一[M]. 北京：中国农业出版社，1998：903.

④ 郭文韬. 中国农业科技发展史略[M]. 北京：中国科学技术出版社，1988：359-360.

⑤ 鉴于此，人们在18世纪30年代至19世纪末内甚至曾两次掀起“弃田筑塘，废稻树桑”的热潮（《珠江三角洲农业志》，1976年），以至于当时南海九江乡成了“境内无稻田，仰籴于外”的纯桑塘区（顺治《九江乡志》）（参见赖作莲. 论明清珠江三角洲桑基鱼塘的发展[J]. 农业考古，2003，(1).）

除此之外，还有果基鱼塘、蔗基鱼塘、花基鱼塘等多种动植物组合形式。

3. 动物与动物的协同

对于哪些动物可以组合在一起，或者怎么样组合才可协同统一，传统农业也不乏认识与实践。典型的例子为互利互惠的家鱼混养。明代王士性的《广志绎》记载了草鱼与鲢鱼同养的组合模式：吴越养鱼，“入池当夹草鱼养之，草鱼食草，鲢则食草鱼之矢，鲢食矢而近其尾，则草鱼畏痒而游，鲢又随觅之。凡鱼游则尾动，定则否，故鲢草两相逐而易肥。”[①] 家鱼混养虽可互利，但人们也注意到了不同种类的鱼应有合理的比例，否则难以达到协同的效用。例如，《农政全书·牧羊》载：“每池鲢六百，鲩（草鱼）二百，每日以水荇带草喂之。”《湖雅》记载浙江湖州的混养方法是：“一池中育青鱼、草鱼七分，则鲢鱼二分，鲫鱼、鳊鱼一分，未有不长养者（汪曰桢《雅湖》卷六）。”《广东新语》说，在珠江三角洲地区，“凡池一亩，鳙三十，鲢一百二十、鲩五十，土鱼令（鲮鱼）千，日投草三十余斤（屈大均《广东新语》卷22）[②]。另外，人们还发展了羊鱼互养，以及鸡、猪、鱼互养这种水陆组合模式。例如，《农政全书·牧羊》载：“作羊圈于塘岸上安养。每早扫其粪于塘中，以饲草鱼，而草鱼之粪，又可饲鲢鱼，如是可以省人打草。”光绪《常昭合志稿》载：明嘉靖年间，江苏常熟县的谭氏兄弟，在湖田多洼处，凿其最洼者为池，“池以百计，皆畜鱼。池上架以梁为笼舍，畜鸡豚其中，鱼食其粪又易肥”[③]。

综上所述：一，由于万物存在的本然形式——“和”要求生命与物种的多样性，即生命与物种只有“多”起来，它们才能生长、成育和繁殖，于是传统人们为了保障农业生产的稳定而往往会普遍自觉地追求和维持农业生物的多样性；惯于养种形形色色、异质有别的农业动物和植物，乐于引进外来物种，积极培育新的品种，是人们追求和维持农业生物多样性的主要途径。二，由于“和”还要求各要素和成员在功能上能够有机作用、协同统一，因此传统农业中人们不是把多样性的动植物机械、混乱地拼凑在农业系统中，而是在充分遵循种间关系的基础上使得它们相互促进地组合在一起，从而使得多样性、异质性的各类生物能被整合为一个有机、协同、效益优良的整体。而对于如何达到这一目的，传统农业在植物与植物、植物与动物和动物与动物 3 个层面探索总结出了丰富实用的模式。这些为人们长期利用与实践的组合模式，以造就不同农业小生境的途径使得原本就有着多样性生命与物种的传统农业呈现出更加丰富的多样性。总之，传统农业动植物养种中对于动植物的“多”与“多”的协同追求，不但是“和”观念的体现与实践，而且是生物多样性智慧的体现。

---

① 张芳，王思明．中国农业科技史[M]．北京：中国农业科技出版社，2001：398.
② 张芳，王思明．中国农业科技史[M]．北京：中国农业科技出版社，2001：398.
③ 梁家勉．中国古代防治农业害虫的认识．见中国古代农业科技[M]．北京：农业出版社，1980：570.

三、虫害防治与生物多样性智慧

人们常言“天有不测风云，人有旦夕祸福”，即昭示着自然与社会中充满着不可控因素。而在传统农业生产中也如此，各种不可控的灾害也时有发生。其中，虫害（包括蝗虫、螟、黏虫、枣步屈、桑尺蠖、稻飞虱、守瓜、天牛等多种[①]）是较为突出的一种。各种虫害中尤以蝗害为甚。明代著名农业家徐光启甚至认为蝗害之弊超过水旱[②]。但尽管如此，传统人们对待虫害也没有形成今天社会人虫对立、剧毒喷杀这种破坏农业生物多样性的简单模式，而是发展出了蕴涵丰富生物多样性智慧的形态，无论是虫害的认知与观念中，还是防虫的技术方法中。这些现象皆是“和”观念在传统社会的生动体现。

（一）虫害观念中的生物多样性智慧

与现代认知不同的是，在传统人们看来，蝗、螟等各类昆虫虽然也啮食农作物，但这是自然的、正常的现象。因为任何生命都有生存的需求，虫吃人所吃的，人也吃虫所吃的，这并不为怪。“‘裸虫三百，人为之长’人亦虫也。人食虫所食，虫亦食人所食，俱为虫而相食物，何为怪之？……夫虫之在物间也，知者不怪，其食万物也不谓之灾”[③]。

但是，传统人们也不否认，“虫食人所食”过多便成虫灾。不过，人们认为虫灾产生的根本原因在人而非虫。虫、人、万物虽然都为天地之气所生化，但天地之气也会受到人的影响。“人，下长万物，上参天地。故其治乱之故，动静顺逆之气，乃损益阴阳之化，而摇荡四海之内。”[④] 感于人气之治乱顺逆，天地会随之呈现不同的景象和产生不同的事物：人如德仁民和，天地则降显福瑞；反是，则儆告以灾异。“世治而民和，志平而气正，则天地之化精，而万物之美起。世乱而民乖，志僻而气逆，则天地之化伤，气生灾害起。”

在这种天人感应、灾祥天谴的思维逻辑下，昆虫肆虐，为害作物，于古代便不是今人所认为的“天灾”，而是“人祸”。人们认为，帝王过失、官吏贪酷、兴兵作战、百姓疾苦等失“人和”的现象都将导致虫灾发生。例如，陆贾说：“恶政生于恶气，恶气生于灾异，螟虫之类，随气而生（《新语·明诫》）。”刘歆说：“贪虐取民则螽（《汉书·五行中之下》）。”蔡邕说：“贪利伤民，则蝗虫损稼（《后汉书·蔡邕传》）。”《说文解字》载：“吏冥冥犯法即生螟。吏乞贷则生蟘，吏抵冒取民财则

---

① 周尧．中国昆虫学史[M]．西安：昆虫学报社，1980：67-68．
② 徐光启．徐光启集[Z]．北京：中华书局，1963：243-244．
③ [汉]王充．论衡·商虫[Z]．冯国超，主编．长春：吉林人民出版社，2005：卷十六．
④ [汉]董仲舒．春秋繁露[Z]．曾振宇，傅永聚，注．北京：商务印书馆，2010：354．

生蟊。”唐玄宗说：“蝗，天灾也，诚由不德而致（《旧唐书·姚崇传》）。”

另外，人们如在生产活动中违背万物的运行规律和生态学的季节节律，逆时或者失时而为，也会造成同样的后果。《礼记·月令》载：仲春行夏令“则国乃大旱，暖气早来，虫螟为害。”① 孟夏行春令“则蝗虫为灾，暴风来格，秀草不实。”② 只要人们在不正当的时间实施了不正当的行为，即失“和”于自然时序，就会破坏天地阴阳的平衡模式和稳定秩序，从而造成虫害。“天反时为灾，地反物为妖（《陈旉农书·天时之宜篇》）。”

把虫害的产生归因于人，归因于“和”的缺失，认作天地对人类行为的惩罚，传统人们这样一种“行有不得，反求诸己”的路向和“虫害天谴”的观念带来了两点影响。一，啮食农作物、与人类存在利益冲突的昆虫，在古人的视域中就不像今人一样被限定在害虫这种固定与狭小概念上（而实际上传统人们也没有害虫的观念。在二十五史中只有蝗、螨、螟、粘等字而唯独没有“害虫”一词便是证③），而是神虫，是天地意志的感性显现，是人类顺乱治逆的行为在自然界中的表征物，是人们践行仁爱的对象物和修德正己的警诫物。如是，人们对待昆虫便不像今人一样“杀之而后快”，而是普遍而深切的敬畏。例如，《礼记·王制》主张：“昆虫未蛰，不得以火少田。”④ 唐太宗对太子诏言：“昆虫无知，须推己以及也。推己之孝与父母以此类。”⑤ 唐文宗曾诏曰：“禁京师畿内采捕禽兽罗网水虫，以遂生成。”⑥ 唐景云三年春，韦凑进谏：“日阳和布气，万物生物，土木之间，昆虫无数。此时兴造，伤杀甚多，臣亦恐非仁圣本旨。”⑦ 唐开元初年，山东诸州大蝗，百姓的态度是：“烧香礼拜，设祭祈恩，眼看食苗，手不敢近”。政府官员的态度是：“朝廷喧议，皆以驱蝗为不便”。⑧ 二，虫害的发生由于根源和责任在人，因此人与虫之间就不存在今天社会这种二元对立的机制。即便虫害四起、庄稼歉收、饿殍遍野，人们所痛恨的往往不是蝗虫，而是贪官与苛政；人与人或者人与自我的矛盾，而非人与虫的矛盾，才是虫害现象的根本矛盾⑨。

① [汉]郑玄，注．礼记正义[Z]．孔颖达，疏．上海：上海古籍出版社，2008：639.

② [汉]郑玄，注．礼记正义[Z]．孔颖达，疏．上海：上海古籍出版社，2008：662.

③ 严火其．中国古代环境理论与实践[J]．江海学刊，2005，(1).

④ [汉]郑玄，注．礼记正义[Z]．孔颖达，疏．上海：上海古籍出版社，2008：505.

⑤ [唐]全唐文（第一册）．太宗四．赐皇太子手诏[Z]．北京：中华书局，1983：85.

⑥ [唐]全唐文（第一册）．文宗五．彗星见修省诏[Z]．北京：中华书局，1983：764.

⑦ [后晋]刘昫．旧唐书 [Z]．长春：吉林人民出版社，1995：<列传>五十一.

⑧ [后晋]刘昫．旧唐书[Z]．北京：中华书局，1975：卷九十六.

⑨ 例如，乾隆年间河南汲县蝗灾泛滥，著名《莫控歌》所道：“昨岁旱蝗，今年蝗旱，子粒不收……草皆秽贱。人之无粮，畜无刍瞻，……木宵草根，扶削几遍，冻饿交加，死亡过半。鬻子卖妻，纷纷攘乱，骨肉生分，涕零如霰。饥寒逼身……百派催徵，刻期立限。差役成群，登门怒瞰，如虎如狼，几肉饱啖。就逮公衙，俛头股战，枚下毙生，命轻毛线。闻此风声，四方逃散。苦哉民也；血枯肠断，伤哉民也；乡井离叛，哀哉民也，填满塞涧，冤哉民也”。（转引自马万明．明清时期防治蝗灾的对策[J]．南京农业大学学报（社会科学版），2002，(2).）歌中字里行间所流露的怨恨皆集中于人，而非倾向于虫。所以，人与虫在传统社会中不存在二元对立。

因此，通过捕杀昆虫来解决虫害的态度与行为往往受到人们诟病和反对（“捕蝗之术世所非”）。因为，人们认为虫害发生的原因在人而不在虫，捕杀并不能从本质上解决问题。例如，诗人白居易所言：“兴元兵久伤阴阳，和气蛊蠹化为蝗。……捕蝗捕蝗竟何利，徒使饥人重劳费。一虫虽死百虫来，岂将人力竞天灾。”[①]另外，杀虫太多将滋生罪孽，有悖于人们仁爱万物的内在道德要求，有伤天地之“和”气，有违天意。唐玄宗就曾劝诫姚崇说：“杀虫太多，有伤和气，公其思之（《旧唐书·五行》）。”

意识到捕杀无益，又不可捕杀（捕杀伤“和”），在这种境况下人们避禳和防治虫害往往选择温和迂回的调理路线。一，动必则天地之道，行必协阴阳之宜，即“盗天时地利之和”——人与天和。例如，《吕氏春秋·审时篇》言：得时之麻不蝗，得时之菽不虫，得时之麦不蚼蛆[②]；清代《知本提纲》指出：“稼得其时，则无五贼寒热之害；稼失其时，更有外侵零秕之忧（《知本提纲·修业章·农业之部》）。”二，慈济爱民——人与人“和”。《论衡》载：“变复之家，谓虫食谷者，部吏所致也。贪则侵渔，则虫食谷。身黑头赤，则谓武官。使加罚于虫所象类之吏，则虫灭息而不复见矣。”[③]《盐铁论》也指出：“上不苛扰，下不烦劳，各修其业，安其性，则螟螣不生，而水旱不起（《盐铁论·执务》）。”

总之，传统人们认为，只要人与人和、人与天和，就能调理维持天地阴阳系统的整体协调与平衡，就能使自然回归“和”，令万物正常生长、成育、繁殖，使各种生命与物种的数量趋于合理的数量范围之内，不会太多，也不会太少，从而从根本上解决虫害的问题。“天地生于自然，万物生于天地。自然者无外，故天地名焉。天地者有内，故万物生焉。……天地合其德，日月顺其光。自然一体，则万物经其常。”[④]这种观念与方法对保护和维持古代农业体系中昆虫的多样性和丰富性发挥了重要作用。

（二）防虫技术中的生物多样性智慧

矛盾往往无处不在。人们一方面敬畏与尊重昆虫，不愿消除它们，但另一方面它们的确对人类时而造成生存威胁，又不得不加以防治。如蝗虫，作为暴食性的昆虫，其可吞食粟、稷、玉米、高粱、水稻、三麦、牧草等多种农业作物，[⑤]对农业生产和人们生存可产生毁灭性灾难。乾隆年间编《河南汲县志》载：“崇祯八年十三年（1640 年）三月，大风沙霾昼晦，春夏旱蝗，大饥，人相食。乡域盗遍

① [唐]白居易．白居易集[Z]．北京：中华书局，1979：65．
② 夏玮瑛．吕氏春秋上农等四篇校释[M]．北京：中华书局，1957：94．
③ [汉]王充．论衡·商虫[Z]．冯国超，主编．长春：吉林人民出版社，2005：卷十六．
④ [魏]阮籍．阮籍集[Z]．上海：上海古籍出版社，1978：32．
⑤ 马万明．明清时期防治蝗灾的对策[J]．南京农业大学学报（社会科学版），2002，(2)．

起，民死几尽。”[①] 在这种情境下，人们迫于生存危机和现实压力，发展出了一系列防治虫害的措施[②]。尽管如此，传统的这些措施与当今相比，仍显得更为绿色、生态，其中同样蕴涵着值得借鉴和汲取的生物多样性智慧[③]。

1. 作物防治

在防治虫害的长期实践中，人们发现有些作物具有很好的抗虫性，令虫避之而不食。例如，针对抗蝗作物，《吕氏春秋》提到蝗虫不食大麻。房玄龄《晋书》载：蝗“不食三豆及麻”。王祯《农书》载：蝗“独不食芋桑及水中菱芡。”《治蝗要诀》指出“黑豆、芝麻等物或叶味苦涩，或甲厚有毛”，蝗“皆不能食。”徐光启《农政全书》指出蝗“不食绿豆、豌豆、豇豆、大麻、苘麻、芝麻、薯”[④]。《除蝻八要》记载蝗虫不食的作物有黄豆、绿豆、黑豆、豇豆、芝麻、大麻、苘麻、棉花、荞麦、苦麦、芋头、洋芋、红薯等 13 种[⑤]。郭云升《救荒简易书》所记载的蝗虫不食的作物有臭麦、蚕豆、豌豆、小扁豆、葱、芥、茼蒿、出头白萝卜、多汁白萝卜、无汁白萝卜、圆蛋白萝卜、擘兰菜、油菜、苜蓿、莙达菜、冬葵菜、扫帚菜、尖叶苋菜、圆叶苋菜[⑥]。既有如此多作物具有抗虫性，那么为了降低虫害，有意识地杂种和兼种多样作物便成了人们防治虫害及降低农业歉收概率的重要理念。所以，《汉书·食货志》言“种谷必杂五种，以备灾害”。徐光启也指出：“农家宜兼种以备不虞。”[⑦]传统农谚也说：“上年蝗虫闹成灾，今年多把豆棉栽”。杂种、兼种多种抗虫作物，一方面有效防治了虫害，另一方面实际也丰富了农业物种多样性。

2. 间作与轮作防治

蕾切尔·卡逊说：“在大面积土地上仅种一种谷物，这样的种植方法为某些昆

---

① 马万明．明清时期防治蝗灾的对策[J]．南京农业大学学报（社会科学版），2002，(2)．

② 捕杀和祛除虫害的积极措施之所以能够出现并得到实施，本文认为还有几个原因：第一，古代人口不断增加，粮食需求增多，人虫矛盾愈加突出。第二，“天无意志”，“人定胜天”，以及“制天命而用之”的思想（如王充、姚崇之论）在传统社会仍有一定的影响力。第三，人们对虫害的发生存在比较唯物的认知。例如，王充认为虫由风生。还有些农学家认为虫害是由光、热、水、气等条件造成的。第四，统治者出于政权稳固、社会安定等现实因素的考虑而往往较为功利且强制性地推行和颁布一些治虫政策与法令。但尽管如此，传统社会捕杀害虫多只是自上而下由统治者至百姓、由精英至平民推行，而自下而上由民众自发发起的情况在历史上却少有发生；人们尊重、敬畏蝗虫等昆虫是传统社会普遍观念的这一事实并未因祛蝗措施的实施和捕蝗技术的进步而受到根本改变。近代人邹树文先生言：“我在解放前民国初年到乡间推广治虫工作，所遇到的障碍往往是虫由风生，有神管着，治它何用。……只有解放后在党的农村四十条纲要鼓舞下，才使消灭害虫的巨大工作，得到普遍而有效的推行”（邹树文．中国昆虫学史[M]．北京：科学出版社，1981：60.），即充分说明了这点。

③ 传统人们防治虫害的措施非常丰富，本文仅梳理与生物多样性智慧有关的内容。

④ 周尧．中国昆虫学史[M]．西安：昆虫学报社，1980：53．

⑤ 梁家勉．中国农业科技史稿[M]．北京：农业出版社，1989：524．

⑥ 郭文韬．中国农业科技发展史略[M]．北京：中国科学技术出版社，1988：417．

⑦ [明]徐光启．农政全书[Z]．石声汉，校注．上海：上海古籍出版社，1979：卷四十三．

虫数量的猛烈增加提供了有利条件。单一的农作物的耕种并不符合自然发展规律，这种农业是工程想象中的农业。大自然赋予大地景色以多种多样性，然而人们却热心于简化它。因此人们毁掉了自然界的格局和平衡，原来自然界有力这种格局和平衡才能保有自己的生物品种。一个重要的自然格局是对每一种类生物栖息地适宜面积的限制。很明显，一种食麦昆虫在专种麦子的农田里比在麦子和这种昆虫所不适应的其他谷物掺杂混种的农田里繁殖起来要快得多。”①这是警惕人们，避免和控制虫害，农业生产应该模仿或还原自然，保持农作物的多样性，防止种植的单一性（即防止失“和”)。实际上，中国传统农业对此早有认识，人们通过间作与轮作——两种体现“和”与生物多样性的耕作方式来控制和防治虫害。

间作防虫。例如，宋元时期《农桑要旨》指出：桑间种植谷子，导致桑地干旱，也可诱发“天水牛”等虫害；如果，间作绿豆、黑豆、芝麻、瓜、芋等作物，就有利于防治虫害②。

轮作防虫。轮作防虫技术开端于《齐民要术》③。《齐民要术》指出，大多数作物不宜连种，需合理轮作。例如，“谷田必须岁易”(《种谷篇》)、“麻，欲得良田，不用故墟”(《种麻篇》)、“稻无所缘，唯岁易为良”(《水稻篇》)。谷子连作就会“莠多而收薄”，麻连作就会“有点叶、夭折之患”(“点叶”大概像现在所说危害叶片的炭疽病，“夭折”像现在所说危害大麻茎的立枯病。这两种病都可通过土壤传染。所以不能用“故墟”④)，稻连作就会“草稗俱生，芟亦不去”⑤。明代徐光启《农政全书》总结了棉稻轮作防治虫害的经验：“凡高仰田，可棉可稻者，种棉二年，翻稻一年，即草根溃烂，土气肥厚，虫螟不生，多不得过三年，过则生虫。”清代陈启谦《农话》认为棉稻轮作可防治“地蚕”：“种稻后，不种秋熟，至明年再种棉花，因棉田多地蚕，种稻则蚕被水淹死，不复为害。”棉稻轮作实际是一种水旱轮作，它能通过改变虫害栖息繁衍的生境来防治虫害发生⑥。

---

①（美）蕾切尔·卡逊．寂静的春天[M]．吕瑞兰，李长生，译．长春：吉林人民出版社，1997：8.

② 参见郭文韬.中国农业科技发展史略[M].北京：中国科学技术出版社，1988：322.另外，作为与单一栽培对立的、在同一土地上体现生物多样性的间作，其防虫机制是有一定的科学依据的：化感效应、生理学效应、物理阻隔效应、诱导抗性效应、微生态效应、稀释效应、群体异质效应等皆可产生于其中。例如，稀释效应是由于群体内个体农艺性状和（或）遗传背景的不同，有害生物对多样性组成中的组分并非完全亲和，有别于单一种植的完全亲和，故对有害生物起到了稀释作用，降低了流行和暴发的潜在危险；诱导抗性效应是多样性种植中，有害生物对多样性组分中非亲和组分造成危害较轻，反而诱导非亲和组分抗性系统启动反应，产生诱导抗性，当亲和有害生物危害该组分时，由于已启动抗性反应，亲和有害生物造成的危害会更大[（参见高东，何霞红，朱书生．利用农业生物多样性持续控制有害生物[J]．生态学报，2011年，(24))。

③ 郭文韬．中国农业科技发展史略[M]．北京：中国科学技术出版社，1988：213.

④ 张芳，王思明．中国农业科技史[M]．北京：中国农业科技出版社，2001：191.

⑤ 张芳，王思明．中国农业科技史[M]．北京：中国农业科技出版社，2001：178.

⑥ 郭文韬．中国农业科技发展史略[M]．北京：中国科学技术出版社，1988：417.

3. 生物防治

传统人们通过观察发现，自然界生物存在着捕食与被捕食的机制。例如，王充就曾说："诸物相贼相利，含血之虫相胜服，相啮噬，相啖食。"[①] 这种机制也被人们利用来防治虫害——生物防治。

生物防治较早的是黄猄蚁防虫。晋代，人们总结了利用捕食性天地昆虫黄猄蚁防治柑橘害虫的方法（据查，这是世界上利用天敌关系防治果树害虫的最早记载[②]）。嵇含录："交趾人以席囊贮蚁，鬻于市者，其窠如薄絮囊，皆连枝叶，蚁在其中，并窠而卖。蚁赤黄色，大于常蚁，南方柑树若无此蚁，则其实皆为群蠹所伤，无复一完者"（《南方草木狀》卷下）。黄猄蚁，也称为黄柑蚁（*Oecophylla smaragdina* Fabr）能捕食棱蝽等 20 多种柑橘害虫，用其防虫省时省力，效果良好。后人对此有广泛应用，相关记载不绝于史料。唐代段成式《酉阳杂俎》、唐昭宗时刘恂所撰《岭表录异》、宋代庄季裕《鸡肋编》及明清书籍，如俞贞木的《种树书》、吴震方的《岭南杂记》、李调元的《南越笔记》等也都有记载。而且，这种方法目前在广东、福建等省的橘园中仍有应用[③]。此外，传统人们还有放鸭防虫、益鸟防虫、青蛙治虫、螳螂防虫、蛛蜂防虫等多种方式。将其他生物引入农业系统以防治虫害，这种生物防虫的方法一方面能够有效防治和控制虫害，另一方面也通过物种引入维持和丰富了农业物种的多样性。

4. 药物防治

传统社会利用药物防治虫害的历史非常久远。早在周代就设置了翦氏、赤犮氏、蝈氏、壶涿氏等用药物驱虫的专门官员。这些官员使用不同的药物祛除不同的昆虫[④]。尽管，其祛虫范围主要是限于室内和水虫害虫，尚未推广到农业上，却开创了世界上利用药物防治害虫的先例。

药物防虫用于农业上，大致始于汉代。《氾胜之书》载："取干艾杂藏之，麦一石，艾一把、藏以瓦器、竹器，顺时种子，则收常倍。"[⑤]其原理大致是利用"艾"的挥发性芳香油达到防虫效果。唐代，人们以"苍耳"代"艾"来防治仓储虫害。例如，韩鄂《四时纂要》载："六月……煞大小麦，今年收者，于此月，取至清净日，扫庭除，候地毒热，众手出麦，薄摊，取苍耳碎锉和拌，晒之。至未时、及热收，可以二年不蛀。"[⑥] 至宋元，植物性药物与矿物性药物都被用以防虫。植物

① [汉]王充．论衡·商虫[Z]．冯国超，主编．长春：吉林人民出版社，2005：卷三．

② 刘敦愿，中国古代对于动物天敌关系的认识和利用．//中国古代农业科技[M]．北京：农业出版社，1980：229．

③ 郭文韬．中国农业科技发展史略[M]．北京：中国科学技术出版社，1988：213，259，325．

④ 夏纬瑛．《周礼》书中有关农业条文的解释[M]．北京：农业出版社，1979：22-31．

⑤ 万国鼎．氾胜之书辑释[M]．北京：中华书局，1957：40．

⑥ [唐]韩鄂．四时纂要[Z]．缪启愉，校释．北京：农业出版社，1979：154．

性药物有苦参、白敛、芫花、百部、苍耳；矿物性要素有硫黄、石灰、食盐等。另外，宋元时期还出现了利用桐油、苏子油、胡麻油治虫的技术。例如，苏轼在《格物粗谈》所载：“菊，……蠹虫生枝上，以桐油围梗自死”。① 明清时期，药物治虫进一步发展。首先，增加了藜芦、狼毒、雄黄、雌黄、烟草、巴豆、雷公藤等药物；其次，创始了“吸筒”这种喷药器械；最后，采用了混合药剂法。例如，清代陈崇砥总结了用百部煎成浓汁，加极浓的碱水、极酸的陈醋配制成合剂防治蝗卵的经验②。

不难发现，传统人们所采用的药物防虫法大致有以下两个特点：第一，所采用的植物性、动物性及矿物性药物的种类和范围越来越广泛多样。第二，所使用的药物较为绿色、生态、毒性低，其原理多是利用各种药物的刺激性和挥发性来驱赶、避开虫害，而较少直接将虫杀死或灭除。而且，其施药对象一般是一种药物防治一种昆虫，或者一种药物使用在一种农作物上，因此多半不会错杀或误杀农业系统中的其他生命与物种（尤其是益虫或益鸟），对农业生态系统破坏小或者没有破坏，对环境也几乎没有污染，不影响农业生物多样性的稳定和繁荣，与现今剧毒农药杀虫的原理与结果有较大区别（现代农药杀虫，一方面“不具有选择性的毒效，即它们不能专一地杀死那种我们希望除去的一个特定种类昆虫”③，另一方面所用农药会残留在自然环境和生物有机体中，给生物正常的繁衍和生存造成巨大负面影响）。

总之，传统人们认为，虫灾起源于“和”的缺失，是“人祸”而非“天灾”；防治虫灾根本在于致“和”——人与人和、人与天和，而非通过靶向性的斗争机制和对立模式将昆虫消灭殆尽；种植多样性抗虫作物、多样作物间作与轮作、生物防治及药物防治几种防治虫害的技术，或在时间或空间上契合着“和”，它们都有利于维护农业生物多样性的稳定。传统农业对虫害的认知态度及防治技术，处处体现着“和”的特征和彰显生物多样性的智慧。

四、传统农业生物多样性的启示：“和”之普遍觉悟

可以看出，“和”观念体现在传统农学的各个层面，而传统农学也在方方面面契合着“和”观念。在传统农学中“和”俨然成了一种普遍而深刻的觉悟和集体无意识，无时无处不深刻影响和规约着人们的行为观念。在农业系统中，人们注重维持与实现物种的多样性，不单是出于“丰长而物归之”的现实目的，也是出于“和实生物”理念的本然持守。得力于此，玉米、甘薯、占城稻等任何作物或品种多产、

① 此段内容详见郭文韬．中国农业科技发展史略[M]．北京：中国科学技术出版社，1988：323-325．
② [清]陈崇砥．治蝗书·治卵生蝻子说[Z]．同治十三年季刊．莲池书局藏版．
③（美）蕾切尔·卡逊．寂静的春天[M]．吕瑞兰，李长生，译．长春：吉林人民出版社，1997：86．

抗逆等方面的优越性，始终没有改变中国传统农业生物多样性的特征。例如，16~19世纪爱尔兰大规模种植同一作物马铃薯且几乎只种植‘卢姆伯’一个品种这种单一栽培模式，在沉浸于“和”观念的中国传统人们看来，是无法想象和理解的。

而反观今日，虽然我们也在呼吁实现和保护农业生物多样性，可更多的却是基于高效、优质、持续利用等功利目的①，而非缘于自然观念上的根本需求。缺乏一种根本、合理的自然观作为基础与依托，仅在某种功利主义名义下产生的保护农业生物多样性的呼吁和行为，就往往会被追求利益最大化的现代“理性人”用另外一种功利主义名义下的（与农业生物多样性背道而驰的）呼吁和行为所取代（如单产较高的杂交水稻对各地原有水稻品种的普遍取代）。因此，为持久稳定保护农业生物多样性的繁荣，除了借助于效益激励和功利驱导（“治标”），我们更有必要从哲学观念的层面来重构我们对于自然万物的理解，并基于这种理解来从根本上重塑维护农业生物多样性的合理态度与行为（“治本”）。当然，这种思路不单适用于农业系统上，也同样适用于整个生态系统生物多样性的保护性上。而在这一点上，儒家传统的“和”观念无疑将是我们重新理解自然的极具智慧的参照对象与启示资源。

综上所述，“和”一方面代表着儒家审视世界的根本观点（所视）及审视世界的基本结果（所示）：是多样性的协同统一（“以他平他”），而非单一性的自我同一（“以同裨同”），是天地万物生成的必然基础与存在的实然形式。另一方面它蕴涵着儒家处理人与天地、人与自然关系（载成辅相天地）的准则、要求与目的：致于“和”而忌于“同”、趋于“多”而弃于“一”，即维护事物的多样性而避免同一性与单一性，使物各止其所、各遂其长、各正性命，令天地万物并育而不相害、并行而不相悖。前者是天之道，或谓和之“是”；后者是人之道，或谓和之“应该”。在涵盖以上两层意义维度的“和”观念的长期熏陶同深层浸染下，传统社会农业系统随之显现和发展出了致“和”而忌“同”、趋“多”而弃“一”的特征——人们不但合天时地脉物性之宜，也养种着多样性的动物与植物，并与包括与人类利益存在冲突的昆虫在内的万物同存共融着。无论是哪个层面，我们都可以看出，儒家之“和”对多样性、异质性、非人类的生命与物种都有着深切真挚的尊重，都彰显着深刻的生物多样性智慧。

但儒家同时也认识到，只遵循“和”观念的一些方法与理念，而缺少周详、具体的规范与制度——“礼”来规约人们的行为活动，包括生物多样性繁荣在内的诸多目标仍将难以实现。孔子说：“知和而和，不以礼节之，亦不可行也”（《论语·学而》），即表达了“礼”之于“和”的重要性。所以，在下一章，我们对于儒家生物多样性的研究将转入“礼”的范畴。

① 人们即便对于生物多样性丧失造成的损失也往往转述为经济利益来表达：……的消失每年直接造成的损失约为……亿元的语式，无论是在普通媒体还是学术期刊中都随处可见。生物多样性保护的功利主义意识可见一斑。

第三章　儒家"礼"论中的生物多样性智慧

在儒家整个体系中，以行为规范和秩序准则为首出的礼，不但承载与涵摄着儒家文化的内在精神，也形塑与铸造了儒家文化的基本特征。礼对于儒家而言非常重要。宽泛而言，《周礼》、《礼记》、《仪礼》、《大戴礼记》等礼经所载之礼，以及儒家的各种礼仪、礼制、礼俗、礼义、教令、政制等都属礼的内容。礼在儒家场域中不但规范调节人与人、人与社会的关系，产生了稳定的社会伦理效用，也规范调节着人与万物、人与自然的关系，发挥着良好的自然生态功能，对维持传统社会生物多样性的长期繁荣产生了巨大的正面影响。发掘和梳理儒家的生物多样性智慧，我们无法绕过礼的范畴①。

第一节　礼：天道的显现

对于礼的概念，儒家向来有着较为明确的界定。《礼记·礼器》云："礼者，犹体也。"②《祭义》又云："礼者，履此者也。"③ 郑玄注曰："统之于心曰体，践而行之曰履。"④ 荀子言："礼者，人之所履也。"⑤《易·履·象》曰："上天下泽，履。君子以辨上下定民志。"《序卦》曰："物畜然后有礼，故受之以履。履者，礼也。"《说文解字》也说："礼，履也。"显而易见，在儒家看来，礼就是履。而所谓履，就是践履、遵循。能践履与遵循的，一般皆为规范和准则。也就是说，礼就是人们可以践履和遵循的规范秩序及准则条目的总称。

在儒家看来，礼的规范与准则尽管详细甚至烦琐（"经礼三百，曲礼三千"⑥），但其并非形成于人们的肆意编制与主观造作，而是缘起于对天地自然现象及客观

---

① 台湾学者邹昌林先生认为："'礼'在中国，乃是一个独特的概念，为其他任何民族所无，其他民族之'礼'一般不出礼俗、礼仪、礼貌的范围。而中国之'礼'，则与政治、法律、宗教、思想、哲学、习俗、文学、艺术，乃至于经济、军事无不结为一个整体。……外国之'礼'，随着第一代文明的灭亡，就与上层建筑和经济基础的重要方面相绝缘，而不再向前发展。中国之'礼'则没有间断自己的发展。并不断扩大自己的领域。故从礼俗而发展到礼制，从礼制发展到礼义，既而又由礼制、礼义回归到礼俗。……中国之'礼'固重于形式，故中国之'礼'是活在中国人心中的一个基础。由是之故，从中西文化比较而言，中国文化使西方最感惊异者，莫过于'礼'。故从中外文化比较而言，'礼'为中国文化的根本特征，当是无疑的。"可参考邹昌林．中国古礼研究[M]．台北：文津出版社，1992：12-13．

② [汉]郑玄，注．礼记正义[Z]．孔颖达，疏．上海：上海古籍出版社，2008：986．

③ [汉]郑玄，注．礼记正义[Z]．孔颖达，疏．上海：上海古籍出版社，2008：1844．

④ [汉]郑玄，注．礼记正义[Z]．孔颖达，疏．上海：上海古籍出版社，2008：3．

⑤ 荀子[M]．蒋南华，罗书勤，杨寒清，译注．贵阳：贵州人民出版社，2008：468．

规律的模拟同效法。礼虽有人道形式，却是天道实质。《礼记·礼运》言：

> 是故夫礼，必本于大一，分而为天地，转而为阴阳，变而为四时，列而为鬼神，其降曰命，其官于天也①。

孔颖达释曰："'本于大一'者，谓天地未分，混沌之元气也。极大曰大，未分曰一，其气既极大而未分，故曰大一也。礼理既与大一而齐，故制礼者用至善之大理以为教本……。'分而为天地'者，混沌元气既分，轻清为天在上，重浊为地在下，而制礼者法之，以立尊卑之位也。'转而为阴阳'者，……天之气运转为阳，地之气运转为阴。而制礼者贵左以象阳，贵右以法阴，又因阳时而行赏，因阴时而行罚。'变而为四时'者，阳气则变为春夏，阴气则变为秋冬。而制礼者，吉礼则有四面之坐，凶时有恩理节权，是法四时也。'列而为鬼神'者，……圣人制礼，则陈列鬼神之功以为教也。'其降命'者，降，下也。言圣人制礼，皆仰法大一以下之事，而下之以为教命也。'其官于天也'者，……官，犹法也。言圣人所以下为教命者，皆是取法于天也。"② 礼本于大一，即礼存于大一、源于大一。大一，是天地未分之前极大极根本的混沌元气，无形无象，其中没有万物，却蕴涵着礼。随着元气的分化、天地万象的氤氲萌蘖及阴阳四时的流转变迁，礼就显现流露出来。圣人见之体之法之官之，礼是而成之生之有之行之。所以，《礼记·丧服四制》言："凡礼之大体，体天地，法四时，则阴阳，顺人情，故谓之礼。訾之者，是不知礼之所由生也。"③

这样一种发生过程与形成机制，一方面标示了礼的先在性：礼先于有形有象的天地万物而存在，无物之前已有了礼；而另一方面标示了礼的自然性或非人为性：礼的具体条目准则虽有人作成分，但其内在实质天地自然早已有之、存之。所以，孔颖达又说："夫礼者，经天地，理人伦。本其所起，在天地未分之前。……是天地未分之前已有礼也。……故昭二十六年《左传》称晏子云：'礼之可以为国也久矣，与天地并。'……物生则自然而有尊卑，若羊羔跪乳，鸿雁飞有行列，岂由教之者哉？是三才既判，尊卑自然而有。"④ 礼在天地未分之前就有，在天地万物既分之后照样不失。天尊地卑、羊羔跪乳、雁飞有列，一切秩序规则皆天礼之自然，非人制而皆已有之。对此，宋儒张载所言更为明确："礼不必皆出于人，至如无人，天地之礼自然而有，何假于人？天之生物便有尊卑大小之象，人顺之而已，此所以为礼也。学者有专以礼出于人，而不知礼本天之自然。"⑤ 人们顺天地万物之自然而作礼。所以，礼的先在形与自然性充分说明了礼表面虽人作，本质乃天为。

---

① [汉]郑玄，注．礼记正义[Z]．孔颖达，疏．上海：上海古籍出版社，2008：940.
② [汉]郑玄，注．礼记正义[Z]．孔颖达，疏．上海：上海古籍出版社，2008：939.
③ [汉]郑玄，注．礼记正义[Z]．孔颖达，疏．上海：上海古籍出版社，2008：2350.
④ [汉]郑玄，注．礼记正义[Z]．孔颖达，疏．上海：上海古籍出版社，2008：1.
⑤ [宋]张载．张载集[Z]．北京：中华书局，1978：264.

礼本于混沌之元气，先于有形有象之万物，成于对天地四时的法效——即礼出自于天而非人，这就使得礼在儒家获得了一种形而上的、合法又合理的坚实根据。礼若是出于人，则定会有人循而有人不循，难以获得广泛认同。因为，任何人为臆制或主观编定的准则往往会因制定者的局限性而难以上升至有着普遍适用性的法则。但是，礼因出自于天而非人，这就意味着礼在人道的形式下，所彰显与标示的其实就是天地本然秩序与实然法则的实质（“大礼与天地同节”①）。甚至可以说，礼就是天地秩序，就是万物法则本身（“礼者，天地之序也。”②）。

而无论是秩序或法则，在儒家的场域中，它们皆可规约为同一意蕴——理。也就是说，所谓礼其实等同于理。无怪乎孔子曰：“礼也者，理也。”③ 朱熹论也说：“礼是那天地自然之理。……‘礼仪三百，威仪三千’，却只是这个道理。千条万绪，贯通来只是一个道理。……盖为道理出来处，只是一源。散见事物，却是一个物事做出底。一草一木，与他夏葛冬裘，渴饮饥食，君臣父子，礼乐器数，都是天理流行，活泼泼地。那一件不是天理中出来！”④ 礼虽形成多样，却共源于天理。天理流行散见万物之中，便是礼。各种形式的礼只是天理在万物中的差异显现。所以，礼就是理，万礼千仪皆是理⑤。

既然礼指陈天地秩序与自然法则，或者说礼就是理，那么遵循礼也就意味着遵循自然法则，顺从天地之理。而这对人们来说是再合情合理不过之事。天地之理若是如此，人又岂能如彼？人怎可违背天地，悖理而行？缘于此，礼在儒家看来存在着不可移易的特征与性质。例如，《左传》言：“夫礼，天之经也，地之义也，民之行也。”⑥ 荀子也言：“公输不能加于绳，圣人莫能加于礼”⑦，“礼也者，理之不可易者也。”⑧ 显然，儒家之礼缘起生成的形上性与自然性，赋予了礼天经地义般的合法性和合理性。

基于此，儒家认为：一，于人，人不可失礼。《礼记·礼运》载孔子之言，“言偃问曰：‘如此乎礼之急也？’孔子曰：‘夫礼，先王以承天之道，以治人之情，故失之死，得之者生。’”⑨《礼记·冠义》又言：“凡人之所以为人者，礼义也。”⑩ 即

---

① [汉]郑玄，注．礼记正义[Z]．孔颖达，疏．上海：上海古籍出版社，2008：1474．

② [汉]郑玄，注．礼记正义[Z]．孔颖达，疏．上海：上海古籍出版社，2008：1477．

③ [汉]郑玄，注．礼记正义[Z]．孔颖达，疏．上海：上海古籍出版社，2008：1934．

④ [宋]朱熹．朱子语类[Z]．黎靖德，编．北京：中华书局，1986：卷四十一．

⑤ 既然礼是理，为何不以理代礼而称之？《朱子语类》载：“‘所以唤做礼而不谓之理者，莫是礼便是实了，有准则，有著实处？’曰：‘只说理，却空去了。这个礼是那天理节文，教人有准则处’（《朱子语类》卷四十一）。”即理较为抽象，人而言难以蹈履之。而礼则较具体，易于人们遵从。所以，从规范与准则的意义上而言，称礼而不称理更为合适。

⑥ 左传[M]．王守谦，金秀珍，王凤春，译注．贵阳：贵州人民出版社，1990：1341．

⑦ 荀子[M]．蒋南华，罗书勤，杨寒清，译注．贵阳：贵州人民出版社，2008：515．

⑧ 荀子[M]．蒋南华，罗书勤，杨寒清，译注．贵阳：贵州人民出版社，2008：365．

⑨ [汉]郑玄，注．礼记正义[Z]．孔颖达，疏．上海：上海古籍出版社，2008：882．

⑩ [汉]郑玄，注．礼记正义[Z]．孔颖达，疏．上海：上海古籍出版社，2008：2269．

人之所以为人，正在于人之有礼；失之则为禽兽。二，于国，国不可无礼。例如，荀子言："国无礼则不正。礼之所以正国也，譬之犹衡之于轻重也，犹绳墨之于曲直也，犹规矩之于方圆也（《荀子·王霸》）。"[①] 国无礼，国不正；国不正，国必亡。总之，礼对于个人或者国家都极为重要："人之命在天，国之命在礼。"[②]"坏国、丧家、亡人，必先去其礼。"[③]所以，礼为国家奉持、为人们遵循，在儒家看来自然而又必然。

另外，由于礼本于天地未分大一，那么随大一之气的分化、天地万象的显现，礼就会"动而之地，列而之事，变而从时"[④]地倾注流行于宇宙万事万物之中。在这种倾注流行下，天地有天地之礼，阴阳有阴阳之礼，四时有四时之礼，鬼神有鬼神之礼，万物有万物之礼。礼无处不在，无物不有。礼之源始生成的根本性与本原性决定了礼在天地万物中的普遍性与弥沦性。所以，《礼记·礼器》言："礼也者，物之致也。"[⑤]孔颖达释曰："礼为万物之至极也。"[⑥] 万物之至极，一方面指物物有礼，礼在万物至为普遍："夫礼者，经天维地。"[⑦] 而另一方面则指礼对万物而言至为重要、极为根本：如同人因有礼而成其为人，万物也因礼而成其为物。例如，荀子言："天地以和，日月以明，四时以序，星辰以行，江河以流，万物以昌，好恶以节，喜怒以当。以为下则顺，以为上则明，万物变而不乱。贰之则丧也。礼岂不至矣哉！"[⑧] 孔颖达也说："礼之大纲之体，体于天地之间所生之物。言所生之物，皆礼以体定之。"[⑨] 大至天地日月，小至动植飞潜，无不因礼而安之定之成之，足以证明礼对万物的重要性。所以，无物不有礼，无物不以礼成。

在这种情况下，人们尊礼、循礼、兴礼就不但关乎人类社会的和谐稳定，也关乎天地自然及其多样性生命与物种的生长成遂。所以，《礼记·乐记》指出："是故大人举礼乐，则天地将为昭焉。天地欣合，阴阳相得，煦妪覆育万物，然后草木茂，区萌达，羽翼奋，角觡生，蛰虫昭苏，羽者妪伏，毛者孕鬻，胎生者不殰，而卵生者不殈。"[⑩] 即只要礼乐兴盛明旺，动植飞潜、倮羽鳞介、胎生卵生、草木昆虫等一切生命与物种都会繁荣昌兴。可见，礼的功能与作用非常广大，与多样性生命与物种有着极为根本的关联。因而，礼在儒家不仅仅是一个价值论与伦理学的范畴，也是存在论与生态观的范畴；不但适用于人类社会，也适用于自然万物。

---

① 荀子[M]. 蒋南华，罗书勤，杨寒清，译注. 贵阳：贵州人民出版社，2008：183-184.
② 荀子[M]. 蒋南华，罗书勤，杨寒清，译注. 贵阳：贵州人民出版社，2008：276.
③ [汉]郑玄，注. 礼记正义[Z]. 孔颖达，疏. 上海：上海古籍出版社，2008：942.
④ [汉]郑玄，注. 礼记正义[Z]. 孔颖达，疏. 上海：上海古籍出版社，2008：940.
⑤ [汉]郑玄，注. 礼记正义[Z]. 孔颖达，疏. 上海：上海古籍出版社，2008：1000.
⑥ [汉]郑玄，注. 礼记正义[Z]. 孔颖达，疏. 上海：上海古籍出版社，2008：1001.
⑦ [汉]郑玄，注. 礼记正义[Z]. 孔颖达，疏. 上海：上海古籍出版社，2008：1.
⑧ 荀子[M]. 蒋南华，罗书勤，杨寒清，译注. 贵阳：贵州人民出版社，2008：339.
⑨ [汉]郑玄，注. 礼记正义[Z]. 孔颖达，疏. 上海：上海古籍出版社，2008：2350.
⑩ [汉]郑玄，注. 礼记正义[Z]. 孔颖达，疏. 上海：上海古籍出版社，2008：1516.

总之，在儒家看来：礼以规范和秩序为首出；礼的规范与秩序虽然繁多，但是这些规范与秩序非始于人，而始于大一和天道；礼虽有人道的形式，却是天道的实质；礼所指陈与标示的实为天地法则与自然秩序本身，或者说礼就是理，就是天地之理，人们遵循礼就自然而又必然、合情而又合理；因是天地之理，所以礼统摄贯彻着万有，礼之兴崩显匿不但关乎人类的和谐稳定，也关乎自然界其他生命与物种的生长成育。一言以蔽之，礼因本于大一，为天道的显现，所以礼摄社会与自然，统人文与天文，弥沦人类与非人类的所有事物。也正由于此，礼才富含着有待我们发掘的生物多样性智慧。

第二节　节制与生物多样性智慧

儒家礼论首先深刻认识到，生物多样性是多样繁荣还是灭绝穷尽，往往在很大程度上取决于人们如何利用它们。人们穷奢极欲、暴殄天物，生物多样性就很容易受到破坏；人们节制俭朴、用物有度，生物多样性就能保持繁荣。礼论首先通过提倡“节制”来展现了它的生物多样性智慧。

一、节制的根本目的：欲不穷乎物

与现代生物多样性急剧丧失，许多动植物物种只能在保护区、动物园及植物园苟延残喘不同的是，中国传统社会的自然环境中有着极为丰富的生物多样性。例如，西周时期，黄土高原有林木四亿八千亩，覆盖率高达 53%；山林草木中鸟兽殷足。《史记·周本纪》载：“麋鹿在牧，飞鸿遍野。”《穆天子传·卷五》载：“天子射兽，休于深藋，得麋、麇、豕、鹿四百又二十，得二虎九狼。”《诗·大雅·桑柔》曰：“瞻彼中林，甡甡其鹿”。朱熹注曰：甡甡，众多并行貌，指山林之中野鹿成群。①

尽管如此，传统儒家并没有因此肆意掠夺和过度消耗自然资源，相反还以礼来节制自身的欲望与行为。《礼记·礼运》说：“饮食男女，人之大欲存焉。死亡贫苦，人之大恶存焉。故欲恶者，心之大端也。人藏其心，不可测度也。美恶皆在其心，不见其色也，欲一以穷之，舍礼何以哉？”② 而且，儒家认为礼的基本功能与主要目的就是节制。《礼记·乐记》又说：“礼者，所以缀淫也。”③ 缀，是防止、限定；淫，是太过，是超出限度。缀淫，即防止太过、节制人欲。所以这就是说，在儒家看来，防止太过、节制人欲乃是礼最为基本的功能和最为主要的目的。

① 雍文涛．保护现有森林，加快发展林业[N]．人民日报，1981年9月24日．
② [汉]郑玄，注．礼记正义[Z]．孔颖达，疏．上海：上海古籍出版社，2008：916．
③ [汉]郑玄，注．礼记正义[Z]．孔颖达，疏．上海：上海古籍出版社，2008：1497．

而节制在儒家礼论中之所以如此重要，乃是基于以下深刻认知：自然资源是有限的，而人类的欲望是无限的。在有限的资源条件下若不以礼来节制无限的欲望，各种自然资源就会因人类的过度消耗而枯竭。自然资源若是枯竭，人类也就无法生存与存在。《易·节·象》曰："天地节而四时成；节以制度，不伤财不害民。"节，即节制，使人们的欲望不至于太过。例如，连斗山释曰："节者，制而不使其过之谓也。"俞琰曰："节者，约也。"王申子曰："节者，约其过以归于中也。"① 而财，非指财产，而指大地的财物——大地上的动植物等自然资源，如荀子所言的"飞鸟雁凫"与"昆虫万物"等②。合之，《易传》的这句话是说，天地因为节制，才有四时之成。所以，人们需效仿之，节制自我。只有节制，才不会危害其他生命与物种；只有不危害其他生命与物种，才能保障自我的安稳生存。反之，则物穷人损："人欲之无穷也，苟非节以制度，则侈肆，至于伤财害民矣。"③

对于礼之节制与物之盈损之间的这种关系，荀子给出了更为经典的论述："礼起于何也？曰：人生而有欲，欲而不得，则不能无求，求而无度量分界，则不能不争，争则乱，乱则穷。先王恶其乱也，故制礼义以分之。以养人之欲，给人之求，使欲必不穷乎物，物必不屈于欲，两者相持而长，是礼之所起也。"④ 而唐代白居易所言更为直接："天育物有时，地生财有限，而人之欲无极。以有时有限，奉无极之欲，而法制不生其间，则必物暴殄而财乏用矣。先王恶其及此，故川泽有禁，山野有官，养之以时，取之以道。……夫然，则禽兽鱼鳖，不可胜食矣；财货器用，不可胜用矣。"⑤ 欲望是人类生来就有的，是不可避免的，也是合乎情理的。"以所欲为可得而求之，情之所必不免也。"但是，人类欲望同时又是没有限度、无穷无尽的。这种无穷无尽的欲望如果不加以限制，挥霍无度、暴殄天物，就会使自然资源穷尽耗竭。资源穷尽耗竭，人必随之丧亡。基于此，人们制礼来节制自身的欲望，从而使得无限的人类欲望与有限的自然资源之间实现一种稳定的平衡：自然资源能够为人类生存提供长久基础，而人类又能够维护自然资源的持续繁荣。

缘于这种认知，儒家在利用自然资源的方式与态度上向来存在一种普遍而统一的节制意识同尚俭观念。《易·大有》卦九四爻辞曰："匪其彭，无咎。"程颐注曰："彭，盛貌。"又曰："过盛则凶咎所由生也。故处之之道，匪其彭则得无咎。……苟处太盛，则致凶咎（《周易程氏传》卷）。"⑥ 也即主张，人们只有节俭而非奢侈才能避免凶灾。《易·节》卦六三爻辞曰："不节若，则嗟若，无咎。"《象》曰："'不

① 徐志锐．周易大传新解[M]．济南：齐鲁书社，1986：372.

② 荀子[M]．蒋南华，罗书勤，杨寒清，译注．贵阳：贵州人民出版社，2008：157.

③ [宋]程颐．周易程氏传[Z]．王鹤鸣，殷子和，整理．北京：九州出版社，2010：240.

④ 荀子[M]．蒋南华，罗书勤，杨寒清，译注．贵阳：贵州人民出版社，2008：333-334.

⑤ [唐]全唐文（第七册）．白居易十五．养动植之物以丰财用以致麟凤龟龙[Z]．北京：中华书局，1983：6828.

⑥ [宋]程颐．周易程氏传[Z]．王鹤鸣，殷子和，整理．北京：九州出版社，2010：59.

节’之嗟，又谁咎也？”也即，节约与节制可以免除过难；若不如此，招致灾难只是咎由自取。六四曰：“安节·亨。”六五曰：“甘节，吉。”即人们只有安于节制，才能亨通吉祥。当然，人们也不能节制过度，穷而极之。否则，也会带来灾祸。所以，《节》卦上六曰：“苦节，贞凶，悔亡。”显然，《周易》倡导人们节欲，但不应禁欲。

孔子对节俭也多有倡导。孔子学生子贡赞孔子是“温、良、恭、俭、让（《论语·学而》）。”其中的俭就是节俭。就是说，节俭为孔子的品质之一。《论语·八佾》载：“林放问礼之本。子曰：大哉问！礼，与其奢也，宁俭；丧，与其易也，宁戚。”明确指出，礼应该节俭，而非奢侈。当然，此处的节俭不但指礼的仪式与过程，更指对物质资源的消耗。例如，孔子“饭疏食，饮水，曲肱而枕之（《论语·述而》），”及“麻冕，礼也；今也纯，俭，吾从众（《论语·子罕》）”之类的节俭。孔子又说：“奢则不孙，俭则固。与其不孙也，宁固（《论语·述而》）。”奢侈会使人骄傲不逊，节俭会让人固陋穷酸；与其骄傲不逊，不如固陋穷酸。所以，孔子对于颜回“一箪食，一瓢饮，在陋巷，人也不堪其忧，回也不改其乐”的生活方式和行为境界格外赞许：“贤哉！回也（《论语·雍也》）！”可见，主张节俭朴素的物质消费观和生活方式乃是孔子的一贯思路。

至孟子，其节俭观体现了更为明显的生态智慧：“牛山之木尝美矣，以其郊于大国也，斧斤伐之，可以为美乎？是其日夜之所息，雨露之所润，非无萌蘖之生焉，牛羊又从而牧之，是以若彼濯濯也·人见之濯濯也，以为未尝有材焉，此岂山之性也哉（《孟子·告子上》）？”山林树木本来丰美饶益，但人类如果耗用不知节制，只会使其枯竭穷尽。因此，孟子认为人们在利用自然资源时应该注重“养”。所谓养，就是用之有度，取之有节，给予自然资源与多样物种休养生息的机会。“苟得其养，无物不长；苟失其养，无物不消（《孟子·告子上》）。”能否使物得其“养”，能否对物取之有节，关乎物之生长与存在，又岂能不慎？所以孟子主张节制，反对纵欲：“流连荒亡，为诸侯忧。从流下而忘反谓之流，从流上而忘反谓之连，从兽无厌谓之荒，乐酒无厌谓之亡。先王无流连之乐，荒亡之行。惟君所行也（《孟子·梁惠王下》）。”

《礼记》中更不乏对节俭的宣扬。例如，《礼记·王制》载：“天子、诸侯无事，则岁三田，一为乾豆，二为宾客，三为充君之疱。无事而不田，曰不敬。田不以礼，曰暴天物。天子不合围，诸侯不掩群。天子杀则下大绥，诸侯杀则下小绥。大夫杀则止佐车。佐车止，则百姓田猎。”[①] 天子与诸侯空闲之时，虽然可以打猎。但是打猎必须合乎礼仪，有所节制。违背礼仪、毫无节制的打猎就是暴殄天物，就会使事物灭绝。（郑玄：“为尽物也。”）[②] 因而，天子不合围，诸侯不掩群。所谓不合围，即不对受困的动物围而歼之；所谓不掩群，即不对群集的动物统而杀

① [汉]郑玄，注．礼记正义[Z]．孔颖达，疏．上海：上海古籍出版社，2008：505．
② [汉]郑玄，注．礼记正义[Z]．孔颖达，疏．上海：上海古籍出版社，2008：505．

之。可围歼而不围歼，可杀尽而不杀尽，这就是节制。

总之，在儒家礼论的物质消费观中，“俭，德之共也；侈，恶之大也。”[①] 节俭为人们所共同遵从，奢侈则为人们所共同厌恶。人们唯有通过节制自身的欲望，奉行和秉承对自然资源取之有度、用之有节的礼的规范，才能避免对自然万物和生物多样性的破坏，保障它们的持续繁荣。例如，《管子·内业》：“节欲之道，万物不害”[②]。《新唐书·五行一》说：“盖王者之有天下也，顺天地以治人，而取材于万物以足用。若政得其道，而取不过度，则天地顺成，万物茂盛”；陆贽则更为清晰地说：“取之有度，用之有节，则常足；取之无度，用之无节，则常不足（《陆宣公奏议·均节赋税恤百姓六条疏》）。”即人们利用与消费自然万物唯有有节有度，它们才会永远丰足。在这种维护万物持久繁荣的生态化的消费观念中，礼无疑发挥了惠益子孙后代、实现人类社会与自然环境可持续发展的作用。无怪乎《左传·隐公十一年》言：“礼，经国家，定社稷，序民人，利后嗣者也。”[③]

而与儒家礼论主张节制、倡导俭约截然相反的是，现代社会普遍盛行着奢侈、浪费、暴殄天物的消费主义。这种消费主义源自 20 世纪 30 年代美国凯恩斯的“有效需求原理”，其本意是在扩大消费，促进经济复苏，随后却成为一种“奢侈有利，节俭有弊”的文化。在商家、企业、媒体及政府的共同鼓吹下，这种消费主义文化以一种“先进”与“现代”的形象在全球迅速扩展开来，铺天盖地、无孔不入。浸淫其中，人们所要的不再是需求，而是欲求：即所求不再是为了基本的生存，而是表达一种身份特征与社会地位，以满足虚无的荣耀和膨胀的欲望。痴迷新事物而非怀念旧事物，奢侈浪费而非节俭朴素，为消费而消费，成了大行其道的意识与行为。恰如唐能赋先生在《经济伦理学》一书所作的界定：“消费主义是指人们一种毫无顾忌，毫无节制的消耗物质财富和自然资源，并把消费看作人生最高目的的消费观和价值观。”表现为：对物质产品毫无必要的更新换代，大量占有和消耗各种能源和资源，随意抛弃仍然具有使用价值的产品和采用地球难以承受的生活方式等[④]。

受这种风靡全球的消费主义的影响，人们贪婪掠夺和盘剥着自然资源，使生态系统和生物多样性承受了巨大的压力、遭受着双重的破坏。一方面人们过度消耗了大量不必要的资源，直接危害着生态系统和生物多样性。“1998 年 10 月，世界自然基金会在《活的地球指数》的报告中，以地球的森林生态系统、淡水生态系统和海洋生态系统作为指标，比较它们 25 年前后的状况，指出，1970~1995 年，地球损失了 1/3 以上的自然资源。淡水生态系统的指数 25 年中降低了 50%，特别是 1990~1995 年的 5 年中，下降幅度在加快，每年接近于 6%；海洋生态系统指数

① 左传[M]．王守谦，金秀珍，王凤春，译注．贵阳：贵州人民出版社，1990：156.
② 管子[M]．谢浩范，朱迎平，译注．贵阳：贵州人民出版社，2008：500.
③ 左传[M]．王守谦，金秀珍，王凤春，译注．贵阳：贵州人民出版社，1990：50.
④ 魏英敏．消费伦理与保护生态环境[J]．中国矿业大学学报（社会科学版），2000，（3）.

25年中下降30%，其中1990~1995年每年下降4%；世界森林覆盖面积25年下降了10%，每年损失的森林面积相当于一个英国。……报告认为，自然资源的消费压力每年以5%的程度递增；经济合作与发展组织（经合组织）国家人均造成的消费压力是其他国家人均的2.5倍。报告特别指出，1996年以来，海鱼的消费量扩大了一倍；木材和纸张的消耗量增加了66%。”①

另外，人们在过度消费中向自然界排放了大量的垃圾废物与有毒有害物质。根据美国著名学者艾伦·杜宁的统计：“英国人每年抛弃25亿块尿布；日本人每年使用3000万‘可随便’处理的一次性相机……美国人每年抛弃1.83亿把剃刀、27亿节电池、1.4亿m^3包装‘花生果’的聚苯乙烯塑料和3.5亿个喷油漆的罐子，再加上足够供给全世界每人一个月一顿野餐的纸张和塑料制品。”② 自然环境本有一定的自净能力。但是，人类排放的垃圾和毒物是自然界本来不存在的，加之排放量又大大超过自然的自净速度，因此它们越积越多，越多越毒，越毒就越危害环境和其他生命与物种。因此，某一湖中鱼类大量死亡，某一海域赤潮大面积暴发，某一林区鸟类大量死亡的报道屡见不鲜、不绝于耳。

所以，对于生态系统的破坏和生物多样性的丧失，消费主义是罪魁祸首、难辞其咎。世界自然保护同盟主席施里达斯·拉尔夫就明确指出：“消费问题是环境危机问题的核心，人类对生物圈的影响正在产生着对环境的压力并威胁着地球支持生命的能力。从本质上说，这种影响是通过人们使用或消耗能源和原材料所产生的。”③ 又如，《只有一个地球》作者巴巴拉·沃德和雷纳·杜博斯在其著作中所指出的：“对消费品的喜新厌旧成风，无限制的使用能量，我们的前途只能是生态系统的灾难。”因此，现今为了保护生物多样性的长久繁荣，我们必须彻底反思和批判消费主义，节制人类自身的欲望，树立利用资源的合理的节俭观，使我们“既要充分有效地运用自然资源，同时又善待自然，而不是一锤子买卖（约翰.B.布什）。”④ 在这一点上，儒家礼论“生十杀一者，物十重；生一杀十者，物顿空（《逸周书·文传解》）”，“衣敝缊袍，与衣狐貉者立，而不耻者，其由也与（《论语·子罕》）”，“用物过度妨于财”⑤，以及“欲必不穷乎物，物必不屈于欲，两者相持而长”等观念与意识，无疑将是我们极具价值的参照资源。

二、节制的主要形式：分配等级化

当然，儒家礼论主张和倡导对自然资源节制、俭朴的消费，并非仅仅停留在抽象的观念与意识上，而是发展出了明确而又具体的准则与规范。在这些以节制

① 肖显静．消费主义盛行对世界环境的影响[J]．前线，2002，(9)．
② （美）艾伦．杜宁．多少算够——消费社会和地球未来[M]．长春：吉林人民出版社，1997．
③ 孙玉霞．生态学语境中的消费主义文化审视[J]．江西社会科学，2008，(7)．
④ （美）大卫·格里芬．后现代科学[M]．北京：中央编译出版社，2004：155．
⑤ 国语[M]．黄永堂，译注．贵阳：贵州人民出版社，1995：107．

为目的的礼的准则与规范中，资源分配的等级化是儒家实现人欲与资源平衡或“人物相持而长”的最为重要的方式之一。而所谓资源分配等级化，即资源分配的差异化和不均匀化。人们随社会地位、爵禄官职及道德品质的不同，支配、利用及享用资源的程度和范围也有所不同。地位高、官职大、品德上的人，所能享用的资源就多；反之，则少。

如同儒家“神道设教”的一贯思路，儒家礼论也毫无例外地试图为这种等级化与差异化的资源分配礼制在天地自然中寻找合法依据。《易·系辞上》言：“天尊地卑，乾坤定矣。卑高以陈，贵贱位矣。”天者轻清，为尊为高为上；地者重浊，为卑为低为下。天地正因为存在尊卑、高低、上下的差异，才分化为覆载万物的天地；反之，若尊卑泯灭、高低齐平、上下一般，天地则将还原为一片混沌。因而，差异、分别、等级是天地赖以存在的条件与基础。作为宇宙根本的天地尚且如此，为其所创造、覆载的人与万物乎自然也无例外：“此经明天地之体，此虽明天地之体，亦涉乎万物之形（孔颖达语）。”① 即自然界的万事万物与天地一样，只有具备差异、分别、等级才能称其为万物。推而言之，人类社会存在上下、尊卑、贵贱的等级与差异，在《周易》看来也都是合乎自然法则的、是理当如此的、是必须如此的。

区别人们尊卑贵贱有多种方式，但最显著与最有效的莫过于人们对物质资料支配的丰寡程度。所以，《易·节·象》进一步说：“泽上有水，节。君子以制数度，议德行。”沼泽一方面需要水，没有水则不能称其为沼泽；另一方面又容积有限，不能有太多的水，水多则盈溢而出。观此物象，人们应该“制数度，议德行。”所谓“德行”，即“谓人才堪任之优劣。”“议德行”即“议人之德行任用，皆使得宜”。② 也即通过考察，将不同品德与能力的人任于不同岗位。而对于“制数度”，孔颖达释曰：“数度，谓尊卑礼命之多少，君子象节以制其礼数差等，皆使有度。”③ 程颐释曰：“数，多寡。度，法制。”“君子观节之象，以制立数度。凡物之大小、轻重、高下、文质，皆有数度，所以为节也。”④ 金景芳先生释曰：“数：一十百千万；度：分寸尺丈引。制度数，依人的尊卑贵贱等级制定所用宫室、冠服、车旗、器用等的多少大小亦即制定礼数等差。”⑤ 综之，可见所谓“制数度”即通过礼制规定不同地位与身份的人支配享用不同程度的物质资料，并以此来辨别区分人们的尊卑贵贱。

对此，荀子所言则更为直接：“分均则不偏，執齐则不一，众齐则不使。有天有地，有上下有差，明王始立而处国有制。夫两贵之不能相事，两贱之不能相使，

① [魏]王弼，[晋]韩康伯．周易正义[Z]．孔颖达，正义．北京：中国致公出版社，2009：251．
② [魏]王弼，[晋]韩康伯．周易正义[Z]．孔颖达，正义．北京：中国致公出版社，2009：234．
③ [魏]王弼，[晋]韩康伯．周易正义[Z]．孔颖达，正义．北京：中国致公出版社，2009：234．
④ [宋]程颐．周易程氏传[Z]．王鹤鸣，殷子和，整理．北京：九州出版社，2010：240．
⑤ 金景芳，吕绍刚．周易全解[M]．长春：吉林大学出版社，1989：421．

是天数也。執位齐，而欲恶同，物不能澹（自注：满足）则必争，争则必乱，乱则穷矣。先王恶其乱也，故制礼义以分之，使有贫富贵贱之等，足以相兼临者，是养天下之本也。”① 照荀子看，差异、等级是自然万物的本然规律（天数）。天地如没有差异就不能称其为天地。人与人之间没有差异就会难以管理、无法共处，就会为了满足己欲而穷尽他物（害天下之本）。先王为避免这种情况，于是制定礼义来区分人们，使人们有贫富贵贱，令人们支配物质资源的程度呈现等级化与差异化，即“或美或恶、或厚或薄、或佚或乐、或劬或劳。”② 所以荀子强调，这种差异化与等级化是礼的核心目的：礼者“以财物为用，以贵贱为文，以多少为异，以隆杀为要”③，“贵贱有等，长幼有差，贫富轻重皆有称者也。”④

综之，因礼的区别是对天地区别的模拟与仿效，或者说是天道法则在人道领域的运用与显现，所以礼“定亲疏，决嫌疑，别同异”⑤，以及“序尊卑、贵贱、大小之位，而差外内、远近、新故之级者也”（《春秋繁露·奉本》），⑥——规定不同地位与等级的人们享用支配不同程度的物质资料，在儒家看来完全是合理合法、自然而又必然的。在这种情况下，儒家发展出了诸多为人们所广泛秉持与践行的物质分配准则。这些准则渗透到了社会生活的各个方面。

爵禄方面。《左传·庄公二十八年》说：“名位不同，礼亦异数。”⑦ 即人们的爵位等级不同，所享受的礼数待遇——物质资源也不同。爵位高者，享受的物质资源多；爵位低者，则少。基本原则是“自上以下，隆杀以两。”⑧ 杀就是减少；两就是两级。即爵位自上而下每降一等，相应的物质资源就减少两级。例如，《周礼·春官·典命》载：“上公九命为伯，其国家、宫室、车旗、衣服、礼仪皆以九为节；侯伯七命，其国家、宫室、车旗、衣服、礼仪皆以七为节；子男五命，其国家、宫室、车旗、衣服、礼仪皆以五位节。”⑨ 上公、侯伯、子男，分别对应九、七、五的节度，即所谓“隆杀以两。”

《礼记·王制》另载：“王制禄爵，公、侯、伯、子、男，凡五等。诸侯之上大夫卿、下大夫、上士、中士、下士，凡五等。”⑩ 即天地为群臣制定俸禄爵位有公、侯、伯、子、男五等；而诸侯为群臣制定俸禄爵位则有大夫卿、下大夫、上士、中士、下士五等。每一等级的臣下所享受和支配的物质资源也不同。对于天子之

---

① 荀子[M]. 蒋南华，罗书勤，杨寒清，译注. 贵阳：贵州人民出版社，2008：123.
② 荀子[M]. 蒋南华，罗书勤，杨寒清，译注. 贵阳：贵州人民出版社，2008：153.
③ 荀子[M]. 蒋南华，罗书勤，杨寒清，译注. 贵阳：贵州人民出版社，2008：343.
④ 荀子[M]. 蒋南华，罗书勤，杨寒清，译注. 贵阳：贵州人民出版社，2008：151.
⑤ [汉]郑玄，注. 礼记正义[Z]. 孔颖达，疏. 上海：上海古籍出版社，2008：13.
⑥ [汉]董仲舒. 春秋繁露[Z]. 曾振宇，傅永聚，注. 北京：商务印书馆，2010：233.
⑦ 左传[M]. 王守谦，金秀珍，王凤春，译注. 贵阳：贵州人民出版社，1990：142.
⑧ 左传[M]. 王守谦，金秀珍，王凤春，译注. 贵阳：贵州人民出版社，1990：969.
⑨ 周礼译注[M]. 杨天宇，撰. 上海：上海古籍出版社，2004：311.
⑩ [汉]郑玄，注. 礼记正义[Z]. 孔颖达，疏. 上海：上海古籍出版社，2008：449.

臣，《礼记·王制》载："公侯田方百里，伯七十里，子男五十里。"① 即公侯的俸田方圆 100 里，伯则方圆 70 里，子男则方圆 50 里。对于诸侯之臣，《礼记·王制》载："中士倍下士，上士倍中士，下大夫倍上士。卿，四大夫禄；君，十卿禄。次国之卿，三大夫禄；君，十卿禄。小国之卿，倍大夫禄；君，十卿禄。"② 即从下士至下大夫，爵位每增加一级，俸禄增加两倍。而自大夫至卿，其俸禄差异则视诸侯国的大小而定。大诸侯国，卿的俸禄是大夫之 4 倍；中等诸侯国为 3 倍；小诸侯国为两倍。当然，天子俸禄为卿的 10 倍是固定的。

葬丧方面。《礼记·檀弓上》载："天子之棺四重：水、兕革棺被之，其厚三寸，杝棺一，梓棺二。四者皆周。棺束缩二衡三，衽每束一。柏椁以端长六尺。"③《荀子·礼论》载："天子之棺椁十重，诸侯五重，大夫三重，士再重。然后皆有衣衾多少厚薄之数，皆有翣蒌文章之等。"而"刑余罪人之"棺椁三寸，衣衾三领，不得棺饰。"④ 即不同等级、爵位与身份的人，死后所用棺材的材料、大小、厚薄、重数及陪葬品都有严格的等级与区别。

宗庙设置方面。《礼记·王制》载："天子七庙：三昭三穆，与大祖之庙而七。诸侯五庙：二昭二穆，与大祖之庙五。大夫三庙：一昭一穆，与大祖之庙而三。士一庙。庶人祭于寝。"⑤ 即天地拥有七庙：文王、高祖、祖 3 个昭庙，武王、曾祖、父 3 个穆庙，再加一个太祖庙。诸侯设立五庙：高祖、祖两个昭庙，曾祖、父两个穆庙，再加太祖庙。大夫设立三庙：昭庙、穆庙、太祖庙。士只有一个庙。平民则没有庙，在正寝祭祀祖宗。

饮食起居方面。《礼记·礼器》载："天子之豆二十有六，诸公十有六，诸侯十有二，上大夫八，下大夫六。"⑥ 即天子饮食可有 26 道菜，公爵可有 16 道，诸侯可有 12 道，上大夫 8 道，下大夫 6 道。另载："天子之席五重，诸侯之席三重，大夫再重。"⑦天子的坐垫是 5 层，诸侯的是 3 层，大夫的是两重。又载："天子之堂九尺，诸侯七尺，大夫五尺，士三尺。"⑧ 天子的大堂高 9 尺，诸侯 7 尺，大夫

---

① [汉]郑玄，注．礼记正义[Z]．孔颖达，疏．上海：上海古籍出版社，2008：451．

② [汉]郑玄，注．礼记正义[Z]．孔颖达，疏．上海：上海古籍出版社，2008：455．

③ [汉]郑玄，注．礼记正义[Z]．孔颖达，疏．上海：上海古籍出版社，2008：335．对此，孔颖达有非常详细的注释："'天子之棺四重'者，尊者尚邃也。四重者，水牛、兕牛皮二物为一重也，又杝为第二重也，又属为第三重也，又大棺为第四重也。四重，凡五物也。以次而差之，上公三重，则去水牛，余兕、杝、属、大棺也。侯伯子男再重，又去兕，余杝、属、大棺。大夫一重，又去杝，余属、大棺。士不重，又去属，唯单用大棺也。天子大棺厚八寸，属六寸，椑四寸，又二皮六寸，合二尺四寸也。上公去水牛之三寸，余兕、杝、属、大棺，则合二尺一寸。诸侯又去兕之三寸，余合一尺八寸也。列国上卿又除椑四寸，余合一尺四寸也。大夫大棺六寸，属四寸，合一尺。士则不重，但大棺六寸耳。故庶人四寸矣。"参考[汉]郑玄，注．礼记正义[Z]．孔颖达，疏．上海：上海古籍出版社，2008：335-336．

④ 荀子[M]．蒋南华，罗书勤，杨寒清，译注．贵阳：贵州人民出版社，2008：343．

⑤ [汉]郑玄，注．礼记正义[Z]．孔颖达，疏．上海：上海古籍出版社，2008：516．

⑥ [汉]郑玄，注．礼记正义[Z]．孔颖达，疏．上海：上海古籍出版社，2008：963．

⑦ [汉]郑玄，注．礼记正义[Z]．孔颖达，疏．上海：上海古籍出版社，2008：963．

⑧ [汉]郑玄，注．礼记正义[Z]．孔颖达，疏．上海：上海古籍出版社，2008：973．

5尺，士3尺。

田猎方面。《礼记·曲礼上》载：“国君春田不围泽，大夫不掩群，士不取麛卵。”[①]孔颖达释曰：“然国君春天不围者，天子春围；大夫春不掩，则国君春掩也；士春不麛卵，则大夫春取也。”[②] 即天子春天打猎可以围泽、掩群、麛卵；诸侯春天打猎可以掩群、麛卵，但不可围泽；大夫春天打猎可以麛卵，但不能围泽、掩群；士春天围泽、掩群、麛卵皆不可行之。

如此等等，不一而论。这种差异化、等级化的物质分配礼制广泛渗透于人们货力、辞让、饮食、冠婚、丧祭、射御、朝聘[③]等生产生活的各个方面。而且，自天子以自庶民，无不受其规范，无不为其持摄。任何人任何肆意地违犯或僭越，都将受到道德的谴责与制约。例如，齐桓公宰相管仲僭越此礼，享用只有国君才能享用的塞门（即照壁）和反坫（即土台）时，便受到了孔子严厉批判：“邦君树塞门，管氏亦树塞门。邦君为两君之好，有反坫，管氏亦有反坫。官氏而知礼，孰不知礼（《论语·八佾》）？”可见，儒家这种等级上的分配礼制不但有横向的普遍性，而且还有纵向的深入性；不但有道德上的合理性与优越性，而且还有社会文化与心理上的普遍认同性。基于此，它就能广泛、有效地节制人们的欲望，实现人欲与物资的平衡，从而如荀子所言的养、美、安、贵天下之本[④]——多样丰富的自然万物[⑤]。

同样，与儒家礼制这种物质资源分配的等级性，或者说资源消费的不自由性恰好相反的是，现代社会的物质消费是一种完全自由开放的状态。人们消费多少，以什么样的方式消费，在何种程度上消费，都不存在任何礼仪上的约束。只要有足够的条件与能力，人们就可以肆意消费、为所欲为地消费。消费、占有物质资源，不再与爵禄、德行有关，而只与资金、财产有涉。经济增长越快，财富积累越多，人们就消费越多。人们消费越多，自然环境及其他生命与物种就承受更大的压力。在这种消费中人们虽然实现了所谓的公平与自由，但其代价与后果是欲望的泛滥，以及由此泛滥而造成的自然环境的破坏和生物多样性的丧失。而反观儒家礼制，其资源分配与物质消费的等级性，从社会层面而言虽然缺乏所谓的公平（人类对物质资源的占有在任何时代都不可能实现绝对公平，都必然要呈现差异与等级）与自由，但从自然层面而言它又富含着今日这种消费观念与分配体制

---

① [汉]郑玄，注．礼记正义[Z]．孔颖达，疏．上海：上海古籍出版社，2008：159.

② [汉]郑玄，注．礼记正义[Z]．孔颖达，疏．上海：上海古籍出版社，2008：159.

③ [汉]郑玄，注．礼记正义[Z]．孔颖达，疏．上海：上海古籍出版社，2008：940.

④ 荀子[M]．蒋南华，罗书勤，杨寒清，译注．贵阳：贵州人民出版社，2008：397.

⑤ 另外，在儒家礼制中人们支配享用物质资料的程度，不但与身份地位有关，也与德行有关。德行高的人，才能享用丰富的物资；德行低的人，则少。例如，《易·坤·象》曰：“地势坤，君子以厚德载物。”人们只有拥有高尚宽厚的德行才有能力和条件能享用丰富的物质；反之，则难以消受。又如，荀子所言：“礼者，贵贱有等，长幼有差，贫富轻重皆有称者也。……德必称位，位必称禄。”（荀子[M]．蒋南华，罗书勤，杨寒清，译注．贵阳：贵州人民出版社，2008：151.）直接指出了德行高低与物资丰寡的对应关系。

所缺乏的生态智慧——实现人欲与资源的动态平衡，使自然资源和生物多样性能够长久繁荣。这是我们不得不看到的一点。

第三节　教令与生物多样性智慧

郑玄言：“圣人则天之明，因地之利，取法度于鬼神，以制礼下教令也。”① 教，是引导、教诲；令，是律令、准则或者行为。所谓教令，即规范和引导人们如何行为、如何对待自然及利用万物的“上下习熟，家喻户晓”的律令准则总称。相对于“节制”，在儒家礼论中，“教令”与物种保护的关联更为密切，其中的月令模式、时禁意识和儆戒机制，都彰显着深刻的生物多样性智慧②。

一、月令相应，灾害不起

月令内涵月与令两个概念。月是指月份；令，如上所论，指律令或行为。所以月令简单说来即指在每个月份人们应采取实施的行为。例如，郑玄言：“名曰《月令》者，以其纪十二月政之所行也。”③

在儒家看来，自然万物都随天地阴阳之气的变化而生长成遂、荣华枯杀。每年十一月开始，阳气渐渐上升，阴气渐渐下降。到四月，阳气尽升，而阴气尽伏；每年五月开始，阴气渐渐上升，阳气渐渐潜伏。至十月，阳气尽升，阳气尽伏。另外，每年五至十一月，天气下降，地气上腾，天地二气和合交泰；十一月至次年四月，地气下腾，天气上腾，天地之气离散不通④。天地阴阳之气，若是阳升阴伏，则万物开始长育繁荣；若是阴升阳伏，则万物逐渐藏收敛杀。同样，若天地之气交通和合，则开而为春夏；天地之气若散离分析，则闭而为秋冬。在这种情况下，人们施加或关联自然万物的所有行为就必须契合顺应天地阴阳之气的变化规律。阳升阴伏及天地之气交通和合之时段内应该实施有助于万物生长的行为；而阳伏阴升及天地之气散离分析之时段内应该实施有助于万物收藏闭敛的行为。简言之，就是月与令要相应。反之，若是月与令相违悖，就会给自然万物带来灾害。例如，孔颖达所说：“若施之顺时，则气序调释。若施令失所，则灾害滋兴。”⑤

对于因月与令相悖逆而造成的“灾害”，《礼记·月令》进行了翔实载录。大致

---

① [汉]郑玄，注．礼记正义[Z]．孔颖达，疏．上海：上海古籍出版社，2008：882．

② 必须要说明的是：其实在儒家礼论中，月令和时禁有相同的部分，也有不同的部分。相同的是，二者都要求人们在不同的时间限阈应实施不同的行为；不同的是，月令含有笼统（如孟春勿行夏令等）与具体（仲春毋焚山林等）的双重规范，而时禁则一般倾向于具体的规范。在规范层面，月令的内容或大于时禁。为避免重复，本书将笼统规范放在月令部分讨论，具体规范则放在时禁部分讨论。

③ [汉]郑玄，注．礼记正义[Z]．孔颖达，疏．上海：上海古籍出版社，2008：591．

④ [汉]郑玄，注．礼记正义[Z]．孔颖达，疏．上海：上海古籍出版社，2008：622．

⑤ [汉]郑玄，注．礼记正义[Z]．孔颖达，疏．上海：上海古籍出版社，2008：626．

可分为3种[①]。①社会灾害，如“仲春行秋令，……寇戎来征。……行冬令，则民多相掠”；季春“行冬令，……国有大恐。……行夏令，则民多疾疫”；仲夏“行冬令，……暴兵来至”；“行春令，……其国乃饥。……行秋令，民殃于疫”等。②气候灾害，如孟春“行夏令，则风雨不时。……行秋令，则其民大疫，犬风暴雨总至。……行冬令，则水潦为败，雪霜大挚”；仲春“行夏令，则国内大旱，煖气早来。……行秋令，则其国大水，寒气总至。……行冬令，则阳气不胜”等。③则是与本文关联密切的生物灾害。滋录如下。

孟春“行夏令，则风雨不时，草木早落”；“行秋令，犬风暴雨总至，藜莠蓬蒿并兴”；“行冬令，……雪霜大挚，首种不入。”

仲春“行夏令，……螟虫为害”；“行冬令，则阳气不胜，麦来不孰。”

季春“行冬令，则寒气时发，草木皆肃”；“行夏令，……时雨不降，山陵不收”；“行秋令，则天多沈阴，淫雨早降。”

孟夏“行秋令，则苦雨数来，五谷不滋”；“行冬令，则草木蚤枯，后乃大水，败其城郭”；“行春令，则蝗虫为灾，暴风来格，秀草不实。”

仲夏“行冬令，则雹冻伤谷”；“行春令，则五谷晚孰，百螣时起”；行秋令，则草木零落，果实早成。”

季夏“行春令，则谷实鲜落，国多风欬”；“行秋令，则丘隰水潦，禾稼不孰，乃多女灾”；“行冬令，则风寒不时，鹰隼早鸷。”

孟秋“行冬令，则阴气大胜，介虫败谷；”“行春令，……阳气复还，五谷无实。”

仲秋“行春令，则秋雨不降，草木生荣”；“行夏令，则其国乃旱，蛰虫不藏，五谷复生”；“行冬令则风灾数起，收雷先行，草木蚤死。”

孟冬“行春令，则冻闭不密，地气上泄”；“行夏令，则国多风暴，方冬不寒，蛰虫复出。”

仲冬“行秋令，则天时雨汁，瓜瓠不成。”“行春令，则蝗虫为败，水泉咸竭，民多疥疠。”

季冬“行秋令，则白露早降，疥虫为妖”；“行春令，则胎夭多伤。”[②]

据上，对生物灾害可得出以下几点：一，气候灾害与生物灾害有着密切的因果关联。例如，“风雨不时”，则“草木早落”；“雪霜大挚”，则“首种不入”；“寒气时发”，则“草木皆肃”；“阳气不胜”，则“麦来不孰”等。二，生物灾害涉及

① 孔颖达将这些灾害也分为3类：“‘阴气大胜’，天灾；‘介虫败谷’，地灾；‘戎兵乃来’，人灾也。”（[汉]郑玄，注．礼记正义[Z]．孔颖达，疏．上海：上海古籍出版社，2008：693.）对比一下就可发现，天灾其实是本书所言的气候灾害，地灾是生物灾害，人灾是社会灾害．

② [汉]郑玄，注．礼记正义[Z]．孔颖达，疏．上海：上海古籍出版社，2008：591-717.

的生物有多样种类。动物方面有：螟虫、蝗虫、百螣、鹰隼、疥虫（甲虫）、蛰虫（蛰伏土中的昆虫）。植物方面有：蒺藜、莠草、蓬蒿等草木（野生植物），以及小麦等五谷（农业作物）。三，生物灾害的体现除了诸多动植物正常的生长过程受到扰乱外（草木早死、胎夭多伤等），另外一个就是物种间数量与比例的失衡。植物方面，如藜莠蓬蒿并兴，即是藤荆类植物过度地、非正常地增加（郑玄："生气乱，恶物茂"）①；动物方面，如蝗虫为灾、百螣时起、疥虫为妖等，是危害农作物的昆虫数量过度地、非正常地膨胀。而某一植物或者动物数量的过度膨胀，势必会影响其他物种的繁殖和生存，破坏物种之间原本的多样性，造成生物多样性的丧失。因此，儒家礼论要求人们月与令相应，其实在客观上彰显了保护自然界生物多样性繁荣稳定的思想特征。总之，儒家认为只有月令相应才能避免各类灾害，才能实现各类生物的正常蕃育。

二、以时禁发，财物不屈

如在第二章第二节第二点所论，只有"对时"才能"育物"——人类行为只有契合万物变化的时序性才能使万物生长蕃育，在自然资源的利用上，儒家持有相同的观点：人们生杀取获只有与时相应才能保障自然资源的繁荣。《诗经》载："物其有矣，维其时易（《小雅·鱼丽》）。"即事物之所以常有，全在于人们取之有时。《易·节·象》说："天地节而四时成。"孔颖达曰："天地以气序为节，使寒暑往来，各以其序，则四时功成之也。使用之有道，役之有时，则不伤财，不害民也。"② 节在此除有节约之意外，还有节秩、时序之意。就是说，人利用自然资源唯有有序有节，才能避免破坏万物的生长、影响人们的生存。

利用自然资源有序有节、取之有时，在儒家礼论中这种观念便是人们非常熟悉的"时禁"。所谓"时禁"，即"以时禁发"。对于"以时禁发"，荀子言："王者之等赋政事，财万物，所以养万民也。田野什一，关市几而不征，山林泽梁以时禁发而不税。"③ 杨琼注曰："石绝水为梁，所以取鱼也；非时则禁，及时则发。《礼记》曰：'獭祭鱼，然后渔人入泽梁；草木零落，然后入山林也。'"④ 荀子又言："修火宪，养山泽林薮草木鱼鳖百索，以时禁发，使国家足用，财物不屈，虞师之事也。"⑤ 杨琼注曰："禁谓为之厉禁，发谓许民采取。"⑥ 而《管子·戒第》言："老弱勿刑，参宥而后弊，关几而不正，市正而不布，山林梁泽，以时禁发，而不正

① [汉]郑玄，注．礼记正义[Z]．孔颖达，疏．上海：上海古籍出版社，2008：626．
② [魏]王弼，[晋]韩康伯．周易正义[Z]．孔颖达，正义．北京：中国致公出版社，2009：233-234．
③ 荀子[M]．蒋南华，罗书勤，杨寒清，译注．贵阳：贵州人民出版社，2008：131．
④ [唐]杨琼．荀子集解[Z]．北京：中华书局，1986：305．
⑤ 荀子[M]．蒋南华，罗书勤，杨寒清，译注．贵阳：贵州人民出版社，2008：137．
⑥ [唐]杨琼．荀子集解[Z]．北京：中华书局，1986：306．

也。”[①] 尹知章注曰：“獭祭鱼然后入泽梁；豺祭兽，然后入山林。”[②]“时”是时间；“禁”是封禁；“发”是开放。合之，所谓“以时禁发”是根据季节更替和物候变动等情况，对自然资源（特别是动植物资源）的生杀利用采取或者封禁或者开放的相关规定。通过这样的规定，人们就能在获取同等生物量的情况下减少对自然资源的损害和影响。儒家礼论中，时禁规定丰富而详细。

1. 利用植物资源的时禁

夏朝时，夏禹就颁布了或许为最早的时禁：“春三月，山林不登斧斤以成草木之长（《全上古三代秦汉三国六朝文·全上古三代文》。”）一年之季在于春。春季 3 个月是山林树木生长成育的大好时段。在此期限内，人们不可上山砍伐，以免妨害山林草木的生长。《周礼·地官·山虞》载：“仲冬斩阳木，仲夏斩阴木。”[③] 仲冬砍伐位于山南的树木；仲夏砍伐位于山北的树木。山南的树木光照强，长势快；山北的树木光照弱，长势慢。冬天斩山南的树木，以保障山北树木的生长；夏天斩山北的树木，以辅助山南树木的生长。

《礼记·月令》则有着更为详细的记载：仲春“毋竭川泽，毋漉陂池，毋焚山林”；季春 “无伐桑柘”；孟夏“毋伐大树”；仲夏“命民无刈蓝以染，毋烧炭”；季夏“树木方盛，乃命虞人入山行木，无或斩伐”；季秋“草木黄落，乃伐薪为炭”；仲冬“山林薮泽，有能取疏食者，野虞教导之。日短至，则伐林木，取竹箭”；季冬“命四监收秩薪柴”。[④] 据此可得出：一，为保障植物生长，不可在生长期之内伐取植物。伐取利用需待植物生长期完成之后，如野草变黄、山树落叶，伐之作炭则无大碍。二，植物生长期内如要伐取，也不可砍伐大树，以减少对植物资源的破坏。三，何时及如何对植物资源利用伐取，皆需依赖官员的引导和规范，平民百姓不可肆意为之。

2. 利用动物资源的时禁

《国语·鲁语上》载：“宣公夏滥于泗渊。里革断其罟而弃之，曰：‘古者大寒降，土蛰发，水虞于是乎讲罛罶，取名鱼，登川禽，而尝之寝庙，行诸国，助宣气也。鸟兽孕，水虫成，兽虞于是乎禁罝罗，矠鱼鳖，以为夏槁，助生阜也。鸟兽成，水虫孕，水虞于是乎禁罝鹿，设阱鄂，以实庙庖，畜功用也。且夫山不槎蘖，泽不伐夭，鱼禁鲲鲕，兽长麑麇，鸟翼彀卵，虫舍蚳蝝，蕃庶物也。古之训也。今鱼方别孕，不教鱼长，又行网罟，贪无艺也。’公闻之曰：‘吾过而里革匡我，不亦善乎！是良罟也，为我得法。使有司藏之，使吾无忘谂。’师存侍，曰：‘藏罟

① 管子[M]．谢浩范，朱迎平，译注．贵阳：贵州人民出版社，2008：310．
② [唐]尹知章，管子校正[Z]．北京：中华书局，1986：130．
③ 杨天宇，撰．周礼译注[M]．上海：上海古籍出版社，2004：243．
④ [汉]郑玄，注．礼记正义[Z]．孔颖达，疏．上海：上海古籍出版社，2008：591-717．

不如真里革于侧之不忘也。'”[①]从这段记载可以得出以下几点：其一，捕杀和利用动物资源应该讲究季节节律。捕捉大鱼、捞取鳖蜃须等到大寒转暖、土虫蛰苏之后。其二，为避免妨害动物生长期、减少某类动物的生存压力及防止某类动物因人类的过度利用而灭绝，人们应交替捕杀水上动物（鸟兽）与陆地动物（水虫）。鸟兽孕育繁殖时，可以捕捞鱼鳖，以成鸟兽之长；鱼鳖孕育繁殖时，可以猎取鸟兽，以成鱼鳖之长。其三，禁止利用尚未长成或者尚未成熟的动物资源，以辅助它们的生长，成就万物的繁荣。不砍伐重生的嫩芽与初长的水草，不捕捉小鱼。应辅助小鹿、保护雏鸟和鸟卵、不抓取昆虫幼卵。其四，“以时禁发”的规定历史悠久（古之训也），并有着广泛的影响力。

《礼记·月令》载：孟春“牺牲毋用牝。毋覆巢，毋杀孩虫、胎夭、飞鸟，毋麛，毋卵”；仲春“养幼小，祀不用牺牲”；季春“田猎罝罘、罗网、毕翳、餧兽之药，毋出九门”；孟夏“毋大田猎”；季夏“命鱼师伐蛟、取鼍、登鬼、取鼋”；仲冬“山林薮泽，有能取疏事田猎禽兽者，野虞教导之。其有侵夺者，罪之。命渔师始渔。”[②] 据此，也可以得出：一，捕杀动物资源应在秋冬，而非春夏，以辅佐动物生长。古代，田猎活动有不同的名称：春天曰蒐，夏天曰苗，秋天曰狝，冬天曰狩。蒐，是搜取、选择。即春天打猎应该有所选择，妊孕之兽不可猎杀；苗是捕杀有害于田地禾苗的兽类；狝，是杀也。人们可顺秋季肃杀之气捕杀猎物；狩，是围狩。即冬季万物生长大致完成，猎取可以无所选择。二，鸟兽乳孕生长之时，猎兽的大网、捕鸟的小网及各种毒药（容易造成动物大范围死亡的捕杀工具）不允许带出城门。三，不可覆巢、不毁灭鸟卵、不杀妊孕的动物、不杀刚出生或幼小的动物（孩虫、麛）等。因为这些行为容易造成动物灭绝。四，动物利用也由专门官员主导。

《礼记·王制》又载：“鸠化为鹰，然后设罻罗。”[③] 王夫之解释道：“自其杀则谓之鹰，自其不杀则谓之鸠。”[④] 鸠和鹰其实是同一种鸟类。鹰是鸠的老化阶段，生命即将结束。“鸠化为鹰，然后设罻罗”，就是说人们只有等到鸠自己将要死亡之时，才可网捕它们，以减少对这种物类的损害与影响。如此可见《礼记》时禁规定之细致，以及对动植物关爱之周到。

3. 买卖生物资源的时禁

《礼记·王制》载：“五谷不时，果实未熟，不粥于市，木不中伐，不粥于市；禽兽鱼鳖不中杀，不粥于市。”[⑤] 粥，就是买卖。中，就是合时。就是说，人们违

---

① 国语[M]. 黄永堂，译注. 贵阳：贵州人民出版社，1995：148.
② [汉]郑玄，注. 礼记正义[Z]. 孔颖达，疏. 上海：上海古籍出版社，2008：591-717.
③ [汉]郑玄，注. 礼记正义[Z]. 孔颖达，疏. 上海：上海古籍出版社，2008：505.
④ [明]王夫之. 礼记章句[Z]. 长沙：岳麓书社，2011：卷五.
⑤ [汉]郑玄，注. 礼记正义[Z]. 孔颖达，疏. 上海：上海古籍出版社，2008：556.

背时禁法度和礼制，在不合理的时段内所伐取的树木或捕杀的动物，都不可在市场上买卖。例如，孔颖达说：“此经之物，若其合法度，则得粥之；其不合法度者，则不得粥也。”①

4. 火烧田草的时禁

《礼记·王制》：“昆虫未蛰，不以火田。”② 蛰，是惊蛰，从冬眠中复苏。就是说，昆虫、蚯蚓等微小的动物还在土地下冬眠、尚未复苏的时候不可纵火焚烧田地，以免伤害它们。孔颖达说：“蛰虫早者，孟春乃出……蛰虫晚者，则二月始出。”③ 即农历二月后蛰虫才皆复苏。只有这时，人们以火烧田才可以没有顾忌地进行。

综上所述：一，“时禁”之礼是多维度的、多层次的，它较为全面地与深入地规约着人们利用生物资源的时段。二，“时禁”的制定，并非以人类为考量标准，而是以自然万物的生理规律为根本参考。人类的需求必须将就生物资源的生理规律，而非相反。三，“时禁”及其翔实的相关准则深刻体现了儒家礼论对动植物资源的保护意识。在这种意义之“时禁”的规范下，自然资源和生物多样性怎么能不繁荣稳定？例如，荀子言：“养长时，则六畜育；杀生时，则草木殖”，“污池渊沼川泽，谨其时禁，故鱼鳖优多，而百姓有余用也；斩伐养长不失其时，故山林不童，而百姓有余材也。”④又如，《淮南子·主术训》所言：“先王之法，畋不掩群，不取麛夭；不涸泽而渔，不焚林而猎；豺未祭兽，罝罦不得布于野；獭未祭鱼，网罟不得入于水；鹰隼未挚，罗网不得张于谿谷；草木未落，斤斧不得入于山林；昆虫未蛰，不得以火烧田。孕育不得杀，䴔卵不得探，鱼不长尺不得取。彘不期年不得食。是故草木之发若蒸气，禽兽之归若流泉，飞鸟之归若烟云。”无论是植物资源，还是动物资源，人们只要根据其生长规律合理利用，不妨害其生育，不阻绝其成长，就能维护其持续丰富和长久繁荣。

也正因为此，儒家对“时禁”之礼有着深切的认同持守。《礼记·祭义》载曾子言：“树木以时伐焉，禽兽以时杀焉。”孔子曰：“断一树，杀一兽不以其时，非孝也。”⑤《大戴礼记·卫将军文子》又载孔子言：“开蛰不杀当天道也，方长不折则恕也，恕当仁也。”⑥ 利用生物是否合时，关乎天地法则与仁心孝顺，可不慎乎？所以，荀子又从反面特别警示：“杀大蚤，……非礼也。”⑦ 人们利用动植物资源如果不遵守时禁，就是与礼相悖。无礼，物何以成？人何以立？总之，“时禁”之礼

① [汉]郑玄，注．礼记正义[Z]．孔颖达，疏．上海：上海古籍出版社，2008：562．
② [汉]郑玄，注．礼记正义[Z]．孔颖达，疏．上海：上海古籍出版社，2008：506．
③ [汉]郑玄，注．礼记正义[Z]．孔颖达，疏．上海：上海古籍出版社，2008：635．
④ 荀子[M]．蒋南华，罗书勤，杨寒清，译注．贵阳：贵州人民出版社，2008：135．
⑤ [汉]郑玄，注．礼记正义[Z]．孔颖达，疏．上海：上海古籍出版社，2008：1845．
⑥ 方向东，撰．大戴礼记汇校集解[M]．北京：中华书局，2008：646．
⑦ 荀子[M]．蒋南华，罗书勤，杨寒清，译注．贵阳：贵州人民出版社，2008：467．

富含着生态意识，在传统社会有着广发的认同性，上至国君，下至庶民，皆受其约束与规范。传统社会生物多样性的繁荣与“时禁”有着密切关联。

三、取物以礼，万物蕃育

而教令中的另外一项重要内容就是针对统治者的规范：不反对统治者利用自然资源，但是明确要求它们取物以礼。

取物有礼的第一个体现就是取物有故，不可肆意杀害猎取动物资源。对于驯养动物，《礼记·王制》指出：“诸侯无故不杀牛，大夫无故不杀羊，士无故不杀犬豕。”①牛羊狗猪等虽已为人类驯养，但杀之也必须有合理、适当的原因。对于野生动物，《礼记·王制》指出：“天子、诸侯无事，则岁三田，一为乾豆，二为宾客，三为充君之庖。无事而不田，曰不敬。”② 在没有战争时，统治者每年可打猎3次。但每次都需出自必要又合理的目的：①祭祀用的贡品；②招待宾客；③补充天子国君的食物。如果没有目的，肆意地猎杀动物，就是大不敬，就要被禁止和谴责。

取物有礼的第二个体现就是，不大规模杀伤动物，不以灭绝物种的方式利用各类生物。《礼记·曲礼上》记载：“国君春田不围泽，大夫不掩群。”③ 春天是万物生长产孕的大好时段。此时，天子打猎不应该对围困猎物，全部歼灭它们；诸侯打猎不应该对群集的野兽赶尽杀绝。否则，就会造成物类的灭绝（郑玄言：“天子不合围，诸侯不掩群”，“为尽物也。”④）。

以上两点如果没有得到遵守——即“田不以礼”⑤，那么在儒家礼论看来，统治者就是暴殄天物，就是违道悖理。如此，定然会招致灾害。《大戴礼记》载：“‘有羽之虫三百六十，而凤凰为之长；有毛之虫三百六十，而麒麟为之长；有甲之虫三百六十，而神龟为之长；有鳞之虫三百六十，而蛟龙为之长；有倮之虫三百六十，而圣人为之长；此乾坤之美类，禽兽万物之树也。故帝王好坏巢破卵，则凤凰不翔焉；好竭水搏鱼，则蛟龙不出焉；好刳胎杀夭，则麒麟不来焉；好填谿塞谷，则神龟不出焉。’”又言：王者“动不以道，静不以理，则自夭而不寿，妖孽数起，神灵不见，风雨不时，暴风水竝，人民夭死，五谷不滋，六畜不蕃息。”⑥ 取物无礼、暴殄天物、随意杀害其他生命与物种而引起的灾害都与统治者的统治直接相关：凤凰不翔、神灵不见等预示着国家岌岌可危的宗教神启灾害；风雨不时、暴风水竝是自然气候灾害；人民夭死是社会灾害；五谷不滋、六畜不蕃息则可以

① [汉]郑玄，注．礼记正义[Z]．孔颖达，疏．上海：上海古籍出版社，2008：530．
② [汉]郑玄，注．礼记正义[Z]．孔颖达，疏．上海：上海古籍出版社，2008：505．
③ [汉]郑玄，注．礼记正义[Z]．孔颖达，疏．上海：上海古籍出版社，2008：505．
④ [汉]郑玄，注．礼记正义[Z]．孔颖达，疏．上海：上海古籍出版社，2008：505．
⑤ [汉]郑玄，注．礼记正义[Z]．孔颖达，疏．上海：上海古籍出版社，2008：505．
⑥ 方向东，撰．大戴礼记汇校集解[M]．北京：中华书局，2008：1328-1329．

被理解为生物灾害。其中任何一种灾害对于统治者而言都是不愿看到的，因为它们都将直接影响国家的安康稳定，威胁他们的统治。也就是说，取物合礼与否实际上关乎国之治乱和政权之有无。这样一来，取物以礼的规范对本难以为人们所约束的统治者就形成了一种深层次的儆戒机制。所以，中国传统社会历朝历代的统治者往往很少有随意破坏或灭绝其他生命与物种的行为。即便有，也大多会因臣工们的劝谏而作罢。传统社会生物多样性能实现长久稳定繁荣，与此有莫大关系。

第四节　政制与生物多样性智慧

而无论是节制也好，教令也罢，任何规范与准则都需要一些载体才能落实和践行。否则，它们就难以发生效用。儒家礼论中，落实和践行这些规范与准则的载体就是政制——它包括官员、法度、体制及其为政理念等内容。从中，我们将同样发现深刻的生物多样性智慧。

一、生态化的职官设置

三代以来人们普遍秉持的观念是，“普天之下，莫非王土；率土之滨，莫非王臣。”向来崇尚三代文化的儒家也不例外，认为天地间包括生物多样性在内的自然资源，都归国家所有，应由国家统一管理。而儒家礼制发展出了一套完整成熟又富有生态智慧的官职系统，使得人们对自然资源的管理合理又有效。这一点，《周礼》——也被称为《周官经》——进行了详细载录。

按照儒家制礼的一贯传统，《周礼》在职官设置上遵循的也是“体天地，法四时，则阴阳”[①]的原则。也即，人之道须契合效法天之道，人类社会（的秩序）须以宇宙自然（的法则）为摹本。而宇宙自然，从空间上而言有天地，从时间上而言有春、夏、秋、冬。所以，人类社会的官职也相应地设立天官、地官、春官、秋官、夏官、冬官六大系统。因天为万物之首，所以天官自然也为六大系统之长。另外，天地周行为360°，春、夏、秋、冬合之共360天。所以，六大系统也相应地分立出了360职官，以象征和对应周天之360°及周年之360天。职官虽然多样繁细，但每一级别的官职都各有其明确的分工和职责，所行使的有关政令、主管的对象和范围也都各有差异。其中许多与生态直接相关。

天官中与生态管理有关的职官主要有“大宰”、“庖人”“兽人”“渔人”“鳖人”。“大宰”的主要职责是“以九职任万民”，以9种职业对全体民众进行社会分工：一曰三农，在不同地理环境下各自生产不同的谷物；二曰园圃，培育瓜果草木；

---

① [汉]郑玄，注．礼记正义[Z]．孔颖达，疏．上海：上海古籍出版社，2008：2350．

三曰虞衡，利用山林川泽的各类资源；四曰薮牧，饲养繁殖飞鸟走兽等动物；五是百工，制造各类器物；六曰商贾，流通货款财物；七曰嫔妇，收治丝麻。八曰臣妾，采集山草野果。九曰闲民，无固定职业，替人帮工。“庖人”的职责是掌管六畜、六兽、六禽等多样动物的供应。根据郑玄的注释，六畜指牛、羊、豕、犬、雁（鹅）、鱼[①]；六兽指麋、鹿、狼、麕（獐）、野豕、兔；六禽指羔、豚（小猪）、犊（小牛）、麛（小鹿，也泛指小兽）、雉、雁[②]。当然，“庖人”掌管提供动物，但不一定掌管捕杀。捕杀则由其他官员专门掌管。而且不同的官员掌管不同类别动物的捕杀。例如，“兽人”则掌管捕杀野兽。不同时节贡献不同的物类，冬天献狼，夏天献麋鹿，春秋凡兽都可以献。而“渔人”掌管捕鱼。“鳖人”则掌管捕获甲壳动物，而且只在春秋二季。春季捕献鳖蛤，秋季则捕献龟鱼。

相对于天官，地官中与生态相关的职官则更多，主要有“大司徒”、“山虞”、“林衡”、“川衡”、“泽虞”、“迹人”、“矿人”、“囿人”、“场人”等。“大司徒”的职责主要是辨别全国的地理、物产等情况（在下面我们将详细讨论）；“山虞”掌管草木采伐、鸟兽捕杀等政令。例如，监督人们仲冬时砍伐山南的树木，仲夏时砍伐山北的树木。制造车辆的树木，则以砍伐幼小的。人们如违令砍伐，或者盗伐，山虞则有权惩罚他们。“林衡”的职责是巡视和勘查人们在山上和山脚执行各类禁令的情况，安排人们守护山林，并且依据其守护功过给予赏惩。“川衡”的职责大致与“林衡”相似，只不过巡视和勘查地方以川泽水域为主。“泽虞”掌管山湖区的政令，设立各种蕃界，使当地的民众按时贡献皮角珠贝、芹菜、莼菜、菱角、鸡头、芦苇、蒲草[③]等各类相关物产。“迹人”掌管国家田猎场域的政令，管理和安排捕猎的人，防止人们捕杀幼兽、获取鸟卵，以及用毒箭射杀猎物。“矿人”则掌管金、玉、锡、石等各类矿产资源的禁令。“囿人”掌管人造苑林中野兽的蕃卫禁令，并且牧养各类野兽（百兽）；如果祭祀、丧事、宾客有需要，囿人则可以提供一些活或死的兽类。“场人”则掌管国家的场圃，种植培育各类瓜果。

而其他4个职官系统中与生态相关的主要是夏官中的“服不氏”、“射鸟氏”、“罗氏”、“掌畜”等。“服不氏”掌管饲养和驯服猛兽；“射鸟氏”掌管用箭来射杀各种鸟类；“罗氏”掌管用罗网捕获乌鸦等鸟类。腊祭之前用粗孔的网，腊祭之后才能用细孔的网。“掌畜”则掌管喂养驯服捕获的鸟。

可以看出，儒家礼制这种管理自然资源的官职设置有以下几个特点。第一，所管理的对象非常多样丰富，有动物、植物、土地矿产等。动物中，有陆地动物，也有水域动物；有野生动物，也有家养动物。同样，植物也是有陆生、水生、野生、种植等种类。可以说，现今生物多样性的主要内容基本都为这一系统所覆盖。

---

① 周礼译注[M]. 杨天宇，撰. 上海：上海古籍出版社，2004：51.
② 周礼译注[M]. 杨天宇，撰. 上海：上海古籍出版社，2004：55.
③ 周礼译注[M]. 杨天宇，撰. 上海：上海古籍出版社，2004：246.

第二，资源管理呈现独立化的特征。例如，“山虞”不可管理水域，“泽虞”也不能掌管山林；“兽人”不可掌管鱼类的捕杀，“渔人”也不可掌管兽类的捕杀。这种独立化的特征，保障了各系统、各类别的职官对自然资源的管理将更加有效和专业。第三，无论哪一种职官，无论其行使其什么样的权限，其共同的归旨皆在于，保护动植物资源免遭人类的破坏，维护它们的长久繁荣稳定。综此3点，《周礼》所载录的这种“分官设职”的管理系统，其生态化的倾向和生物多样性的智慧显露无遗。

二、法度化的资源维护

要规范和引导人们保护自然资源和生物物种，仅有官员及机构是不够的，还必须有相关的法令[①]。法令具备，官员才能有法可依，人们才能有法可循。比喻而言，如果官员是硬件，那么法令则是软件。只有软件硬件和合协同，自然维护的工作才能完整有效地进行。而对于管理自然资源的法令，儒家礼制从来就不缺乏。因为在儒家的场域中，礼本来就是法令的纲领和前提；礼可以延伸演变成法，甚至有些强制性的礼本身就是法。荀子言“礼者，法之大分，类之纲纪也”[②]，即指出了礼与法的交密关系。儒家礼制中，保护自然资源的法令详细而丰富，有积极引导的，也有消极防范的。从其所维护的对象而言，这些法令大致可以分为如下几类。

一，维护植物资源的法令。《周礼·地官·山虞》载：“物为之厉，而为之守禁。仲冬斩阳木，仲夏斩阴木。斩季材以时入之。令万民时斩材，有期日。凡邦工入山林而抡材，不禁。春秋之斩木不入禁。凡窃木者有刑罚。”[③]什么时段采伐树木，采伐多长时间，什么人采伐，采伐作何用处，这些都有严格的法令规定。人们如果违背法令肆意采伐，就要受到刑罚处置。这种处罚可能非常严重，对人们具有非常大的震慑力与约束性。据《管子》载：“苟山之见荣者，谨封以为禁。有动封山者，罪死而不赦。有犯令者，左足入，左足断；右足入，右足断。”[④]初春时节，山林树木刚露生机，绝不可砍伐，违令者就要砍脚。另外，《全上古三代文》记录，军队出行时“不得刈稼穑、伐树木”，“违令者斩”。1975年12月在湖北云梦县出土的秦简记载的《秦律·田律》中载：“春二月，毋敢伐材木山林及雍（塞）堤水。”[⑤]

---

① 需要说明的是，法令与以上的教令有相同，也有不同之处。相同之处，其目的都在于保护自然资源，而且都有一定的强制性。但不同的是，教令的强制性更多的是道德伦理上的，而法令的强制性更多的是法律刑罚上的；法令的强制性与震慑力甚于教令：教令是“应然如此”，而法令是“必须如此”。

② 荀子[M]．蒋南华，罗书勤，杨寒清，译注．贵阳：贵州人民出版社，2008：7．

③ 周礼译注[M]．杨天宇，撰．上海：上海古籍出版社，2004：243．

④ 管子[M]．谢浩范，朱迎平，译注．贵阳：贵州人民出版社，2008：756．

⑤ 睡虎地秦墓竹简[Z]．文物出版社，1978．

《唐律》中载："诸弃毁官私器物及毁伐树木、稼穑者，准盗论。"这些法令充分说明了人们对山林草木等植物资源的保护非常重视。

儒家还通过法令来引导和督促人们植树造林。《周礼·夏官·掌固》载："掌䁖成郭沟池，树渠之固"，"凡国都之境，有沟树之固"。[①] 就是说，凡都邑和国地边界，以及开有沟渠的地方，都应该栽种树木。《周礼·夏官·司险》又载："设国之五沟五涂而树之林，以为阻固。"[②] 据郑玄注，这里的五沟即遂、沟、洫、浍、川，五涂即径、畛、途、道、路[③]。凡是这些地方都应该种植树木，以巩固河堤和荫蔽道路。《周礼·地官·遂人》又载："五家为邻，五邻为里，四里为酇，五酇为鄙，五鄙为县，五县为遂，皆有地域，沟树之。"[④] 即在邻、里、酇、鄙、县、遂等行政规划都应挖沟种树，以示界线。另外，《周礼·春官·冢人》载："公墓之地，……以爵等为丘封之度，与其树数。"[⑤] 规定墓地也应该种上树木。如此可见，法令所规定的植树造林的地域非常广泛和多样。而如果没有遵守这样的法令，则将受到惩罚。《周礼·地官·载师》载："凡宅不毛者，有里布。"[⑥] 住宅周围不种树木，则将征收税款以作惩罚。《周礼·地官·闾师》载：凡"不耕者，祭无盛；不树者无椁。"[⑦] 即不耕田者祭祀不能晋献祭谷；不种植树木者，死后葬丧有棺而不能用椁。丧葬礼仪在传统社会有着极为核心的地位，人们非常看重。而法令规定若不种树，人们死后就不能享用椁，可见惩罚之严厉及儒家对于种树造林之重视。

另外，儒家礼制设立了焚烧山林草木的法令。《周礼·秋官·司烜氏》载："中春，以木铎修火禁于国中。军旅，修火禁。"[⑧] 即在万物生长的仲春之月，敲响木铎警告人们遵守焚烧山林的法令。甚至在军事行动中，人们也应该遵守此法令。而如果擅自放火焚烧野草就要受到惩罚："掌行火之政令，四时变国火，以救时疾……凡国失火野焚莱，则有刑罚焉。"[⑨]

二，维护动物资源的法令。传统儒家认为动物的繁荣与人类社会的安治有密切关联。例如，夏朝统治者夷羿因嗜好贪恋、过度捕杀就导致了国力衰弱。因此，儒家对动物资源的维护非常重视，认为人们最好不要干扰动物——"民有寝庙，兽有茂草，各有攸处，德用不扰（《左传·襄公四年》）。"[⑩]在这种情况下，儒家礼制维

---

① 周礼译注[M]．杨天宇，撰．上海：上海古籍出版社，2004：433-434.
② 周礼译注[M]．杨天宇，撰．上海：上海古籍出版社，2004：435.
③ 转引自周礼译注[M]．杨天宇，撰．上海：上海古籍出版社，2004：435.
④ 周礼译注[M]．杨天宇，撰．上海：上海古籍出版社，2004：223.
⑤ 周礼译注[M]．杨天宇，撰．上海：上海古籍出版社，2004：322.
⑥ 周礼译注[M]．杨天宇，撰．上海：上海古籍出版社，2004：191.
⑦ 周礼译注[M]．杨天宇，撰．上海：上海古籍出版社，2004：193.
⑧ 周礼译注[M]．杨天宇，撰．上海：上海古籍出版社，2004：551.
⑨ 周礼译注[M]．杨天宇，撰．上海：上海古籍出版社，2004：432.
⑩ 左传[M]．王守谦，金秀珍，王凤春，译注．贵阳：贵州人民出版社，1990：1303.

护动物资源的法令自然也不缺乏。《周礼·秋官·薙氏》载：“山之为苑，泽之沉者。”① 郑注曰：“不得擅为苑囿于山也，泽之沉者谓毒鱼及水虫之属。”② 意思说，禁止私自圈山为林苑，禁止在湖泽等水域中放毒药毒杀鱼类。因为这种方式容易造成物类的灭绝。除此以外，在山林中打猎也有明确法令。《周礼·地官·迹人》载：迹人“掌邦田之地政。为之厉禁而守之。凡田猎者受令焉。禁麑卵者与其毒矢射者。”③ 即凡是打猎的人除了要服从迹人的安排和管理外，还要严格遵守如下法令：禁止捕杀幼小的动物、采取鸟卵，以及用毒箭射杀猎物④。

三，维护土地和矿产资源的法令。《周礼·地官》载：“矿人”“掌金玉锡石之地，而为之厉禁以守之。若以时取之，则物其地，图而授之，巡其禁令。”⑤ 即要求人们在利用矿产资源时应该遵循开采时间、开采地点、开采范围能法令，不可肆意为之。

总之，儒家礼制对于各类自然资源的维护发展出了丰富的法令。在这些法令的强制性的规约和引导下，传统社会自然资源的保护及生物多样性的维持工作将会非常有效：违背法令利用自然资源的代价与成本是砍脚斩头或死后无椁等，人们又有谁敢为之，谁愿为之？尽管，这些具体的法令形式在现代社会已经无立足之地，但是这些法令当中所蕴涵的对包括生物多样性在内的自然万物深刻的保护意识和尊重思想，仍然值得我们借鉴。

三、职责化的辨物制度

所谓辨物，就是辨别事物，区分事物，归类事物。辨物是人们认知自然和保护万物的基本。现在生物多样性的保护也是以辨物为前提的。而儒家礼制对辨物非常重视。与上一章“和”论中的辨物更多还停留在抽象观念或方法上不同的是，礼制中的辨物已落入具体制度层面，成了一种不得不实施的职责——辨物成了许多官员的本职与己任。

《周礼·地官》中“大司徒”就是如此。“大司徒”的辨物有 4 个方面。一，辨别全国范围内山、林、川、泽、丘、陵、坟、衍、原、隰之名物。根据郑玄的注

① 周礼译注[M]．杨天宇，撰．上海：上海古籍出版社，2004：549.

② 转引自周礼译注[M]．杨天宇，撰．上海：上海古籍出版社，2004：549.

③ 周礼译注[M]．杨天宇，撰．上海：上海古籍出版社，2004：247.

④ 儒家这种保护动物的法令也对后世产生了深远影响，历代多有沿袭或发展。例如，《三国志·魏书·高柔传》载，高柔上疏提出设立“杀禁地鹿者身死，财产没官，有能觉告者厚加赏赐”的法令；《元史·仁宗、英宗纪》载仁宗皇帝颁布了“禁民弹射飞鸟、杀马、牛、羊当乳者”的法令；宋太祖建隆二年下诏：“鸟兽虫鱼，宜各安于物性，置罘罗网，当不出于国门，庶无胎卵之伤，用助阴阳之气。其禁民无得采捕虫鱼，弹射飞鸟（《全宋文》卷一）。”《明史·职官志》载：“虞衡典山泽采捕、陶冶之事……皆以其时。冬春之交，罝罛不施山泽；春夏之交，毒药不施原野。”显然，这些保护动物的法令与先秦儒家礼制的法令一脉相承；保护动物资源的持续繁荣，避免它们因人类的过度捕杀而走向灭绝，是这法令的共同目的。

⑤ 周礼译注[M]．杨天宇，撰．上海：上海古籍出版社，2004：247.

释，石头累积的是山，有竹木生长的是林，流动的水域是川，静止的水域是泽，小的土山叫丘，大的土丘叫山，靠水边的悬崖叫坟，低下的平原叫衍，高凸的平原叫原，低而湿的土地叫隰。① 可见，其所辨别的其实是地理环境的多样性。二，以土会之法，辨五地不同地理条件下所宜生长之人和之物："一曰山林，其动物宜毛物，其植物宜早物，其民毛而方。二曰川泽，其动物宜鳞物，其植物宜膏物，其民黑而津。三曰丘陵，其动物宜羽物，其植物宜核物，其民专而长。四曰坟衍，其动物宜介物，其植物宜荚物，其民皙而瘠。五曰原隰，其动物宜裸物，其植物宜丛物，其民丰肉而庳。"② 这种辨物比第一种又进了一步。因为它注意到了生物与环境的有机统一性。三，以土宜之法，辨别 12 个区域的产物，认知各地的利弊，从而为人们安居乐业、为鸟兽草木的繁育提供基础。另外，还要辨别 12 种土壤，知道哪些土壤适宜种植什么作物。四，以公平合理标准将以上 5 种地域分出九等，以征收税赋。

还有《周礼·夏官》中的"职方氏"，它被要求辨别全国范围内诸侯国、王畿内的采邑、四夷国、八蛮国、九貊国、五戎国、六狄国的人民，以及他们的财物、九谷、六畜的数目，遍知他们的有利和不利的条件所在③。例如，扬州"其利金、锡、竹箭，……其民二男五女（男女比例），其畜宜鸟兽，其谷宜稻"；豫州"其浸波、溠，其利林、漆、丝、枲，其畜宜牛、马，其谷宜黍、稷"；并州"其浸涞、易，其利布、帛，……其畜宜五扰（郑《注》曰：马、牛、羊、犬、豕），其谷宜五种（郑《注》曰：黍、稷、菽、麦、稻）。""山师"和"川师"分别掌管山丘林木和河流湖泊的名号，辨别山中的物产，归类出对人类有利或有害的动植物；"原师"则掌管四方的地形之名，辨别丘、陵、坟、衍、原、隰的名称和物产④。

另外，儒家礼制还规定，有些官员本职虽不是辨物，但辨物也在规定任务之内。《周礼·天官》中，渔人除了掌管捕鱼外还要辨别鱼的种类："渔人掌以时渔，为梁。春献王鲔。辨鱼物"⑤；兽人除了掌管捕兽外还要辨别兽类："兽人掌罟田兽，辨其名物"⑥；"肉饔"除了给王后、太子提供肉食外，还要辨别牲体和脏腑的名称，辨别各种美味。并且要认知到，"牛夜明则庮。羊泠毛而毳，羶。犬赤股而躁。鸟皫色而沙鸣，貍。豕盲视而交睫，腥。马黑脊而般臂，蝼。"⑦牛如果夜鸣，它的肉就恶臭。羊如果毛长而有打结，它的肉就羶。狗如果后退则侧五毛而又奔跑急躁，它的肉就躁。鸟的毛色失去光泽而又鸣声嘶哑，它的肉就腐臭。猪

① 周礼译注[M]. 杨天宇，撰. 上海：上海古籍出版社，2004：146.
② 周礼译注[M]. 杨天宇，撰. 上海：上海古籍出版社，2004：147.
③ 这段文字的翻译见周礼译注[M]. 杨天宇，撰. 上海：上海古籍出版社，2004：480.
④ 周礼译注[M]. 杨天宇，撰. 上海：上海古籍出版社，2004：490.
⑤ 周礼译注[M]. 杨天宇，撰. 上海：上海古籍出版社，2004：490.
⑥ 周礼译注[M]. 杨天宇，撰. 上海：上海古籍出版社，2004：490.
⑦ 周礼译注[M]. 杨天宇，撰. 上海：上海古籍出版社，2004：58.

如果作远视貌而睫毛相交，它的肉中生有囊虫。马脊作黑色而前胫有杂斑，它的肉就作蝼蛄臭。这种辨别，虽然主要是为了人们更好地食用动物，而且也不一定科学，但是这种细致的程度充分说明了人们对于辨物的重视。

总之，在儒家礼制中，辨物已经完全职责化了。这种职责化的辨物制度，为人民周详而深入地认知自然万物和生物多样性，以及合理有效地保护它们都提供了坚实基础。

四、地方化的为政理念

在儒家礼制中，礼作为规范和准则虽然有着较强的固定性，使得人们必须严格遵守，不可肆意违背改易。但在另外一个方面，儒家又赋予了礼以丰富的弹性和可变更性，反对礼的一成不变、僵化静止。《礼记》曰：“礼之用，时为大。”[①]“时”即表征礼所实施的具体的时空场域。就是说，礼的运用能否合适有效，关键取决于人们能否将相关礼仪与具体时空场域相耦合。耦合越到位，礼就越能达到预期目的。所以，固定不变、放之四海而皆准之礼在儒家看来是不存在的。在这种情况下，当儒家运用礼制来管理自然与社会时就顺然地发展出了如下理念：要求人们施政时应注意各地文化习俗与地理环境的多样性、差异性，即使礼与具体的时空相耦合，也不能以单一而统一的政策进行整齐划一的处理——这是地方化的为政理念。

《礼记·礼器》说：“是故昔先王之制礼也，因其财物而致其义焉尔。故作大事必顺天时，为朝夕必放于日月，为高必因丘陵，为下必因川泽。”[②] 山区有山区的管理模式，湿地有湿地的管理模式；地理环境不同，管理模式就应适时调整。《礼记·王制》又说：“凡居民材，必因天地寒暖燥湿。广谷大川异制，民生其间者异俗，刚柔、轻重、迟速异齐，五味异和，器械异制，衣服异宜。修其教，不易其俗；齐其政，不易其宜。”[③] 这就是说，人们生产方式、风俗习惯及性格特征在很大程度上受气候因素、地理环境等自然条件的影响。自然条件不同，以上内容就呈现出差异。例如，居住在深谷山区的人们与居住在大河平原的人们就有所不同：性格或者刚烈急躁，或者温和柔顺；饮食酸甜苦辣咸各有其好；使用的工具形态、功能各有其异；衣服也是各有差异。所以，政府在施政管理时就应该充分尊重顺从这些多样性和差异性，教化人心但不改变当地的风俗，统一政令但不更易当地的习惯。可见，儒家礼制不但尊重地理环境的多样性，而且还特别尊重由此环境孕育的文化多样性。

① [汉]郑玄，注．礼记正义[Z]．孔颖达，疏．上海：上海古籍出版社，2008：960．
② [汉]郑玄，注．礼记正义[Z]．孔颖达，疏．上海：上海古籍出版社，2008：1001．
③ [汉]郑玄，注．礼记正义[Z]．孔颖达，疏．上海：上海古籍出版社，2008：537．

对比一下就会发现，儒家礼制这种充分蕴涵着地方性特质的为政理念，与现代联合国《生物多样性公约》的某些精神非常契合。例如，《公约》在第八条（j）款中强调，应“尊重、保存和维持土著和地方社区体现传统生活方式而与生物多样性的保护和持久使用相关的知识、创新和做法并促进其广泛应用。”二者不谋而合之处一目了然。但不同的是，儒家的这种理念早了2000年。这是我们不得不感叹的。今天，中华民族还存在如此多姿多彩的民族文化，以及由各个民族文化所长期维持的丰富繁荣的生物多样性，这与儒家礼制这种地方性的为政理念可能存在部分关联。

第五节　祭祀与生物多样性智慧

儒家礼论中另外一项重要内容就是祭祀。《礼记·祭统》说：“礼有五经，莫重于祭。”① 五经指5种基本的礼：吉礼、凶礼、宾礼、居礼、嘉礼。吉礼——祭礼，乃是五礼之首。《左传·成公十三年》说：“国之大事，在祀与戎。”② 认为祭祀与战争都是国家的根本大事。《说文解字》说：“礼，履也。所以事神致福也。”将礼直接定义在祭祀的范围上。由此可见祭祀的意义与地位。所以《礼记》说：“祭者，教之本也已”③，“禘尝之义大矣，治国之本也，不可不知也。”④ 如同礼论的以上范畴，祭祀依然蕴涵着深刻的生物多样性智慧：无论是其感恩自然万物的情怀，还是其祭祀的对象、祭祀所采用的物品，抑或祭祀的方式。

一、“报本反始”：礼赞与感恩自然

在现代文明所孕育的“祛魅”（disenchantment）的自然观大行其道之前，世界各个民族与地区的人们大多持有的乃是一种“附魅”的自然观——自然界是一个活的有生命的有机体，江海河湖、山川草木等万物同人类一样都存在意识，都有神灵（魅）寓居其中。这些神灵控制和主导着自然界的万事万物。人们若是冒犯与亵渎他们，则将遭受灾祸。于是，对自然万物心存敬畏，以各种形式的祭祀礼仪来敬仰与膜拜神灵，期求获得荫佑庇护，便成了人们长期的不约而同的文化选择。人类文明史上，这样一种“附魅”的自然观及其所孕育涵摄的祭祀，对于维系人与自然的和谐关系及保护生物多样性的繁荣稳定，都发挥着非常重要的功能与作用⑤。

---

① 周礼译注[M]. 杨天宇，撰. 上海：上海古籍出版社，2004：1865.

② 左传[M]. 王守谦，金秀珍，王凤春，译注. 贵阳：贵州人民出版社，1990：673.

③ 周礼译注[M]. 杨天宇，撰. 上海：上海古籍出版社，2004：1878.

④ 周礼译注[M]. 杨天宇，撰. 上海：上海古籍出版社，2004：1889.

⑤ 也正由于此，主张通过对自然“复魅”（reenchantment）俨然成了当今诸多学者（以美国学者大卫·格里芬和法国学者赛尔日·莫斯科维奇为主）解决生态危机的主要途径。

同样，处在自然“祛魅”之前的传统儒家文化也拥有祭祀，并在其中发展出了详细的相关仪则。但有所不同的是，其他文化对自然万物的祭祀，其归趣多是宗教的、神学的，而儒家的则是人文的、理性的。因为，在儒家的自然观中，神主要被理解为一种自然化的神妙作用，而非创世的、主宰的神灵。《易·系辞上》说：“阴阳不测之谓神。”韩康伯认为，此指造运万物之阴阳二气的难以测度、不知所以然而然的变化运动就是神：“神也者，变化之极，妙万物而为言，不可以形诘者也，故曰‘阴阳不测’。……造之非我，理自玄应；化之无主，数自冥运，故不知所以然，而况之神。是以明两仪以太极为始，言变化而称极乎神也。”[①] 荀子也说：“不见其事，而见其功，夫是之谓神（《荀子·天论》）。”[②] 事是生物的行为，功是生物的功绩，皆对天地自然而言。可见，神在儒家看来只是天地间妙运万物又不见其形、功道显著又难以言说的非人格化的自然性的作用。所以，《易·说卦传》说：“神也者，妙万物而为言者也。”神的意蕴主要指陈自然而非神灵[③]，这样一种情况就决定了儒家祭祀自然万物必然与其他文化有所差异：其他文化祭祀多是出于对自然主宰神灵或超自然力量的畏惧崇媚，而儒家则主要是缘于对自然万物一种真切而又平实的感恩情怀和报答意识——自然万物造就、滋养、惠育了人们，人们通过祭祀之礼或者说以祭祀为核心的礼仪来回报它们、恩记它们。《礼记·乐记》说：“乐也者，施也。礼也者，报也。乐，乐其所自生；而礼，反其所自始。乐章德，礼报情，反始也。”[④] 乐的特征是施与，而礼的特征是回报。《礼记·郊特牲》接着说：“万物本乎天，人本乎祖。……郊之祭也，大报本反始也。”[⑤] 又言：“社，所以神地之道也。地载万物，天垂象，取财于地，取法于天，是以尊大而亲地也，故教民美报焉。家主中霤，而国主社，示本也。……所以报本反始。”[⑥] 人都是天地自然所生，始于天，生于地，育于自然万物。所以，人们通过郊祭来报答天之恩，通过社祭来报答地之德。这种报恩的行为与观念，在儒家看来完全是人们发自内心的自然而然的情怀，没有什么神秘或巫魅可言：“夫祭者，非物自外至者也，自中出，生于心也。心怵而奉之以礼。”[⑦] 天地万物有恩于人，人感恩于心，从而自当奉之以礼，祭之以礼。

---

① [魏]王弼，[晋]韩康伯．周易正义[Z]．孔颖达，正义．北京：中国致公出版社，2009：261．

② 荀子[M]．蒋南华，罗书勤，杨寒清，译注．贵阳：贵州人民出版社，2008：196．

③ 儒家对神虽然有着这种自然性的定义，但其实儒家在另外一个方面也并不否认神灵的存在。孔子言：“祭神如神在”（《论语·八佾》），“敬鬼神而远之”（《论语·雍也》）；《中庸》说：“郊社之礼，所以事上帝也。”此即说明了儒家其实已经默认了鬼神的存在，儒家祭祀自然万物也的确存在膜拜神灵的意蕴。但是，在人与自然万物的关系上，这种神学意义上的祭祀在儒家礼论中并不占据主要地位；占据主要地位的还是人文与理性意义上的报答与感恩。

④ [汉]郑玄，注．礼记正义[Z]．孔颖达，疏．上海：上海古籍出版社，2008：1070．

⑤ [汉]郑玄，注．礼记正义[Z]．孔颖达，疏．上海：上海古籍出版社，2008：2350．

⑥ [汉]郑玄，注．礼记正义[Z]．孔颖达，疏．上海：上海古籍出版社，2008：1054．

⑦ [汉]郑玄，注．礼记正义[Z]．孔颖达，疏．上海：上海古籍出版社，2008：1865．

人们对自然万物祭之以礼，回报以心，这还被儒家认为是与仁义直接相关。《礼记·檀弓上》又说："君子曰：'礼，不忘其本。'古之人有言曰：'狐死正丘首，仁也。'"① 人们不忘其所由，不忘其本根，如狐狸纪缅其所出生之地，所体现的是仁义。例如，孔颖达指出的："不忘恩而报之，是仁；有功必报之，是义也。"② 那么反过来就可以说，有恩而不报，有功而不谢，有本根而不铭记，就是不仁不义。不仁不义之人，又怎能称其为人？③ 所以《礼记·祭义》强调，人们尽心由衷地祭祀天地万物，报本反始："君子反古复始，不忘其所由生也，是以致其敬，发其情，竭力从事以报其亲，不敢弗尽也。……以事天地、山川、社稷、先古，以为醴酪齐盛于是乎取之，敬之至也。"④ 而《大戴礼记》载，孔子甚至要求人们如孝敬亲人一样孝敬天地："仁人不过乎物，孝子不过乎物，是仁人之事亲也如事天，事天如事亲，是故孝子成身。"⑤ 显然，在儒家礼制中通过祭祀来报答与感恩自然万物，已经成内化成人之为人的基本要素之一。

基于上，儒家于是对祭祀采取了以下方针：一，积极规定。例如，《礼记·郊特牲》记载，在有助于农事的万物衰老时，人们要举行腊祭，并应穿着皮弁素服、腰系葛带、手执榛木杖——以丧服装束为其送终："皮弁素服而祭，素服以送终也。葛带榛杖，丧杀也。"⑥ 穿丧服送终一般用于祭者之先人，而儒家礼制要求把这种仪式用在万物之上，可见儒家报本反始的仁义情怀。无怪乎《郊特牲》言腊祭是仁至义尽。二，消极防范。例如，《大戴礼记·本命篇》载，不祭敬天地、诬蔑鬼神之罪甚于杀人："大罪有五，逆天地者，罪及五世。……诬鬼神者，罪及二世；杀人者，罪止其身。"⑦又如，《礼记·王制》指出，诸侯如果山川当祭者而不祭就是不敬，不敬者君主就要削减封地："山川神祇有不举者为不敬，不敬者君削其地。"⑧ 从以上两点可以看出，儒家对自然万物的祭祀极为重视。

重视祭祀，于本质上说明的问题是人们对自然万物的感恩情怀和报答意识在儒家文化中有着深刻而普遍的秉持。这种秉持充分折射出了，与现代文明中人们将人与自然的关系限定在"自然——►索取"的单向矢量的模式不同的是，儒家的自然观中人与自然的关系乃是一种"自然◄——►回报"的双向循环模式。在这种模式中，人们对自然万物所采取的任何措施都会自觉地受到约束，破坏自然、危害万物的行为不可能随意地发生（更不用说大规模灭绝物种），因为这不但不能为理

① [汉]郑玄，注．礼记正义[Z]．孔颖达，疏．上海：上海古籍出版社，2008：260.
② [汉]郑玄，注．礼记正义[Z]．孔颖达，疏．上海：上海古籍出版社，2008：1073.
③ 后儒在《名贤集》言："马有垂缰之义，狗有湿草之恩"；于《增广贤文》载："羊有跪乳之恩，鸦有反哺之义。"作为禽兽，它们都有回报感恩的行为，都有仁义的表露，又何况于人乎？
④ [汉]郑玄，注．礼记正义[Z]．孔颖达，疏．上海：上海古籍出版社，2008：1838-1839.
⑤ 方向东，撰．大戴礼记汇校集解[M]．北京：中华书局，2008：67.
⑥ [汉]郑玄，注．礼记正义[Z]．孔颖达，疏．上海：上海古籍出版社，2008：2350.
⑦ 方向东，撰．大戴礼记汇校集解[M]．北京：中华书局，2008：1308.
⑧ [汉]郑玄，注．礼记正义[Z]．孔颖达，疏．上海：上海古籍出版社，2008：492.

智所认同——破坏自然就等于破坏人类生存的基础，也同样更不能为情感所支持——人们怎能恩将仇报破坏有大恩于自己的事物？这又岂是人之所为？又岂能为道德伦理和社会舆论容忍？于此，我们也就可以明白为什么“逆天地者，罪及五世”了。

毫无疑问，儒家对自然万物的这种祭祀礼仪及其蕴涵的感恩情怀和报答意识，对于保护传统社会自然万物和生物多样性将发挥重要作用。在现代社会，儒家祭祀自然万物的具体仪则虽然失去了适用价值，但是这种感恩情怀和报答意识仍然值得我们深刻汲取与利用。培养与树立人们的这种情怀和意识，比许多学者所主张的通过“复魅”自然来解决包括生物多样性丧失在内的生态危机，可能更具有可行性和现实性。

二、祭祀对象的多样性

当然，儒家祭祀并非抽象笼统的，而是存在着多样而又具体的对象。《礼记·祭法》载：“夫圣王之制祭祀也，法施于民则祀之，以死勤事则祀之，以劳定国则祀之，能御大菑则祀之，能捍大患则祀之。是故厉山氏之有天下也，其子曰农，能殖百谷。夏之衰也，周弃继之，故祀以为稷。共工氏之霸九州也，其子曰后土，能平九州，故祀以为社。帝喾能序星辰以著众，尧能赏均刑法以义终，舜勤众事而野死，鲧鄣鸿水而殛死，禹能修鲧之功，黄帝正名百物以明民共财，颛顼能修之，契为司徒而民成，冥勤其官而水死，汤以宽治民而除其虐，文王以文治，武王以武功去民之菑，此皆有功烈于民者也；及夫日、月、星辰，民所瞻仰也，山林、川谷、丘陵，民所取财用也。非此族也，不在祀典。”[①] 据此可以看出，儒家祭祀一般分为两类。一类是古圣先贤——人，另一类是自然万物——物。人只要有功于人们，或者为颁布法令安治百姓者（尧），或者为因公殉职者（如舜），或者为勤劳治政安定邦国者（如共工、尧、文王），或者为人们消灾免难者（如鲧、武王），或者能够为人们解除苦患者（如汤），皆在祭祀的对象内。物只要有恩于人们，或者有利于人们通过观察区分时节安排农事者（如日月星辰），或者给人们提供基本的生存物资者（如山林、川谷、丘陵），都在祭祀对象之内。对这一点《国语》说得更进一步：“及天之三辰，民所以瞻仰也。及地之五行，所以生殖也。及九州名山川泽，所以出财用也。非是不在祀典。”[②] 只要有利于人们生存的“四海、大川、名源、渊泽、井泉”[③]等自然事物皆应被祭祀。

儒家认为许多动物也应在祭祀的对象之内。《礼记·郊特牲》载：“天子大蜡八。伊耆氏始为蜡。蜡也者，索也。岁十二月，合聚万物而索飨之也。蜡之祭也，主先啬而祭司啬也。祭百种，以报啬也。飨农及邮表畷、禽兽，仁之至，义之尽也。

① [汉]郑玄，注．礼记正义[Z]．孔颖达，疏．上海：上海古籍出版社，2008：1802-1803．
② 国语[M]．黄永堂，译注．贵阳：贵州人民出版社，1995：139．
③ [汉]郑玄，注．礼记正义[Z]．孔颖达，疏．上海：上海古籍出版社，2008：732．

古之君子，使之必报之。迎猫，为其食田鼠也。迎虎，为其食田豕也。迎而祭之也。祭坊与水庸，事也。曰：'土反其宅，水归其壑，昆虫毋作，草木归其泽。'……蜡之祭，仁之至，义之尽也。"① 腊八就是8种与农作物有着密切关联的神：先啬、司啬、农、邮表畷、猫、虎、水庸、昆虫。腊祭是农历十二月农事停息之时，祭祀这些神。祭祀先啬和司啬可以理解，因为他们分别开创和主管农事。可是为什么要祭祀猫、虎和昆虫？儒家认为，猫捕食老鼠，虎捕食野猪，能减少农作物的损失。所以人们应该通过祭祀报答它们。只有如此，人们才能说做到了仁至义尽。而祭祀昆虫，则是希望它们不要泛滥成灾，不要危害农作物。无论是有益还是有害于农业的动物皆被祭祀，可见儒家动物祭祀的多样性。

儒家还有"五祀"。"五祀"之礼，天子、诸侯、大夫都得遵守②。"五祀"者，何谓也？《白虎通》曰："门、户、井、灶、中霤。"其中，春祭户、夏祭灶、六月祭中霤、秋祭门、冬祭井。因为户是人所出入，如同春天是万物始触户而出；而灶为火之主，是人自养的事物。而夏季也是主火，长养万物；门是闭藏自固的事物，秋季万物成熟，内备自守与门同；井是水生涌藏存的地方，而冬天主水，万物伏藏；中霤象征中央之土，而六月也是主土③。另外，儒家还有"七祀"，其祭祀对象比"五祀"更多。《礼记·祭法》载："王为群立七祀，司命，曰中霤，曰国门，曰国行，曰泰厉，曰户，曰灶。"④所谓七祀就是祭祀司命神、中霤神、国门神、国行神、泰厉神、户神、灶神。

总之，儒家祭祀对象具体明确、多样丰富，大则天地日月，小则山川河流动植飞潜，多在其内。例如，《礼记·祭法》所总结的："燔柴于泰坛，祭天也。瘗埋于泰折，祭地也。用騂犊。埋少牢于泰昭，祭时也。相近与坎坛，祭寒暑也。王宫，祭日也。夜明，祭月也。幽宗，祭星也。雩宗，祭水旱也。四坎坛，祭四方也。山林、川谷、丘陵，能出云，为风雨，见怪物，皆曰神。有天下者祭百神。诸侯在其地则祭之，亡其地则不祭。"⑤ 可见，儒家祭祀的对象不但涉及了地理环境的多样性，也涉及了物种的多样性。祭祀的对象越多样，也就意味着有越多的事物纳入到了人们敬畏和尊重的对象之中，也即同时纳入到了人们保护和关怀的范围之内。

三、祭献物品的生态性

似乎颇为矛盾的是，儒家祭祀一方面有保护自然万物和生物多样性的意识，

---

① [汉]郑玄，注．礼记正义[Z]．孔颖达，疏．上海：上海古籍出版社，2008：1071-1072．
② [汉]郑玄，注．礼记正义[Z]．孔颖达，疏．上海：上海古籍出版社，2008：204．
③ [清]陈立．白虎通疏证[M]．吴则虞，点校．北京：中华书局，1994：77-79．
④ [汉]郑玄，注．礼记正义[Z]．孔颖达，疏．上海：上海古籍出版社，2008：1799．
⑤ [汉]郑玄，注．礼记正义[Z]．孔颖达，疏．上海：上海古籍出版社，2008：1787．

但是另一方面在祭祀中又不得不消耗一些自然资源，特别是要宰杀一些动物。《说文解字》说：“祭，祭祀也，从示，以手持肉。”“以手持肉”即明确指出了祭祀贡献牺牲、消耗物资的基本特质。那么，这样一来儒家的祭祀会不会与生态原则背道而驰，并因此造成对自然万物和生物多样性的破坏呢？答案是否定的。

首先，祭祀虽然会消耗资源、宰杀动物，但是在儒家看来这种消耗与宰杀蕴涵着更深层次的一种意义：通过对极少数自然资源的消耗来培养与维持住人们对于自然万物的敬畏和感恩，这种敬畏与感恩是实现人与自然和谐相处、防止对自然资源更大破坏的基本保障。换言之，儒家认为祭品对自然资源的消耗，是以小成本博取大收益之举。明白于此，我们就能深刻领悟《论语·八佾》的载录：孔子的弟子子贡要去除“告朔”之“饩羊”时，孔子却坚决反对：“赐也，尔爱其羊，我爱其礼。”在孔子看来，对于整个天地自然而言，祭祀之礼所带来的价值显然远远超过了宰杀一个动物个体所损失的价值。对此，布拉克雷为儒家提供了非常精彩的辩护：“使用动物的礼仪实践可以被理解为与自然的力量和权力保持适当的和谐关系的方式，以及支撑和推进事物的有秩序的生生运动的方式。动物本身是自然的一部分，所以，它们也被认为是人向自然的权力表达敬意的一部分。动物的礼仪价值超过它对自身的价值和它对于某个人的价值，礼仪本身也是自然的一部分。如果祭祀有助于维持‘天地’之道，那么，礼仪的要求并没有超出自然对于被创造物的要求。子贡应该认识到，支持他的判断的选择和感觉是错误的。献祭，就其自身来说，是用自然自己的资源向自然致敬。剥夺一个现成的价值是肯定整个过程中的许多价值的途径。”① 因此，祭祀对资源的消耗、对动物的宰杀，表面看似违背生态原则，而实质却与之非常契合。

其次，儒家祭祀贡献祭品时处处体现着珍惜自然资源、保护生物物种的生态思想。这主要体现在以下几点。

一，儒家礼论认为，祭祀的实质在于向祭祀的对象表达敬畏、诚信和感恩的内在情怀，这种内在情怀的表达并不以祭品的多少为转移，因为鬼神所飨在德而非在物。所以，焦注内在的真诚心态而非外在的物质形式，才被儒家认定是根本的祭祀之道：“身致其诚信，诚信之谓尽，尽之谓敬，敬尽然后可以事神明，此祭之道也。”② 因此，祭祀若只有繁多的祭品而缺乏诚敬之心，则难获鬼神的福佑。《易·既济》卦九五爻辞说：“东邻杀牛，不如西邻之禴祭，实受其福。”东邻因不如西邻诚敬，所以其尽管以最盛大的牛作为祭品，却不如西邻以最菲薄的饭菜作为祭品所获福德之多。所以，祭品虽然少寡寒酸，但只要人们诚敬忠信，就同样可以达到祭祀的目的。《左传·隐公三年》强调：“信不由中，质无益也。明恕而行，

---

① 唐纳德．N．布拉克雷．倾听动物——儒家的动物福利观点[J]．中国哲学杂志，2003，30：140。转引自乔清举．论儒家的祭祀文化及其生态意义[J]．现代哲学，2012，(4)．

② [汉]郑玄，注．礼记正义[Z]．孔颖达，疏．上海：上海古籍出版社，2008：1869．

要之以礼，虽无有质，谁能间之？苟有明信，涧谿沼沚之毛，蘋蘩薀藻之菜，筐筥锜釜之器，潢汙行潦之水，可荐于鬼神，可羞于王公。”① 敬意足够，浮萍、白蒿、水藻之类的蔬菜也都可作为贡献鬼神的合理祭品。《礼记》也载，人们以最原始的方式和事物祭祀，同样可以晋飨鬼神：“夫礼之初，始诸饮食，其燔黍捭豚，污尊而抔饮，蒉桴而土鼓，犹若可以致其敬于鬼神。”②

祭祀在于内在的心意，而非外在的祭品，在这种理念的主导下，儒家祭祀就不会有走向热衷于追求祭品繁多与丰富这种流于外在物质形式的片面道路。所以，《礼记》说：“笾豆之荐，水土之品也。不敢用常亵味而贵多品，所以交于神明之义也，非食味之道也。”③ 又通过孔子之言表达道：“祭礼，与其敬不足而礼有余也，不若礼不足而敬有余也。”④ 不追求祭品的稀贵繁多，认为礼之足不若敬之足，这种情形也就必然决定了儒家祭祀不会发展成铺张浪费的损害自然资源与生物多样性的畸形模式。

二，儒家礼制选用的祭品丰富而又多样，有动物、植物、矿物、人工物等：“凡宗庙之礼，牛曰一元大武，豕曰刚鬣，豚曰腯肥，羊曰柔毛，鸡曰翰音，犬曰羹献，雉曰疏趾，兔曰明视，脯曰尹祭，槁鱼曰商祭，鲜鱼曰脡祭，水曰清涤，酒曰清酌，黍曰芗合，粱曰芗萁，稷曰明粢，稻曰嘉蔬，韭曰丰本，盐曰咸鹾，玉曰嘉玉，币曰量币。”⑤祭品的丰富性与多样性，对于自然生物的积极作用在于，分散与摊平了各类生物物种因作为祭品所承受的压力。如果只是选择某单一生物物种特别是野生物种（如鹿、虎等）作为祭品，那么这一物种的生存势必不堪重负，很容易因人类的反复利用而走向灭绝。儒家似乎也意识到了这点，所以不但有意识地选择多样的祭品，而且还将动植物和矿物等祭品搭配使用、交替使用。《礼记·王制》载：“庶人春荐韭，夏荐麦，秋荐黍，冬荐稻。韭以卵，麦以鱼，黍以豚，稻以雁。”⑥ 也就是说，普通老百姓在祭祀它们的祖先时，春天可以晋献韭菜，夏天晋献小麦，秋天晋献黍子，冬天晋献水稻；韭菜可与鸡蛋搭配，小麦可与献鱼搭配，黍子可与小猪搭配，水稻可与大雁搭配。另外，儒家礼制规定在动物生长的春季人们应该以矿物取代动物作为祭品，以辅助动物的繁殖。例如，《礼记·月令·仲春》载：“是月也，祀不用牺牲，用圭璧，更皮币。”⑦ 而春季实在要以动物作为祭品，也要千万注意不能捕杀母兽，以避免损害动物孕育后代。例如，《礼记·月令·孟春》载：“是月也，命祀山林川泽，牺牲毋用牝。”⑧

---

① 左传[M]. 王守谦，金秀珍，王凤春，译注. 贵阳：贵州人民出版社，1990：14-15.
② [汉]郑玄，注. 礼记正义[Z]. 孔颖达，疏. 上海：上海古籍出版社，2008：887.
③ [汉]郑玄，注. 礼记正义[Z]. 孔颖达，疏. 上海：上海古籍出版社，2008：1034.
④ [汉]郑玄，注. 礼记正义[Z]. 孔颖达，疏. 上海：上海古籍出版社，2008：289.
⑤ [汉]郑玄，注. 礼记正义[Z]. 孔颖达，疏. 上海：上海古籍出版社，2008：207.
⑥ [汉]郑玄，注. 礼记正义[Z]. 孔颖达，疏. 上海：上海古籍出版社，2008：530.
⑦ [汉]郑玄，注. 礼记正义[Z]. 孔颖达，疏. 上海：上海古籍出版社，2008：638.
⑧ [汉]郑玄，注. 礼记正义[Z]. 孔颖达，疏. 上海：上海古籍出版社，2008：624.

最后，从以上《曲礼》的记载也可以看出，祭品中的动物以家养驯化种类为主（如牛、豚、羊、鸡等），植物则以农业作物为主（如黍、粱、稷、稻等）。野生动植物在祭品中所占的比例并不大。减少野生动植物选入祭品的比例，也就自然较少了破坏自然万物的概率。儒家进献祭品过程中珍惜资源与关怀生物的思想意识是非常明显的。

三，儒家规定祭品须注重地方性与时令性，进献应与地理环境、物产情况和时令节气相对应。《礼记·礼器》：“先王之立礼也，有本有文。忠信，礼之本也。义理，礼之文也。无本不立，无文不行。礼也者，合于天时，设于地财，顺于鬼神，合于人心，理万物者也。是故天时有生也，地理有宜也，人官有能也，物曲有利也。故天不生，地不养，君子不以为礼，鬼神弗飨也。居山以鱼鳖为礼，居泽以鹿豕为礼，君子谓之不知礼。”① 儒家认为，不同的时节、不同的地方有不同的物产。人们在选择祭品时应该遵从当时当地的原则。若非如此，人们就是与礼相悖，即便进献鬼神不会飨用。例如，冬天的祭祀以夏天之物作为祭品，居住山区的人们将原产于水泽的鱼鳖作为祭品，靠近水泽的人们将本产于山区的鹿和猪作为祭品，都是在此悖礼之列。要求人们贡献祭品应当时当地，这种原则实际在客观上减少了人们对自然万物的破坏。因为，不同地区的人们对利用自然资源耗用已各自被限定在了一定的时空范围内，重叠利用、交叉利用某一区域自然资源从而使其承受过多压力的情况不会出现。

四，儒家礼制规定，由专门的官员主导捕杀动物用作牺牲。《周礼·天官·兽人》载：“兽人掌罟田兽，辨其名物。冬献狼，夏献麋，春秋献兽物。”②《周礼·天官·渔人》载：“渔人掌以时渔，为梁。”③《周礼·天官·鳖人》载：“鳖人掌取互物，以时簎鱼鳖龟蜃，凡貍物。春献鳖蜃，秋献龟鱼。”④不同的动物由不同的官员捕杀，不同的官员主导不同种类牺牲的提供。在这种专门化、具体化的分工制度中，人们捕杀多少、如何捕杀动物都将有明确的计划，重复捕杀、过度捕杀、肆意捕杀的情况将得到避免，从而最终能够持续地利用与保护那些被选为祭品的动物物种。

总之，无论是儒家进献祭品之礼所蕴涵的敬畏理念，还是进献祭品过程中对自然资源的珍惜尊重的意识，皆与生态原则十分契合，皆彰显着保护生物物种的深刻生物多样性智慧。

四、祭祀方式的等级性

儒家祭祀在提供祭品时虽然崇尚尊重生命、珍惜资源的原则，但无论如何尊

① [汉]郑玄，注．礼记正义[Z]．孔颖达，疏．上海：上海古籍出版社，2008：957．
② 周礼译注[M]．杨天宇，撰．上海：上海古籍出版社，2004：64．
③ 周礼译注[M]．杨天宇，撰．上海：上海古籍出版社，2004：65．
④ 周礼译注[M]．杨天宇，撰．上海：上海古籍出版社，2004：66．

重与珍惜，对自然万物破坏还是在所难免的。因为，祭品毕竟是来自于对自然资源的直接索取。儒家似乎也认识到了这一点。于是，儒家礼制在祭祀方式上做足了文章——严格规定了祭祀的等级性，以期最大限度地降低对自然万物的破坏。这种等级性，主要有几下几点。

一，能祀对象的等级性。儒家规定，不同地位与身份的人，能够祭祀的对象多少有别。地位高的人，能祭者多；地位低的人，所祭者少。《礼记·祭法》载："王自为立七祀。……诸侯为自五祀，曰司命，曰中霤，曰国门，曰国行，曰公厉。大夫立三祀，曰族厉，曰门，曰行。適士立二祀，曰门，曰行。庶士、庶人立一祀，或立户，或立灶。"① 即天子能够祭祀司命、中霤、国门、国行、泰厉、户、灶 7 种神；诸侯能祭祀司命、中霤、国门、国行、公厉 5 种神；大夫则祭祀族厉、门、路 3 种神；適士祭祀门、路两种神；普通士人与百姓则只能祭祀户或灶一种神。如果有人祭祀不该祭祀的对象，不但会受到人们的诟病，而且所祭也是徒劳，不会得到鬼神的福佑："非其鬼而祭之，谄也"；(《论语·为政》)"凡祭，有其废之，莫感举也；有其举之，莫感废也。非其所祭而祭之，名曰淫祀。淫祀无福。"② 在这种情况下，人们会自觉地各祭其祭、各守其分，对于祭祀等级无有僭越。

二，祭祀次数与规模的等级性。原则同上：地位高的人祭祀的次数多、规模大；地位低的人，祭祀的次数少、规模小。《礼记·王制》载："天子诸侯宗庙之祭，春曰礿，夏曰禘，秋曰尝，冬曰烝。……天子犆礿，祫禘，祫尝，祫烝。诸侯礿则不禘，禘则不尝，尝则不烝，烝则不礿。诸侯礿犆，禘一犆一祫，尝祫，烝祫。"③ 按照礼制的规定，春之祭称礿，夏之祭称谛，秋之祭称尝，冬之祭称烝；对所祭者逐个单独祭祀称犆，合起来祭则称为祫。天子有四时之祭，春季是犆祭，秋、夏、冬则是祫祭。诸侯则只有三时之祭，春如祭则夏不祭，夏如祭则秋不祭，秋如祭则冬不祭，冬如祭则春不祭。诸侯之春祭是犆，夏祭则一年为犆一年为祫，秋冬之祭则皆是祫。另外，《礼记·王制》又指出："天子祭天下名山大川，五岳视三公，四渎视诸侯。诸侯祭名山大川在其地者。"④ 天子祭祀的范围遍及天下的名山大川，而诸侯只限于当地。例如，天子能祭祀鲁地的泰山，也能祭祀晋地的黄河。而鲁人则能祭祀泰山但不能祭祀黄河，晋人则能祭祀黄河但不能祭祀泰山。

三，祭品进献的等级性。同理，地位高的人祭祀所进献的祭品贵且多；反之则贱且少。例如，《礼记·曲礼下》载："天子以牺牛，诸侯以肥牛，大夫以索牛，士以羊豕。"⑤ 就是说，天子祭祀的牺牲是用毛色纯一的牛（这种牛显然比较稀少），诸侯用精心饲养的牛，大夫用挑选过的牛，士人用羊或猪⑥。另外，不同类别的祭

① [汉]郑玄，注. 礼记正义[Z]. 孔颖达，疏. 上海：上海古籍出版社，2008：1799.
② [汉]郑玄，注. 礼记正义[Z]. 孔颖达，疏. 上海：上海古籍出版社，2008：204.
③ [汉]郑玄，注. 礼记正义[Z]. 孔颖达，疏. 上海：上海古籍出版社，2008：526.
④ [汉]郑玄，注. 礼记正义[Z]. 孔颖达，疏. 上海：上海古籍出版社，2008：520.
⑤ [汉]郑玄，注. 礼记正义[Z]. 孔颖达，疏. 上海：上海古籍出版社，2008：206.
⑥ 这段文章的翻译参见吕友仁，吕咏梅，译注. 礼记全译孝经全译[M]. 贵州人民出版社，2009：61.

祀，所进献的祭品也有等级，如天子祭祀社稷用太牢，南郊祭天则用特牲[①]。而诸侯祭祀社稷则用少牢。太牢是牛羊猪三牲俱全，少牢是羊猪都有，特牲则取牛或者猪中的一样。

可见，儒家祭祀的等级性体现在各个层面。在这种等级性的规范下，儒家就能有效地防范滥祭、淫祭、重祭，就能把祭祀活动控制在不至于影响或干扰自然万物正常生长成育的范围之内，避免因进献祭品而过度消耗或无用浪费包括许多动植物物种在内的自然资源。

总之，儒家祭祀各个方面都体现着深刻的生态思想与生物多样性智慧：祭祀的根本目的是报本反始，表达对自然万物的敬畏与感恩；祭祀的对象丰富多样，有植物也有动物，有天地也有地理环境。祭祀的对象越多，就有越多的事物受到人们的保护和尊重；祭祀虽然会消耗自然资源（特别是动物），但是这种消耗的目的是为了维持人与自然和谐关系——这种关系是保护万物繁育昌兴的基础。而且即便在晋献祭品、消耗资源的过程中，儒家礼制还处处体现着珍惜生命和关怀万物的生态意识。另外，祭祀在严格的等级性中遵循经济而又节俭的发展道路，最大限度地减少了对自然万物的的破坏。

综上所述：礼虽然是人道形式，却是天道实质——礼其实指陈着理。人们尊礼与否或礼之兴显与否，不但关乎着人与人的关系，也关乎着人与自然万物的关系；实现无限人欲和有限资源的平衡，保障包括各类生命与物种在内的自然万物的繁荣稳定，是礼起的根本目的。等级化的物质分配制度给这种目的的实现提供了良好途径；以月令模式、时禁意识和儆戒机制为主要内容的教令，有效保障着人们对自然资源的合理利用，避免了物种灭绝等行为的发生；政制则通过生态化的职官设置、法度化的资源维护、职责化的辨物制度和地方化的为政理念，使得人们对自然资源，特别是生物多样性的管理与保护更加稳固有效；祭礼以“报本反始”情感的表达维持着人们对自然万物的感恩与敬畏；祭祀活动虽对自然资源有所消耗，但又处处体现了对自然万物及各类生命与物种的真切关怀。

但是，在儒家的场域中，“礼”并非一个孤立的概念，它往往与“仁”交融在一起。儒家认为，在很大程度上，“礼”是“仁”的实现途径，而“仁”是“礼”的内在根据。没有“仁”之支撑，“礼”就会如无根之木，易流于形式。正如孔子所指出的：“人而不仁，如礼何（《论语·八佾》）？”因此，以下我们对儒家生物多样性智慧的发掘与梳理工作将进入“仁”论的范畴。

① [汉]郑玄，注．礼记正义[Z]．孔颖达，疏．上海：上海古籍出版社，2008：1023．

第四章　儒家“仁”论中的生物多样性智慧

在儒家的整个思想体系中，仁同样是极其重要与核心的范畴与概念。宋儒朱熹说：“百行万善总于五常，五常又总于仁。”“孔门之学所以必以求仁为先。”① 明儒罗汝芳言：“孔门宗旨，惟是一个仁字。”② 近代人梁启超说：“儒家言道言政，皆植本于仁。”③今人东方朔说：“仁在孔子那里，以至于在整个儒家思想中可谓是一切价值的最终基础、源泉和归宿。”④ 这些都明确标示了仁在儒家不言而喻的核心地位。所以，无怪乎儒学往往被称为“仁学”。与气、和、礼几个范畴与概念一样，作为一种主体意识和道德精神——仁不仅有社会学的面向，也有生态学的面向，“不仅是‘人’学，也是人如何对待自然的学问”⑤，它同样富含着有待我们深入发掘和整理的生物多样性智慧。

第一节　仁之本：需要爱“多”

仁在儒家的场域中，其本始规定性是爱人。例如，孟子就明确指出：“仁者，爱人（《孟子·离娄下》）。”但是，儒家认为仁的意义范围又不止于爱人，它还包括爱物。《周礼·大司徒》云：“仁者，仁爱之及物也。”孟子又言：“亲亲而仁民，仁民而爱物（《孟子·尽心上》）。”《郭店竹简》言：“不爱不仁（《五行篇》）。”《太玄·玄摛》言：“周爱天下之物，无有偏私，故谓之仁。”韩愈《原道》说：“博爱之为仁。”显然，只有人物兼爱，仁才可称为仁，才能得以完成和实现。而物，在儒家看来，不是现代意义上没有生命的无机物或者人造物，而是以飞植动潜、草木虫鱼等多样性生命与物种或者说生物多样性（“多”）为主要内容的自然万物：“故万物虽众，有时而欲遍举之，故谓之物。物也者，大共名也，推而共之，共则有共，至于无共然后止。有时而欲遍举之，故谓之鸟兽。鸟兽也者，大别名也，推而别之，别则有别，至于无别然后止。”⑥ 纵观儒家的发展历史，爱人及包括“多”在内的万物，是儒家仁学的共同归趣。不过，在对爱“多”的缘由说明与理论阐释

① [宋]朱熹．朱子语类[Z]．黎靖德，编．北京：中华书局，1986：卷三．
② [明]黄宗羲．明儒学案．泰州学案[Z]．沈芝盈，点校对．北京：中华书局，1985：卷三．
③ 梁启超．先秦政治思想史[M]．天津：天津古籍出版社，2003：67．
④ 东方朔．仁性：价值之根于人的自觉[J]．社会科学战线，1996，(4)．
⑤ 陈来．道德的生态观——宋明儒学仁说的生态面向及其现代诠释[J]．中国哲学史，1999，(2)．
⑥ 荀子[M]．蒋南华，罗书勤，杨寒清，译注．贵阳：贵州人民出版社，2008：397．

上，儒家仁学不同时期侧重点则有所不同。

一、仁（人）之内在要求

宋明以前，缘于仁在儒家主要指陈主体的内在心境或道德根据，与价值论有关，与本体论无涉；仁只是人的本质，而非天地万物的形上本原。所以，这段时期儒家仁学对于爱“多”的缘由阐释，更多的指向于仁完善自身的内在逻辑要求和人实现成就自我的本质需求，即儒家认为人只有推己及物，“无不爱也，无不敬也，……恢然如天地之苞万物，”①才可完整实现仁德，才可称为人。就如董仲舒所说：“质于爱民以下，至于鸟兽昆虫莫不爱。不爱，奚足为仁？”② 简而言之，这种理念的基本路线和实质原则就是：人之本在仁，仁之本在爱，爱之本在“多”，所以人需要爱“多”。孔子、孟子、董仲舒是这种理念的代表。

（一）孔子：“仁者乐山”

作为儒家仁学的创立者，孔子对于仁有着非常重要与丰富的论述。在《论语》中，仁字共出现了 109 次。其中最有纲领性的是《颜渊》篇的记载，“樊迟问仁，子曰：‘爱人’。”也就是说，在孔子看来，仁的本质就是爱人。人，包括有血缘关系的亲人，也包括非血缘关系的他人。那么，在此之外人们是否还需要爱万物或者“多”呢？孔子并没有直接的论述。但从其他记载我们可推论出，孔子之仁实际是包括了“多”的，它不缺乏生态学的内涵。

《论语·乡党》载，马厩失火，孔子问：“‘伤人乎？’不问马。”很多学者视此为孔子不爱护动物的证据。可实际上，此案例恰恰说明了孔子仁论的生态观。对此，张建国副教授给我们提供了非常有意思的论述：孔子问人不问马，只能表明孔子视人的生命为最珍贵者，当时未问马，只是情况急切，故先问及人。若孔子知马厩无人，失火，孔子恐怕要问：“‘伤马乎？’不问马厩。”故孔子在当时的情景下，是爱有等差的表现而已。他首先关注的是他认为更为高级或更为珍贵的生命，顺次关及其他。……因此，在孔子“仁”学思想的深处，仁爱之情是可以推及万物的③。这样的观点是符合事实的。

《礼记》记载：仲尼之畜狗死，使子贡埋之，曰：“吾闻之也，敝帷不弃，为埋马也。敝盖不弃，为埋狗也。某也贫，无盖，于其封也，亦予之席，毋使其首陷焉。”④狗死之后，仍以葬礼待之。试想，孔子若没有仁爱之心，又何能如此？《论语·宪问》载孔子之言：“骥，不称其力，称其德也。”也即马在孔子看来并不是

① 荀子[M]. 蒋南华，罗书勤，杨寒清，译注. 贵阳：贵州人民出版社，2008：76.
② [汉]董仲舒. 春秋繁露[Z]. 曾振宇，傅永聚，注. 北京：商务印书馆，2010：177.
③ 张建国，王绪琴. 孔子仁学思想对现代生态伦理的建构及其意义[J]. 自然辩证法通讯，2009，(6).
④ [汉]郑玄，注. 礼记正义[Z]. 孔颖达，疏. 上海：上海古籍出版社，2008：431.

一种工具性的动物，而是与人一样具有德性的存在物，应该获得人们的尊敬和爱护。《述而》篇中，孔子主张“钓而不纲，弋不射宿。”不用大网捕鱼是因为杀生太多；不用箭射杀回巢歇宿的鸟是因为易伤物类。这类行为都是与仁爱相悖的。所以朱熹《论语集注》引洪氏曰：“此可见仁人之本心矣。……小者如此，大者可知。”①《乡党》篇载，野鸡见人脸色不善，马上就飞走了，尔后见孔子一行并无恶意，又在不远处停落了下来。见此场景，孔子赞叹道：“山梁雌雉，时哉时哉。”而孔子的弟子子路则对野鸡拱手作揖以示尊重。这一人与自然和谐相处场景，充分体现了孔子及其弟子对于动物的仁爱之心。《阳货》篇中，孔子还要求弟子“多识草木鸟兽之名。”蒙培元先生指出，这种对于多样性动植物的认识意识，包涵了人们对自然万物的仁心仁德②。《史记·孔子世家》更是明确记载：“丘闻之也，刳胎杀夭则麒麟不至郊，竭泽涸渔则蛟龙不合阴阳，覆巢毁卵则凤凰不翔。何则？君子讳伤其类也。夫鸟兽之于不义也尚知辟之，而况乎丘哉!”

可见，孔子的确对各类生物充满着爱心，已经将“多”纳入了仁爱的范围之内。或许正由于此，孔子才提出了极富生态智慧且能代表其仁爱境界的“仁者乐山”(《雍也》)的命题。仁者为何乐山，所乐者何也？正是多样的生命与物种。后儒刘宝楠发孔子之未发，给出了非常智慧的解释：“夫山者，万者之所瞻仰也。草木生焉，万物植焉，飞鸟极焉，走兽休焉，四方益予焉。出云道风，从乎天地之间。天地以成，国家以宁，此仁者乐于山也。”③ 即山由于承载涵盖着丰富多样的生命与物种，仁者所以以此为乐。

所以，孔子之仁的范围与对象，不但包括了人，而且的确包括了其他多样性的生命与物种。在孔子看来，仁爱之心只有由近及远推广扩充至自然万物，仁才能得以实现，以仁为本质规定和内在根据的人（子曰：“仁者，人也”《中庸》）才能称为人。所以，康有为先生曾说：“孔子之道有三：先曰亲亲，次曰仁民，终曰爱物（《大同书辛部·四禁》)。”因此，我们言孔子之仁是博爱的、是广爱的、是大爱的，如近代著名生态学家利奥波德“像山那样思考”的命题一样，对各类生命与物种蕴涵着一种普遍而深切的尊重和关怀，是切实而中肯的论断④。

（二）孟子：“仁者无不爱也”

而至孟子时，儒家仁学所蕴涵的生态规定则更加明晰，表达方式更为直接。同孔子一样，孟子也认为仁是人的本质：“仁也者，人也”(《孟子·尽心下》)；“人

① [宋]朱熹．四书章句集注[Z]．上海：上海古籍出版社，2006：127.

② 蒙培元．从孔子思想看中国的生态文化[J]．中国文化研究，2005，(4).

③ [清]刘宝楠．论语正义[Z]．上海：上海古籍出版社，1993：86

④ 蒙培元先生就曾指出：“孔子除了对人的重视之外，对自然界也有一种发自内心的普遍关怀。这正是他的‘仁学’所蕴涵的。‘仁学’本身就是天人问题。”参见蒙培元．中国哲学的诠释问题——以仁为中心[J]．人文杂志，2005，(4).

所以异于禽兽者几希，庶民去之，君子存之。舜明于庶物，察于人伦，由仁义行，非行仁义也（《孟子·离娄下》）。”将人与禽兽区别开来的内容就是仁。仁对于人至关重要，任何仁都不能离开仁而存在：“天子不仁，不保四海；诸侯不仁，不保社稷；卿大夫不仁，不保宗庙；士庶人不仁，不保四体（《孟子·离娄上》）。”不过，仁并不需要向外求索，因为仁是人本有的属性，与生俱来，非由外铄：“仁义礼智，非由外铄我也，我固有之也，弗思耳矣（《孟子·告子上》）。”

尽管如此，人们并不能就此了事、高枕无忧了。因为，仁并不是静止封闭的主观状态，而是主客互动的行为机制；“不是现成的，而是不断作为的。”[①] 进言之，仁虽人皆有之，但如果人们不践行、不扩充，仁就会遮蔽隐匿，人们有之等于没有，最后人与禽兽照样无异。所以孟子说：“凡有四端于我者，知皆扩而充之矣，若火之始燃，泉之始达。苟能充之，足以保四海；苟不能充之，不足以事父母（《孟子·公孙丑上》）。”而要践行、扩充仁义，孟子认为必然而合理的途径及目标就是“君子之于物也，爱之而弗仁；于民也，仁之而弗亲。亲亲而仁民，仁民而爱物（《孟子·尽心上》）。”

亲指亲人，民指他人，物指自然万物。人们依据由亲及疏、由近及远的推恩路线，先亲其亲人，然后仁爱他人，最后仁爱万物。例如，赵岐解释的：“先亲其亲戚，然后仁民，仁民然后爱物，用恩之次也。”[②]“亲亲”、“仁民”、“爱物”是3个递进的层次。其中“亲亲”是仁的基础和开始，“仁民”是仁的推广和扩充，“爱物”则是仁的最终完成[③]。也就是说，仁心只有被推广扩充至自然万物的境地，仁才能得以完整，人才能实现自我。所以，孟子说：“推恩足以保四海，不推恩无以保妻子。古之人所以大过人者无他焉，善推其所为而已矣（《孟子·梁惠王上》）。”

有的学者（如首都师范大学的白奚教授）认为，“仁”是专指对人之爱，所以对待万物只能是“爱”，而不能谓之“仁”。其实这种观点是有问题的。因为，“仁”与“爱”都是主体内心的道德呈现和情感表达，二者只存在程度上的区别，而不存在本质上的差异。孟子之所以以“亲”言“亲”，以“仁”言“民”，以“爱”言“物”，其目的在于区分仁爱的对象，说明“所爱”的层次性和等级性，而非区别“能爱”的本质。例如，焦循所说：“亲即是仁，而仁不尽于亲。仁之在族类者为亲，其普施于民者，通谓之仁而已。仁之言人也，称仁以别于物；亲之言亲也，称亲以别于疏。”[④]又如，王阳明的弟子徐存斋指出的：“亲亲、仁民、爱物，是天理自然，非圣人强为之差等。只如人身，虽无尺寸之肤不爱，然却于头目腹心重，

① 钱穆．中国学术思想史论丛（第2册）[M]．北京：三联书店，2009：12．

② 白奚．仁爱观念与生态伦理[J]．首都师范大学学报（社会科学版），2002，(2)．

③ 白奚．仁爱观念与生态伦理[J]．首都师范大学学报（社会科学版），2002，(2)．

④ [清]焦循．孟子正义[Z]．北京：中华书局，1987：950.白奚先生在《仁爱观念与生态伦理》一文中也引用了这段话。但是，白先生对这段话的理解并不正确。焦循所强调的只是仁爱对象的差别，而白先生却理解为仁爱本质的差别。

于手足皮毛爪齿觉渐轻，遇有急时，却濡手足，焦毛发，以卫腹心头目。此是自然之理，然不可因此就说人原不爱手足毛发。故亲亲、仁民、爱物，总言之又只是一个仁爱也。"① 所以，在孟子的语境中，"亲亲"、"仁民"、"爱物"只是仁在不同对象上的不同称谓，它们的本质皆是同一个仁。若不如此，孟子又怎么可能在"仁民而爱物"后又紧接着说"仁者，无不爱也"？

所以，蒙培元先生也辩护道：孟子的"仁民"与"爱物"是有区别的，"仁民"是仁，但"爱物"不是仁。这个看法可能有一定的代表性，但是，这个看法是错误的。事实上，"仁民"与"爱物"只是说明仁的差异性原则，但绝不表明"爱物"不是仁。差异性原则是一个自然的原则，并没有什么难理解（西方哲学家休漠，在提倡人类同情心并以之建立伦理和"社会正义"时，也是承认差异性原则的）。差异性原则表示爱有程度上的差别，并不改变仁的本质爱。……所谓"无不爱"，就包括了父母和别人，也包括了人与动物，……包括了所有生命。只是这种"爱"，虽然在施行的对象上有差别，但又是普遍的，仁的本质就是"爱"，不能说"爱"不是仁②。

总之，孟子认为仁爱包括生物多样性在内的自然万物，是仁得以完善和人实现自我的必然而内在的逻辑要求，所以孟子之仁始于亲人，却"恩足以及禽兽"，达至于自然万物，对包括多样性的生命与物种在内的自然万物无所不仁无所不爱。

（三）董仲舒："不爱奚足为仁"

而至被朱熹称为"醇儒"的董仲舒，儒家仁学仁爱多样万物的思想则更加明确与壮观。同孔孟一样，董仲舒也认为仁的本始规定在于爱人："仁之法，在爱人，不在爱我……人不被其爱，虽厚自爱，不予为仁。"③ 但是，仁又不止于爱人。董仲舒直接指出："质于爱民，以下至于鸟兽昆虫莫不爱。不爱，奚足谓仁？"④ 又说："推恩者，远之而大"⑤ 也就是说，人们在爱亲与民之外，还需要爱鸟兽昆虫等万物，将仁爱之心推广扩充至博大高远，无所不爱，只有如此才能说具备了仁德仁心。

在《春秋繁露·离合根》篇中董仲舒又言："泛爱群生，不以喜怒赏罚，所以为仁也。"⑥ 即人们仁爱天地群生，不应该以自我的情感和利益为转移，喜欢有用的就爱护赏析，不喜欢、无用的就厌离处罚，而是应该如天地覆载万物一样，无所不爱，毫无遗弃，只有如此，仁才能得以体现。而董仲舒所指的"群生"，不但包括动植飞潜等生物，而且还包括金石、泥土、山川等无机物，其丰富性与多样性

① [明]黄宗羲．明儒学案·存斋论学语[Z]．沈芝盈，点校对．北京：中华书局，1985．
② 蒙培元．仁学的生态意义与价值[J]．中国哲学史，2007，(1)．
③ [汉]董仲舒．春秋繁露[Z]．曾振宇，傅永聚，注．北京：商务印书馆，2010：176．
④ [汉]董仲舒．春秋繁露[Z]．曾振宇，傅永聚，注．北京：商务印书馆，2010：177．
⑤ [汉]董仲舒．春秋繁露[Z]．曾振宇，傅永聚，注．北京：商务印书馆，2010：36．
⑥ [汉]董仲舒．春秋繁露[Z]．曾振宇，傅永聚，注．北京：商务印书馆，2010：116．

甚至超越了现代生物多样性的范围：“恩及草木，则树木华美，而朱草生；恩及鳞虫，则鱼大为，鳣鲸不见，群龙下。……恩及于火，则火顺人而甘露降；恩及羽虫，则飞鸟大为，黄鹄出见，凤凰翔。……恩及于土，则五谷成，而嘉禾兴。恩及倮虫，则百姓亲附，城郭充实，贤圣皆迁，仙人降。……恩及于金石，则凉风出；恩及于毛虫，则走兽大为，麒麟至。……恩及于水，则醴泉出；恩及介虫，则鼋鼍大为，灵龟出。”① 显然，董子的仁学展现了更加明显与直接的生态意蕴和生物多样性智慧。

二、生生仁心的自然发用

而自宋明起，儒家仁学逐渐出现了形而上学的转向，仁开始具备了本体论的超越内涵，从社会人性论的限阈扩展至了宇宙自然观的层面。这种转向与扩展使得原本分离的自然意义上的“生”与道德意义上的“仁”开始结合，或者说天道之“生”与人道之“仁”开始相互渗透、彼此贯通。在这种情况下，以“生”释“仁”，以“生”演“爱”，成了宋明仁学对于爱“多”的缘由阐释有别于先儒的主要理论特色。他们共同认为，人们仁爱多样万物乃是天地之仁在人心之仁中的自然发用。这种理论以二程、张载、朱熹为代表。二程是肇始者，朱熹是集大成者。

（一）二程：“生之性便是仁”——爱及万形

朱熹说：“大抵二先生之前，学者全不知有仁字，凡圣贤说仁处，不过只作爱字看了。自二先生以来，学者始知理会仁字。”② 依朱熹言，仁自二程始才得到真正理解，其实正在于二程开创了以生释仁的先河。二程并不反对以爱言仁，但他们更侧重的是以生释仁。以生释仁是二程及宋明仁学的主要特质。

以生释仁的重点是生。生，在二程之前就早已出现，是儒家哲学中一个极为重要的概念，它贯穿了儒家哲学的整个发展史。儒家之生，大致有两层内涵。第一层意思，就是使之生存有生机，这主要对应于死亡枯萎而言。第二层意思，就是使之生化、生成，这主要对应于未存在而言。但需要说明的是，无论哪一层意思的生，其都“不只是生物学上所说的生，即纯粹自然进化意义上的生，更重要的是道德进化意义上的生。”③ 因为生之主体在儒家都最终指向于蕴涵着道德属性的天地。天地之“生”，如在第二章所论，其特征品质乃是“显诸仁，藏诸用，鼓万物而不与圣人同忧（《易·系辞上》），”即天地没有私心，博大无碍，善恶利弊，洪纤高下，远近大小，天地悉皆使之“生”，无一遗漏。

① [汉]董仲舒．春秋繁露[Z]．曾振宇，傅永聚，注．北京：商务印书馆，2010：281-284．
② [宋]朱熹．朱子语类[Z]．黎靖德，编．北京：中华书局，1986：卷三十一．
③ 蒙培元．人与自然——中国哲学生态观[M]．北京：人民出版社，2004：274．

虽然如此，但在二程之前的儒家，生与仁却是彼此隔离的，生是生，仁是仁，生是天的事，仁是人的事，生是天的行为与德性，仁是人的心境与德性，生更多的是涉及宇宙自然观，而仁更多的是关联社会道德论。具体而言就是，《周易》所宣扬的生生之德与孔孟主张的仁爱之道尚未统一，是分离的思想体系。但自二程始，生与仁、人与天、自然观与道德论逐渐被打成了交融和合的一片："'天地之大德曰生'，'天地絪缊，万物化醇'，'生之谓性'，万物之生意最可观，此元者善之长也，斯所谓仁也。"① 即天地生生万物，使万物充满生机活力，这就是仁，就是仁的体现。二程又言："'生生之谓易'，是天之所以为道也。天只是以生为道，继此生理者，即是善也。善便有一个元底意思。'元者善之长'，万物皆有春意，便是'继之者善也'。'成之者性也'，成却待它万物自成其性须得。"②"'复见天地之心'，一言以蔽之，天地以生物为心。"③"心譬如谷种，生之性便是仁。"④ 据此，可以得知：一，仁是天与人所共有的；二，人心之仁源自天地之仁，天地之仁命之于人便是人心之仁；三，天地人仁与人心之仁属性同一，本质并无差异；四，"生即是仁"，以生为本质的仁贯通天道与人道；天地之仁的本质属性是"生"，所以人心之仁的本质属性也是"生"。人之"生"是天之"生"的流露发用。

即是"生"，所以人自然便与天一样有"好生之德"，而且人人如此，不因善恶温暴而改易："心生道也，有是心，斯具是形以生，恻隐之心，人之生道也，虽桀、跖不能无是以生，但戕贼之以灭天耳。始则不知爱物，俄而至于忍，安之以至于杀，充之以至于好杀，岂人理也哉？"⑤ 也就是说，仁爱它物、恻隐万类、好生恶杀，是天理之自然，是人心之本然。而由于天地生物之仁无所偏私、无一遗漏，因此人心之仁也应该普爱万物、无所不及。因此二程言："若夫至仁，则天地为一身，而天地之间，品物万形为四肢百体。夫人岂有视四肢百体而不爱者哉？"⑥ 显然，品物万形皆在二程仁爱的对象之内。

一言以蔽之，在二程的仁学中，生就是仁，天人皆有能生可生之心。"唯其能生，故必有不忍之心"⑦；唯其天人同心，所以人之不忍之心能够也应该达至最多与最广的天下万物。

（二）张载：天心在人心——体物不遗

与二程一样，作为北宋五子的张载也认为，天地以生物为心，生物之心就是

① [宋]程颢，程颐．二程集[Z]．北京：中华书局，1981：120．
② [宋]程颢，程颐．二程集[Z]．北京：中华书局，1981：29．
③ [宋]程颢，程颐．二程集[Z]．北京：中华书局，1981：336．
④ [宋]程颢，程颐．二程集[Z]．北京：中华书局，1981：184．
⑤ [宋]程颢，程颐．二程集[Z]．北京：中华书局，1981：274．
⑥ [宋]程颢，程颐．二程集[Z]．北京：中华书局，1981：74．
⑦ 陈荣捷．王阳明与禅[M]．台湾：台湾学生书局，1984：7-14．转引自李韦．"仁者浑然与物同体"——程颢的生态哲学面向[J]．兰州学刊，2012，(1)．

天地之仁。张载说：“大抵言‘天地之心’者，天地之大德曰生，则以生物为本，乃天地之心也。地雷见天地之心者，天地之心惟是生物，天地之大德曰生也。雷复于地中，却是生物。……天则无心无为，无所主宰，恒然如此，有何休歇？人之德性亦与此合，乃是己有，苟心中造作安排而静，则能久？”[①] 又说：“天本无心，乃其生成万物，则须归功于天，曰：此天地之仁也。”[②]“思知仁而不可以不知天。”[③] 据此，人心之仁非人为造作而有之，而是归功于天地之命赋。天地生物之仁命之于人便成人心之仁。天地之仁与人心之仁同质同性，本质上并无任何差异。“天性在人，正犹水性在冰，凝释虽异，为物一也。”[④] 于是，言人不能不言仁，言仁不能不言天，而言天又不能不言生，言天人生生之仁又不能言二者有别。所以，生生之仁就成了人心中本有的天然内容。这种生生的内容，决定了人们会如天地生生万物毫无遗留的仁德一样，体恤万物而不遗弃，普遍地仁爱、关怀和成就万物。因为只有如此，人之仁心仁性才能得以完成，人才能与天地的德性保持原本的一致性，契合宇宙自然的理则与大道，才能实现自我形上层面的超越追求，从而在天地自然间安顿好自己的生命。所以张载说：“安所遇而敦仁，故其爱有常心，有常心则物被常爱也。”[⑤]

不过，与二程不同的地方是，张载仁学言爱万物更加强调人在天地自然间的主体性缘由。张载说：“天无心，心都在人之心”[⑥]；“天能谓性，人谋谓能。大人尽性，不以天能为能而以人谋为能，故曰‘天地设位，圣人成能’”[⑦]“天地则何意于仁？鼓万物而已。圣人则仁尔，此其为能弘道也。”[⑧] 在张载看来，天人在本质属性上虽然同一无二，但是功能效用上二者存在差异：天地之能在于生物、化物，人之能在于成物、爱物；天地之道是生成原则，人之道则是实现原则；天地虽是人心之仁的本原，而人却是天地之仁的发用机体和最终目的。在这种天人的区分中，人之主体性的作用显露无遗，也不可替代。所以，张载说：“‘神而明之，存乎其仁’，然则亦须待人而后能明乎神。”[⑨] 即天地生生万类的神化妙用、仁心大德必须依赖于人的主体性才得以最终显明和落实。而如果没有人的这种主体作用，天地“生生不息，可能只是某种势力的盲目冲动；由盲目冲动的结果所形成的万物，自然也是一种盲目冲动的混沌世界”[⑩]，都没有什么价值与精神可言。张

---

① [宋]张载．张载集[Z]．北京：中华书局，1978：113.
② [宋]张载．张载集[Z]．北京：中华书局，1978：266.
③ [宋]张载．张载集[Z]．北京：中华书局，1978：21.
④ [宋]张载．张载集[Z]．北京：中华书局，1978：22.
⑤ [宋]张载．张载集[Z]．北京：中华书局，1978：34.
⑥ [宋]张载．张载集[Z]．北京：中华书局，1978：266.
⑦ [宋]张载．张载集[Z]．北京：中华书局，1978：21.
⑧ [宋]张载．张载集[Z]．北京：中华书局，1978：189.
⑨ [宋]张载．张载集[Z]．北京：中华书局，1978：208.
⑩ 徐复观．中国人性论史[M]．上海：华东师范大学出版社，2005：127.

载说“天无心，心都在人之心”，也就是这个意思[①]。另外，从人而言，人之主体性正是人别于动物的本质所在。人能参赞天地、恩及万类，能作天地都欲做而不能做的事，而其他的动物则不可以。这是人物的根本区别。人如果不发挥和彰显这种主体性，那么人就会沦落到和动物一样。综此两点，人自然就会觉悟到自身有内在的义务和必然的需求去顺承天地仁爱和成就万物。天地是生化人的天地，人是天地生化的人，而万物是天地生化的万物。仁爱和成就万物不但是彰显天地的仁德，也是在实现人自身主体价值。所以，张载说：“体万物而谓之性”，[②]“天体物不遗，犹仁体事无不在也。”[③]“仁体事无不在”即“有容物，无去物，有爱物，无循物”[④]，是于物无所不容，无所不爱；“体万物而谓之性”，是人只有体恤万物周爱无遗才能契合天性而成其人性。可见，仁爱多样繁芜的品类万形而不遗弃一物也是张载仁学的主要生态精神。

（三）朱熹：仁者天地生物之心——无所不爱

而至朱熹时，二程与张载“生”释“仁”、以“生”演“爱”的仁学则更臻成熟和完善，得到了全面而深刻地发挥[⑤]。朱熹在代表其仁学思想的《仁说》中指出：“天地以生物为心者，而人物之生，又各得夫天地之心以为心者。故语心之德，虽其意摄贯通无所备，然一言以蔽之，则曰仁而已矣。请试论之。盖天地之心，其德有四，曰元亨利贞，而无所不统。其运行焉，则为春夏秋冬之序，而春生之气无所不通。故人之为心，其德亦有四，曰仁义礼智，而仁无所不包。其发用焉，则为爱恭宜别之情，而恻隐之心无所不贯。故论天地之心者，则曰乾元、坤元，则四德之体用不待悉数而足。论人心之妙者，则曰‘仁，人心也’，则四德之体用亦不待遍举而该。盖仁之为道，乃天地万物之心，即物而在，情之未发而此体已具，情之既发而其用不穷，诚能体而存之，则众善之源、百行之本，莫不在是。”[⑥]

---

① 人如何成为天地之心？著名生态伦理学家罗尔斯顿提出了一个可供参考的现代性的解释：“生物进化产生出人类是自然唤醒了心智；同样，从个体的发育来看，个体意识到自己的存在也是自然唤醒了心智。自然不住地逗弄我们，刺激我们。我们对此做出的反应，是使自己的存在达到超越其他生命形式的水平，而在此过程中将我与非我分离出来。开始是在环境中运动，我们只是被动地对环境做出反应。但接下去，这种反应提升成了一种能动的行动。生态的刺激使人类的主体‘我’诞生了。大地的景物以我来对它进行沉思，我就是它的意识。”参见（美）霍尔姆斯·罗尔斯顿．哲学走向荒野[M]．刘耳，叶平，译．长春：吉林人民出版社，2000：409．

② [宋]张载．张载集[Z]．北京：中华书局，1978：63．

③ [宋]张载．张载集[Z]．北京：中华书局，1978：21．

④ [宋]张载．张载集[Z]．北京：中华书局，1978：35．

⑤ 在二程的仁学中，朱熹其实更多是继承了程颢的思想。朱熹说：“明道说道理，一看便好，愈看愈好（《朱子语类》卷十九）。”而且，朱熹的仁学也经常引用程颢的论断：“明道医书手足不仁，……谓仁者天地生物之心，而心德未尝不贯通也。”二者之间的一致性不言而喻。当然，朱熹也吸纳了程颐的仁学。例如，朱熹常言的“心如谷种”比喻就来自程颐。但总体上而言，朱熹与程颢仁学之间的一脉相承性更为明显。参见蒙培元．人与自然——中国哲学生态观[M]．北京：人民出版社，2004：324-326．

⑥ [宋]朱熹．朱子文集[Z]．北京：中华书局，1985：卷六十七．

顺承二程与张载的仁学，朱熹也认为：一，天地以生物为心。在朱熹看来，生物是天地之心的唯一内容：“天地之心别无可做，大德曰生，只是生物而已。”①显然，这种论断比二程和张载更为明确。二，人得天地之心以为心。人之心，非为己造，而由天命。朱熹说：“熹所谓仁者天地生物之心，而人物之所得以为心。此虽出于一时之臆见，然窃自谓正发明得天人无间断处稍似精密。”②三，天地生物之心是仁的体现。如上言，天地生物之心无非曰“仁而已矣”。在《语类》中朱熹说得更清楚：“仁者，天地生物之心，”③“仁是个生理，”④“仁是生底意，”“仁浑沦言则浑沦都是一个生意。”⑤仁与心、仁与生的交融关系在朱熹这里更为紧密。四，综上几点，所以人之心有着仁的属性和生的特质。而且在朱熹看来，这种属性和特征都是必然而又本然的，而且人人如此：“心即是仁”，“仁即是心”⑥；“仁者，心之本心也”⑦；“人之本心无有不仁”⑧；“发明心字，曰：一言以蔽之曰生而已。天地之大德曰生，人受天地之气而生，故此心必仁，仁则生矣。”⑨可见，朱熹之仁归根结底还是落在“生”上。人的本质是“仁”，而“仁”的本质却是“生”。

但是，人毕竟不是天地。他虽然有着以“生”为本质的仁的倾向，但并没有能力如天地一样生化和造就万物。因此，人之“生”只能是限于这样一种意蕴——仁爱关怀和助育惠利事物。所以朱熹说：“此心何心也？在天地则快然生物之心，在人则温然爱人利物之心。”⑩当然，在朱熹看来，人之所爱者也绝不是限于某些事物，不是有所爱而有所不爱，而是对形形色色的天下万物“无所不爱。”⑪不如此，便不能彰显内在于人心的天地之仁，便不能实现人的价值。

有疑问的是，人心之仁是否具备“无所不爱”的潜质呢？答案是肯定的。在答《张敬夫论仁说》书中朱子指出：“谓仁之为道无所不体，而不本诸天地生物之心，则是但知仁之无所不体，而不知仁之所以无所不体也。”⑫仁之无所不体其实就是仁之无所不爱。据此，仁之所以能无所不爱，乃是缘于其源自天地生物之心。而天地生物之心的特质本是博爱无私、普及万物的，无论是人还是物天地皆同样

---

① [宋]朱熹．朱子语类[Z]．黎靖德，编．北京：中华书局，1986：卷六十九．
② [宋]朱熹．朱子文集[Z]．北京：中华书局，1985：卷四十．
③ [宋]朱熹．朱子文集[Z]．北京：中华书局，1986：卷六十九．
④ [宋]朱熹．朱子语类[Z]．黎靖德，编．北京：中华书局，1986：卷二十．
⑤ [宋]朱熹．朱子语类[Z]．黎靖德，编．北京：中华书局，1986：卷六．
⑥ [宋]朱熹．朱子语类[Z]．黎靖德，编．北京：中华书局，1986：卷三十一．
⑦ [宋]朱熹．朱子语类[Z]．黎靖德，编．北京：中华书局，1986：卷三十四．
⑧ [宋]朱熹．朱子文集[Z]．北京：中华书局，1985：卷四十．
⑨ [宋]朱熹．朱子语类[Z]．黎靖德，编．北京：中华书局，1986：卷五．
⑩ [宋]朱熹．朱子文集[Z]．北京：中华书局，1985：卷六十七．
⑪ [宋]朱熹．朱子语类[Z]．黎靖德，编．北京：中华书局，1986：卷三十三．
⑫ [宋]朱熹．朱子文集[Z]．北京：中华书局，1985：卷三十二．

生化之，无论草木禽兽天地皆以同一个心赋予之："天地以此心普及万物，人得之遂为人之心，物得之遂为物之心，草木禽兽接着遂为草木禽兽之心，只是一个天地之心尔。"① 既如是，人得此天地普及万物之心以为仁，其仁自然能于物无所不体、无所不爱。所以朱熹说："仁，便如天地发育万物。"②

另外，天地是万物的本原和根本，朱熹言仁源自天地，其实也就同时赋予了仁以本原的地位——"仁是天理根本处。"③ 这样，对于万物而言，仁就具备了极高的道德统摄性。犹如一个人站得越高看得越远一样，仁来源越高、越具有超越性，它就越能弥沦统包更多更广的事物。而因仁是源于万物根本的天地，所以它之弥沦统包能达至最多最广的天下万物：于时，仁于春夏秋冬无所不贯；于人，仁于仁义礼智无所不包；于物，仁于品类万形无不流行。人具此仁，一旦发用，所爱能爱的对象自然无有穷尽。所以，朱熹说："盖仁之为道，乃天地万物之心，即物而在，情之未发而此体已具，情之既发而其用不穷。"总之，仁的超越性造就了自身"无所不爱"的博爱性与普摄性。就如蒙培元先生所言："仁是更广意义上的'生'的哲学，在一定意义上具有超越性（不是绝对超越的实体），正因为如此，才能普遍的'爱物'，而且'无所不爱'。"④

三、一体之仁的契证效应

除上面论述以外，宋明仁学形而上学的本体论转向，还使得人们对爱"多"的缘由阐释产生了另一种理路特征：人与自然万物都同此一体之仁，所以人们对万物应无所不爱，无所不周。张载、二程、朱熹、王阳明等对此皆有深刻的理论阐释⑤。

在张载看来，天地与万物本一气流动，交融无碍；又因"性者，万物之一源头，非有我之得私也。"⑥ 所以，天地生化万类之时，其生生之仁心自然也会随之流行贯彻于万物之中，不管人与非人、物与非物无不有得天地之仁而存之者。所以，张载说："天体物不遗，犹仁体事无不在也。……无一物而非仁也。"⑦"无一物非仁"，即人与万物皆有其仁，且人之仁与物之仁根本同一，毫无差异。仁是"己与物所同得之生理。"⑧ 如是，仁就成了将人物有机连接和一体贯通的根本属性。

① [宋]朱熹. 朱子语类[Z]. 黎靖德，编. 北京：中华书局，1986：卷一.
② [宋]朱熹. 朱子语类[Z]. 黎靖德，编. 北京：中华书局，1986：卷九十五.
③ [宋]朱熹. 朱子语类[Z]. 黎靖德，编. 北京：中华书局，1986：卷五十一.
④ 蒙培元. 朱熹哲学生态观（下）[J]. 泉州师范学院学报（社会科学），2003，(5).
⑤ 此处所言之万物一体与第一章气论中的万物一体并不一样：气论的一体更多地侧重物质层面，而仁论的一体更多地侧重精神层面；气论的一体倾向于存在论，而仁论的一体倾向于价值论；气论的一体是人们爱万物的原因，而仁论的一体不但是人们爱万物的原因，也是目标和结果。
⑥ [宋]张载. 张载集[Z]. 北京：中华书局，1978：21.
⑦ [宋]张载. 张载集[Z]. 北京：中华书局，1978：13.
⑧ [宋]张载. 张子正蒙[Z]. 王夫之，注. 汤勤福，导读. 上海：上海古籍出版社，2000：169.

基于此，张载于是说：“天地之塞，吾其体；天地之帅，吾其性。民吾同胞，物吾与也。”[①] 人与万物因其形色都为天地所生，因其心性都为天地所命，因此人之仁与“天地无二”[②]，也与万物无二。所以，人民百姓都是我的同胞，自然万物都是我的朋友。既是同胞朋友，人又岂不周全仁爱？岂不“立必俱立，知必周知，爱必兼爱，成不独成”[③]？

同张载一样，二程也认为：一，人与万物同此一心，人与万物心心相通：“天地之间，非独人为至灵，自家心便是草木鸟兽之心”[④]；“一人之心即天地之心，一物之理即万物之理。”[⑤] 二，人与万物有机相连、无间共在：“人之在天地，如鱼在水，不知有水，直待出水，方知动不得。”[⑥] 综此两点，“人在天地间，与万物同流。”[⑦]与万物同流，即与万物相互贯通、同此一体。既是一体了，人们仁爱与己一体的自然万物就是自然而又必然的：“天地之间，品物万形，为四肢百体，夫人岂有视四肢百体而不爱哉？”[⑧] 但是，二程又进一步指出，一体的状态不但是人们仁爱万物的缘由，也是人们仁爱万物的目标和追求。人，只有将其仁爱达至与万物一体的境界和地步，仁才能得以完成，才能实现自我。因为，对于仁而言，人物一体不是“现成的”，而是“待成的”。从天地自然的客观层面来看，或者说从内在于主体的仁之本体而言，人物虽然是一体的，但从人的主观境界和精神状态而言，这种一体的实质仍待人在道德心性中去体认、在生活领域中去践证。所以，二程言说：“仁者，浑然与物同体”，“仁者，以天地万物为一体，莫非己也”[⑨]，“仁则一，不仁则二”[⑩]。在另一意思上指出，人们只有体认践证到万物一体，才能称为仁；反之，则是不仁。能否体认到自身与自然万物一体，既然是仁者能否成立的根本标准，那么人们去体认践证这种人物一体的本然形式，以及其基于这种形式将仁爱之心推广扩充至天地万物，就获得了最大的内在动力；人们爱万物就成了必然的道德追求。

沿着二程的思想，朱熹说：“‘仁则固一，一所以为仁’，言所以一者，仁也（《朱子语类》卷六）。”[⑪] “言所以一者，仁也”，说明朱熹也认为万物本是有机一体的，人们只有体认到万物同体（“一”）才是仁，或者说仁就是对万物同体（“一”）而产生的道德境界和心性状态。当然，这种境界和心性是以爱为本质的。对于爱与

---

① [宋]张载．张载集[Z]．北京：中华书局，1978：62．
② [宋]张载．张子正蒙[Z]．王夫之，注．汤勤福，导读．上海：上海古籍出版社，2000：231．
③ [宋]张载．张载集[Z]．北京：中华书局，1978：21．
④ [宋]程颢，程颐．二程遗书[Z]．潘富恩，导读．上海：上海古籍出版社，2008：54．
⑤ [宋]程颢，程颐．二程遗书[Z]．潘富恩，导读．上海：上海古籍出版社，2008：63．
⑥ [宋]程颢，程颐．二程遗书[Z]．潘富恩，导读．上海：上海古籍出版社，2008：94．
⑦ [宋]程颢，程颐．二程遗书[Z]．潘富恩，导读．上海：上海古籍出版社，2008：80．
⑧ [宋]程颢，程颐．二程遗书[Z]．潘富恩，导读．上海：上海古籍出版社，2008：126．
⑨ [宋]程颢，程颐．二程遗书[Z]．潘富恩，导读．上海：上海古籍出版社，2008：65．
⑩ [宋]程颢，程颐．二程遗书[Z]．潘富恩，导读．上海：上海古籍出版社，2008：115．
⑪ [宋]朱熹．朱子语类[Z]．黎靖德，编．北京：中华书局，1986：卷六．

同体（“一”）的关系，朱熹作了进一步的说明。《语类》又载，林安卿问“仁者以天地万物为一体”之理时，朱熹答道：“‘爱’字不在同体上说，自不属同体事。他那物事自是爱。这个是说无所不爱了，方能得同体。若爱，则是自然爱，不是同体了方爱。惟其同体，所以无所不爱。所以爱者，以其有此心也，所以无所不爱者，以其同体也。”① 也就是说，朱熹认为人们对万物的人爱（仁）本来就是应有的，这是人心的本然情感能力和道德倾向，与人物是否同体并无关系。“若爱，则是自然爱，不是同体了方爱。”但是，“爱”若想达至无所不爱的地步，则需要以万物同体（“一”）的形式为基础。只有基于同体（“一”），人心之仁爱才能达至“多”。“惟其同体，所以无所不爱。”那么，人们如何由同体实现到无所不爱呢？《语类》的这段记载可以说明问题：“问：‘气质有昏浊不同，则天命之性有偏全否？’曰？‘非有偏全。……昏浊者是气昏浊了，故自蔽塞，如在部屋之下。然在人则蔽塞有可通之理，至于禽兽，亦是此性，只被他形体所拘，生得蔽隔之甚，无可通处。至于虎狼之仁，豺獭之祭，蜂蚁之义，却只通这些子，譬如一隙之光。至于猕猴，形状类人，便最灵于他物，只不会说话而已。”② 虎狼、豺獭、蜂蚁、猕猴虽为禽兽，虽然表面上是与人类分离的存在物，但在本质上它们与人类一样都为天地所生，都内含着天地生物之仁心。尽管它们因形体所局限，对于仁义虽然只有一点点明晰，但其仁义的本质与人类并无差异，都“只是一个天地之心尔”。既是一个天地之心，它们之心与人之心、它们之仁与人之仁本来就是彼此贯通、相互契印、汇成一体的。体认至此，人们就会对这些动物充满仁爱和尊重。当然，非但动物，朱熹认为天地万物也皆是与人同此一仁、同成一体，人们顺乘这种一体之仁的状态可将能将更应将己爱推广扩充至天地万物，无不贯通，无所不爱。例如，《语类》载朱熹之言：“明道‘医书手足不仁’止‘可以得仁之体’一段，以意推之，盖谓仁者天地生物之心，而人物所得以为心，则是天地人物莫不同有是心，而心德未尝不贯通也。虽其为天地，为人物，各有不同，然其实则有一条脉络相贯。故体认得此心而有以存养之，则心理无所不到，而自然无不爱矣。”③

至王阳明，这种一体之仁的思想就更具体了。王阳明认为，仁是造化生生生生不息不理，它是“弥漫周遍，无处不是”。④ 所以，人与天地万物都有此仁——即阳明语境中的良知。而且，在王氏看来人的良知就是天地万物的良知，天地万物的良知也是人的良知，没有人的良知天地万物就不能自成天地万物：“人的良知，就是草木瓦石的良知。若草木瓦石无人的良知，不可以为草木瓦石矣。岂惟草木瓦石为然，天地无人的良知，亦不可为天地矣。”⑤ 因此良知的同在和同一，人与

① [宋]朱熹．朱子语类[Z]．黎靖德，编．北京：中华书局，1986：卷三十三．
② [宋]朱熹．朱子语类[Z]．黎靖德，编．北京：中华书局，1986：卷四．
③ [宋]朱熹．朱子语类[Z]．黎靖德，编．北京：中华书局，1986：卷九十五．
④ [明]王阳明．王阳明全集[Z]．上海：上海古籍出版社，1992：26．
⑤ [明]王阳明．王阳明全集[Z]．上海：上海古籍出版社，1992：107．

天地万物就被贯通成了有机连续的一个整体：“夜来天地混沌，形色俱泯，人亦耳目无所睹闻，众窍俱翕，此即良知收敛凝一时。天地既开，庶物露生，人亦耳目有所睹闻，众窍俱辟，此即良知妙用发生时。可见人心与天地一体，故上下与天地同流。”① 由于人与天地一体同流，因此无论是动物还是植物，不管有生命的还是没有生命的存在物，都与人一体：“夫人者，天地之心。天地万物，本吾一体者也”②；“盖天地万物与人原是一体，其发窍之最精处，是人心一点灵明。风、雨、露、雷、日、月、星、辰、禽、兽、草、木、山、川、土、石，与人原只一体。”③ 而且，“大人之能以天地万物为一体也，非意之也，其心之仁本若是，其与天地万物而为一也。……是其一体之仁也，虽小人之心亦必有之。”④ 即这种人物一体的形式与状态，不是人为臆造的结果，而是人心之本然，它放之四海而皆准，人人有之，人人一样。只不过不同的是，有的人已经体证到了，而有的人“日用而不知”。体证到了就是大人，反之则是小人。人都想做大人，没有人愿当小人。所以，体认和发掘本心中本然存在的一体仁，将仁爱之心推广扩充至天下万物，在王阳明看来就成了人们的内在要求：“君臣也，夫妇也，朋友也，以至山川、鬼神、鸟兽、草木也，莫不实有以亲之，以达吾一体之仁。”⑤ 如果有一物失人之所爱，那么这种一体之仁就没有实现：“仁者以天地万物为一体，有一物失所，便是吾有未尽处。”⑥ 而由于天地万物同此一心、同此一仁，因此人们在扩充仁心时将畅通无阻，无论是在他人，还是动物、植物，抑或没有生命的瓦石，皆是如此：“是故见孺子而有怵惕恻隐之心焉，是其仁之与孺子而为一体也；孺子犹同类者也，见鸟兽之哀鸣觳觫，而必有不忍之心焉，是其仁之与鸟兽而为一体也；鸟兽犹有知觉者也，见草木之摧折而必有悯恤之心焉，是其仁之与草木而为一体也；草木犹有生意者也，见瓦石之毁坏而必有顾惜之心焉，是其仁之与瓦石而为一体也。”⑦ 可见，王阳明认为，人心之仁爱不但应该达至“多”，而且也可以达至“多”。

要之，在宋明仁学看来，“满六合则成一个身躯，无分毫间隔，便是合天下以成其仁”⑧；“夫盈天地间只是一个大生，则浑然亦只是一个仁，中间又何有纤毫间隔。”⑨ 仁已经超越了人性社会的层面，上升到了万物自然的本体境地。仁，无所不在，无所不贯，无所不通。所以，人与自然万物皆因仁而成一相互联系相互渗透的有机整体。既是一体，人们对他人、动物、植物、瓦石等一切事物就会形

① [明]王阳明．王阳明全集[Z]．上海：上海古籍出版社，1992：106．
② [明]王阳明．王阳明全集[Z]．上海：上海古籍出版社，1992：79．
③ [明]王阳明．王阳明全集[Z]．上海：上海古籍出版社，1992：107．
④ [明]王阳明．王阳明全集[Z]．上海：上海古籍出版社，1992：968．
⑤ [明]王阳明．王阳明传习录及大学问[M]．台北：黎明文化有限公司，1986，188．
⑥ [明]王阳明．王阳明全集[Z]．上海：上海古籍出版社，1992：25．
⑦ [明]王阳明．王阳明全集[Z]．上海：上海古籍出版社，1992：968．
⑧ [明]吕坤．呻吟语[Z]．王国轩，王秀梅，译注．北京：北京燕山出版社，1996：11．
⑨ [明]黄宗羲．明儒学案．泰州学案[Z]．沈芝盈，点校对．北京：中华书局，1985：卷三．

成自然而然又普遍博大的仁爱。就如近代人金岳霖先生论说的："如果意识到我们与宇宙和宇宙内所有的事物根本上是合一的，我们就会产生这样一种感觉，即我们真的可以被认为是全体地充塞于时空的，只是这种感觉并不给常人以任何满足。而对于一个哲学的心灵来说，这种感觉是慰藉性的，因为正是这种感觉让他产生了对于周围事物的普遍的同情。"[①]"如果一个人认识到所谓的自己不仅与其他人相互渗透，而且也与其他动物、其他东西相互渗透，他就不会因自己是一个特殊的自我而过于兴奋了。这种认识会使他感觉到自己与世界和世界内的一切事物都是一体的，从而养成对于事物的普遍同情。"[②]可以说，这种爱是对人与万物之间"那种'完美的一致'的认识"，"是那种强烈地感受到把一切生命都统一在一个唯一的有机体里的同一性，或者说是亲族关系的束缚力。"[③]

综上所述，无论是先秦时期还是宋明阶段，无论是社会人性的价值论层面还是宇宙自然观的本体论境域，主张和宣扬人们在爱人之外还要爱物，在爱物的时候应该博爱包括生物多样性（"多"）在内的自然万物，做到无一物不爱，无一物不仁，是儒家仁学的基本特征，也是儒家之仁的核心本质。

第二节　仁之方：爱能及"多"

当然，儒家仁学要求人们仁爱多样性万物，实现爱的"最广化"与"最多化"，并非只是停留在高远的理念和口号上，在此之外它还提供了切实可行的技术路线。在儒家仁学，这种技术路线主要有两种。

一、"仁民而爱物"：由近及远的推恩机制

儒家仁学认为，人们的仁爱如要达及贯通至包括生物多样性在内的自然万物，其首要也是最基本的方法，就是遵顺由近及远、由亲及疏的推恩机制。这种机制虽然首先由孟子明确提出，但个中实质在孔子的仁学中其实早已存在了。孔子说："何事于仁，必也圣乎！尧舜其犹病诸！夫仁者，己欲立而立人，己欲达而达人。能近取譬，可谓仁之方也已（《论语·雍也》）。"孔子认为，"能近取譬"就是求仁和实现仁的方法。而所谓"能近取譬"，就是指人们做任何事情应该遵顺由近及远、先己后人的原则。如果要想帮助别人，得自己先有所成就（身心内外）。推衍开来，

① 金岳霖．道、自然与人（英文），《金岳霖文集》第二册[M]．兰州：甘肃人民出版社，1995：637．转引自乔清举．论"仁"的生态意义[J]．中国哲学史，2011，（3）．

② 金岳霖．道、自然与人（英文），《金岳霖文集》第二册[M]．兰州：甘肃人民出版社，1995：740．转引自乔清举．论"仁"的生态意义[J]．中国哲学史，2011，（3）．

③（美）唐纳德·沃斯特．自然的经济体系——生态思想史[M]．侯文惠，译．北京：商务印书馆，2007：118．

人们如果想仁爱万物，也必然先仁爱亲人。没有对亲人的爱，对他人及他物的爱就无从谈起。所以，孔子在《学而》篇中又指出，孝弟是求仁之方的根本：“孝弟也者，其为仁之本欤。”据此，我们可以推断出，要爱物必先爱人、要爱人必先爱亲，就是孔子仁学的技术路线。因此，康有为先生曾阐释道：“孔子之道有三：先曰亲亲，次曰仁民，终曰爱物，其仁虽不若佛而道在可行，必有次第。乱世亲亲，升平世仁民，太平世爱物，此自然之次序，无由躐等也，终于爱物，则与佛同矣，然其道不可易矣。”① 可见，孔子仁学的确已经蕴涵了在仁爱的差异性中成就其统一性、在仁爱的次第性中实现其普遍性的推恩机制。

至于孟子，这种推恩机制就被表达得更明晰了：“亲亲而仁民，仁民而爱物”（《孟子·尽心上》）。从仁的本体而言，以上“而”是“继而”之意（如上所论）；但从求仁之方来言，以上“而”则是“才能”之意。即人们只有“亲亲”才能“仁民”，只有“仁民”才能“爱物”，只有由近及远、由亲及疏推其仁心，才能使爱及“多”，以至于“无不爱也”。所以，孟子认为“亲亲”及始于“亲亲”的推恩机制是根本的求仁之方，它对实现仁爱的普遍性和多样性，是基本保障，也是必然方式：“知者无不知也，当务之为急。仁者无不爱也，急亲贤之为务（《孟子·尽心上》）。”如果人们不遵循这种机制，孟子认为这就是本末颠倒，将难保自身妻子，更毋庸说仁爱多样万物、实现仁德了：“推恩足以保四海，不推恩无以保妻子。古之人所以大过人者无他焉，善推其所为而已矣（《孟子·梁惠王上》）。”正是由于此，孟子对跃过“亲亲”、消泯仁爱的差异和次第，直接宣扬“兼爱”的墨子提出了尖锐的批判：“杨氏为我，是无君也；墨氏兼爱，是无父也。无父无君，是禽兽也（《孟子·滕文公下》）。”

宋明仁学对这种推恩机制作了更进一步发挥。小程子程颐通过阐释孔子“孝弟也者，其为仁之本欤”说道：“盖孝弟是行仁之一事，谓之行仁之本则可，谓之是仁之本则不可。……仁主于爱，爱莫大于爱亲，故曰：‘孝弟也者，其为仁之本欤！’”② 在程颐看来，仁虽然有着博爱无私的属性，但是在行仁和实现仁的过程中，仁又不能离开差异性和次第性。对任何一个行仁的主体而言，亲人是离其最近的道德对象，而他人和非人类的事物则较为疏远。人以爱亲为大为先，而后爱他人，而后爱万物，这是自然的情感，也是必由途径。程颐认为，正是在这层意义上，孔子才说：“孝弟也者，其为仁之本欤！”所以，孝弟虽不是仁之本，却是行仁之本。人们只有以孝弟为本始，以亲情为源头，才能将仁爱推广扩充至品物万类。于是，程颐在《答杨时论〈西铭〉书》中又指出：“《西铭》明理一而分殊，墨氏则二本而无分。老幼及人，理一也；爱无差等，本二也。分殊之蔽，私胜而失仁；无分之罪，兼爱而无义。分立而推理一，以止私胜之流，仁之方也；无别而述兼

① [清]康有为．[Z]．陈得媛，李传印，评注．北京：华夏出版社，2002：339.
② [宋]程颢，程颐．二程遗书[Z]．潘富恩，导读．上海：上海古籍出版社，2008：231.

爱，至于无父之极，义之贼也。”① 省去烦琐的术语解释和概念对比，程颐这段话的根本归旨可以归结为：墨家之“兼爱”因忽视差异次第（义），因此将无法实现博爱；儒家之“仁爱”由于坚持差异次第（义），反而能无所不爱。

朱熹接着说道：“论性则仁是孝弟之本，惟其有这仁，所以能孝弟，仁是根，孝弟是发出来底，仁是体，孝弟是用。”②也就是说，在朱熹看来，孝弟并不是仁的根本，相反仁才是孝弟的根本。因为对于人的心性情感而言，仁才是本体，孝悌只是这种本体的发用和呈现。但是，在行仁的过程中，孝悌依然是根本，爱亲在各种类别的爱中依然是最重要和最大的。所以，人们要仁爱万物，达至万物一体无所不爱的境界，就必须从“爱亲”始：“仁是根，恻隐是萌芽，亲亲、仁民、爱物便是推广到枝叶处。”③

王阳明说：“仁是造化生生不息之理，虽弥漫周遍，无处不是，然其流行发生，亦只有个渐，所以生生不息。……惟其渐，所以便有个发端处；惟其有个发端处，所以生；惟其生，所以不息。譬之木，其始抽芽，便是木之生意发端处；抽芽然后发干，发干然后生枝生叶，然后是生生不息。若无芽，何以有干有枝叶？能抽芽，必是下面有个根在。有根方生，无根何从抽芽？父子兄弟之爱，便是人心生意发端处，如木之抽芽。自此而仁民，而爱物，便是发干生枝生叶。”④ 在王阳明看来，仁之本体虽然无所不在，但是仁之发用流行是循序渐进的。渐进性也是仁的本然特质。因此，人们在将仁爱之心推广至万物之时，也应遵顺这种渐进性，先“亲亲”而后“仁民”，而后“爱物”——在王阳明看来，此乃是人之良知中自然而不可改易的条理。《传习录》载，“问：‘大人与物同体，如何《大学》又说个厚薄？’先生曰：‘惟是道理，自有厚薄。比如身是一体，把手足捍头目，岂是偏要薄手足？其道理合如此。禽兽与草木同是爱的，把草木去养禽兽，又忍得。人与禽兽同是爱的，宰禽兽以养亲，与供祭祀，燕宾客，心又忍得。至亲与路人同是爱的，如箪食豆羹，得则生，不得则死，不能两全，宁救至亲，不救路人，心又忍得。这是道理合该如此。及至吾身与至亲，更不得分别彼此厚薄。盖以仁民爱物，皆从此出；此处可忍，更无所不忍矣。《大学》所谓厚薄，是良知上自然的条理，不可逾越。’”⑤ 作为一种主观性很强的情感存在，人不可能将所有类别的爱整齐划一，像爱父母一样爱路人，又像爱禽兽一样爱草木。因为，事物随其远近亲疏，在人的主体感受中呈现厚薄大小的等级性，乃是人性之本然和天理之当然。所以，“亲亲”必要厚于“仁民”，“仁民”自要先于“爱物”。若以树木喻之，“亲亲”是根，“仁民”是干，“爱物”则叶。树叶能否存在，是否生机充盈，关键

① [宋]程颢，程颐．河南程氏文集．答杨时论《西铭》书[Z]．北京：中华书局，1981：卷九．
② [宋]朱熹．朱子语类[Z]．黎靖德，编．北京：中华书局，1986：卷一一九．
③ [宋]朱熹．朱子语类[Z]．黎靖德，编．北京：中华书局，1986：卷六．
④ [明]王阳明．王阳明全集[Z]．上海：上海古籍出版社，1992：25-26．
⑤ [明]王阳明．王阳明全集[Z]．上海：上海古籍出版社，1992：108．

在于根。有根，就能生干；有干，就能生叶。同理，“爱物”能否实现，关键也在于“亲亲”。做到“亲亲”，就能将爱推广至“民”；做到“仁民”，就能将爱推广至“物”。所以，王阳明说：“此处可忍，更无所不忍矣。”“此处可忍”即能忍于“亲”；无所不忍，也就是无所不爱、万物一体。因此，王阳明又说：“吾之父，以及人之父，以及天下人之父，而后吾之仁实与吾之父、人之父与天下人之父而为一体矣；实与之一体，而后孝之明德始明矣！亲吾之兄，以及人之兄，以及天下人之兄，而后吾之仁实与吾之兄、人之兄与天下人之兄而为一体矣；实与之为一体，而后弟之明德始明矣！君臣也，夫妇也，朋友也，以至于山川鬼神鸟兽草木也，莫不实有以亲之，以达吾一体之仁。”① 显然，儒家仁学的推恩机制在王阳明这里得到了更加深入而具体的阐释。

综上可以看出，主张通过由近及远、由亲及疏的推恩机制来实现道德对象的广博性和仁爱对象的多样性，乃是儒家仁学的统一方法。这种方法由于以真实而又切身的亲情为仁爱的发衍原点，以差异性和等级性为推恩仁爱的基本原则，因而使得人们在仁爱他人和万物时将获得源源不断的道德推动力，能在顺乎人性之本然和天理之当然中打通各种物类间的界限阻隔，从而最终达至万物一体、无所不爱的境界②。就如李幼蒸先生所指出的：用推爱的途径来加以教化引导，即先从比较偏狭却最易体验和培养的亲情之爱出发，使人们对爱具有活生生的、切实的把握，再通过“老吾老以及人之老，幼吾幼以及人之幼”、“四海之内皆兄弟”的心理联想，将这种范围有限的亲情之爱，切实地逐渐推广到普遍的人类之上，激发起具体的人类之爱，如此类推，直至达到万物一体之仁③。

而反观现代生态伦理学，无论是生物中心主义，还是生态中心主义，无论是浅层渗透学，还是深层生态学，其所主张和宣扬的对非人类生命与物种的爱，恰恰皆缺乏儒家这种基于亲情的推恩机制。为了建构和培养人们对其他物类的爱，他们更多的是诉诸冰冷的理性分析和逻辑说明，而非温然活态的血脉亲情。对他们而言，人们爱自然万物似乎直接爱就行了，完全不需要原由亲情。用孟子的话说，他们是“恩足以及禽兽，而功不至于百姓者（《孟子·梁惠王上》）。”由于没有接上人性的“地气”，违背了人的情感的天然表达原则，掏空了人与自然万物关系的道德基石——人与人之间的关系，他们所主张的对非人类生命与物种的爱，最终只能停留在虚无空洞又各是其是的理论说教和学术建构上，根本就不能激发出人

① [明]王阳明．王阳明全集[Z]．上海：上海古籍出版社，1992：968-969．

② 牟宗三先生曾指出：“虽然在仁的步步向外感通的过程中，具有普遍的、宇宙的、泛博的涵义，然而它不单具有普遍性，而且由于感通有远近亲疏之别，因此具有不容忽视的“差别性”、“特殊性”或者“个别性”。…… 正因为向外推广，才出现远近亲疏层次观，由家庭内的父母兄弟，推至家庭外的亲戚朋友，以至于生命的一瓦一石，由亲及疏的层次井然不乱，依顺人情而不须矫饰。”所言极是。——参见牟宗三．中国哲学的特质[M]．上海：上海古籍出版社，1997：45-46．

③ 李幼蒸．仁学解释学——孔孟伦理学结构性分析[M]．北京：中国人民大学出版社，2004：96．转引自洪晓丽，仁：作为道德主体的构成——孔子仁学研究[D]．上海：复旦大学博士论文：102．

们由内而外地爱，更毋庸说将爱扩充至“多”的境界了。对于这种忽视亲情、蕴涵“一屋不扫何以扫天下”的内在逻辑缺陷的理论，明儒王夫之其实早有警示：“尽敬以事父，则可以事天者在是；尽爱以事母，则可以事地者在是；守身以事亲，则所以存心养性而事天者在是；推仁孝而有兄弟之恩，夫妇之义，君臣之道，朋友之交，则所以体天地而仁民爱物者在是。……若舍父母而亲天地，虽其极其心以扩大而企及之，而非有恻怛不容于已之心动于所不可昧。”① 于此，我们就更应该了悟儒家仁学推恩机制的合理性和优越性。

二、“克己复礼”：去私存公的境地工夫

儒家仁学认为，命于天地、内在主体心性中的仁，本是涵摄万物，与万物浑然一体的。但人因“形气”所困，而常存一己之私，使此全体无碍之仁受到障碍遮蔽。全体之仁被遮蔽，人们就会以己视物、徇私发用、隔立物我，对万物有所爱而有所不爱：有利于自身的就爱护，不利于自身的就厌弃；喜欢的就亲近，不喜欢的就疏离。在这种情况下，人之“所爱”就会变得非常狭窄，根本无法呈现流露出本有而又应有的博大性和多样性。儒家深刻认识到了这点，于是要求人们克服己欲，去私存公，思诚尽性。在儒家仁学的语境中，这些可被概为“克己复礼”的工夫论。

（一）孔子：“克己复礼，天下归仁”

《论语·颜渊》载，“颜渊问仁，子曰：‘克己复礼为仁。一日克己复礼，天下归仁。’”“己”在此所指的是人之私欲，即出自五官百体的各类欲望。正是这些欲望障碍了仁之本体。所以，人们需要“克己”。“克己”是克服这些私欲。克服私欲不是祛除消灭它，而是主导它、控制它，不被它所牵引，不为其左右。由于“‘克己’，……突破自己形气的隔限，使自己的生活完全与礼相合，这是从根源上着手的全盘提起的工夫、方法……超越了仁在现实中的层级的限制”，其一旦被人们做到，本体之仁就会“当下呈露”。② 所以，孔子说：“一日克己复礼，天下归仁。”天下归仁，即天下皆被“涵融于自己仁德之内”③，所有的事物，无论远近，不管大小，都被仁德所容包弥惠，我与人、人与物、内与外等所有的界限、对立也都为全体之仁所冲垮消泯。人于此顿时就能发觉自己于人于物无所不能爱无所不可爱。例如，徐复观先生所说：“克就仁的本身来说，它是‘天下归仁’、‘浑然与物同体’的精神境界。此境界自身是无限的；由此境界所发出的要求，所应的责任，

① [宋]张载．张子正蒙[Z]．王夫之，注．汤勤福，导读．上海：上海古籍出版社，2000：230．
② 徐复观．中国人性论史[M]．上海：华东师范大学出版社，2005：60．
③ 徐复观．中国人性论史[M]．上海：华东师范大学出版社，2005：60．

也是无限的。……仁只有无限的展现，没有界限，因为也没有完成。”① 没有界限，也没有完成，即指包括“多”在内的所有事物都将也都能涵盖于仁爱之中。

（二）孟子：“反身而诚，乐莫大焉”

与孔子一样，孟子仁学爱“多”之方，也走向了“求者在我”（《孟子·尽心上》）的内在超越路线。孟子曰：“万物皆备于我矣！反身而诚，乐莫大焉。强恕而行，求仁莫近焉（《孟子·尽心上》）。”朱熹把“万物皆备于我”理解为“万物之理皆备于我”：“万物皆备于我矣。反身而诚，乐莫大焉。万物不是万物之迹，只是万物之理皆备于我。”②“迹”是有形的，“理”是无性的。所以，备于我者只能是万物之“理”，而非万物之“迹”。这种理解有一定道理，但并非孟子的原意。孟子此言强调的其实是“仁”与“万物”的关系，而非“我”与“理”的关系。“万物皆备于我”即指，天地万物都是为内在之仁所涵盖，或者说万物都与人毫无隔限和对立，也即“天下”本来就是“归仁”的。例如，徐复观先生言：“‘万物皆备于我’，即《论语》的‘天下归仁’，即所谓‘人物一体’，此乃仁之所到达的境界。”③ 只不过，这种境界被人之私欲——“不诚”所遮蔽了。遮蔽的根本原因在人而非物。所以，孟子要求人们“反身而诚”。所谓“反身而诚”，就是反求诸于自身，去除与克服私欲。“诚”就是大公无私，就是“无一毫私念杂入其中。”④ 只要“反身而诚”，“天下归仁”、“上下与天地同流”（《孟子·尽心上》）的全体而本然的一体状态就会呈现流露。其结果如明儒章世纯描述的：“我亦万物也，万物亦我也。我亦万物，我则大矣；万物亦我，物则亲矣。于身尽诚，则于物流通，一不立异，举世成同如水入水，如火合火，畅之至也。故曰乐莫大焉。夫我亦天地，何不能若天地；我亦万物，何不能顺万物（《四书留书》卷六）。”既然万物亦我，我亦万物，我于多样性的自然万物又岂有不爱者？所爱者又岂能不多？无怪乎孟子言：“仁者无敌”（《孟子·滕文公上》）——令仁心之全体呈露的人在天地自然间不与任何事物存在隔限、对立和冲突。

（三）张载：“大其心，则能体天下之物”

张载爱“多”之方的特点是“大其心，则能体天下之物”：“大其心则能体天下之物，物有未体，则心为有外。世上之人，止于见闻之狭。圣人尽性，不以见闻梏其心，其视天下无一物非我，孟子谓尽心则知性知天以此。天大无外，故有外之心不足以合天心。见闻之知，乃物交而知，非德性所知；德性所知，不萌于

① 徐复观．中国人性论史[M]．上海：华东师范大学出版社，2005：62．
② [宋]朱熹．朱子语类[Z]．黎靖德，编．北京：中华书局，1986：卷四十七．
③ 徐复观．中国人性论史[M]．上海：华东师范大学出版社，2005：92-93．
④ 徐复观．中国人性论史[M]．上海：华东师范大学出版社，2005：92．

见闻。”[①]“体天下之物”之“体”乃是“视之为我，亦即‘置心物中（朱晦庵语）’”[②]，或者说就是“将自己的生命完全地融入到万物之中，从而体会到万物与我的生命不可分离，就是我的生命的一部分。”[③] 也就是说，“体”就是以“以物视物”，以“同体之心”视万物。不过，这只是“体”的属性和状态，而非目的。“体”的目的乃是爱，爱是“体”的意义落脚点。“体天下之物”就是张载所说的“有容物，无去物，有爱物，无徇物”，[④]“物被常爱”[⑤]、“爱必兼爱”[⑥]，也即将“所爱”推至“最广化”与“最多化”。要臻至这种境界，张载认为其前提就是“大其心。”

在张载看来，所谓“大其心”，不是要求人们将心刻意放大（因为人之心如天地之心一样本都是极大极广无所不容的。“天无心，心都在人之心。”[⑦]），而是通过祛除一己之私——“我”后，让内在于人心的本大之天心在人的反身体认中得到显露，让人物一体之本然状态得到显现。所以，张载说：“无我而后大。”[⑧] 又说：“只为天地常在，身与物均见，则自不私，己亦是一物，人常脱去己身则明。”[⑨] 而要“大其心”和做到“无我”，张载认为最关键的就是人们要将“闻见之知”上升至“德性之知”，或者说将“闻见之心”转变为“德性之心”。

“闻见之心”虽然是人的认知基础（“启之要也”[⑩]），但它具有内在的天然缺陷：“天之明莫大于日，故有目接之，不知其几万里之高也；天之声莫大于雷霆，故有耳属之，莫知其几万里之远也；天之不御莫大于太虚，故心知廓之，莫究其极也。人病其以耳目见闻累其心，而不务尽其心。”[⑪] 闻自耳，见自目，耳目的局限性决定了“闻见之心”的局限性。“若只以闻见为心，但恐小却心。今盈天地之间者皆物也，如只据己之闻见，所接几何？安能尽天下之物？”所以，“闻见之心”之于天下万物岂非一粟之于沧海乎？人若止步和满足于这种狭窄的、形而下的闻见“小心”，就会限际和遮蔽内在于自身的天地“大心”，就“不务尽其心”。“不务尽其心”，人就不能从天地之心（道）来视物，就只能“以我视物”[⑫]。在这种情况下，人们就会在人与万物之间创建种种隔阂和对立，“爱必兼爱”也就无从谈起了。因此，人们为实现博爱万物的仁德，“闻见之心”就必要被更高层的“德性之心”所超越取代。

---

① [宋]张载．张载集[Z]．北京：中华书局，1978：24.
② 张岱年．中国哲学大纲[M]．北京：中国社会科学出版社，1982：338.
③ 蒙培元．人与自然——中国哲学生态观[M]．北京：人民出版社，2004：281.
④ [宋]张载．张载集[Z]．北京：中华书局，1978：35.
⑤ [宋]张载．张载集[Z]．北京：中华书局，1978：34.
⑥ [宋]张载．张载集[Z]．北京：中华书局，1978：21.
⑦ [宋]张载．张载集[Z]．北京：中华书局，1978：266.
⑧ [宋]张载．张载集[Z]．北京：中华书局，1978：17.
⑨ [宋]张载．张载集[Z]．北京：中华书局，1978：285.
⑩ [宋]张载．张载集[Z]．北京：中华书局，1978：25.
⑪ [宋]张载．张载集[Z]．北京：中华书局，1978：25.
⑫ [宋]张载．张载集[Z]．北京：中华书局，1978：26.

与“闻见之心”不同的是，“德性之心”是以形而上的天道或者无形迹的心性本体为体认对象，或者说它自身就是这些对象的全体呈现。因此，它没有限度与边界可言，体之则无影无踪，放之则弥沦四海。如果说“见闻之心”是“有对之心”，那么“德性之心”则是“无对之心”；如果说“见闻之心”是“有外之心”，那么“德性之心”则是“无外之心”。“有对”、“有外”就是“有我”；而“无对”、“无外”就是“无我”。“有我”就是“有心”，就是以我之私为心；而“无我”就是“无心”，因为我之心与天地之心、万物之心合而为一了。因合而为一，所以我就会“平物我，合内外，”①“视天下无一物非我”——即时空的限阈被突破，人物间的界面被冲销，天地万物皆被涵容纳摄于“大我”的“所爱”中。

（四）二程：“公”、“诚”、“敬”

二程认为，要实现仁爱的多样性和广博性，其根本同样在于人而非物、在于内而非外。因为，人心之仁本来就是与万物同体、弥包一切的（如上所论）。人需要做的就是反身体认这种仁的状态与境界，使其流露和呈现出来；只要做到此，人就能随仁之发用视万物如四肢百体而无所不爱。所以二程说：“大人者与天地合其德，与日月合其明，非在外也”，“范围天地之化而不过者，模范出一天地耳，非在外也”②；“道在己，不是与己各为一物，可跳身而入者也。”③“学者识得仁体，实有诸己”④；那么，人们又如何识得有诸己之仁体？二程认为，这需要弃“私”而存“公”的工夫。

二程说：“人只为自私，将自家躯壳上头起意，故看得道理小了些。”⑤张敬夫说：“夫仁道虽难名，淮公近之。人惟有己则有私，故物我坐隔，而昧夫本然之理（《南轩论语解》卷三）。”据此，“私”就是：只把我的身体当成“我”，只将“我”限定在皮肤下的一点内容，而把身体之外的天地万物当成异己的事物排除在“我”之外，我是我，物是物，各个隔离。而与“私”相反的——“公”则是：不以皮肤的界限为“我”的界限，将天地万物都视为“我”和“我”的延伸；“我”与天地万物无对无隔，相互渗透，共为一体，也即“人与天地间，并无窒碍处。”⑥如果说，在“私”中人们看到的是人物的差异性，那么在“公”中看到的则是人物的统一性。基于此，二程于是说：“公则一，私则万殊。”⑦因此，人们应弃“私”存“公”，应“放这身来，都在万物中一例看，大小大快活”⑧，即将自我与万物

① [宋]张载．张载集[Z]．北京：中华书局，1978：285.
② [宋]张载．张载集[Z]．北京：中华书局，1978：90-91.
③ [宋]程颢，程颐．二程集[Z]．北京：中华书局，1981：3.
④ [宋]程颢，程颐．二程集[Z]．北京：中华书局，1981：15.
⑤ [宋]程颢，程颐．二程遗书[Z]．潘富恩，导读．上海：上海古籍出版社，2008：84.
⑥ [宋]程颢，程颐．二程遗书[Z]．潘富恩，导读．上海：上海古籍出版社，2008：198.
⑦ [宋]程颢，程颐．二程遗书[Z]．潘富恩，导读．上海：上海古籍出版社，2008：190.
⑧ [宋]程颢，程颐．二程遗书[Z]．潘富恩，导读．上海：上海古籍出版社，2008：84.

视为在皮肤内外连续的一体。个中原理恰如现代著名生态学家保罗·谢泼德所描述的："生态学的思考要求的是一种穿越边界的想象力。从生态学看，皮肤的表面有如池塘的水面或森林的土壤，与其说是一种坚硬的外壳，不如说是一种柔软的、允许相互渗透的界面。根绝这种生态学的思考，把人看作自然景观的一部分，是使人显得高贵而博大，而非受到威胁，因为自然的美丽和复杂性跟我们是连续的。"①

到达了"公"的地步，人们体仁近仁显露仁，以及推己及物、扩充仁德广爱万类，在二程看来都是顺然而又自然的结果："夫天地之常，以其心普万物而无心；圣人之常，以其情顺万事而无情。故君子之学，莫若廓然而大公，物来而顺应"。② 又言："仁之道，要之只消道一公字。公只是仁之理，不可将公唤做仁。公而以人体之，故为仁。只为公，则物我兼照，故仁，所以能恕，所以能爱。"③

在"公"之外，二程又提出了"诚"、"敬"的工夫。二程言："仁者，浑然与物同体。义、礼、知、信皆仁也。识得此理，以诚敬存之而已，不须防检，不须穷索"。④ 在二程的哲学中，"诚"、"敬"不但是万物本体，也是体仁存仁的根本方法。一般人因存有"习心"，所以往往会遮蔽内在之仁体，不能体认自身本是"浑然与物同体"。所以，二程要求人们通过"诚"、"敬"来祛除"习心"，彰显仁心。"以诚敬存之"即心存"诚""敬"，或以"诚""敬"待心。对于"诚"、"敬"，二程解释道："主一者，谓之敬；一者，谓之诚；主则有意在。"⑤ 那么，什么是"主一"？二程言："主一则既不之东，又不之西，如此则是中；既不之此，又不之彼，如此则是内，存此则自然天理明。"⑥ 可见，"敬"——"主一"即是心主于内，如如不动，不起成见偏私，不为外在的事物所牵引左右。那么，何谓"一"？二程言："如何一者，无他，只是整齐严肃，则心便一，一则自是无非僻之奸，此意但涵养久之，则天理自明。"⑦ 又言："诚者，无妄之谓。"⑧ 可见，"诚"——"一"是真实无妄，无歪曲扭折，本心是什么样的人们就呈现什么样的，不添加任何虚假和染污的内容。比较而言，"诚"对应的是"妄心"，而"敬"对应的则是"躁心"。尽管二者侧重虽有差异，在存仁求仁的过程中是密切统一的。人们言"诚"而不能不言"敬"；反之亦然。只要心存"诚""敬"，人们就能远离或去除"妄心""躁心"，展现"与物同体"的全体之仁，从而使得人们以发用此仁体恤爱护万物而无一遗漏。所以，二程又说："学要在敬也、诚也，中间便有个仁"⑨，"体物而

① （美）霍尔姆斯．罗尔斯顿．哲学走向荒野[M]．刘耳，叶平，译．长春：吉林人民出版社，2000：26.
② [宋]程颢，程颐．二程集[Z]．北京：中华书局，1981：460.
③ [宋]程颢，程颐．二程遗书[Z]．潘富恩，导读．上海：上海古籍出版社，2008：200.
④ [宋]程颢，程颐．二程集[Z]．北京：中华书局，1981：16.
⑤ [宋]程颢，程颐．二程集[Z]．北京：中华书局，1981：315.
⑥ [宋]程颢，程颐．二程集[Z]．北京：中华书局，1981：149.
⑦ [宋]程颢，程颐．二程集[Z]．北京：中华书局，1981：150.
⑧ [宋]程颢，程颐．二程集[Z]．北京：中华书局，1981：274.
⑨ [宋]程颢，程颐．二程集[Z]．北京：中华书局，1981：141.

不可遗者，诚敬而已矣。”①

（五）朱熹：“惟公然后能仁”

至朱熹，“克己复礼”、“去私存公”的求仁工夫就得到了更为明确的表述。朱熹指出：“公不可谓之仁，但公而无私便是仁。”②“盖这个仁，便在这人字上，你元自有这仁，合下便带得来，只为不公，所以蔽塞了不出来，若能公，仁便流行。”“公是仁的方法，……若无私意间隔，则人身上全体皆是仁。”“仁者心之德，在我本有此理，公却是克己之极功，惟公然后能仁。”③ 公虽然不是仁，却是实现仁的必然方法。因为仁受遮蔽、不得彰显，唯因人存不公——私心。人只要祛除私心，公而无私，万物一体仁自然流行显现。“做到私欲净尽，天理流行，便是仁。”“无私，是仁之前事；与天地万物为一体，是仁之后事。惟无私，然后仁；惟仁，然后与天地万物为一体。”④

相对于“一体之仁”而言，人之私欲就是渣滓。只有渣滓去尽，人们才能体认“同体”；只有体认“同体”，人们对于万物才能“无所不爱”。才能超越有所爱而有所不爱的狭隘境界：“查滓是私意人欲。天地同体处，是义理之精英。查滓是私意人欲之未消者。人与天地本一体，只缘查滓未去，所以有间隔。若无查滓，便与天地同体。‘克己复礼为仁’，己是查滓，复礼便是天地同体处。”⑤“才少有私欲蔽之，则便间断，发出来爱，便有不到处。故世之忍心无恩者，只是私欲蔽锢，不曾认得我与天地万物心相贯通之理。故求仁之切要，只在不失其本心而已。”⑥

（六）王阳明：“克其私，去其蔽”

同先儒一样，通过克除“私”、“我”来实现“一体之仁”，从而造就人们“无所不爱”的广博境界，也是王阳明仁学的方法：“天下之人心，其始亦非有异于圣人也，特其间于有我之私，隔于物欲之蔽，大者以小，通者以塞，人各有心，至有视父子兄弟如仇雠者。圣人有忧之，是以推其天地万物一体之仁以教天下，使之皆有以克其私，去其蔽，以复其心体之同然。”⑦ 人心本皆有“一体之仁”，只为私欲所障蔽罢了。只要祛除这层障蔽，对待万物“无有乎人己之分，物我之间。譬之一人之身”，就自然会“全其万物一体之仁”⑧，从而“以天地万物为一体，其视天下之人，无内外远近，凡有血气，皆其昆弟赤子之亲，莫不欲安全而教养

① [宋]程颢，程颐．二程集[Z]．北京：中华书局，1981：118.
② [宋]朱熹．朱子语类[Z]．黎靖德，编．北京：中华书局，1986：卷六.
③ [宋]朱熹．朱子语类[Z]．黎靖德，编．北京：中华书局，1986：卷九十五.
④ [宋]朱熹．朱子语类[Z]．黎靖德，编．北京：中华书局，1986：卷六.
⑤ [宋]朱熹．朱子语类[Z]．黎靖德，编．北京：中华书局，1986：卷四十五.
⑥ [宋]朱熹．朱子语类[Z]．黎靖德，编．北京：中华书局，1986：卷九十五.
⑦ [明]王阳明．王阳明全集[Z]．上海：上海古籍出版社，1992：54.
⑧ [明]王阳明．王阳明全集[Z]．上海：上海古籍出版社，1992：55.

之。”[①]

综上所述，儒家仁学对于爱如何及“多”有着深刻和详细的方法论述与工夫指陈。尽管在不同时期的哲学家那里，人们对于这些方法和工夫的切入点虽然稍有差异，但是实现万物一体之仁、追求对多样万物周遍无遗的博大仁爱，却是儒家一脉相承的共同特点。

第三节　仁之质：予“多”有爱

“仁”与“爱”虽然被经常连用。但在儒家仁学中，“仁”更多的是关乎体，是相对隐匿的；而“爱”更多的则是关乎用，是相对显露的。体是浑厚未发之本体，而用则是能发之妙用。“爱”需要以“仁”之体为发衍基础，但是“仁”需通过“爱”之用来实现自身。人们不能说自己是“仁”包括“多”在内的自然万物，而只能说是“爱”它们。“爱”被儒家认为是“仁”的根本倾向，也是“仁”发用流行于自然万物上的本质形态。或者说，“仁”就是以“爱”为主。因此，儒家对“多”充满着我们这个时代在生物多样性保护过程中非常欠缺而又极其需要的爱。

一、“仁主于爱”

仁是否以爱为其本质，其实在孔子那早已有了明确的说明。《论语·颜渊》载：“樊迟问仁，子曰：‘爱人’。”即仁就是对人的爱。在《学而》篇中孔子又说：“泛爱众而亲仁。”仁就是对众多事物的爱（当然也包括非人类的生命与物种）。这两句话明确说明了，在孔子看来爱就是仁的实现途径和表达方式，只有依循“爱”，仁才能彰显和完成。

对此，孟子说得更肯定：“仁者以其所爱，及其所不爱；不仁者以其所不爱，及其所爱（《孟子·尽心下》）。”把对一种事物的爱，传递到另一种事物上，这样的人就能被称为仁者；把对一种事物的冷漠，转移到另一种事物，冲销原本存在的爱，这样的人就是不仁。爱能否传递存在，关乎仁的完成和人之实现自我，这就深刻标示了爱是仁之核心所在。所以，孟子说：“仁者，爱人（《孟子·离娄下》）。”又说：“亲亲而仁民，仁民而爱物（《孟子·尽心上》）。”即无论是对人还是待物，无论是对亲还是待疏，仁皆以爱为中心，仁者所传接与抒发的皆归宿集中在爱上。爱是人们对待“亲”、“民”、“物”等天地万物的共同的情感符号。

其后，董仲舒说：“不爱，奚足谓仁？”[②] 能爱有爱与否关怀仁的完成实现；没有对道德对象的爱的表达，就不足以称为仁。《礼记·乐记》说：“仁以爱之。”认

① [明]王阳明．王阳明全集[Z]．上海：上海古籍出版社，1992：54.
② [汉]董仲舒．春秋繁露[Z]．曾振宇，傅永聚，注．北京：商务印书馆，2010：177.

为仁的倾向就是爱，或者说“仁就是用来爱的”。韩愈则在《原道》说：“博爱之为仁”。即仁的实现一方面在于道德对象的多样性，另一方面在于对所有的道德表达出爱。……尽管这些对孔孟仁学虽未有多少发展，但这些表达和论断以其不约而同的统一性共同说明了爱之于仁的重要性。

至朱熹，他从更深的层次上论述了仁与爱的关系：“仁只是个爱底道理。”“理是根，爱是苗。仁之爱，如糖之甜，醋之酸，爱是那滋味。”“仁是体，爱是用，又曰爱之理，爱自仁出也。然亦不可离了爱去说仁。”“仁者，爱之理；爱者，仁之事。仁者，爱之体；爱者，仁之用。”“‘仁者爱之理’，只是爱之道理，犹言生之性，爱则是理之见于用者也。盖仁，性也，性只是理而已。爱是情，情发于用。性者指其未发，故曰‘仁者爱之理’，情即已发，故曰‘爱者仁之用’”[①]。仁是体，归于性；爱是用，归于情。爱以仁为体，体是未发的；仁则以爱为用，用则是已发的。体和用深刻统一的，未发和已经是密切关联的。所以，人们离仁不能言爱，离爱也同样不能言仁。仁之于爱，犹如根之于苗、糖之于甜、醋之于酸；而爱之于仁，犹如苗之于根、甜之于糖、酸之于醋。在这种情况下，仁之所发也自然是爱，仁之本质规定必是落在爱上。所以，朱熹说：“仁之发处自是爱。”[②]“仁主于爱”。[③]

概之，在儒家仁学中，仁直接被定义在了爱上。抽象、内在的仁与具体、外在的多样事物交感承接的主要桥梁和途径就是爱。或者说，人们在“亲亲而仁民，仁民而爱物”的过程中实现自我、完成仁德的本质方式就是爱。所以，爱包括多样性的生命与物种在内的天地万物，在儒家仁学中于是也就成了一种自然而然的普遍现象。

二、以爱待“多”

但是，儒家对“多”的爱绝不是如西方当代生态伦理学那种冰冷麻木的思辨理性和抽象虚无的道德概念，而是人们从自我生命中开辟出来的活泼灵明、切己由衷、浑厚无私的心理情感。怵惕、不忍、悯恤、顾惜、恻隐、识痛痒等是这种以生命关切为归旨的情感——爱的主要表现形式。

孔子说：“钓而不纲，弋不射宿。”对于这段话，很多学者把解释的重点放在了可持续发展的意义上，认为孔子不主张用大网来捕鱼、不用箭射归宿的鸟，是为了人们能够持续循环地利用资源。其实，这是现代人以他们自己的眼光曲解了孔子的原意。孔子之所以反对人们如此捕杀物类，乃是缘于仁心的直接发露，乃

① [宋]朱熹．朱子语类[Z]．黎靖德，编．北京：中华书局，1986：卷二十．
② [宋]朱熹．朱子语类[Z]．黎靖德，编．北京：中华书局，1986：卷九十五．
③ [宋]朱熹．四书章句集注[Z]．金良年，今译．上海：上海古籍出版社，2006：364．

是缘于他对这些鲜活的生灵当下就充满着仁慈的爱，而并非出于所谓的利益权衡。例如，朱熹在《论语集注》中指出的："此可见仁人之本心矣。……小者如此，大者可知。"① 所以，"人性"的体恤而非"理性"的计较，爱之"情"而非思之"理"，才是孔子说出此言的缘由，才是孔子对待其他生命与物种的根本态度。

孟子对其他生命与物种的爱则表达得更为明显。不可否认，孟子对待生命与物种有可持续利用的功利考量。例如，孟子说"不违农时，谷不可胜食也。数罟不入污池，鱼鳖不可胜食也。斧斤以时入山林，材木不可胜用也"（《孟子·梁惠王上》），即是如此。但是，爱仍然是孟子对待其他生命与物种的主要方式。在肯定人人都有仁德的条件下，孟子说："恻隐之心，仁之端也（《孟子·公孙丑上》）。"朱熹注释道："恻，伤之切也。隐，痛之深也。……端，绪也。"② 也就是说，感伤痛悯的情感乃是仁的发端和基础。既然如此，那么以仁为本质的人，在亲亲、仁民、爱物这种应然的推恩过程中不可避免地会开显发用出这种情感。所以，孟子说："无伤也，是乃仁术也，见牛未见羊也。君子之于禽兽也，见其生，不忍见其死；闻其声，不忍食其肉。是以君子远庖厨也（《孟子·梁惠王上》）。"牛羊等虽为禽兽，但它们也是生命，也会有苦乐的感受，遇到死亡会害怕，遇到痛苦也会惨叫。人们见到其生就不忍心让其死，听到它们被杀时的惨叫声，就不忍心吃它们的肉。而经常宰杀动物的厨房，人们也不应该接近，否则习惯了厨房宰杀动物的过程后，人们就会遮蔽本有而又该有的爱，就会变得麻木不仁。接着，人们就会将这种不仁转移到其他的生命与事物上，这其中也包括人类。这将是十分危险的。因此，孟子主张人们要时时处处对任何生命与事物都存有着深切的爱。只有这样的人，才能称为仁者（"仁者，无不爱也。"《孟子·尽心上》）。

德不孤，必有邻。在西方也存在与孟子共鸣的观点。毕达哥拉斯作为"西方传统上第一个反对虐待动物的人"也指出："只要人还在残酷地毁灭低等生命，他就绝不会懂得健康与和平。只要人类还在大规模地屠杀动物，他们就会相互屠杀。他播种了谋杀和痛苦的种子，就一定不可能收获欢乐和爱。"③ 洛克同样认为，人们若"折磨并粗暴地对待那些落入他们手中的小鸟、蝴蝶或其他这类可怜的动物"，"将逐渐地使他们的心甚至在对人时也变得狠起来。""那些在低等动物的痛苦和毁灭中寻求乐趣的人，……将会对他们自己的同胞也缺乏怜悯心和仁爱心。"④ 于此，我们更应体会孟子"君子远庖厨"和"无不爱也"的深刻用意。

二程认为仁者以万物一体，天地之间的"品物万形"都是自我的"四肢百体"，所以人们应该真挚而深切地去"爱"这些事物。而二程的确也是如此做的。张横

① [宋]朱熹．四书章句集注[Z]．金良年，今译．上海：上海古籍出版社，2006：127．
② [宋]朱熹．四书章句集注[Z]．金良年，今译．上海：上海古籍出版社，2006：305．
③ 刘卫英，王立．欧美生态伦理思想与中国传统生态叙事[M]．北京：北京师范大学出版社，2014：8．
④（美）罗德里克．纳什．大自然的权利：环境伦理学史[M]．杨通进，译．青岛：青岛出版社，1999，19．

渠转述道：“明道窗前有茂草覆砌，或劝之芟，曰：‘不可，欲常见造物生意。’又置盆池，畜小鱼数尾，时时观之。或问其故，曰：‘观万物自得意。’”[①] 程颐在宫中时，闻说哲宗皇帝漱口是有意避开蚂蚁，则非常欣赞，并劝上“推此心以及四海”；看见哲宗随意折断柳枝时，则进谏道：“方春发生，不可无故摧折”[②]；年少时不忍买鱼喂猫而特留鱼于池，并写《养鱼记》抒发对物之爱：“书斋之前有石盆池。家人买鱼子食猫，见其煦沫也，不忍，因择可生者，得百余，养其中，大者如指，细者如箸。支颐而观之者竟日。始舍之，洋洋然，鱼之得其所也；终观之，戚戚焉，吾之感朴中也。吾读古圣人书，观古圣人之政禁，数罟不得入垮池，鱼尾不盈尺不中杀，市不得胃，人不得食，圣人之仁，养物而不伤也如是。物获如是，则吾人之乐其生；遂其性，宜何如哉？思是。鱼之。朴是时，宁有是困耶？推是鱼，孰不可见耶。鱼乎！鱼乎！细钩密网，吾不得禁之朴彼；炮蟠咀嚼，吾得免尔朴此。吾知江海之大，足使尔遂其性，思置汝龄彼，而未得其路，徒能以斗斛之水，生汝之命。生汝诚吾心。汝得生已多，万类天地中，吾必将奈何？鱼乎！鱼乎！感吾心之戚戚者，岂止鱼而已乎？”[③] 小鱼、蚂蚁、柳树、野草等，在现在人看来都是一些微贱的事物，即便被人们杀害或者破坏也几乎是无关紧要的。但是，二程对它们如此怜惜有加，这种爱物之情何其切切！

苏东坡诗云：“爱鼠常留饭，怜蛾不点灯。我哀篮中蛤，开口护残汁。又哀篮中鱼，开口吐微湿。刳肠彼交痛，过分我何得？相逢未寒温，相劝此最急。”[④] 担心老鼠饥饿，而特意为其留饭；怕飞蛾扑火而亡，所以不忍心点灯；看到篮中的蛤、鱼即将被开肠破肚，更是于心不忍。——对生命与物种的爱何其戚戚！

在王阳明看来，天地万物因是一有机整体，人们见到其他的生命与事物损坏伤折，就会不能自已地产生“疾痛迫切”的情感[⑤]。所以，人们“见孺子而有怵惕恻隐之心焉，是其仁之与孺子而为一体也；孺子犹同类者也，见鸟兽之哀鸣觳觫，而必有不忍之心焉，是其仁之与鸟兽而为一体也；鸟兽犹有知觉者也，见草木之摧折而必有悯恤之心焉，是其仁之与草木而为一体也；草木犹有生意者也，见瓦石之毁坏而必有顾惜之心焉，是其仁之与瓦石而为一体也。”[⑥] 这里的恻隐怵惕、不忍、悯恤、顾惜名称虽然有别，但其本质并没有什么不同，都是人之爱于不同对象的不同假名而已。

……

① [明]黄宗羲．宋元学案．明道学案下．附录[Z]．全祖望，修补．陈金生，梁运华，点校．北京：中华书局，1986.

② 王云五．河南程氏遗书[M]．上海：商务印书馆，1935：374.

③ [宋]程颢，程颐．河南程氏文集．答杨时论《西铭》书[Z]．北京：中华书局，1981：卷八.

④ [宋]苏东坡．苏东坡全集[Z]．北京：中国书店，1986.

⑤ [明]王阳明．王阳明全集[Z]．上海：上海古籍出版社，1992：81.

⑥ [明]王阳明．王阳明全集[Z]．上海：上海古籍出版社，1992：968.

可见，以“爱”待万物，显然是儒家的普遍现象和集体共识。

但在另一面，令儒家仁学存在紧张关系的是，孔子讲究“食不厌精、脍不厌细”（《论语·乡党》）；孟子希望“鱼鳖不可胜食”，“七十者衣帛食肉”（《孟子·梁惠王上》）；在各类的祭祀中，儒家注重奉献牺牲；甚至对于打猎，儒家也并不反对。那么，儒家就必然会杀害一些生命，而这与儒家仁学“爱”万物的宗旨岂不自相矛盾了？而儒家认为，其实不然。第一，儒家爱万物，不是一物不取、一物不用，而是取用有节有度。朱熹就指出：“爱，谓取之有时，用之以节。”① 具体而言，例如，人们可以捕捞鱼鳖，但要待“獭祭鱼”后才可以进行，以助鱼鳖生长②；祭祀准备牺牲也是可以的，但是如果在春季，就不应捕杀母兽，以免影响其孕育繁殖③；打猎动物也是允许的，但是不可以围歼，以防止把动物赶尽杀绝④。……如此等等，不一列举。第二，儒家爱万物，不是禁止杀害其他生命与物种，而是禁止无缘无故的杀害。《礼记·王制》指出：“诸侯无故不杀牛，大夫无故不杀羊，士无故不杀犬豕。”⑤ 又说：“天子、诸侯无事，则岁三田，一为乾豆，二为宾客，三为充君之庖。无事而不田，曰不敬。”⑥ 无论是家养动物，还是野生动物，人们取用都须有合理而适当的缘由。随性肆意地杀害，暴殄天物式的猎取，都将被谴责和禁止。所以，当宋哲宋戏折杨柳时受到了程子的当即批评：“方春发生，不可无故摧折。”⑦ 以上两点，是人们杀害生命与物种过程中所必须遵循的。在遵循这两点情况下，人们再去杀害生命与物种，儒家认为那就是不得已而为之的抉择，或者说就是“无法排弃的遗憾”⑧，而并不是对“爱”的背离或抛舍。例如，明儒王存斋所言：“亲亲、仁民、爱物，是天理自然，非圣人强为之差等。只如人身，虽无尺寸之肤不爱，然却于头目腹心重，于手足皮毛爪齿觉渐轻，遇有急时，却濡手足，焦毛发，以卫腹心头目。此是自然之理，然不可因此就说人原不爱手足毛发。”⑨ 这里的“手足毛发”就代指被人不得已取用或杀害的生命与物种。所以，儒家尽管处于“伤害和毁灭生命的必然性之中”⑩，但是这种“必然性”并没有动摇仁学以“爱”待万物的合法性，与后者并不矛盾。相反，因为允许适度的伤害，儒家仁学爱万物的理念与方式反而更加切合实际，更易深入人心，为人们所奉持

① [宋]朱熹．四书章句集注[Z]．上海：上海古籍出版社，2006：457．

② [唐]杨琼．荀子集解[Z]．北京：中华书局，1986：305．

③ [汉]郑玄，注．礼记正义[Z]．孔颖达，疏．上海：上海古籍出版社，2008：624．

④ [汉]郑玄，注．礼记正义[Z]．孔颖达，疏．上海：上海古籍出版社，2008：505．

⑤ [汉]郑玄，注．礼记正义[Z]．孔颖达，疏．上海：上海古籍出版社，2008：530．

⑥ [汉]郑玄，注．礼记正义[Z]．孔颖达，疏．上海：上海古籍出版社，2008：505．

⑦ 王云五．河南程氏遗书[M]．上海：商务印书馆，1935：374．

⑧ Cua，As：The Unity of Knowledge and Action ：A Study in Wang Yang—ming's Moral Psychology. Honolulu：The University Press of Hawaii，1982：40．转引自陈立胜．宋明儒学动物伦理四项基本原则之研究[J]．开发时代，2005，(5)．

⑨ [明]徐存斋．明儒学案．存斋论学语[Z]．北京：中华书局，1985：618．

⑩（法）史怀泽．敬畏生命[M]．陈泽环，译．上海：上海社会科学院出版社，1992：76．

践行。

总之，儒家对多样性的生命与事物可谓“满腔子是恻隐之心”①，充满着真诚而切己的爱。这种爱是仁心的自然发露和当下呈现，不需要经过知识上的曲折论证（如西方生态伦理学的某些理论），它是鲜活、温然而又平实的，能贯彻落实到人们“眼前真实的生命里头”②，不离日用常行内，时时处处有着具体的呈现。儒家所谓万物一体之仁，其实就是万物一体之爱。由一体之仁联通贯彻起来的生命共同体，其实就是爱的共同体。在这种共同体中，因为有爱，因为爱着，一切非人类的生命与物种都显得生机盎然和价值流盈，没有人忍心肆意或过度破坏它们——这不但为理之所不能容，更为情之所不能许。所以，生物多样性在儒家这里受到了较好的保护。

三、“多”需被爱

而当今，由于非人类的生命与物种对人类来说只是满足己欲的资源、财产和工具，只是如海德格尔所言的“持存物”。尽管人们也在积极提倡保护多样性的生命与物种，但这种保护只是出于人类自身利益的狭隘算计，而严重缺少如儒家仁学的那种切己而博大的爱。对现代人们来说，生物多样性的保护已沦落为一个“划不划算”和“值不值得”的理性经济问题，而无关乎“应不应该”和“忍不忍心”的道德情感问题了。没有了爱的支撑，失去了情感的驱导，把一切保护的动因都系缚于利益的获取考量上，这种观念和行为的片面建构大大影响了生物多样性保护的全面性和有效性，甚至在很多时候直接造成了生物多样性的丧失。

以海洋捕鲸为例。1946 年美国等 15 个国家在华盛顿共同签署了《国际捕鲸管制公约》(ICRW)，在 1948 年生效。《国际捕鲸管制公约》的宗旨主要是“适当地保护鲸类并促进捕鲸渔业有序地发展”。但是《国际捕鲸管制公约》自生效起至 20 世纪 70 年代，并没有发生多少作用。因为当时签署协议的成员国都是捕鲸国，都期望从捕鲸产业中获得巨额经济利益。最后，随《国际捕鲸管制公约》成立的旨在保护鲸类和管理捕鲸业的国际捕鲸委员会（IWC）成了“捕鲸俱乐部”，各成员国相互竞争，举办“捕鲸奥运会”，使得大量鲸鱼被捕杀。而至 1982 年，随生态运动的兴起和人类环境意识的提高，国际捕鲸委员会虽然于 34 届大会上顺利通过了暂停商业捕鲸的决议，规定从 1986 年开始禁止任何以商业为目的的捕鲸行为，但是一些国家（主要是日本）出于自身利益的狭隘考量，却对这一决议熟视无睹，打着科学的幌子继续进行商业捕鲸。日本对于自身的这种残忍捕鲸行为不但没有任何道德情感上的反省，而且还利用“金元外交”、构建“捕鲸文化”等手段使捕

① [宋]程颢，程颐．二程集[Z]．北京：中华书局，1981：62．

② 牟宗三·中国哲学十九讲[M]．长春：吉林出版集团有限责任公司，2010：31．

鲸“合法化”、“正常化”。日本政府甚至还明确指出，国际捕鲸委员会的决策是基于情绪和道德的判断，而不是基于科学证据，这损害了国际捕鲸委员会作为一个国际资源管理机构的可信度。可见，日本对于这些鲜活的海洋生命没有任何情感上的爱，而只是视它们为一些能够游动的、免费的、庞大的蛋白质。很大程度上正是缘于此，日本的捕鲸数目——所谓的“科学”名义下的捕鲸数目，从1987~1988年捕鲸季的273头甚至增加到了2006~2007年捕鲸季的1000多头①。

又如，以陆地偷猎为例。我国在20世纪90年代就早已设立了400个自然保护区，旨在保护物种的多样性。但是，无论是在国家级还是非国家级的自然保护区，偷猎现象都相当普遍，约为90%。据张和民研究，偷猎的动机和目的主要是经济利益。“当地领导和居民对偷猎熟视无睹，甚至忽视国家法规，认为偷猎是获得财物的一种方式。产生偷猎的主要原因是某些动物产品在传统中药中的重要性和不正当流通过程中的昂贵价格。调查结果指出几乎全部偷猎是为了换钱和食肉。突出的例子是昂贵的麝香价格导致每年无数的麝死于偷猎。”② 显然，孟子“见其生，不忍见其死；闻其声，不忍食其肉”的仁爱，在这些唯利是图的偷猎者的心中已荡然无存了。没有了爱，那么其他生命与物种在人们看来只是一些会跳动的纸币或者可口的菜肴而已，它们随时都可能被人们杀害，只要有机会，只要杀害它们不需要付出太多的成本。

总之，人们若在情感上失去了对生物多样性的爱，生物多样性的保护就难以深入和有效进行。因为对于现代人来说，保护生物多样性是为了将来的利益，而破坏生物多样性是为了现在的利益，而后常常更为直接，更易兑现，更易引起人们的兴趣。弗·冯·维塞尔就深刻指出：“人具有考虑将来的需要的感觉而行动的能力，但对人类天性观察的结果明显表明：人类现实需要的感觉而采取的行动比将来的劲头足。”③ 所以，偷猎、捕鲸、滥砍滥伐等行为才会层出不穷，屡禁不止。因此，为了持续有效地保护生物多样性的繁荣，我们就需培养和发展出对于其他生命与物种的深切的爱。只有当有一天人们对于生物多样性的保护，不单是出于工具理性的算计或功利目的的打量，更是出于“所以然而不可易，所当然而不容已”的道德情感自觉——由衷爱它们的时候，我们这个时代的物种保护及与之相关的伦理构建才能真正奏效。就如罗尔斯顿所深刻指出的：“出于必要的实用性考虑，对生态道德探索的大部分可能都将是派生意义上的，保守的。……但我们认为生态伦理学的前沿是超越了派生意义的生态伦理学的，是一种根本意义上的再评价。在此再评价中，作为伦理学创造性的反映，良知必须向前进化。……人们走向派生意义上的生态伦理还可能是迫于对他们周围这个世界的恐惧，但他们走向根本

① 孙凯，冯定雄．论日本对商业捕鲸禁令的抵制[J]．浙江海洋学院学报（人文科学版），2008，(4)．
② 此段数据皆参见张和民．偷猎——自然保护区的严重威胁[J]．四川动物，1990，(4)．
③（奥）弗·冯·维塞尔．自然价值[M]．陈国庆，译，北京：商务印书馆，1991：65-66．

意义上的生态伦理只能是出于对自然的爱。”① 而在这一点上，儒家仁学无疑是我们富有智慧与价值的参考资源。

综上所述：在儒家仁学中，仁有着爱人与爱物的双重规定。人是指所有人，物是指天下万物。也就是说，人除了爱人，还需仁爱包括“多”在内的天下万物，实现“所爱”的多样性与广博性。唯有如此人才能完整化仁、成其为人，才能契合天地生生之仁德，才能体认内在于主体的万物一体之仁。例如，戴震所言：“仁者，生生之道也……所以生生者，一人遂其生，推之而与天下共遂其生，仁也。”②为达到这个目的，儒家仁论认为，人们首先应该遵循由近及远、由亲及疏的推恩机制，即先爱父母亲人，然后再爱朋友他人，然后再爱形形色色的天地万物；仁爱只有在此差异性中才能实现多样性，只有在此等级性中才能实现广博性。其次，人们还要去除私欲，不能以己视物、徇私发用。只有如此，才能避免对万物有所爱而有所不爱，才能周爱万物而无一遗弃。最后，仁以爱为主，爱是仁的根本倾向，是仁发用流行于自然万物上的本质形态。正由于此，儒家对自然万物无不充满了我们这个时代极为欠缺的活泼灵明切己由衷的爱，“满腔子”皆是“恻隐之心”。因为有爱，因为爱着，因为充满恻隐之心，人们就不会随意破坏多样性的生命与物种。现代生物多样性保护如想取得更大实效，人们也许应该深刻汲取儒家仁论的这些智慧。

---

①（美）霍尔姆斯·罗尔斯顿．哲学走向荒野[M]．刘耳，叶平，译．长春：吉林人民出版社，2000：35．

② [清]戴震．孟子字义疏证[Z]．北京：中华书局，2009：48．

结语：儒家生物多样性智慧的价值与出路

中国当代生态伦理学的前辈佘正荣先生，对于儒家生态伦理观曾评述道："儒家传统生态伦理观产生的历史条件已经成为过去，它只适合于人类被血缘关系束缚和对土地直接依赖的农业文明时代，只适合于自然经济条件下人类必须顺应自然生态环境变化的历史状况。它所关切的环境问题，基本上是滥伐森林、过度捕杀动物、水土流失、土地肥力退化等传统形式的、局部的、浅层性的生态破坏问题，而没有经历近代以来在市场经济条件下，工业文明对自然界的全面开发和破坏产生的各种严重的环境污染问题，以及生态系统的不可逆衰退，甚至面临瓦解等复杂的全球性难题。……儒家这种只重视心性参证的道德修养，……反对细致严密的逻辑推理和程序化的系统论证和实验证明……不能具体、深入、全面地认识自然界本身的状况。……因此，在当代社会既要维持不断增加的人口的物质生存，又要逐步恢复和重建人与自然的和睦关系的双重艰巨任务的困境下，必须掌握现代科学严谨的研究方法，开发强大的技术工具手段，遵循生态规律的要求，充分利用天地万物，引导和协调天人关系，在人类的生存和发展过程中来加以实现。"①

"儒家人文主义传统最薄弱之处，就是过多地关注人际领域的伦理秩序，而忽视自然领域中天地万物的性质和规律，只重视'德性之知'，而忽视'见闻之知'，这就必然缺乏对天地之道和自然生态规律的深刻认识。因此，必须以现代生态科学和新自然观的理论对儒家的天人观加以改造，才能克服其人道知识偏胜、天道知识薄弱的片面性，以加强其天人合一观的科学基础和哲学基础，使这个天人合一观发展为与时代进步相适应的现代形式。"②

"儒家这种只重视心性参证的道德修养，而忽视物质生产实践的行为，在认识上必然导致思维方法上内向性体悟的沉思冥想，反对细致严密的逻辑推理和程序化的系统论证和实验证明，因而不能开出现代意义上的自然科学，也就不能具体、深入、全面地认识自然界本身的状况，最多只能达到天地万物'莫非己矣'的笼统意识，反而给人们积极地改造和利用自然，推动物质生产和科学技术的进步，造成长期的消极影响。因此，在当代社会既要维持不断增加的人口的物质生存，又要逐步恢复和重建人与自然的和睦关系的双重艰巨任务的困境下，必须掌握现

① 佘正荣．儒家生态伦理观及其现代出路[J]．中州学刊，2001，(6)．
② 佘正荣．儒家生态伦理观及其现代出路[J]．中州学刊，2001，(6)．

代科学严谨的研究方法，开发强大的技术工具手段，遵循生态规律的要求，充分利用天地万物，引导和协调天人关系，在人类的生存和发展过程中来加以实现。”①

无论是从外延还是内涵上，儒家生态伦理观都包括了儒家的生物多样性智慧。所以，将佘先生以上论断中的“儒家生态伦理观”置换成“儒家生物多样性智慧”，相信也不会改变和违背其基本思想。那么在这种情况下，儒家生物多样性智慧是否如佘先生所言的，具有以上的种种不足呢？应该说，在对于儒家生态伦理的各种批评中，佘先生的观点是非常深刻和翔实的，具有很强的代表性。初看之下，佘先生的观点显得中肯又合理。但仔细思考一番，发现其实有多处值得商榷。

首先，儒家生物多样性智慧或儒家生态伦理观的价值并非仅仅限于农业文明时代和自然经济条件下的历史状况。把整个人类文明划分为农业文明与工业文明，这种以经济形态和生产关系为主要导向的划分模式，对于人们了解传统与历史提供了很大的方便。但是，我们同时又必须认识到，经济形态和生产关系并不能代表人类文明的一切，也不能决定一切。除了经济与生产，人类文明还有更加丰富的内容。另外，从个别文明看，可能存在某个截然的分界点。但是从整个人类文明看，是前后相继连续一体的。在前后一体无间无缝的人类文明中，许多内容不受时空和经济的限制，贯穿于农业文明和工业文明之中。试想，如果没有这些超越时空条件和经济因素的内容，现在的人又岂能和过去的人保持最本质的一致性？人岂能还是人？所以，依据经济形态和生产关系的划分模式不能划分一切，它也具有自身的局限性。儒家生物多样性智慧和儒家生态伦理观的意义与价值不应受到这种划分模式的限制。

众生周知，如同一味药对患者来说是否具有价值，关键不在于其产地或者价格（特别是西药），而在于它能否对症治病一样。同理，儒家生物多样性智慧在现代工业文明中是否适用、是否具有价值，其关键之处也不在于其原本归属于什么形态的文明，而是在于其是否能对症下药解决生物多样性丧失的根本问题。在绪论中我们已经陈述，生物多样性的丧失根本症结乃是古希腊的自然目的论、基督教的神学目的论、机械原子论自然观及受文艺复兴和启蒙运动而释放的人类欲望等。——影响深远的古希腊的自然目的论与基督教的神学目的论合流，共同建构了极为强烈的人类中心主义和人类沙文主义。人们坚持认为，一切非人类生命与物种都是为了人类的目的而存在的，它们没有自我的目的，没有内在的主体价值，完全可以被人类随意处置、宰割和毁灭。在机械论自然观的影响下，自然完全图像化、对象化、机械化，“自然”被“自然物”所取代，多样性的生命与物种只是沦落为工具价值与实用理性下“有用”的资源，只是变成了一堆被限定了的财产和持存物。人们破坏自然、毁灭物种的行为就从此摆脱了道德伦理上的本有的约

① 佘正荣．儒家生态伦理观及其现代出路[J]．中州学刊，2001，(6)．

束。而认为自然如地狱般充满着血淋淋的斗争与杀戮，视非人类事物为敌人和威胁的达尔文学说，更是推波助澜，继续扫荡人们对于自然万物的敬畏与尊重。面对自然，人们对立的意识和征服的欲望变得更强。另外，以反对神权与王权的教条束缚为动机，以争取人权、平等、自由、独立等为目的的启蒙运动，由于遮蔽了人们对于超越目标的追求，损害了人们对传统的敬畏与依存，使得人们在实现个人自觉和主体意识的同时，也造成了欲望的泛滥和人性的扭曲①。人们开始将物质的追求、私欲的满足合理化人的本质；自私、贪婪以自由和幸福的名义大行其道。在这种情况下，与启蒙运动有着千丝万缕关系的现代化（经济的发展、科技的进步、城市的扩展等）也就俨然成了一部被贪婪的人性所推动的破坏自然环境、损害物种资源的历史。

而在这些方面，儒家的生物多样性智慧恰好能发挥重要作用：有机、连续、整体地看待自然和多样的生命与物种，认为气化万物无心无为、不以意造的儒家气论的世界观，可以对治将自然理解为一架机器和将万物定义为分立的、惰性的、工具性的存在物，而许可、纵容甚至推动了人们破坏生物多样性的西方机械原子论的世界观，以及自然目的论与神学目的论；主张致于“和”而忌于“同”，趋于“多”而弃于“一”，认为天地万物的存在形式是各止其所、各遂其长、各正性命、并育而不相害、并行而不相悖的和论，可以改造广泛渗透于自然领域与社会层面的提倡竞争的达尔文主义；诞生于“以养人之欲，给人之求，使欲必不穷乎物，物必不屈于欲，两者相持而长”的礼论，可以约束贪婪、自私、挥霍无度的人性与人心；以爱所有人和天地万物为本质规定，以“亲亲而仁民，仁民而爱物”为技术路线，以开辟于自我生命中的活泼灵明温然切己的情感为行为支撑的仁论，则可以使人们重拾被冰冷麻木的工具理性和科学理性所淹没排斥了的道德感受和生命体悟，重新培养起人们对于大地母亲和多样性生命与物种的久违的、真挚的关怀和热爱。如果这几点能够实现，或只是实现一点，都将对当今物种保护工作产生巨大的积极效益。

所以，尽管工业文明中人们所面临的生态问题较之农业文明更为复杂，生物多样性的丧失程度更为严重，但由于万变不离其宗，生物多样性丧失的根本原因是人，是人对自我的片面理解，是人对自然万物的错误定义，因此以道德修养为归趣、以成人做人为宗旨、以天人合一（人与自然高度和谐）为目标的儒家文化及其相应智慧在生态危机的解决和生物多样性的保护工作上的价值就不会因为人类文明形态的变迁而随之轻易地作古成废。例如，苗润田先生肯定道：“儒学之所以具有普遍的和超时空的价值，之所以具有持久的生命力，其原因不仅在于它理论地解答了一些人类所共同面对的问题与矛盾，更重要的还因为它在很大程度上

① 胡治洪．人心与生态[J]．武汉大学学报（人文科学版），2011，(5)．

给予社会需要以理论的满足。”[①]

其次，儒家生物多样性智慧或儒家生态伦理观并不需要以现代科学或生态科学来进行改造。说儒家过于重视心性参证的道德修养，缺少逻辑推理和实验证明，未能如现代生态科学一样深入认识自然及其生态系统，这也是客观而属实的情形。但是，这种比较和论述并没有给我们带来新的东西，也无助于我们真正理解和发挥儒家生态智慧的真正优势。与“李约瑟难题”被一些人（如他的学生席文）斥为伪问题一样，说儒家生物多样性智慧缺少生态科学，这种东施效颦、削足适履和科学主义下的比较方式可能也存在同样的问题。其不合理之处就如同批评猴子没有鱼的鳃一样。纵观人类科学史，我们可以得知，科学只是人们认识和理解世界的一种方式而已，它所认识的都是相对的真理，在一定的条件和时空下才有效。科学归根结底也只是一种地方性知识，不具备裁定人类一切知识的地位。而且，科学也是“双刃剑”，具有它自身无法排除的内在缺陷和附带风险，在生态问题的解决上也有明显的不足和弱点。

中国科学院大学肖显静教授从8个方面系统分析了科技解决环境问题的限度，深刻批判了环境问题解决上的科技乐观论：①资源消耗总量并不一定随科技进步减少；②科技进步并不能使有限资源无限化；③科技进步不能满足高消费对资源的消耗；④科技进步不能解决由其他问题引起的环境资源问题；⑤科技应用会产生新的环境问题；⑥科技应用对环境影响的延迟效应；⑦环境科技应用的成本增加；⑧科技应用受到其他因素限制（政治、经济、文化价值观念）[②]。作为“双刃剑”的科学，它不但不能独自应对环境等问题，而且还会给自然环境带来许多新的问题与风险。安东尼·吉登斯和查尔斯·培罗就明确指出，作为社会决定因素与根本推动力的科学技术，由于其不受限制的推进和自身的不确定性，乃是现代社会风险的最大来源[③]。经济学中的“杰文斯悖论”还告诉我们，某种特定资源的消耗与枯竭速度，会随着利用这种资源的技术的改进而加快，因为，技术的改进会使以这种资源为原料的产品的价格大幅度降低，而价格的降低会进一步刺激人们对这种产品的需求和使用[④]。所以，在许多情况下科学技术的发达程度与生物多样性的丰富程度并不构成正相关，相反在很多情况下呈反相关。例如，科技发达的美国和日本的生物多样性就远不如科技落后的热带雨林土著地区丰富。又如，科技发达的当代生物多样性的丧失就比科技落后的古代严重。可见，有无科学技术并不能作为一种文化传统是否具有生态价值的评判标准。儒家生物多样性的智慧不能因为科学技术的缺乏而受到人们的否定和批判。

---

① 苗润田，杨朝明．儒学与现代文明[M]．济南：齐鲁书社，2004：11.
② 肖显静．科技解决环境问题的限度[J]．中国科技论坛，2003，(1).
③ 干承武．吉登斯的风险社会理论及其对规制我国科技伦理的启示[J]．探索，2010，(3).
④ 杨通进．环境伦理：全球话语中国视野[M]．重庆：重庆出版社，2007（总序）：3.

而实际上，现今最为紧要的问题，其实不是用科学的标准来评价或改造儒家生物多样性智慧和生态伦理观，而是到儒家的文化中去发掘和梳理科学（发源于西方的科学）所没有的内容，来弥补科学技术自身在我们这个时代所存在的种种不足。牟宗三先生曾经说道："中国哲学，从它那个通孔所发展出来的主要课题是生命，就是我们所说的生命的学问。它是以生命为它的对象，主要的用心在于如何来调节我们的生命，来运转我们的生命，来安顿我们的生命，这就不同于希腊那些自然哲学家，他们的对象是自然，是以自然界作为主要课题。"① 冯友兰先生也曾说过："中国哲学的传统，它的功用不在于增加积极的知识，而在于提高心灵的境界达到超乎现世的境界，获得高于道德价值的价值。"② 也就是说，发源于西方的科学，其长处在于外在超越，在于探索和积累外在世界的"见闻之知"；而中国哲学的优势在于内在超越，在于觉悟和提升内在心灵的"德性之知"。所以，审视和评价儒家的生物多样性智慧和生态伦理观，我们更多的应该站在儒家自己的语境中，站在内在超越的视野上，站在人与自我的心灵角度和生命视野上，也即我们应该采取人文生态而非科学生态的立场。唯有如此，我们才能认知和把握儒家智慧的本来特质，才能充分了解这些智慧在现代社会的意义与优势所在，才不会曲解和丧失儒家智慧的"本来的味道"。例如，蒙培元先生深刻指出的："人文生态学是非常重要的一个方面。之所以重要，是因为它直接关系到人类生存价值的选择问题。中国文化中的生态观，主要是人文生态观，我们所要汲取的，正是这方面的内容，而且主要是心灵，即精神层面的内容。"③

科学注重外在超越，儒家注重内在超越；科学强于"见闻之知"，儒家擅于"德性之知"；科学强调对象性、实验性，儒家强调直觉性、顿悟性。二者的基本特质和认知逻辑有着根本的不同，存在着如库恩所说的不可通约性（incommensurability）。儒家对科学所擅于的外在超越也许一知半解，但科学对儒家所擅于的内在超越也可能是一无所知。伟大的物理学家薛定谔曾经就说过：科学将一切现象都置于一个严密的秩序之中，这个秩序固然宏伟，但是它对于那些真正接近我们心灵的东西则是可怕的缄默。在这种情况下，我们再用现代科学或生态科学去改造儒家的生物多样性智慧和生态伦理观，我们又如何改造？改造过后的儒家生物多样性智慧和生态伦理观还能保持原生态的面貌吗？还能保障其"德性之知"的核心特质及生命关怀的根本旨趣不被根本改变吗？在科学主义思潮仍然大行其道的当今社会，这是非常困难的事情，也是应该值得我们谨慎思考的事情。

当然，科学或生态科学在现今的物种保护和环境治理上仍然发挥着重要的不

① 牟宗三．中国哲学的特质[M]．上海：上海古籍出版社，2007：14．
② 冯友兰．中国哲学简史[M]．北京：北京大学出版社，1996：4．
③ 蒙培元．从中国生态文化中汲取什么?[J]．社会科学战线，2008，(8)．

可替代的作用，这一点我们是绝对不能否认和忽视的。生物多样性的保护和维持要想取得真正的成效，一定离不开科学技术的支撑。所以，我们在生物多样性的保护工作上，除了汲取和利用传统文化的智慧外，也一定要结合科学技术。用现代的科学语言和科学技术去诠释儒家生物多样性智慧，也仍然是一个值得我们尊重和礼敬的非常重要的弘扬传统文化的手段。不过，如现代新儒家一样，希望从儒家的“内圣”之中开出科学民主的“新外王”，对我们而言却是没有必要的，也是完全不可能的。“内圣”开出“新外王”无异于刻舟求剑和炊沙成饭。说儒家文化缺少现代的科学技术，说科学技术有儒家没有的优势，我们承认就行，有自知之明即可，大可不必卑己以附人。儒家没有现代的科学技术，又有什么好奇怪的？西方现代科学不也是没有中医和阴阳五行吗？对于科学技术，我们奉行“拿来主义”的方针就行，不必大动干戈从儒家文化中开出来。再者，我们也开不出来。“范式”间既不可通约，又岂能互生？况且，西方的科学技术无论是在中国还是在世界其他地区皆早已经落地生根满地开花了，都是现成的。人们将这些科学技术的“新外王”直接拿来结合即可。拿来并结合，才是我们处理儒家传统与现代科学技术的合理实际的路径。但需要格外强调的是，需要结合科学技术的主体，不是儒家生物多样性智慧或生态伦理观，而是当今在保护和维持生物多样性的我们。儒家生物多样性智慧或生态伦理观，并不具备能动性，它们不能自动去解决物种丧失、环境恶化的种种现实问题。具备能动性，能解决问题的，正是造成这些问题又正在避免这些问题趋于严重化的我们。我们才是最需要拯救和完善的。所以，是我们去结合科学技术，而不是儒家生物多样性智慧或生态伦理观。我们不能颠倒和弄错问题的主体。

但是，以我们为主体的这种结合，不是同一水平面上的机械拼凑，而是有层次差异的有机嵌合。善于逻辑推理和实验证明的科学及生态科学的确能够较为深入地告诉我们多样性的生命与物种性质、状态、关系、机能等，即这些生命与物种是怎么样的。但是，科学并没有告诉我们怎么去对待这些形形色色的物种，为什么要去关怀和爱护它们。如众所周知的，科学只是陈述“实然”，也没有表达“应然”；只有冰冷“是”，而没有温然的“应该”。而儒家生物多样性智慧或生态伦理观则不同，它在很多地方蕴含与标示着科学所缺乏的“应然”或“应该”。在这种情况下，我们所做的结合应是：在价值观、伦理观层面吸收儒家的智慧，而生态知识同具体操作上遵顺科学或生态科学的方法技术。质言之，保护和维持生物多样性繁荣，我们应该用儒家“内圣”的合理内容来驾驭当今的“新外王”和看管使用“新外王”的我们。唯有如此形式的结合，儒家的智慧与科学的知识，内在超越与外在超越，才能有机整合于每一个试图保护和维持物种繁荣的人们的心与行中，并发挥它应有的最大效用。

另外，儒家生物多样性智慧和生态伦理观除了要处理与现代科学技术的关系，还必须要处理与当代西方生态伦理学的关系。我们这个时代，物种拯救、环境保护及生态文明的构建工作之所以能够提上日程和深入人心，与西方生态伦理学的蓬勃发展有着千丝万缕的关联。西方生态伦理学中动物解放论/动物权利论、生物中心主义和生态中心主义等学派的兴起，挑战且动摇了人类中心主义和人类沙文主义的传统观点，使得人们将更多的生命与物种纳入了道德关怀的范围，并产生了一系列影响深远的理论成果。这些深刻的理论成果也正是人们反思物种丧失和环境破坏的产物，其中有诸多的内容值得我们汲取和借鉴，可以避免我们走相同的破坏环境与物种的老路。西方生态伦理学是我们处理人与自然、人与万物关系的一面镜子。在这个不同文明激烈碰撞与交融的今天，在中国本土的、现代的生态伦理学还没有真正诞生之前，儒家生物多样性智慧和生态伦理观与当代西方生态伦理学进行交流、对话，将是其在自身发展过程中不可回避的重要课题。霍尔姆斯·罗尔斯顿就指出过："西方人也许应该到东方去寻求人与自然协调发展的模式。但是，在中国正在走向现代的今天，东方和西方也许应当相互学习；西方已认识到了伴随其发展而来的生态危机，东方也许应该从中吸取教训。"① 这是深刻而中肯的观点。

经过近百年的发展，西方生态伦理学已经较为成熟、颇成气候，在中国也有着崇高的学术地位和广泛的社会影响。史怀泽敬畏生命的伦理、蕾切尔·卡逊对于DDT的研究与批评、彼得·辛格的动物解放论、汤姆·雷根的动物权利论、利奥波特的大地伦理学、罗尔斯顿的自然价值论、阿伦·奈斯的深层生态学等，都是中国生态学界耳熟能详、炙手可热的观点和内容。翻译、引用、梳理、研究、对比西方生态伦理学也业已成了生态学界非常普遍而主流的现象。人们如果不了解西方生态伦理学，就想涉猎生态思想的研究，在中国学术界看来是无法想象的事情。人们共同认识到，西方生态伦理学对于我们反思人与自然的关系，对于向人们翔实解释为什么需要爱护和关怀非人类的生命与物种，对于我们理解、诠释和表达中国传统文明的生态思想精髓，都发挥着重要的不可或缺的作用。所以，儒家生物多样性智慧或生态伦理观要实现现代性的成功转化，要在现代高速发展的社会中深入人心落地生根，就必须要以开放包容的心态直面和对话西方生态伦理学，汲取和利用它们的有益成果，而不是自我保守和封闭。这是儒家生物多样性智慧和生态伦理观在全球化时代的必然的出路选择。

但在另外一个方面，儒家生物多样性智慧和生态伦理观在借助、利用和对话西方生态伦理学的同时，也要充分认识到后者的缺陷和困境，不可因攀附学术时髦而为人是从。把儒家生物多样性智慧和生态伦理观"看作一些没有逻辑体系的

① （美）霍尔姆斯·罗尔斯顿．环境伦理学[M]．杨通进，译．北京：中国社会科学出版社，2000（中文版前言）：7.

朴素的‘思想片段’，并把它作为研究西方学者提出的生态伦理学的例证和逻辑体系的‘填充物’”[①]，是我们应绝对要避免的现象。我们要认识到，西方生态伦理学是西方文化的产物，而西方传统文化是以主体形而上学为核心的，是“反生态”的思想文化。西方学者构建的生态伦理学，一方面要在价值观上反对西方传统的人本主义，另一方面在伦理的性质和范式上又摆脱不了西方传统的影响[②]。一，西方传统形而上学热衷追求不变、本质、永恒、无限和绝对——即追求单纯排他的“一”。西方生态伦理学也深受此影响。当他们看到“人本主义”把人绝对化和神化的严重后果，企图以“自然中心论”（新“一”）取代“人类中心论”（旧“一”）时，人的合理的实践活动随之也就失去了“存在的合法性”。在这种情况下，人就只能消极地做“自然的守护者”。二，西方近代哲学倡导人与自然的二元对立，认为物的世界是一个“自在的世界”，即“自然的世界”，而人的世界则是个“自为的世界”，即超自然、有目的的世界”。由于在人与物间划分了截然的界限，因此当西方生态伦理学把人与人之间的伦理关系扩展到人与自然之间，就缺乏逻辑的可能性。在西方既有的二元对立的框架下，西方生态伦理学家陷入想拆除这条“逻辑屏障”而不可得的困境。三，为了确立人对自然的伦理关系而提出的自然“内在价值”说，西方生态伦理学把自然的价值理解为与人无关的“自在价值”，从而在价值问题上割断了人与自然的联系，陷入了人与自然之间的“价值二元论”。既然自然的内在价值与我无关，我有什么理由要保护它呢？四，西方生态伦理学认为自然的内在价值是自然物本身的存在所“固有的”，自然物的存在本身即代表了它们的价值。而这实际上是把西方哲学的价值论和存在论等同起来了，即以存在论解释价值论：只要是存在的，就是有价值的；只有“无”才是没有价值的。这样，价值论与存在论的区分就没有什么意义了，对事物的价值评价也没有任何意义了。休谟提出的那个从“是”中推导出“应当”的难题并没有得到解决[③]。五，西方生态伦理学在提倡和确立对于非人类的生命与物种的道德关怀时，往往只注重理性的思辨和构建，而忽视了对于人性的反思与探索。缺少了人性的内容和因素，他们所倡导与确立的对于非人类生命与物种的道德关怀，对人们而言只是一种由外而内的理论说教，而非一种由内而外的情感发露，也即对人们而言这种道德关怀的本质，是他律的，而非自律的。要之，西方生态伦理学“解构了现代性的价值观，但他们没有解构现代性的人性观，没有为自己的生态伦理建构找到人性论的根据，从而导致人的本质的内在规定性与对人的外在行为的道德要求相分裂。”[④]

---

① 刘福森．中国人应该有自己的生态伦理学[J]．吉林大学社会科学学报，2011，(6).
② 刘福森．中国人应该有自己的生态伦理学[J]．吉林大学社会科学学报，2011，(6).
③ 以上4点见刘福森．中国人应该有自己的生态伦理学[J]．吉林大学社会科学学报，2011，(6).
④ 曹孟勤．超越人类中心主义和非人类中心主义[J]．学术月刊，2003，(6).

相反我们可以看到，西方生态伦理学的以上困境和问题，在儒家的智慧和伦理中却是不存在的。一，儒家哲学尽管也企图追求最高的“道”，这种道我们也可以把它称为“一”，但是儒家的“道”或“一”弥沦万有，容包一切，也贯穿于一切之中。自然万物是道的体现，人的活动也是道的体现，二者相互兼容，互为贯通，不存在非此即彼的对立关系。所以，儒家强调人的主体作用时不会抛弃自然万物，强调尊重自然万物时也不会解构人的实践活动的合法性和积极性。二，在儒家的哲学视域中，人与物间没有截然的界限。儒家认为，物是物，人亦是物。人只是天地万物中的一物。人与自然万物，人与非人类的生命与物种，同源（为气生化）又同构（由气构成）。因此，当儒家将道德关怀推广扩充至非人类的生命与物种时就显得非常自然而顺畅，根本不存在西方生态伦理学的那种不可逾越的人物二元对立的“逻辑屏障”。所以我们可以看到在儒家，无论是先秦时期，还是在明清阶段，无论是心学，还是理学，人们都是普遍没有取舍的关怀和爱护天底下所有的生命与物种，绝不会如西方生态伦理学一样在挑选道德对象时争吵不休、互毁城墙。三，儒家倡导人们去尊重非人类的生命与物种，要求人们去关怀自然万物，并不仅仅因为它们具备内在价值，而是因为尊重和关怀自然万物是人之为人的内在要求，是人们完整实现自身最高价值的必然途径。质言之，儒家并不是如西方生态伦理学一样，等论证了万物具有了“内在价值”和基于此上的权利，才把它们纳入道德对象之内，而是人们的道德实现必须要以关爱万物、尊重纷繁芜杂的生命与物种为根本前提。这是不容置疑和不必讨论的内容。另外，儒家认为自然万物都是天地之气与最高本原的化显，即便最微小的生命与物种也承载和涵摄着最高的价值。它们的价值和人的价值，在本质上是相通的，也是相同的。在这种情况下，西方生态伦理学中“既然自然的内在价值与我无关，我有什么理由要保护它”的问题，在儒家的场域中就迎刃而解了。四，儒家意欲人们尊重非人类生命与物种的方法和途径，不是依赖于陈述冰冷的生态事实和科学现象，而是寄希望于道德教化来启发人们的生命觉悟和内在情感，进而激发人们对于自然万物的尊重和关怀。要关怀和尊重天地万物，将所有的生命与物种普遍纳入道德关怀之内，在儒家看来人们最需要做的不是在外在超越上积累知识，而是在内在超越上提升生命体悟和道德修养的境界。进言之，儒家的内在逻辑为，不是从“实然”中发现“应然”，而更多的是以“境界”来觉悟“境界”，以“应然”来唤醒“应然”，在“应该”中提升“应该”。“见闻之知”或者说“是”，在儒家确立生态道德关怀的过程中在很大程度上其实已经被“跳过了”。这样一来，儒家生物多样性智慧和生态伦理观自然就不会存在“是”推导不出“应该”的问题。五，儒家一切学问都是直接指向人性，都以人性的省察、回归和发现为宗旨。所以，与西方生态伦理根本不同的为，温然灵敏又血肉丰满的人性及其中固有的怵惕恻隐之心，而非冰冷地抽去许多质料因素、以逻辑论证为导向的理性，才是儒家道德伦理的构建基点和道德关怀的启动源头。因此，经儒家倡导的对于其他生命与物种的道德关怀一旦确立起来，就必然具备坚实的情感支撑与人性基础。在这样的道德关怀中，人们的内在规定是外在行为的根基，而外在行为则是内在规定的延伸，二者高度统一，而非相互分裂。……总之，相对于西方生态伦理学，儒家的生态智慧和伦理有自身的优势。在与西方生态伦理学对话中，在借助西方生态伦理学的概念诠释儒家生物多样性智慧和生态伦理观时，我们必须坚守儒家思想和伦理的本来特质，不可丧失自我去屈就西方生态伦理学，将自身沦为它们的注脚。民族的永远是世界的。在全球化时代，儒家的生物多样性智慧和生态伦理观要想对世界有所贡献，就一定坚守和弘扬自己的“民族魂”，不能被时尚的外来文化所殖民和吞噬。

而在现代社会，弘扬儒家的生物多样性智慧或生态伦理观以实现其现实价值，我们以为可能应遵循两个原则。一，整体化。与西方科学各科目之间相互区别、自成体系不同的是，儒家文化乃是一个圆融的整体，当中并没有一个专门被称为生物多样性智慧的东西。所谓的生物多样性智慧，实际上是我们为了研究的方便从整个儒家文化中（特别是各类经典中）剥离出来的，它自身不能独立存在。所以，我们传承儒家生物多样性智慧的过程中应该完整地传承儒家文化，不能断章取义、片面汲取。其道理就如同传承中医，不能只传承骨科或者妇产科一样（中医哪有什么科？）。所以，无论是对于儒家的四书五经、仁义礼智信，还是经济国家的方法，抑或修身成人的工夫，我们都要系统地、完整地学习和弘扬。没有对儒家文化的整体化的弘扬，就没有生物多样性智慧和生态伦理观的弘扬。二，世俗化。生物多样性的保护与生态危机的拯救，是全人类的事，是广大民众的事，而绝对不只是专家学者的事。所以，当今过于精英化、学术化、学院化的儒家文化，必须实现世俗化的转向，“走出学院，走向社会、走向生活，寻求体验”①。所谓世俗化绝不是庸俗化、肤浅化，而是“抛弃轻视民众世俗价值的精神贵族化的倾向，尊重普通民众的生命欲望和精神追求，同情地理解他们的世俗情感、愿望、要求和行动，”② 并舍离那些枯燥、晦涩、空洞的学术概念，以广大民众能够理解的语言来演说和传播儒家的精神智慧。简言之，也就是使儒学回归到原始儒家“极高明而道中庸”的境地，使道德学问能通得上日常百姓。唯通得上日常百姓，儒家及其蕴涵的生物多样性智慧在现代社会才能接上地气，才能落地生根，开花结果，才能避免如现代新儒家一样只是沦为学术孤魂在大众边缘四处游走的窘困命运。

① 霍韬晦．当代新儒家论文集[M]．台北：台湾文津出版社，1991：75．
② 蒋国保．儒学普世化的基本路向[J]．中国哲学史，2003（3）．

总而言之，儒家蕴涵着深刻丰富的生物多样性智慧。这些智慧为当今人们在西方传统观念之外重新定义自然、重塑人与自然的和谐关系及持久维护生物多样性的繁荣稳定，提供了一个合理而可能的选择途径和实现方法。在避免人类被逐出宇宙生命之流的自救行为与伦理构建中，儒家及孕育它并受它影响的中国哲学当能提供更多启迪，发挥更大价值。例如，国际环境协会主席科罗拉多所称赞的，“建立当代生态伦理学的契机和出路在中国传统的哲学思想中”[①]。

① 康韧.首先需要拂拭心灵——访中央民族大学经济系教授杨暄[OL].http：//www.cenews.com.cn/news/2000 03 07/828.php.

参 考 文 献

一、古籍类

[1]《论语》
[2]《孟子》
[3]《周易》
[4]《大学》
[5]《中庸》
[6]《吕氏春秋》
[7]《淮南子》
[8] [秦]睡虎地秦墓竹简[Z]．文物出版社，1978.
[9] [汉]王充．论衡·商虫[Z]．冯国超，主编．长春：吉林人民出版社，2005.
[10] [汉]郑玄，注．礼记正义[Z]．孔颖达，疏．上海：上海古籍出版社，2008.
[11] [汉]贾谊．扬子法言[Z]．上海：上海古籍出版社，1989.
[12] [汉]董仲舒．春秋繁露[Z]．曾振宇，傅永聚，注．北京：商务印书馆，2010.
[13] [汉]董仲舒．董子文集[Z]．北京：中华书局，1985.
[14] [魏]阮籍集[Z]．上海：上海古籍出版社，1978.
[15] [魏]王弼，[晋]韩康伯．周易正义[Z]．孔颖达，正义．北京：中国致公出版社，2009.
[16] [唐]柳宗元．柳宗元集[Z]．北京：中华书局，1979.
[17] [唐]刘禹锡．刘禹锡全集编年校注[Z]．陶敏，陶红雨，校注．长沙：岳麓书社，2003.
[18] [唐]杨琼．荀子集解[Z]．北京：中华书局，1986.
[19] [唐]尹知章，管子校正[Z]．北京：中华书局，1986.
[20] [唐]白居易．白居易集[Z]．北京：中华书局，1979.
[21] [唐]李鼎祚．周易集解[Z]．张文智，导读．济南：齐鲁书社，2005.
[22] [唐]韩鄂．四时纂要[Z]．缪启愉，校释．北京：农业出版社，1979.
[23] [唐]全唐文[Z]．北京：中华书局影印，1983.
[24] [后晋]刘昫．旧唐书[Z]．北京：中华书局，1975.
[25] [宋]苏东坡．苏东坡全集[Z]．北京：中国书店，1986.
[26] [宋]王安石．王安石全集[Z]．上海：上海古籍出版社，1999.
[27] [宋]周敦颐．周敦颐集[Z]．谭松林，伊红，整理．长沙：岳麓书店，2002.
[28] [宋]沈括．梦溪笔谈[Z]．侯真平，点校．长沙：岳麓书社，1998.
[29] [宋]邵雍．邵雍集[Z]．北京：中华书局，2010.
[30] [宋]张载．张载集[Z]．北京：中华书局，1978.
[31] [宋]张载．张子正蒙[Z]．王夫之，注．汤勤福，导读．上海：上海古籍出版社，2000.
[32] [宋]程颢，程颐．河南程氏文集[Z]．北京：中华书局，1981.
[33] [宋]程颢，程颐．二程集[Z]．北京：中华书局，1981.
[34] [宋]程颢，程颐．二程遗书[Z]．潘富恩，导读．上海：上海古籍出版社，2008.
[35] [宋]程颐．周易程氏传[Z]．王鹤鸣，殷子和，整理．北京：九州出版社，2010.
[36] [宋]朱熹．朱子语类[Z]．黎靖德，编．北京：中华书局，1986.

[37] [宋]朱熹．四书章句集注[Z]．金良年，今译．上海：上海古籍出版社，2006.
[38] [宋]朱熹．朱子文集[Z]．北京：中华书局，1985.
[39] [宋]朱熹．周易本义[Z]．廖名春，点校．北京：中华书局，2009.
[40] [宋]朱熹．四书或问[Z]．上海：上海古籍出版社，2001.
[41] [明]来知德．影印文渊阁四库全书．周易集注[Z]．上海：上海古籍出版社，1987.
[42] [明]方以智．物理小识[Z]．陈文涛，笺证．福州：福州文明出版社，1936.
[43] [明]马一龙．农说[Z]．北京：中华书局，1985.
[44] [明]黄宗羲．宋元学案．明道学案下．附录[Z]．全祖望，修补．陈金生，梁运华，点校．北京：中华书局，1986.
[45] [明]黄宗羲．明儒学案．泰州学案[Z]．沈芝盈，点校对．北京：中华书局，1985.
[46] [明]罗钦顺．困知记[Z]．阎韬，译注．成都：巴蜀书店，2000.
[47] [明]宋应星．宋应星佚著四种——野议、论气、谈天、思怜诗歌[Z]．上海：上海人民出版社，1976.
[48] [明]王廷相．王廷相集[Z]．北京：中华书局，1989.
[49] [明]吕坤．呻吟语[Z]．王国轩，王秀梅，译注．北京：北京燕山出版社，1996.
[50] [明]王廷相．慎言·雅述[Z]．冒怀辛，译注．成都：巴蜀书店，2009.
[51] [明]王夫之．读四书大全说[Z]．北京：中华书局，1975.
[52] [明]王夫之．周易外传[Z]．北京：中华书局，1977.
[53] [明]王阳明．传习录[Z]．南京：凤凰出版社，2009.
[54] [明]王夫之．礼记章句[Z]．长沙：岳麓书社，2011.
[55] [明]王阳明．王阳明全集[Z]．上海：上海古籍出版社，1992.
[56] [明]王阳明．王阳明传习录及大学问[M]．台北：黎明文化有限公司，1986.
[57] [明]王廷相．慎言·雅述[Z]．冒怀辛，译注．成都：巴蜀书店，2009.
[58] [明]徐光启．农政全书[Z]．石声汉，校注．上海：上海古籍出版社，1979.
[59] [明]徐光启．徐光启集[Z]．北京：中华书局，1963.
[60] [清]陈崇砥．治蝗书·治卵生蝻子说[Z]．同治十三年季刊．莲池书局藏版.
[61] [清]陈昊子．花镜[Z]．北京：中华书局，1956.
[62] [清]焦循．孟子正义[Z]．北京：中华书局，1987.
[63] [清]康有为[Z]．陈得媛，李传印，评注．北京：华夏出版社，2002.
[64] [清]刘宝楠．论语正义[Z]．上海：上海古籍出版社，1993.
[65] [清]颜元．存性编[Z]．北京：中华书局，1985.
[66] [清]陈立．白虎通疏证[Z]．吴则虞，点校．北京：中华书局，1994.
[67] [清]戴震全书[Z]．合肥：黄山出版社，1995.
[68] [清]戴震．孟子字义疏证[Z]．北京：中华书局，2009.

二、专著类

[1]（美）艾伦·杜宁．多少算够——消费社会和地球未来[M]．长春：吉林人民出版社，1997.
[2]（美）保罗·沃沦·泰勒．尊重自然：一种环境伦理学理论[M]．雷毅，等，译．北京：首都师范大学出版社，2010.
[3]（美）大卫·格里芬．后现代科学[M]．北京：中央编译出版社，2004.
[4]（英）达尔文．物种起源[M]．周建人，等，译．北京：商务印书馆，2009.
[5]（美）比尔·麦克基本．自然的终结[M]．孙晓春，马树林，译．长春：吉林人民出版社，2000.
[6]（美）卡洛琳·麦茜特．自然之死[M]．吴国盛，等，译．吉林：吉林人民出版社，1999.
[7]（美）蕾切尔·卡逊．寂静的春天[M]．吕瑞兰，李长生，译．长春：吉林人民出版社，1997.
[8]（美）恩斯特·迈尔．进化是什么[M]．田洺，译．上海：世界出版集团，2009.
[9]（美）唐纳德·沃斯特．自然的经济体系——生态思想史[M]．侯文惠，译，北京：商务印书馆，2007.

[10]（美）尤金·哈格洛夫．环境伦理学基础[M]．杨通进，等，译．重庆：重庆出版社，2007．
[11]（美）霍尔姆斯·罗尔斯顿．哲学走向荒野[M]．刘耳，叶平，译．长春：吉林人民出版社，2000．
[12]（美）霍尔姆斯·罗尔斯顿．环境伦理学[M]．杨通进，译．北京：中国社会科学出版社，2000．
[13]（澳）彼得·辛格，（美）汤姆·雷根．动物权利与人类义务[M]．增建平，代峰，译．张驰，校．北京：北京大学出版社，2010．
[14]（英）拉塞尔．觉醒的地球[M]．王国政，等，译．北京：东方出版社，1991．
[15]（英）李约瑟．中华科学文明史[M]．柯林·罗南，编，江晓原，主译．上海：上海人民出版社，2010．
[16]（英）李约瑟．四海之内[M]．上海：三联书店，1987．
[17]（英）李约瑟文集[M]．潘吉星，主编．沈阳：辽宁科学技术出版社，1986．
[18]（印度）克里施纳默西．生物多样性教程[M]．张正旺，主译．北京：化学工业出版社，2006．
[19] WRleta．全球生物多样性策略[M]．马克平，等，译．北京：中国标准出版社，1993．
[20] 北京大学．古希腊罗马哲学[M]．北京：三联书店，1957．
[21] 陈少明．儒学的现代转向[M]．沈阳：辽宁大学出版社，1992．
[22] 方向东，撰．大戴礼记汇校集解[M]．北京：中华书局，2008．
[23] 高亨．周易大传新注[M]．北京：中华书局，1984．
[24] 程宜山．中古古代元气说[M]．武汉：湖北人民出版社，1986．
[25] 董根洪．儒家中和哲学通论[M]．济南：齐鲁书社，2001．
[26] 懂恺忱，范楚玉．中国科学技术史 · 农学卷[M]．北京：科学出版社，2000．
[27] 冯友兰．中国哲学简史[M]．北京：北京大学出版社，1996．
[28] 郭文韬．中国农业科技发展史略[M]．北京：中国科学技术出版社，1988．
[29] 郭文韬．中国传统农业思想研究[M]．北京：中国农业科技出版社，2001．
[30] 管子[M]．谢浩范，朱迎平，译注．贵阳：贵州人民出版社，2008．
[31] 国语[M]．黄永堂，译注．贵阳：贵州人民出版社，1995．
[32] 霍韬晦．当代新儒家论文集[M]．台北：台湾民津出版社，1991．
[33] 黄寿祺，张善文．周易译注[M]．上海：上海古籍出版社，2007．
[34] 何怀宏．生态伦理——精神资源与哲学基础[M]．保定：河北大学出版社，2002．
[35] 金景芳，吕绍刚．周易全解[M]．长春：吉林大学出版社，1989．
[36] 蒋国宝，周亚洲．生命理想与文化类型[M]．北京：中国广播电视出版社，1992．
[37] 礼记全译孝经全译[M]．吕友仁，吕咏梅，译注．贵州人民出版社，2009．
[38] 梁启超．先秦政治思想史[M]．天津：天津古籍出版社，2003．
[39] 梁家勉．中国农业科技史稿[M]．北京：农业出版社，1989．
[40] 林蒲田．中国古代土壤分类与土地利用[M]．北京：科学出版社，1996．
[41] 雷毅．深层生态学思想研究[M]．北京：清华大学出版社，2001．
[42] 刘佑昌．现代物理思想渊源——物理思想纵横谈[M]．北京：北京航空航天大学出版社，1995．
[43] 李志林．气论与传统思维方式[M]．上海：学林出版社，1990．
[44] 李存山．中国气论探源与发微[M]．北京：中国社会科学出版社，1990．
[45] 牟宗三．中国哲学的特质[M]．上海：上海古籍出版社，1997．
[46] 蒙培元．人与自然——中国哲学生态观[M]．北京：人民出版社，2004．
[47] 苗力田．古希腊哲学[M]．北京：中国人民大学出版社，1989．
[48] 苗力田．亚里士多德全集（第九卷）[M]．北京：中国人民大学出版社，1994．
[49] 缪启愉．齐民要术校释[M]．缪桂龙，参校．北京：农业出版社，1982．
[50] 缪启愉．齐民要术校释（第二版）[M]．北京：中国农业出版社，1998．
[51] 欧阳志远．“上帝”的陶杯——文化多样性与生物多样性[M].北京：人民出版社，2003．
[52] 钱穆．中国学术思想史论丛（第 2 册）[M]．北京：三联书店，2009．
[53] 宋博洲．生物多样性分析[M]．南宁：广西民族出版社，2002．
[54] 佘正荣．中国生态伦理传统的诠释与重建[M]．北京：人民出版社，2002．

[55] 尚昌玉．普通生态学[M]．北京：北京大学出版社，2002.
[56] 汤因比，池田大作．展望二十一世纪[M]．荀春生，等，译．北京：国际文化出版公司，1984.
[57] 万国鼎．氾胜之书辑释[M]．北京：中华书局，1957.
[58] 王廷相．王廷相哲学选集[M]．侯外庐，等，编．北京：中华书局，1965.
[59] 夏玮瑛．吕氏春秋上农等四篇校释[M]．北京：中华书局，1957.
[60] 夏纬瑛．管子地员篇校释[M]．北京：农业出版社，1963.
[61] 夏纬瑛．《周礼》书中有关农业条文的解释[M]．北京：农业出版社，1979.
[62] 荀子[M]．蒋南华，罗书勤，杨寒清，译注．贵阳：贵州人民出版社，2008.
[63] 徐志锐．周易大传新注[M]．济南：齐鲁书社，1986.
[64] 徐复观．中国人性论史[M]．上海：华东师范大学出版社，2005.
[65] 余谋昌．创造美好的生活环境[M]．中国社会科学出版社，1997.
[66] 叶秀山．前苏格拉底哲学研究[M]．北京：三联书店，1982.
[67] 杨适．哲学的童年[M]．北京：中国社会科学出版社，1987.
[68] 杨通进．环境伦理：全球话语中国视野[M]．重庆：重庆出版社，2007.
[69] 左传[M]．王守谦，金秀珍，王凤春，译注．贵阳：贵州人民出版社，1990.
[70] 杨天宇，撰．周礼译注[M]．上海：上海古籍出版社，2004.
[71] 郑板桥．郑板桥文集[M]．艾舒仁，选．成都：四川美术出版社，2005.
[72] 周尧．中国昆虫学史[M]．西安：昆虫学报社，1980.
[73] 邹树文．中国昆虫学史[M]．北京：科学出版社，1981.
[74] 曾雄生．亚洲农业的过去、现在与未来[M]．北京：中国农业出版社，2010.
[75] 张芳，王思明．中国农业科技史[M]．北京：中国人民解放军出版社，2001.
[76] 邹昌林．中国古礼研究[M]．台北：文津出版社，1992.
[77] 周桂钿．董学探微[M]．北京：北京师范大学出版社，1989.
[78] 中共中央马克思恩格斯列宁斯大林著作编译局马恩室，编译．马克思恩格斯全集[M]．北京：人民出版社，1986.
[79] 张岱年．中国哲学大纲[M]．北京：中国社会科学出版社，1982.
[80] 张云飞.天人合一——儒学与生态环境[M]．成都：四川人民出版社，1995.
[81] 中国古代农业科技[M]．北京：农业出版社，1980.
[82] 中国哲学史资料选辑．宋明元之部[M]．北京：中华书局，1962.
[83] 中国农业博物馆农史研究室．中国古代农业科技史图说[M]．北京：农业出版社，1989.

三、论文类

[1] J·格兰奇.杜威与孔子：生态哲学家[J].国外社会科学，2004，(5).
[2] 卡普塞·克罗斯奈.塞文山生物保护区的生物多样性与地方实践[J]. 国外社会科学杂志（中文版），2007，(1).
[3] 白奚．仁爱观念与生态伦理[J]．首都师范大学学报（社会科学版），2002，(2).
[4] 鲍延毅.孔子的生态伦理观及其对后世的影响[J]．中华文化论坛，1995，(3).
[5] 曹孟勤．生态危机与人性危机[J]．自然辩证法研究，2002，(10).
[6] 曹孟勤.在成就自己的美德中成就自然万物——中国传统儒家成己成物观对生态伦理研究的启示[J]．自然辩证法研究，2009，(7)．
[7] 曹孟勤．超越人类中心主义和非人类中心主义[J]．学术月刊，2003，(6)．
[8] 陈科华．“和同之辨”及其对当代和平理论构建的意义[J]．求索，1999，(4).
[9] 陈来．道德的生态观——宋明儒学仁说的生态面向及其现代诠释[J]．中国哲学史，1999，(2).
[10] 陈长生．王阳明的生态伦理思想及其现实价值[J]．江汉大学学报（人文科学版），2010，(2).
[11] 陈俊亮．儒家生态伦理思想及价值探究之一——孔子生态伦理思想及其现代价值[J]．社会科学论坛，

2010，（10）.
[12] 陈光连.可持续发展的道德哲学基础——荀子“天人之分”思想的现代生态伦理意义[J]. 兰州学刊，2007，（10）.
[13] 陈豪珣.论董仲舒生态神学思想[J]. 云南社会科学，2008，（4）.
[14] 褚俊海，郭爱涛.《礼记》的生态美学思想探析[J]. 船山学刊，2010，（1）.
[15] 杜维明. 存有的连续性：中国人的自然观[J]. 刘诺亚，译. 世界哲学，2004：90.
[16] 杜维明.新儒家人文主义的生态转向：对中国和世界的启发[J]. 中国哲学史，2002，（2）.
[17] 董平. 论儒家的中和观[J]. 人文杂志，1989，（3）.
[18] 董平.“亲亲”而“仁民”，“仁民”而“爱物——儒家道德哲学之“伦理生态”系统的形成[J]. 哲学研究，2006，（6）.
[19] 东方朔. 仁性：价值之根于人的自觉[J]. 社会科学战线，1996，（4）.
[20] 东方朔，新元. 仁性：价值之根与人的自觉——儒家仁性伦理与二十一世纪的文明格局[J]. 社会科学战线，1996，（4）.
[21] 单辉.荀子“辨类重养”的生态理念[J]. 芜湖职业技术学院学报，2009，（1）.
[22] 樊小贤.张载哲学中的生态智慧探析[J]. 长安大学学报（社会科学版），2007，（1）.
[23] 樊小贤.张载生态伦理的本体论之维[J]. 西安文理学院学报（社会科学版），2007，（8）.
[24] 方克立.“天人合一”与中国古代的生态智慧[J]. 社会科学战线，2003，（4）.
[25] 高春花.荀子的生态伦理观及其当代价值[J]. 道德与文明，2002，（5）.
[26] 盖光.从生物多样性走向文化多样性[J]. 科学技术与辩证法，2007，（2）.
[27] 龚光明，严火其.略论中国古代生物多样性观念及其在灾害防治中的应用[J]. 农业考古，2009，（1）.
[28] 高东，何霞红，朱书生. 利用农业生物多样性持续控制有害生物[J]. 生态学报，2011，（24）.
[29] 干承武. 吉登斯的风险社会理论及其对规制我国科技伦理的启示[J]. 探索，2010，（3）.
[30] 郭文韬. 中国间套种的历史发展[J]. 云南农业科技，1986，（2）.
[31] 郭文涛. 中国复种制的历史发展[J]. 世界农业，1986，（3）.
[32] 郭继民.《周易》的“生态学”解读——从“还原”的角度[J]. 周易研究，2010，（1）.
[33] 郭刚.《礼记》和谐生态哲学[J]. 聊城大学学报（社会科学版），2008，（5）.
[34] 胡伟希. 儒家生态学基本观念的现代阐释：从“人与自然”的关系看[J]. 孔子研究，2000，（1）.
[35] 胡义成. 周公，张载“天人合一”引领的重视生态环保的传统及其现实意义[J]. 乌鲁木齐职业大学学报，2007，（4）.
[36] 胡治洪. 人心与生态[J]. 武汉大学学报（人文科学版），2011，（5）.
[37] 何中华. 从生物多样性到文化多样性[J]. 东岳论丛，1999，（4）.
[38] 何怀宏. 儒家生态伦理思想述略[J]. 中国人民大学学报，2000，（2）.
[39] 霍功. 先秦儒家生态伦理思想与现代生态文明[J]. 道德与文明，2009，（3）.
[40] 黄石. 儒家“天人合一”思想与当代生态和谐观[J]. 福建政法管理干部学院学报，2006，（2）.
[41] 黄孔融，王国聘. 论董仲舒的生态哲学思想[J]. 西北农林科技大学学报（社会科学版），2009，（1）.
[42] 韩德民. 生态世界观：儒家和后现代主义的比较诠释[J]. 中国文化研究，2006，（4）.
[43] 韩晓燕.《周礼》自然资源管理思想浅论[J]. 兰州交通大学学报（社会科学版），2007，（2）.
[44] 焦彬. 论我国绿肥的历史演变及其应用[J]. 中国农史，1984，（1）.
[45] 蒋劲松. 第二次文艺复兴会在西方发生吗？——《佛教与哲学家——佛教与西方思想对话》读后[J]. 法音，2000，（5）.
[46] 蒋国保. 儒学普世化的基本路向[J]. 中国哲学史，2003，（3）.
[47] 蒋毓舒. 儒家生态智慧与西方生态伦理比较[J]. 安徽农业大学学报（社会科学版），2011，（5）.
[48] 蒋劲松.“天人合一”的生态意义究竟何在?——兼向刘兵、曹南燕教授请教[J]. 思想战线，2007，（6）.
[49] 赖毅，严火其. 彝族传统山地农作的生物多样性智慧研究[J]. 中国农史，2009，（4）.
[50] 雷启义，周江菊. 民族传统文化多样性与生物多样性保护的研究进展[J]. 安徽农业科学，2009，（10）.
[51] 冷明祥. 试论儒家文化弹性与现代生态转换[J]. 南京社会科学，2003，（4）.

[52] 罗鹏等. 云南的圣境及其在环境和生物多样性保护中的意义[J]. 山地学报，2001，(4).
[53] 罗移山. 论《周易》审美思想的生态意蕴[J]. 孝感师专学报（社会科学版），2000，(1).
[54] 罗移山. 论《周易》的生态伦理思想[J]. 西南民族学院学报（哲学社会科学版），2001，(3).
[55] 罗顺元. 儒家生态思想的特点及价值[J]. 社会科学家，2009，(5).
[56] 龙春林，张方玉，裴盛基，等. 云南紫溪山彝族传统文化对生物多样性的影响[J]. 生物多样性，1999，(3).
[57] 吕慧燕. 荀子人与自然和谐思想及对创建生态文明的意义[J]. 牡丹江师范学院学报（哲社版），2008，(5).
[58] 刘湘溶，任俊华. 论董仲舒的生态伦理思想[J]. 湖湘论坛，2004，(1).
[59] 刘笑菊. "物是主体"与"物吾与也"——马尔库塞与张载生态伦理观比较分析[J]. 沈阳教育学院学报，2008，(2).
[60] 刘毓庆.《诗经》地理生态背景之考察[J]. 南京师大学报（社会科学版），2004，(2).
[61] 刘厚琴. 先秦儒家的生态农学观[J]. 唐都学刊，2003，(3).
[62] 刘海龙. 儒家仁爱思想的生态伦理价值——兼与西方生态伦理思想比较[J]. 孔子研究，2010，(6).
[63] 刘福森. 中国人应该有自己的生态伦理学[J]. 吉林大学社会科学学报，2011，(6).
[64] 乐爱国. 北宋儒家背景下沈括的科学研究[J]. 浙江师范大学学报（社会科学版），2007，(6).
[65] 乐爱国. 儒家生态思想初探[J]. 自然辩证法研究，2003，(12).
[66] 骆世明. 传统农业精华与现代生态农业[J]. 地理研究，2007，(3).
[67] 赖作莲. 论明清珠江三角洲桑基鱼塘的发展[J]. 农业考古，2003，(1)
[68] 李约瑟，鲁桂珍. 中国古代的地植物学[J]. 董恺忱，郑瑞戈，译. 农业考古，1984，(1).
[69] 李存山. 自然的经济体系还是道德体系[J]. 中国哲学史，2003，(1).
[70] 李根蟠. 农业实践与农业三才论的形成[J]. 农业考古，1997，(1).
[71] 李根蟠.《陈旉农书》与三才理——与《齐民要术》比较[J]. 华南农业大学学报（社会科学版），2003，(2).
[72] 李韦. "仁者浑然与物同体"——程颢的生态哲学面向[J]. 兰州学刊，2012，(1).
[73] 李昳聪. 荀子的生态伦理思想的当代价值[J]. 自然辩证法研究，2006，(8).
[74] 李金坤.《诗经》自然生态意识发微[J]. 学术研究，2004，(11).
[75] 李期博. 哈尼族莫批文化对生物多样性的保护作用[J]. 蒙自师范高等专科学校学报，2003，(1).
[76] 马克平. 试论生物多样性的概念[J]. 生物多样性，1993，(1).
[77] 马万明. 明清时期防治蝗灾的对策[J]. 南京农业大学学报（社会科学版），2002，(2).
[78] 马国清. 生态智慧：孔子"和谐观"解读[J]. 兰州大学学报，2006，(5).
[79] 蒙培元. 从中国生态文化中汲取什么？[J]. 社会科学战线，2008，(8).
[80] 蒙培元. 天地人——谈《易传》的生态思想[J]. 周易研究，2000，(1).
[81] 蒙培元. 中国哲学的诠释问题——以仁为中心[J]. 人文杂志，2005，(4).
[82] 蒙培元. 从孔子思想看中国的生态文化[J]. 中国文化研究，2005，(4).
[83] 蒙培元. 仁学的生态意义与价值[J]. 中国哲学史，2007，(1).
[84] 蒙培元. 朱熹哲学生态观（上）[J]. 泉州师范学院学报（社会科学版），2003，(5).
[85] 蒙培元. 朱熹哲学生态观（下）[J]. 泉州师范学院学报（社会科学版），2003，(5).
[86] 蒙培元. 从孔子思想看中国的生态文化[J]. 中国文化研究，2005，(4).
[87] 蒙培元. 何为"格物"?为何"格物"？——从"格物说"看朱熹哲学生态观[J].泉州师范学院学报（社会科学版），2010，(1).
[88] 蒙培元. 张载天人合一说的生态意义[J]. 人文杂志，2002，(5).
[89] 蒙培元. 天·地·人谈《易传》的生态哲学[J]. 周易研究，2000，(1).
[90] 蒲沿洲. 论孟子的生态环境思想[J]. 贵州工业大学学报（社会科学版），2004，(2).
[91] 蒲沿洲. 荀子的生态环保思想探析[J]. 中国矿业大学学报（社会科学版），2004，(3).
[92] 裴盛基等. 西双版纳轮歇农业生态系统生物多样性研究论文报告集[M]. 昆明：云南教育出版社，1997.

[93] 潘文石．明智的伦理抉择是安全穿越生存瓶颈的唯一指南[J]．北京大学学报（哲学社会科学版），2011，（1）．
[94] 乔清举．论儒家的祭祀文化及其生态意义[J]．现代哲学，2012，（4）．
[95] 乔清举．论“仁”的生态意义[J]．中国哲学史，2011，（3）．
[96] 祁海文．“生生之谓易”——试论《易传》“天人合一”论生态整体[J].中国文化研究，2005，（4）．
[97] 任俊华．孔子生态伦理思想发微[J]．道德与文明，2003，（6）．
[98] 任俊华．孟子的生态伦理思想管窥[J]．齐鲁学刊，2003，（4）．
[99] 任俊华．天行有常与生态伦理——荀子的生态伦理思想审视[J]．湖南社会科学，2003，（4）．
[100] 任俊华．“厚德载物”与生态伦理——《周易》古经的生态智慧观[J]．孔子研究，2005，（4）．
[101] 任俊华．论儒家生态伦理思想的现代价值[J]．自然辩证法研究，2006，（3）．
[102] 任健，孙越．儒家生态思想内涵及其省察[J]．兰州学刊，2011，（9）．
[103] 孙玉霞．生态学语境中的消费主义文化审视[J]．江西社会科学，2008，（7）．
[104] 孙凯，冯定雄．论日本对商业捕鲸禁令的抵制[J]．浙江海洋学院学报（人文科学版），2008，（4）．
[105] 孙瑞．西双版纳：民族文化多元性与生物多样性的协调统一[J]．学术探索，2004，（6）．
[106] 孙亚文．论儒家“天人合一”思想对可持续发展的价值[J]．兰州学刊，2005，（1）．
[107] 苏敏．从朱熹“仁”说中阐发的生态伦理思想[J]．上饶师范学院学报，2007，（1）．
[108] 苏敏．朱熹生态伦理思想探析[J]．江西社会科学，2007，（10）．
[109] 佘正荣．儒家生态伦理观及其现代出路[J]．中州学刊，2001，（6）．
[110] 涂平荣．孔子的生态伦理思想探微[J]．江西社会科学，2008，（10）．
[111] 田启波．“仁民而爱物”——孟子生态伦理思想新探[J]．湖北社会科学，2010，（1）．
[112] 田龄．试论《周礼》的环境保护意识[J]．青岛师范大学学报，2000，（3）．
[113] 王雪蕊．张载的“民胞物与”论与“生态文明”[J]．内蒙古电大学刊，2009，（1）．
[114] 王政．《诗经·鱼丽》与先秦生态观念略说[J]．文献，2002，（2）．
[115] 王文东．论《礼记》的生态伦理思想[J]．古今农业，2006，（3）．
[116] 王文东．《周礼》的生态伦理系统思想[J]．阴山学刊，2012，（3）．
[117] 王雨辰．略论儒家生态伦理的基本精神与价值取向[J]．中南财经政法大学学报，2003，（5）．
[118] 王建华，许建初，裴盛基．西双版纳勐宋哈尼族的传统文化与生态系统多样性管理[J]．生态学杂志，2000，（2）．
[119] 魏玉东，吴星杰．孟子的生态伦理思想[J]．理论界，2007，（5）．
[120] 魏英敏．消费伦理与保护生态环境[J]．中国矿业大学学报（社会科学版），2000，（3）．
[121] 万俊人．儒家伦理：一种普世伦理资源的意义[J]．社会科学论坛，99（5-6）．
[122] 温韧．孔子“和”思想的生态学新诠[J]．合肥联合大学学报，2001，（3）．
[123] 武宝宁．张载思想中的生态智慧[J]．齐鲁学刊，2008，（4）．
[124] 吴蕊的．新文明路标：儒家生态智慧管窥[J]．山东大学学报（哲学社会科学版），2003，（1）．
[125] 吴宁．论“天人合一”的生态伦理意蕴及其得失[J]．自然辩证法研究，1999，（12）．
[126] 吴全兰．论儒家“天人合一”思想在解决人与自然矛盾中的意义和不足[J]．玉林师范学院报，2003，（2）．
[127] 夏澍耘．张载自然观、价值观和人物观的生态智慧[J]．理论月刊，2004，（2）．
[128] 解鲁云．云南生物多样性保护与少数民族生态观研究综述[J]．云南民族大学学报（哲学社会科学版），2009，（5）．
[129] 许玮，廖常规．《周礼》中的林业生态思想[J]．济南大学学报，2002，（2）．
[130] 徐昌文．荀子生态伦理思想及其对当今生态文明建设的启示[J]．中华文化论坛，2009，（2）．
[131] 徐斯雄．论张载的生态伦理思想[J]．唐山师范学院学报，2007，（1）．
[132] 许建初．从民族生态学的角度探讨金平分水岭自然保护区周边民族对生物多样性的保护和利用[J]．生态学杂志，2003，（2）．
[133] 许宁，朱晓红．“物与”之道：张载关学的生态哲学意蕴[J]．陕西师范大学学报（哲学社会科学版），

2010，(2).
[134] 肖显静．科技解决环境问题的限度[J]．中国科技论坛，2003，(1).
[135] 肖显静．消费主义盛行对世界环境的影响[J]．前线，2002，(9).
[136] 袁兴中．生物多样性的内涵及演变[J]．生物学教学，1996，(2).
[137] 严火其．中国古代环境理论与实践[J]．江海学刊，2005，(1).
[138] 严火其，朱跃钊.中国古代环境伦理的理论与实践[J]．江海学刊，2005，(1).
[139] 于耀.试论孟子生态环保思想[J]．重庆工学院学报（社会科学版），2007，(4).
[140] 于维民．人文生态学：科学理性与人文智慧的合璧[J]．甘肃社会科学，1997，(6).
[141] 杨英姿．张载“天人合一”思想的生态伦理意蕴[J]．兰州学刊，2006，(6).
[142] 杨昌岩，裴朝锡．侗族传统文化与生物多样性关系初识[J]．生物多样性，1995，(1)．
[143] 杨立新，赵燕强，裴盛基．纳西族东巴文化与生物多样性保护[J]．林业调查规划，2008，(2)．
[144] 杨红，顾庆龙．永宁—泸沽湖地区摩梭人传统文化与生物多样性保护[J]．科技咨询，2009，(3)．
[145] 余某昌．走出人类中心主义[J]．自然辩证法研究，1994，(7).
[146] 翟双萍．《周礼》的生态伦理内涵[J].道德与文明，2003，(4).
[147] 曾林．荀子生态理念探微[J].学术论坛，2008，(4).
[148] 曾繁仁．试论《周易》“生生为易”之生态审美智慧[J]．文学评论，2008，(6).
[149] 曾繁仁．试论《诗经》中所蕴涵的古典生态存在论审美意识[J]．陕西师范大学学报（哲学社会科学版），2006，(6)．
[150] 曾林．生态理念的闪光——荀子“明于天人之分”哲学命题的现代思考[J]．湖南师范大学社会科学学报，2001，(5).
[151] 邹雅卉，左停．云南社区森林的乡土知识及传承——临沧地区云县后箐乡勤山小流域案例研究[J].林业与社会，2004，(12).
[152] 赵玉萍．论张载哲学思想对当代生态问题的解释力[J]．理论界，2008，(2).
[153] 朱惠莉，邢志平．从朱熹论“仁”观其生态哲学思想[J]．乐山师范学院学报，2009，(2).
[154] 朱平安．从武夷山摩崖石刻看朱熹的生态思想[J]．合肥学院学报，2008，(4).
[155] 朱松美．周代的生态保护及其启示[J]．济南大学学报，2002，(2).
[156] 张学智．从人生境界到生态意识——王阳明“良知上自然的条理”论析[J]．天津社会科学，2004，(6).
[157] 张建国，王绪琴．孔子仁学思想对现代生态伦理的建构及其意义[J]．自然辩证法通讯，2009，(6).
[158] 张永刚，单辉．孔子山水“比德”的生态审美思考[J]．兰台世界，2008，(18).
[159] 张和民．偷猎——自然保护区的严重威胁[J]．四川动物，1990，(4).
[160] 张建国，王绪琴．孔子仁学思想对现代生态伦理的建构及其意义[J]．自然辩证法通讯，2009，(6).
[161] 张风春，张文国．“生物多样性”释义（下）：正确理解生物多样性应注意的几个问题[J]．环境保护，2010，(10).
[162] 张祥浩．保合太和——《周易》的和合思想[J]．东南大学学报，2001，(3).
[163] 张岱年．《易传》与中国文化的优良传统[J]．江汉论坛，1984，(8).
[164] 张云飞．孔子思想中的生态伦理因素[J]．中国人民大学学报，1996，(3).
[165] 张云飞．试析孟各思想的健态伦理学价值[J]．中华文化论坛，1994，(3).
[166] 张云飞．浅析荀子的生态伦理意识倾向[J]．孔子研究，1990，(4).
[167] 张武桥．论汉代儒家董仲舒的生态美学观[J]．太原师范学院学报（社会科学版），2009，(1).
[168] 张尚兵，李士华．论荀子的生态伦理思想[J]．华北电力大学学报（社会科学版），2008，(5).
[169] 张全晓．从牛山事件看孟子的生态伦理[J]．西安文理学院学报，2005，(6).

四、学位论文类

[1] 洪晓丽．仁：作为道德主体的构成——孔子仁学研究[D]．上海：复旦大学博士论文．
[2] 赖毅．彝族生物多样性智慧及其农业生产实践研究[D]．南京：南京农业大学博士论文．

[3] 王翠华. 儒家生物多样性智慧研究[D]. 南京：南京农业大学硕士论文.

五、电子文献类

[1] http：//www. tudou. com/ programs/ view/lQgZP8glaNs/[OL]

六、报纸杂志类

[1] 雍文涛. 保护现有森林，加快发展林业[N]. 人民日报，1981 年 9 月 24 日.

后　记

2005 年，云南农业大学研究生处处长萧凤回教授在南京农业大学了解到我们正在从事与农业科技有关的哲学问题研究，认为我们的工作与朱有勇校长的观点和兴趣有一致和互补的地方，或许正是朱校长正在寻找的合作对象，于是把我们介绍给朱校长。通过萧凤回教授的联系，2005 年 5 月，我们在云南农大的校长办公室里首次见到了朱有勇院士。我们进行了长达 2 小时的会谈。虽然我们从事哲学方面的工作，朱校长从事自然科学方面的研究，但我们似乎没有隔膜，对现代农学、传统文明、生物多样性等许多话题都有一致或近似的观点。通过讨论，校长当场就委托我们从事“不同文明的生物多样性智慧与病虫害可持续控制研究”。当时，朱校长正在牵头申报 973 项目“农业生物多样性控制病虫害和保护种质资源的原理与方法”，因此，谈话结束的时候，朱校长表示，如果项目申请下来，我们的工作就作为 973 项目的一个内容；如果项目不能申请下来，我们仍然做这一工作，他再从其他的途径争取经费支持。后来，973 项目顺利申请下来了，我们就在 973 项目的框架内从事工作。这就是本工作的缘起。

显然，我们这一工作的开展，首先应该归功于朱院士敏锐的眼光和宽广的视野。作为自然科学家，他思考的范围并不局限于他擅长的植物保护和现代农学领域，而是远涉文明、文化、现代农学的本质和现代农学的未来等更加宏大的主题。

在“不同文明的生物多样性智慧与病虫害可持续控制研究”课题中，我们设想从西方文明传统病虫害防治策略及其反思、中国古代生物多样性智慧及其病虫害防治策略、国外其他文明防止病虫危害的不同智慧、中国少数民族生物多样性智慧与病虫害防治等四方面从事工作。本书即是中国古代生物多样性智慧及其病虫害防治策略研究的部分成果。

儒家是中国古代占主导地位的意识形态，是中国传统文明特质的突出代表。儒家思想博大精深、历史悠久，具有丰富的生物多样性智慧。由于前人虽然对儒家生态思想有较多涉猎，但对儒家生物多样性智慧尚无专门研究，因此系统挖掘儒家的生物多样性智慧是一个巨大的挑战。面对儒家众多的典籍、繁芜的人物、多彩的思想，我们一时感到无从下手。经过几年的摸索，我们选择了从对儒家的几个核心概念的分析入手的策略。我们认为，气、和、礼、仁是儒家最为核心的概念，集中体现了中国人对自然界的基本看法，反映出中国人对人与万物关系和万物之间关系的基本认识，是儒家生物多样性智慧的集中体现。对儒家气、和、礼、仁概念所蕴含的生物多样性智慧的挖掘就成为本书的基本框架和主要内容。

本书于2013年4月写出初稿。初稿完成的时候，我们心中充满忐忑，好在把初稿给朱有勇院士审阅的时候，朱院士说："这正是我希望的东西"，我们的心才稍安一些。虽有院士的鼓励，但我们知道书中仍有许多不足。随后，我们对初稿进行了修改、补充。经过1年多时断时续的努力，形成了现在呈现在读者面前的模样。

我们对儒家生物多样性智慧的挖掘是一种初步的尝试，种种努力是否成功，期待学界的检验。生物多样性是人类文明存在和健康发展的基础。在生物多样性迅速衰退的今天，我们期待本书的出版能够起到抛砖引玉的作用，引起更多的学界同仁关心生物多样性问题，发掘并弘扬中国传统的生物多样性智慧。

在本书的研究和写作过程中，与云南农业大学李成云教授的讨论，使我们受益良多。南京农业大学硕士研究生王翠华，博士研究生龚光明、李琦、汪德飞等参与了有关问题的讨论。在此一并致谢！

著　者

2015年3月于南京